Thomas Kressin

Risikokapital und Aktienfinanzierung

GABLER EDITION WISSENSCHAFT

Thomas Kressin

Risikokapital und Aktienfinanzierung

Der Financial Growth Cycle innovativer Unternehmensgründungen

Mit einem Geleitwort von Prof. Dr. Klaus Serfling

Deutscher Universitäts-Verlag

Bibliografische Information Der Deutschen Bibliothek
Die Deutsche Bibliothek verzeichnet diese Publikation in der Deutschen Nationalbibliografie; detaillierte bibliografische Daten sind im Internet über <http://dnb.ddb.de> abrufbar.

Dissertation Brandenburgische Technische Universität Cottbus, 2003 u.d.T.: Kressin, Thomas: Der Financial Growth Cycle technologieorientierter Unternehmensgründungen unter besonderer Berücksichtigung der Funktionsfähigkeit des Aktienprimärmarktes

1. Auflage Juli 2003

Lektorat: Brigitte Siegel / Stefanie Loyal

Der Deutsche Universitäts-Verlag ist ein Unternehmen der Fachverlagsgruppe BertelsmannSpringer.
www.duv.de

Umschlaggestaltung: Regine Zimmer, Dipl.-Designerin, Frankfurt/Main

Gedruckt auf säurefreiem und chlorfrei gebleichtem Papier

ISBN-13:978-3-8244-7899-6 e-ISBN-13:978-3-322-81569-9
DOI: 10.1007/978-3-322-81569-9

Geleitwort

Die finanzierungstheoretische Forschung hat die Untersuchung junger innovativer Unternehmen lange Zeit vernachlässigt. Das Fehlen von detaillierten, öffentlich zugänglichen Statistiken über die Mikro-Ebene kleiner Unternehmen stellt hierfür sicherlich einen wesentlichen praktischen Bestimmungsgrund dar. Jedoch darf auch nicht übersehen werden, daß die vornehmlich durch die neoklassische Finanzierungstheorie geprägte Forschungstätigkeit der letzten Jahrzehnte andere Schwerpunkte und Zielsetzungen hatte. Erst die zunehmende Kritik am Modell vollkommener Kapitalmärkte sowie der verstärkte Nachweis von Anomalien führte dazu, daß sich alternative finanzierungstheoretische Forschungsarbeiten intensiv mit den Auswirkungen von Marktunvollkommenheiten auf Finanzierungs- und Investitionsvorgänge auseinanderzusetzen begannen.

Eine Basishypothese der vorliegenden Arbeit lautet, daß die in realiter zu beobachtenden Finanzierungsprobleme technologieorientierter Unternehmensgründungen (TOU) auf Unvollkommenheiten und Unvollständigkeiten der realen Kapitalmärkte zurückzuführen sein müssen. Der Autor stellt den theoretischen Zusammenhang zwischen typischen Unternehmensmerkmalen und dem Bedarf, der Erhältlichkeit sowie den Kosten einzelner Finanzierungsalternativen her. Das „Financial Growth Cycle"-Konzept dient dabei als Grundlage, um Determinanten, Probleme und Mechanismen der Finanzierung von technologie- und wachstumsorientierten Unternehmensgründungen im Zeitablauf herauszuarbeiten. Der Autor lenkt den Blick auf eine weitere Lücke in der gegenwärtigen finanzierungstheoretischen Forschung. Den Untersuchungsschwerpunkt bilden Probleme aus Sicht potentieller Kapitalgeber - und hier vor allem Unsicherheiten, die aus asymmetrischen Informationsverteilungen erwachsen. Demgegenüber wird die Unternehmenssicht vernachlässigt. Die Arbeit macht jedoch deutlich, daß von Finanzierungsvorgängen zum Teil erhebliche negative Effekte für ein Unternehmen ausgehen können. Innovationsrenten werden durch die ungewollte Diffusion wettbewerbsrelevanter Informationen in hohem Maße gefährdet. Für die Herleitung einer allgemeingültigen Finanzierungstheorie erscheint es unvermeidlich, daß sich die Finanzierungstheorie in Zukunft intensiver mit den Problemen auseinandersetzen muß, die für Kapitalnehmer aus Finanzierungsvorgängen erwachsen.

Die höchstmögliche Effizienz der Kapitalmarktsegmente und ihr reibungsloses Ineinanderübergreifen bilden entscheidende Erfolgsfaktoren für die Finanzierungschancen junger wachstumsorientierter Technologieunternehmen und damit gleichzeitig für die Innovations- und Wettbewerbsfähigkeit einer Volkswirtschaft. Eine entscheidende Schnittstelle zwischen

„Risiko"- und „regulärem" Kapitalmarkt bildet die erstmalige Emission von Anteilen eines Unternehmens am Aktienprimärmarkt (IPO). Die Möglichkeit und Bereitschaft von jungen innovativen Unternehmen, den organisierten Aktienmarkt als Kapitalquelle in Anspruch zu nehmen, wird entscheidend durch die Funktionsfähigkeit der Aktienprimärmärkte determiniert. An Aktienprimärmärkten werden jedoch zumindest temporär weltweit gravierende Preisbildungs- und Allokationsprobleme beobachtet. Sollen die bestehenden Prozesse und Institutionen an den Aktienprimärmärkten gezielt verbessert werden, ist ein in sich geschlossenes systematisches Gesamtkonzept zur empirischen Überprüfung der Funktionsfähigkeit von Aktienprimärmärkten erforderlich. Bislang ist es der Finanzierungstheorie allerdings nicht gelungen, ein solches Konzept hervorzubringen. Die vorliegende Arbeit unternimmt einen wichtigen Schritt, diese Lücke in der Finanzierungstheorie zu schließen. Auf der Basis eines zur empirischen Überprüfung der Funktionsfähigkeit von Realgütermärkten entwickelten Effizienzansatzes erarbeitet der Autor ein neues Effizienzkonzept zur systematischen Diagnose von Aktienprimärmarktfehlfunktionen. Das Konzept zielt auf die Lösung der grundlegenden Koordinationsaufgaben von Kapitalmärkten. Es ist zu wünschen, daß die finanzierungstheoretische Forschung dieses neue Effizienzkonzept aufgreift. Ihr wird es vorbehalten bleiben, Standardindikatoren für die empirische Überprüfung der Koordinationseffizienz von Aktienprimärmärkten zu etablieren und die internationalen Aktienprimärmärkte in Bezug auf ihre Koordinationseffizienz zu untersuchen. Auf Grundlage dieser Ergebnisse können dann systematische Verbesserungsvorschläge erarbeitet werden, um die Funktionsweise der Aktienprimärmärkte zu optimieren.

Prof. Dr. Klaus Serfling

Vorwort

Was bewegt jemanden dazu, sein Privatleben über Jahre hinweg hinten anzustellen, um sich intensiv einer wissenschaftlichen Problematik zu widmen? Eine umfassende Auseinandersetzung mit dieser komplexen Fragestellung ist im Rahmen eines Vorwortes leider nicht möglich und muß daher zukünftigen Dissertationen vorbehalten bleiben. Nach Erachten des Autors ist jedoch neben dem unerläßlichen „Sturm- & Forschungsdrang" sicherlich auch ein bestimmtes Maß an „ex ante Naivität" in Bezug auf den mit einer Promotion verbundenen Arbeitsaufwand eine unerläßliche Grundvoraussetzung.

Die vorliegende Arbeit entstand neben meiner Tätigkeit als Portfoliomanager beim Deutschen Investment Trust (dit) in Frankfurt/ Main. Großen Dank schulde ich daher meinen dortigen Kollegen, ohne deren Verständnis für meine Doppelbelastung dieses Buch nie das Licht der Welt erblickt hätte. Insbesondere möchte ich mich bei meinem ehemaligen Teamleiter Anton Hanskoetter bedanken, der mir während dieser Zeit ein großartiger Chef und Lehrer gewesen ist. Die unzähligen Diskussionen mit ihm („Ja, aber....") waren und bleiben für mich von unschätzbarem Wert.

Meinem Doktorvater Prof. Dr. Klaus Serfling bin ich zu großem Dank verpflichtet, begleitete er den Fortgang dieser Arbeit doch stets als ein große Freiheit gewährender, kritischer und fordernder Gegenüber. Herrn Prof. Dr. Ulrich Pape gebührt nicht nur der Dank für die Übernahme des Korreferats meiner Dissertation. Vielmehr bildeten die fachlichen Diskussionen mit ihm auch eine wichtige „Triebkraft" für die Fortentwicklung der Arbeit.

Daß diejenigen, welche die mühevolle Arbeit des Korrekturlesens auf sich genommen haben, besondere Erwähnung verdienen, werden sicherlich alle Leser, die ihre Promotion bereits erfolgreich beendet haben, einhellig bestätigen. Dietgart, Fritz und Lars, ihr wart mir eine große Hilfe!

Der persönlichste und größte Dank gilt jedoch meinen Eltern, denen ich das vorliegende Buch widmen möchte. Ohne die Geduld, Aufmunterung, Unterstützung und das große Verständnis, das sie mir stets entgegengebracht haben, wäre das Abenteuer „Promotion" sicherlich anders ausgegangen.

Thomas Kressin

Inhaltsverzeichnis

Abbildungsverzeichnis

Abkürzungsverzeichnis

Abb. .... Abbildung

Abs. .... Absatz

AER .... American Economic Review

AG .... (Die) Aktiengesellschaft

AktG .... Aktiengesetz

Aufl. .... Auflage

BB .... Betriebs-Berater

BBK .... Buchführung, Bilanz, Kostenrechnung

Bd. .... Band

bln. .... Billion(en)

BFuP .... Betriebswirtschaftliche Forschung und Praxis

BIS .... Bank for International Settlements

BMWi .... Bundesministerium für Wirtschaft

BTU .... Förderprogramm Beteiligungskapital für kleine Technologieunternehmen

bzw. .... beziehungsweise

ca. .... circa

c.p. .... ceteris paribus

CVC .... Corporate Venture Capital

DAX .... Deutscher Aktienindex

DB .... Der Betrieb

DBW .... Die Betriebswirtschaft

DCF .... Discounted Cash-flow

Diss. .... Dissertation

DM .... Deutsche Mark

DStR .... Deutsches Steuerrecht

DtA .... Deutsche Ausgleichsbank

EASDAQ .... European Association of Security Dealers Automated Quotation System

EER .... European Economic Review

ERP .... European Recovery Program

erw. .... erweitert(e)

et al. .... et alteri

ET&P .... Entrepreneurship, Theory and Practice

EU .... Europäische Union

f. .... und folgende (Seite)
ff. .... und folgende (Seiten)
FB .... FINANZ BETRIEB
F&E .... Forschung und Entwicklung
FAJ .... The Financial Analysts Journal
FT .... The Financial Times
FhG-ISI .... Fraunhofer Gesellschaft - Institut für Systemtechnik und Innovationsforschung
FM .... Financial Management
FUTOUR...... Programm zur Förderung und Unterstützung von technologieorientierten Unternehmensgründungen in den Neuen Bundesländern und Berlin-Ost
GAAP .... Generally Accepted Accounting Principles
GmbH .... Gesellschaft mit beschränkter Haftung
GuV .... Gewinn- und Verlustrechnung
HB .... Das Handelsblatt
Hrsg. .... Herausgeber
i.d.R. .... in der Regel
i.e.S. .... im engeren Sinn
i.w.S. .... im weiteren Sinn
IKB .... Deutsche Industriebank
IPO .... Initial Public Offering
ISBJ .... International Small Business Journal
ISI .... Fraunhofer-Institut für Systemtechnik und Innovationsforschung
JoAR .... The Journal of Accounting Research
JoACF .... The Journal of Applied Corporate Finance
JoAE .... The Journal of Applied Economics
JoB .... The Journal of Business
JoBF .... The Journal of Banking and Finance
JoBF&A .... The Journal of Banking, Finance and Accounting
JoBV .... The Journal of Business Venturing
JoCF .... The Journal of Corporate Finance
JoEB .... The Journal of Economics and Business
JoEP .... The Journal of Economic Perspectives
JoEL .... The Journal of Economic Literature
JoET .... The Journal of Economic Theory
JoF .... The Journal of Finance

JoFE .... The Journal of Financial Economics
JoFI .... The Journal of Financial Intermediation
JoFM .... The Journal of Financial Markets
JoFQA .... The Journal of Financial and Quantitative Analysis
JoIE .... The Journal of Industrial Economics
JoPE .... The Journal of Political Economy
JoPM .... The Journal of Portfolio Management
JoSBE .... The Journal of Small Business Economics
Jg. .... Jahrgang
JTU .... Junge Technologieunternehmen
KfW .... Kreditanstalt für Wiederaufbau
KMU .... Kleine und mittlere Unternehmen
MM .... Modigliani/ Miller
Mio. .... Million(en)
Mrd. .... Milliarde(n)
NASDAQ ..... National Association of Security Dealers Automated Quotation System
NBER .... National Bureau of Economic Research
NBL .... Neue Bundesländer
NPV .... Net Present Value
Nr. .... Nummer
ÖBA .... Österreichisches Bankarchiv
o.V. .... ohne Verfasser
p.a. .... per annum
PLK .... Preis-Leistungs-Kombinationen
QJoE .... Quarterly Journal of Economics
R&D .... Research and Development
resp. .... respektive
revid. .... revidiert(e)
Sp. .... Spalte
TMT .... Technologie, Medien, Telekommunikation
TOU .... Technologieorientierte Unternehmensgründung(en)
TOU-NBL .... Programm zur Förderung technologieorientierter Unternehmensgründungen in den Neuen Bundesländern und Berlin-Ost
u.a. .... unter anderem
überarb. .... überarbeitet(e)

VC .... Venture Capital
verb. .... verbessert(e)
vgl. .... vergleiche
Vol................ Volume
WiSt .... Wirtschaftswissenschaftliches Studium
WISU .... Das Wirtschaftsstudium
WPg.............. Die Wirtschaftsprüfung
WSJE............ The Wall Street Journal Europe
ZEW .... Zentrum für Europäische Wirtschaftsforschung
ZfB .... Zeitschrift für Betriebswirtschaft
zfbf .... Schmalenbachs Zeitschrift für betriebswirtschaftliche Forschung
ZfgK .... Zeitschrift für das gesamte Kreditwesen

1 Einleitung

1.1 Problemstellung

Die Rolle von innovativen Unternehmensneugründungen als Antriebskräfte für Wachstum, Beschäftigung und Wohlstand ist in den von einem rasanten Strukturwandel geprägten neunziger Jahren zunehmend in den Mittelpunkt wissenschaftlicher und wirtschaftspolitischer Diskussionen gerückt.[1] Hintergrund hierfür ist die Annahme, daß die Anzahl neugegründeter und florierender Technologieunternehmen das Innovationspotential und damit die Wettbewerbsfähigkeit einer Volkswirtschaft entscheidend determiniert.[2] Junge innovative Unternehmen sind in der Lage, auf Umweltänderungen schnell und flexibel mit neuen Ideen zu reagieren, diese Innovationen in marktreife Produkte umzusetzen und damit einen erheblichen Beitrag zur Beschäftigungssicherung und Wohlfahrtssteigerung in einer Volkswirtschaft zu leisten.[3] Eindrucksvoll unterstrichen wurde diese These durch die spektakulären Erfolge des US-amerikanischen Silicon Valleys.[4]

Innovationen bilden eine Hauptantriebskraft dynamischer Wirtschaftsordnungen - für Schumpeter stellen Innovationen und Strukturwandel gar das charakteristische Faktum der kapitalistischen Gesellschaftsordnung schlechthin dar.[5] Innovationsanstrengungen gehen jedoch regelmäßig auch mit einem erheblichen Kapitalbedarf einher. Wollen sich technologieorien-

---

1 Beispielhaft für die gesamtwirtschaftlichen Veränderungen seien hier nur die Stichworte „Globalisierung", „Denationalisierung" von Unternehmen, „Liberalisierung" des Welthandels sowie „Computerisierung" der Wirtschaft genannt. Die Bewältigung der damit verbundenen strukturellen Anpassungsprozesse sowie der Erhalt und die Schaffung dauerhafter Arbeitsplätze genießen allgemein höchste wirtschaftspolitische Priorität; vgl. z.B. Pahlen 1998, S. 224; Fanselow 1998, S. 208.

2 Vgl. z.B. Serrar 2002, S. 3; Kriegesmann 2000, S. 398; Frankfurter Finanzmarkt-Bericht 1999, S. 1 f.

3 In der Bundesrepublik Deutschland beschäftigen kleine und mittlere Unternehmen mehr als 67 % aller Arbeitnehmer, erwirtschaften über 45 % der gesamtwirtschaftlichen Bruttowertschöpfung und stellen 80 % aller Ausbildungsplätze bereit. Jede innovative Neugründung ist im Durchschnitt mit der Schaffung von fünf neuen Arbeitsplätzen verbunden; vgl. o.V. 1999a, S. 3. Während Unternehmen mit mehr als 500 Beschäftigten zwischen März 1996 und März 1998 rund 422.000 Arbeitsplätze abbauten, schufen Mittelstandsbetriebe mit höchstens 499 Mitarbeitern in dieser Zeit mehr als 46.000 neue Stellen; vgl. o.V. 1999b, S. 4. Folgerichtig bezeichnet das Institut der deutschen Wirtschaft (IW) den Mittelstand als die „einzige deutsche Jobmaschine". Eine kurze Übersicht über die umfangreiche Literatur zum Zusammenhang von Unternehmensgröße und Innovationen findet sich bei Lerner 1998, S. 114 f.

4 Ca. 7.000 Informationstechnologie-Unternehmen, die in fünf Jahren über 200.000 neue Arbeitplätze schufen, hatten Ende der neunziger Jahre ihren Sitz im Silicon Valley. Pro Woche wurden im Durchschnitt weitere elf neue Unternehmen gegründet; vgl. Müller 1998, S. 29.

5 Vgl. Heitzer/ Sohn 1999, S. 397; Schumpeter 1961, S. 94. Innovative Unternehmensgründungen aktivieren in einem fortwährenden „Entdeckungsverfahren" den Wettbewerb, indem sie neue Produkte und rationellere Fertigungstechniken entwickeln, bestehende Produkte und Produktverfahren verbessern bzw. optimieren (Produkt- bzw. Prozeßinnovationen) und somit die Strukturen ganzer Wirtschaftszweige ständig auf den Prüfstand stellen. Fehlende Unternehmensneugründungen und nicht getätigte Investitionen verhindern hingegen notwendige gesamtwirtschaftliche Strukturanpassungen. Diese Einschätzung kommt auch in der Innovations-Definition des britischen Economic and Social Research Council zum Ausdruck. Danach ist eine Innovation: „...the successful creation, development and application of new techniques or ways of working that improve the effectiveness and efficiency of individuals and organisations. It is a major driving force of wealth creation in a competitive market economy, and contributes thereby to improved quality of life." (Budworth 1996, S. 3)

tierte Unternehmensgründungen (TOU) in dem turbulenten Wettbewerbs-Umfeld kurzer Produktlebenszyklen und rasanter Dynamik erfolgreich am Markt behaupten oder gar völlig neue Märkte erobern, sind sie auf eine ausreichende Kapitalausstattung zu wettbewerbsfähigen Kosten angewiesen.[6] In dem vorherrschenden Finanzierungs-Paradigma[7] der neoklassischen Modellwelt vollkommener Kapitalmärkte[8] stellt die Innovationsfinanzierung kein Problem dar. Bei vollständigen Informationen und Handelbarkeit eines jeden beliebigen Zahlungsstroms wird der Kapitalmarkt dem „Schumpeterschen Unternehmer" die benötigte Finanzbasis zur Verfügung stellen, sofern die erwarteten Investitionsrenditen dem risikoäquivalenten Marktzins entsprechen. Verläßt man hingegen diese Modellwelt und wendet sich den realen Gegebenheiten zu, sind Marktunvollkommenheiten und institutionelle Hemmnisse zu beklagen, die eine „Relevanz" der Finanzierung bedingen können. Mangelnde Transparenz sowie große Unsicherheit bzw. Unzuverlässigkeit der Informationen über die künftige Entwicklung von Innovationsinvestitionen junger Wachstumsunternehmen konfrontieren potentielle Kapitalgeber beispielsweise mit dem Problem, die Vorteilhaftigkeit eines Engagements nicht realistisch einschätzen zu können. Sie werden sich diese Unsicherheit entweder durch einen Anstieg ihrer Renditeforderungen abgelten lassen oder gar trotz positiver Renditeerwartungen vor einer Kapitalvergabe gänzlich zurückschrecken.[9]

1.2 Zielsetzung

In der finanzierungstheoretischen Literatur wurde die Untersuchung kleinerer bzw. junger Unternehmen lange Zeit vernachlässigt. Teilweise kann dies auf das dominierende Paradigma vollkommener Kapitalmärkte zurückgeführt werden, da in diesem Modell annahmegemäß alle Marktteilnehmer die gleichen wettbewerblichen Rahmenbedingungen vorfinden. Das Fehlen detaillierter, öffentlich zugänglicher Statistiken über die Mikro-Ebene kleiner Unternehmen stellt einen weiteren Hauptpunkt dafür dar, warum die Finanzierung dieser Unternehmen zu einem der am wenigsten erforschten Gebiete der Finanzierungstheorie zählt.[10] Die zunehmende Kritik am Modell vollkommener Kapitalmärkte sowie der verstärkte Nachweis von Anomalien führte jedoch in den letzten Jahrzehnten zur Herausbildung einer Vielzahl alternativer finanzierungstheoretischer Forschungsschwerpunkte. Insbesondere die neoinstitutionelle

6 Vgl. u.a. Deutsche Bundesbank 1994, S. 74; Deutsche Börse AG 1996, S. 11 ff.; Kaufmann 1997, S. 140.

7 Als Paradigmen werden anerkannte wissenschaftliche Leistungen bezeichnet, die der Fachwelt für eine bestimmte Zeit maßgebende Problemstellungen und Lösungen liefern; vgl. Kuhn 1979, S. 10. Für eine umfassende, kritische Auseinandersetzung mit der „Paradigma"-Begriffsdefinition von Kuhn vgl. Schmidt-Wilke 1998, S. 33 ff.

8 Vgl. hierzu ausführlich unten Abschnitt 2.4.

9 Vgl. Peemöller/ Geiger/ Barchet 2001, S. 338; Gerke/ Bank 1999, S. 15 ff.

10 Vgl. auch Berger/ Udell 1998, S. 617.

Finanzierungstheorie, als Lehre von der Entstehung und Bedeutung von Institutionen und Intermediären an unvollkommenen Märkten, rückt die speziellen Probleme kleiner und mittlerer Unternehmen (KMU) in den Mittelpunkt des wissenschaftlichen Interesses.[11]

Untersuchungen der Deutschen Bundesbank zur Ertragslage und den Finanzierungsverhältnissen deutscher Unternehmen zeigen, daß kleine und mittlere Unternehmen einen deutlich geringeren Eigenkapitalanteil als Großunternehmen aufweisen, und daß sich die Relationen im Zeitablauf weiter verschlechtern.[12] Diese Zahlen werden regelmäßig zum Anlaß genommen, um über das Vorhandensein einer sogenannten „Eigenkapitallücke" in Deutschland zu diskutieren und wirtschaftspolitische Eingriffe aufgrund der „unzureichenden Risikokapitalversorgung" junger Unternehmen zu fordern bzw. vorzunehmen. Im Rahmen der vorliegenden Arbeit soll daher der Diskussion von Faktoren, die für ein partielles Marktversagen bei der Finanzierung junger innovativer Unternehmen verantwortlich sein könnten, ausgiebiger Platz eingeräumt werden. Im Mittelpunkt der Ausführungen steht die Darstellung grundlegender Funktionsmechanismen und Probleme von potentiellen Finanzierungsquellen wachstumsorientierter Technologiegründungen im Laufe der Unternehmensentwicklung. Die auf diese Weise gewonnenen Erkenntnisse sollen genutzt werden, um zielgerichtete Maßnahmen zur Verbesserung der Finanzierungsbedingungen von jungen innovativen Unternehmen abzuleiten.

Einen entscheidenden Punkt im Financial Growth Cycle[13] technologieorientierter Unternehmensgründungen markiert die erstmalige Inanspruchnahme des organisierten Aktienmarktes. Der immense Kapitalbedarf, den eine erfolgreiche Produkteinführung sowie der Eintritt in die Phase des nachhaltigen Unternehmenswachstums mit sich bringen, kann regelmäßig lediglich mit Hilfe eines Börsengangs gedeckt werden. Die Existenz eines funktionsfähigen Aktienprimärmarktes ist daher für die Erfolgsaussichten innovativer Wachstumsunternehmen von herausragender Bedeutung. Zur Aufdeckung etwaiger Funktionsschwächen und zur gezielten Verbesserung der bestehenden Prozesse und Institutionen ist ein in sich geschlossenes systematisches Konzept zur empirischen Überprüfung der Funktionsfähigkeit von Aktienprimärmärkten eine Grundvoraussetzung. Der finanzierungstheoretischen Forschung ist es bisher allerdings nicht gelungen, ein solches ganzheitliches Konzept hervorzubringen. Mit der

---

[11] Vgl. hierzu ausführlich unten Abschnitt 2.7.

[12] Vgl. u.a. Deutsche Bundesbank 1992, S. 34; Deutsche Bundesbank 1997, S. 44; Deutsche Bundesbank 1998, S. 48; auch Knips 2000, S. 19 ff.

[13] Vgl. hierzu ausführlich unten Abschnitt 4.

vorliegenden Arbeit möchte der Autor einen Schritt unternehmen, diese Lücke in der Finanzierungstheorie zu schließen.

1.3 Vorgehensweise

Die vorliegende Arbeit untersucht schwerpunktmäßig Finanzierungsprobleme, die aufgrund von Marktunvollkommenheiten im Laufe der Unternehmensentwicklung von technologie- und wachstumsorientierten Gründungsvorhaben auftreten können, sowie Ansätze zu deren Behebung. Während die Finanzierung aus Sicht der neoklassischen Finanzierungstheorie einen völlig unproblematischen Vorgang darstellt, setzen sich alternative finanzierungstheoretische Forschungsrichtungen intensiv mit den Auswirkungen von Marktunvollkommenheiten auf Finanzierungs- und Investitionsvorgänge auseinander. Die Erkenntnisse dieser neueren finanzierungstheoretischen Forschungsrichtungen bilden einen essentiellen Bestandteil dieser Arbeit. Nach einigen grundsätzlichen Vorüberlegungen und Begriffsbestimmungen soll daher die Darstellung von finanzierungstheoretischen Entwicklungslinien im Mittelpunkt des nachfolgenden Abschnitts stehen. Dieses Vorgehen ermöglicht dem Autor, sowohl finanzierungstheoretische Perspektivwechsel herauszuarbeiten und aktuelle Entwicklungstendenzen aufzuzeigen, als auch die Bedeutung der neoklassischen Finanzierungstheorie im historischen Kontext angemessen zu würdigen.

Im dritten Abschnitt skizziert der Autor zunächst, welche Unternehmensgründungen Gegenstand dieser Arbeit sein sollen, um im Anschluß daran potentielle Erfolgsfaktoren von innovativen Unternehmensgründungen zu erörtern. Die kostenintensiven Innovationsaktivitäten und der Unternehmensaufbau haben eine enorme finanzielle Belastung wachstumsorientierter Unternehmensgründungen zur Folge. Die herausragende Bedeutung externer Kapitalquellen sowie die spezifischen Finanzierungsprobleme innovativer wachstumsorientierter Unternehmensgründungen stehen daher im Mittelpunkt der weiteren Erörterungen dieses Abschnitts. Das Kapitel schließt mit einem kurzen Zwischenfazit zur Finanzierungsproblematik technologieorientierter Unternehmensgründungen.

Der vierte Abschnitt dieser Arbeit beschäftigt sich schwerpunktmäßig mit der Frage, inwieweit die finanzierungstheoretische Forschung Erklärungen für das Finanzierungsverhalten innovativer Unternehmensgründungen in Abhängigkeit von spezifischen Unternehmensphasen bereitstellen kann. Ein großer Teil der Finanzierungsprobleme erwächst aus Informationsunvollkommenheiten, die den Kapitalmarkt in seiner Funktionsfähigkeit zum Teil erheblich beeinträchtigen. Kleinere und jüngere Unternehmen scheinen dabei von informationsökonomischen Problemen wesentlich stärker betroffen zu sein als größere bzw. ältere Unternehmen. Dies läßt darauf schließen, daß informationsbedingte Unsicherheiten im Zeitablauf Veränderungen unterliegen, und eine dynamische lebenszyklusorientierte Analyse des Finanzierungsverhaltens eine differenziertere Sichtweise der bisherigen Finanzierungsmodelle erlaubt.

In der deutschsprachigen wissenschaftlichen Literatur findet die Unternehmensfinanzierung über die Börse als selbständiges Untersuchungsgebiet erst seit einigen Jahren stärkere Beachtung.[14] Technologieorientierte Unternehmensgründungen agieren regelmäßig in jungen, wachstumsstarken Branchen, mit noch ungeordneten, nicht gefestigten Strukturen und verfügen über eine Vielzahl von strategischen Handlungsoptionen. Deren optimale Ausübung und Werthaltigkeit wird nicht nur von den technologischen Risiken der eigenen Innovationsanstrengungen, sondern auch von den Strategien (potentieller) Konkurrenzunternehmen determiniert. Der fünfte Abschnitt richtet daher sein Augenmerk zunächst auf die Berücksichtigung der ungewollten Diffusion wettbewerbsrelevanter Informationen bei der Entscheidung über den optimalen Zeitpunkt des Börsengangs. Im Mittelpunkt dieses Abschnitts steht jedoch die umfassende Auseinandersetzung mit der Funktionsfähigkeit von Aktienprimärmärkten. Nach einer kritischen Erörterung der bestehenden Kapitalmarkteffizienzkonzepte sowie von speziellen Ansätzen zur Beurteilung der Aktienprimärmarkteffizienz stellt der Autor ein neues Effizienzkonzept zur empirischen Diagnose von Aktienprimärmarktfehlfunktionen zur Diskussion. Zu diesem Zweck wird ein von Grossekettler für die empirische Funktionsfähigkeitsprüfung von Realgütermärkten entwickelter Effizienzansatz auf den Aktienprimärmarkt übertragen.

Im sechsten Abschnitt sollen die gewonnenen Erkenntnisse in Hinblick auf eine Verbesserung der Finanzierungsbedingungen von technologieorientierten Unternehmensgründungen am deutschen Kapitalmarkt ausgiebig gewürdigt werden. Die Arbeit schließt mit einem kurzen Überblick über die wichtigsten Ergebnisse sowie einem Ausblick auf zukünftige Forschungsaufgaben.

---

14 In der Mehrzahl der Arbeiten werden vorwiegend die weltweit zu beobachtenden Renditeanomalien des Underpricings und der langfristigen Underperformance von Neuemissionen auch für die Bundesrepublik Deutschland empirisch nachgewiesen und diskutiert (vgl. z.B. Wittleder 1989; Döhrmann 1990; Mettler 1990; Ehrhardt 1997).

2 Finanzierungstheoretische Entwicklungstendenzen und Perspektiven

2.1 Grundlagen und terminologische Abgrenzungen

Technologieorientierte Unternehmensgründungen sind in innovativen, noch instabilen Branchen tätige Firmen, die im Gegensatz zu etablierten, auf klassischen Märkten agierenden Unternehmen keinen langjährigen „track-record" aufweisen können. Sie zeichnen sich durch ein stark ausgeprägtes Chancen/ Risiko-Verhältnis aus. Da der wahre wirtschaftliche Wert dieser Gesellschaften maßgeblich auf ihren Produktideen basiert, verkörpern Unternehmensgründer und Know-how-Träger eines der wichtigsten Assets im Unternehmen. Regelmäßig sind die Gründer auch alleinige Eigentümer dieser kleinen High-Tech Firmen, halten jedoch zumindest die Mehrheit der Unternehmensanteile. Für die hier getroffene Abgrenzung ist entscheidend, daß es im Unternehmen nicht zur Separation von Entscheidungskompetenz und Residualansprüchen kommt – mithin auf die Spezialisierung der beiden Eigentumsfunktionen verzichtet wird.[15] Nur bei kleineren Unternehmen wird dieser Spezialisierungsverzicht durch Koordinationsvorteile aufgewogen, die durch die Bündelung von Verfügungsrechten entstehen.

Die getroffene Abgrenzung eröffnet im weiteren Verlauf der Arbeit die Möglichkeit, sowohl spezifische Finanzierungsprobleme nicht börsennotierter junger Technologieunternehmen herauszuarbeiten, als auch der Wachstumsfinanzierung über die Börse umfassenden Raum zu gewähren, um so eine Brücke von den Problemen nicht börsennotierter junger Technologieunternehmen (JTU) zu den Problemen gelisteter Gesellschaften zu schlagen. Dem Börsengang kommt im Wachstumsprozeß aus zwei Gründen eine herausragende Bedeutung zu. Zum einen treten bei einer Publikumsöffnung letztmalig die typischen Finanzierungsprobleme innovativer Unternehmensgründungen zu Tage. Zum anderen rücken aufgrund der wachsenden Trennung von Verfügungsrechten und Residualeinkommen zunehmend neuartige Finanzierungsprobleme in den Mittelpunkt.

Die erfolgreiche Entwicklung und Implementierung innovativer Schlüsseltechnologien bedingt eine aufwendige, kapitalintensive Forschungs- und Entwicklungstätigkeit (F&E-Tätigkeit). Da den Investitionsauszahlungen für Produktinnovationen gewöhnlich bis zum Zeitpunkt der Kommerzialisierung kaum Einzahlungen gegenüberstehen, fällt die Selbstfinanzierungskraft junger Unternehmen äußerst gering aus, und es kann zu Liquiditätsengpässen

[15] Die Fähigkeit und Bereitschaft, Risiko zu tragen, und die Kompetenz zur Unternehmensführung repräsentieren die beiden Eigentumsfunktionen; vgl. Neus 1995, S 3; auch Zimmer 1998, S. 5 f. Zu den Charakteristika junger innovativer Wachstumsunternehmen vgl. ausführlich unten Abschnitt 3.

kommen. Zur Umsetzung ihrer Wachstumsstrategien sind diese Unternehmen daher auf einen nachhaltig verfügbaren externen Kapitalzufluß (Außenfinanzierung) angewiesen.[16] Das für die Finanzierung JTU wohl wichtigste Charakteristikum, nämlich die stark eingeschränkte, mit großen Unsicherheiten behaftete und darüber hinaus oftmals noch sehr undurchsichtige Informationslage über die aktuelle Unternehmenssituation sowie über die zukünftigen wirtschaftlichen Perspektiven, erweist sich für die Außenfinanzierung als ein besonders schwerwiegendes Hemmnis. Aufgrund der außergewöhnlich problematischen externen Unternehmensbewertung stehen kleinere Technologie-Unternehmen regelmäßig vor dem Problem, die Qualität ihrer innovativen Investitionsprojekte potentiellen Kapitalgebern glaubhaft zu vermitteln. Die Durchführung geeigneter Maßnahmen zur Überwindung dieser Informations- und Informationsverteilungsproblematik fällt für innovative Projekte jedoch besonders schwer und kann teilweise sogar gänzlich unmöglich werden.[17]

Im Rahmen dieser Arbeit sollen unter dem Begriff der Wachstumsfinanzierung dementsprechend alle unternehmerischen Aktivitäten verstanden werden, die den Finanzierungsbedarf eines Unternehmens derart lenken, beschränken oder sichern, daß ein ungehindertes Wachstum des Unternehmens gewährleistet wird.[18] Diese Definition beinhaltet nicht ausschließlich die Betrachtung einzelner Finanzierungsvorgänge, sondern legt vielmehr Wert auf eine optimale Zusammenstellung des Investitionsportfolios unter expliziter Berücksichtigung möglicher selbstauferlegter Beschränkungen des Finanzierungsbedarfs. Grundsätzlich verfügen die Entscheidungsträger in jedem Unternehmen über ein umfangreiches Instrumentarium alternativer Finanzierungsmöglichkeiten zur Deckung des notwendigen Kapitalbedarfs. Sämtliche Finanzierungs- und Investitionsentscheidungen unterliegen dabei grundsätzlich der Zielfunktion, den Unternehmenswert für die Anteilseigner zu maximieren. Der Unternehmensfinanzierung kommt dementsprechend die primäre Aufgabe zu, jederzeit die kostenminimale Verfügbarkeit der Ressource Kapital zur Finanzierung der gegebenen Investitionsmöglichkeiten zu gewährleisten.[19] Ein wesentliches Klassifizierungsmerkmal der vorhandenen Finanzierungsmöglichkeiten bildet die Finanzierungsmittelherkunft:

---

16 Vgl. Weimerskirch 1998, S. 6 f.; Volkart/ Lautenschlager 1998, S. 146.

17 Vgl. z.B. Peemöller/ Geiger/ Barchet 2001, S. 336 ff.; Frankfurter Finanzmarkt-Bericht 1999, S. 2 f.; Berger/ Udell 1998, S. 616 sowie unten Abschnitt 3.6.

18 Vgl. Strack 1999, S. 43.

19 Vgl. z.B. Damodaran 1997, S. 10 ff.; Unter dem Begriff „kostenminimal" soll die Minimierung der risikoadjustierten Kapitalkosten verstanden werden. Darüber hinaus ist als 'conditio sine qua non' die jederzeitige Zahlungsfähigkeit des Unternehmens zu beachten, deren unbedingte Einhaltung hier vorausgesetzt wird.

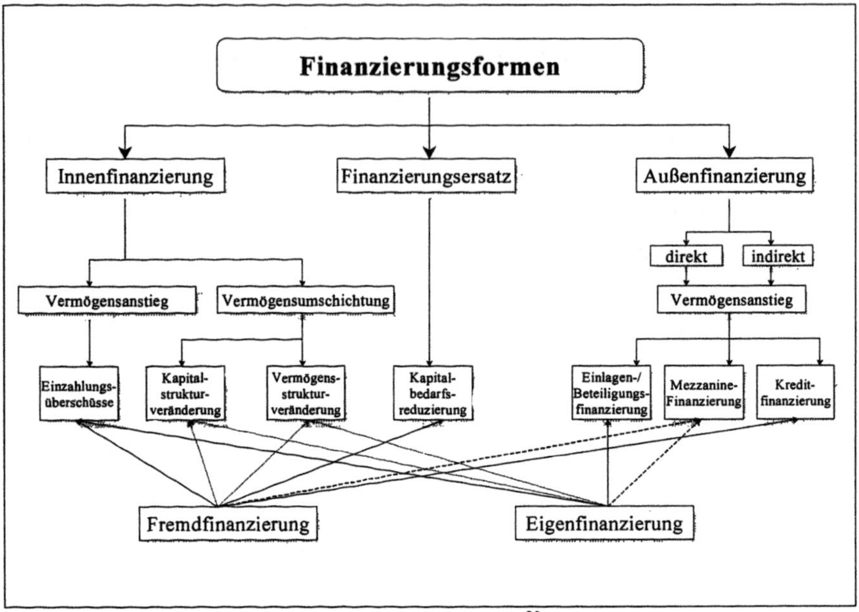

Abbildung 1: *Systematisierung der Finanzierungsformen*[20]

Zum einen können die Mittel zur Finanzierung von Investitionen aus der Unternehmenstätigkeit selbst stammen. Zahlungsüberschüsse, die nicht an die Kapitalgeber ausgeschüttet werden, sondern innerhalb des Unternehmens thesauriert werden, bezeichnet man als ***Innenfinanzierung.*** Klassische Beispiele für Innenfinanzierungsmaßnahmen stellen Gewinnthesaurierungen sowie Pensionsrückstellungen dar. Da einbehaltene Gewinne bei Ausschüttung grundsätzlich den Unternehmenseignern zufließen würden, zählt die Gewinnthesaurierung zu den *internen Eigenfinanzierungsmaßnahmen*, während Pensionsrückstellungen eine *interne Fremdfinanzierung* darstellen, da es sich hierbei um Festbetragsansprüche Dritter, d.h. Gläubiger des Unternehmens, handelt. Eine weitere Form der Innenfinanzierung bilden *Bilanzumschichtungen,* die sowohl aktivisch als auch passivisch erfolgen können. Neue Investitionsprojekte können beispielsweise durch den Verkauf von Anlagevermögen (Desinvestition)[21] finanziert werden. Unter ***Finanzierungsersatz*** werden alle Maßnahmen zur Verringerung des

[20] Weitere Möglichkeiten der Systematisierung bieten beispielsweise die Art der Rechtsbeziehung zwischen Unternehmen und Kapitalgeber, die Befristung der Kapitalüberlassung, der Finanzierungsanlaß oder die Form des Kapitalzuflusses. Die auf Hax zurückzuführende Systematisierung nach der Kapitalherkunft (vgl. Hax 1966, S. 415 f.) findet in der Finanzierungslehre jedoch nach wie vor die breiteste Anwendung; vgl. z.B. Kramer 2000, S. 79 f.

[21] Der Leser möge beachten, daß einige Autoren Desinvestitionen unter die Außenfinanzierung subsumieren; vgl. Volkart/ Lautenschlager 1998, S. 147.

Kapitalbedarfs subsummiert, welche die wirtschaftlichen Möglichkeiten des Unternehmens nicht entscheidend beeinträchtigen (z.B. Leasing).[22]

Neben der Innenfinanzierung bietet sich dem Unternehmen die bereits oben angesprochene Möglichkeit der ***Außenfinanzierung***, das heißt, die Deckung eines gegebenen Kapitalbedarfs durch die unternehmensexterne Beschaffung von Fremd- und Eigenkapital. Externes Eigenkapital kann sowohl von den bisherigen Unternehmenseignern (Einlagenfinanzierung) als auch durch neue Eigentümer (Beteiligungsfinanzierung) in das Unternehmen eingebracht werden. Eine Zwischenform von Fremd- und Eigenkapital bildet das sogenannte „Mezzanine-Kapital", das grundsätzlich Fremdkapital darstellt, jedoch mit zusätzlichen Rechten ausgestattet ist, die eine Partizipation an Unternehmenswertsteigerungen z.B. in Form von Options- oder Wandelrechten erlauben. Ferner kann die Außenfinanzierung in *direkte* und *indirekte Außenfinanzierung* unterschieden werden. Unter direkter Außenfinanzierung versteht man die unmittelbare Kapitalbeschaffung des Unternehmens an Kapitalmärkten, wohingegen bei der indirekten Außenfinanzierung ein Finanzintermediär zwischengeschaltet wird.[23]

Der *Kapitalmarkt* i.w.S. ist definiert als Markt für die längerfristige Geldvermögensbildung einerseits und die Aufnahme von Finanzierungsmitteln in Form von längerfristigen Krediten sowie Beteiligungskapital andererseits.[24] Im engeren Sinn umfaßt der Begriff den organisierten Markt für direkte, längerfristige Finanzierungen (Wertpapiermarkt). Auf Primärmärkten werden Wertpapiere erstmals angeboten (emittiert) bzw. nachgefragt, während auf Sekundärmärkten die bereits emittierten Titel gehandelt werden. Die direkte Außenfinanzierung eines Unternehmens erfolgt über den Primärmarkt. Hier trifft das Unternehmen auf potentielle Investoren; und hier wird der Preis für die Kapitalüberlassung determiniert. Da den Finanzierungsentscheidungen innerhalb des Unternehmens immer auch Investitionsentscheidungen der Kapitalgeber gegenüberstehen, geht es bei der Unternehmensfinanzierung jedoch nur vordergründig allein um die Bereitstellung der Ressource Kapital. Hintergründig wird eine integrierte Betrachtung von Investitions- und Finanzierungsentscheidungen notwendig, die das gesamte Beziehungsgeflecht zwischen Kapitalmarkt/ Unternehmen und Investoren/ Management bzw. Eignern berührt. Sämtliche Determinanten der Preisbildung an Kapitalmärkten tangieren somit unmittelbar die Finanzierungsentscheidungen im Unternehmen.

---

22 Vgl. beispielhaft Gerke/ Bank 1998, S. 251 ff., Breuer 1998, S. 16 ff.

23 Vgl. die ausführliche Behandlung der Finanzierungsformen in Perridon/ Steiner 1999, S. 343 ff. sowie zu diesem Abschnitt Gerke/ Bank 1998, S. 251 ff.; Volkart/ Lautenschläger 1998, S. 145.

24 Unter einem Markt im allgemeinen werden sämtliche Austauschprozesse, die aus dem Zusammentreffen von Anbietern und Nachfragern (Akteuren) erwachsen, verstanden; vgl. Fritsch/ Wein/ Ewers 2001, S. 6. Vgl. zu diesem Abschnitt Kramer 2000, S. 88 f.; Gerke et al. 1995, S. 14; Kress 1996, S. 30 sowie Volkart/ Lautenschläger 1998, S. 145.

Bereits an dieser Stelle offenbart sich, welch herausragende Bedeutung dem ungehinderten Kapitalmarktzugang sowie der effizienten Funktionsweise[25] des Kapitalmarktes für die Wachstumsfinanzierung junger Unternehmen und damit dem Wohlergehen einer Volkswirtschaft zukommt. Da die finanzielle Infrastruktur eines Landes für die effiziente Allokation der Kapitalströme in die profitabelsten und zukunftsträchtigsten Investitionen verantwortlich zeichnet,[26] stellt sie eine wesentliche gesamtwirtschaftliche Wohlstandsdeterminante dar. Wird diese Allokationsaufgabe nur ungenügend wahrgenommen, verliert das Land den Anschluß an wichtige Technologiesprünge und über kurz oder lang seine Wettbewerbsfähigkeit.[27]

Der Unternehmensfinanzierungsprozeß kann allgemein als Austausch von sicheren gegenwärtigen Zahlungsmitteln gegen Ansprüche auf künftige und somit unsichere Cash-flows beschrieben werden.[28] Die integrierte Betrachtungsweise von Finanzierungs- und Investitionsentscheidungen eröffnet den Blick auf einen fortwährenden systemimmanenten Interessenkonflikt zwischen Kapitalgebern und -nehmern. Sofern beide Parteien ökonomisch rational agieren, werden risikoaverse Kapitalgeber in einer unsicheren Umwelt bei gegebenem Verlustrisiko eine möglichst hohe Kompensation für das zur Verfügung gestellte Kapital, die Kapitalnehmer hingegen ein möglichst geringes Entgelt für das überlassene Kapital anstreben.[29] Im Zuge der Vertragsverhandlungen zur Kapitalüberlassung sind demnach zwischen den Parteien hauptsächlich folgende zwei Punkte strittig: die *Höhe der Entlohnung für die Kapitalüberlassung sowie die Höhe der Risikoübernahme.* Kommt es in dieser Hinsicht zu einer Einigung, werden die Verhandlungsergebnisse in einem Finanzierungsvertrag festgehalten, in dem Leistungen und Gegenleistungen, in erster Linie jedoch die unterschiedliche Aufteilung der Investitionsrisiken und -chancen zwischen den kontrahierenden Parteien geregelt werden.[30] Finanzierungskontrakte beinhalten somit stets „Teilungsverträge", deren Grundformen Eigen- und Fremdfinanzierungstitel bilden.[31] Fremdfinanzierungstitel sind in der Re-

[25] Unter effizienter Funktionsweise sei die Fähigkeit des Kapitalmarktes verstanden, bei größtmöglicher Rechtssicherheit, minimalen Transaktionskosten und möglichst geringen Funktionsstörungen bilaterale Finanzierungskontrakte zwischen Kapitalanbietern und -nachfragern herbeizuführen; vgl. Rapp 1996, S. 2. Finanzierungskontrakte sind freiwillige Kapitalüberlassungsverträge, die für beide Vertragsseiten unter Zugrundelegung der individuell verfügbaren Informationen einen Nutzenzuwachs bedeuten. Sie beinhalten Vereinbarungen über Art und Umfang des bereitgestellten Kapitals sowie über das dafür zu leistende Entgelt und sonstige Rechte und Pflichten; vgl. Gerke/ Bank 1998, S. 300 f.

[26] „The primary role of the capital market is the allocation of the economy`s capital stock." (Fama 1970, S. 383)

[27] Vgl. hierzu Benveniste/ Erdal/ Wilhelm 1998, S. 742 sowie die dortigen Literaturangaben.

[28] Vgl. Schneider 1992, S. 614.

[29] Vgl. Gerke/ Bank 1998, S. 301.

[30] Finanzierungsverträge regeln jedoch auch weitere, monetär nicht meßbare Leistungen, wie z.B. Gestaltungsrechte (Veräußerungs- und Kündigungsrechte); Einwirkungsrechte (Kontroll- und Mitbestimmungsrechte) sowie Informationsrechte; vgl. Franke/ Hax 1999, S.437 ff.

[31] Vgl. Weimerskirch 1998, S. 21 f.; Krahnen 1983, S. 113.

gel zeitlich befristet[32] und unabhängig von der Ertragsentwicklung des Unternehmens vorrangig zu bedienen. Sie verkörpern Ansprüche auf eine vertragsgemäße Verzinsung sowie auf Rückzahlung des überlassenen Kapitals. Aus den zeitlich unbefristeten Eigenfinanzierungstiteln leiten sich hingegen ausschließlich Ansprüche auf Residualeinkommen (Gewinne) und Liquidationserlöse des Unternehmens her. Risiken für Fremdkapitalgeber (Gläubiger) entstehen daher nur in dem Fall, daß der Schuldner vorübergehend oder endgültig zahlungsunfähig wird. Eigenkapitaltitel gestalten sich hingegen aufgrund ihrer Ertragsabhängigkeit als deutlich risikoreicher.[33]

Für junge Technologieunternehmen ist die Frage von entscheidender Bedeutung, ob für jedes Investitionsrisiko und jede „Teilungsregel" auch ein marktgerechter Preis existiert. Folgt man den Annahmen der neoklassischen Finanzierungstheorie, die mit ihren Theoremen und Axiomen das vorherrschende Paradigma der Investitions- und Finanzierungstheorie darstellt, ist dies in realiter der Fall – spezielle Finanzierungsprobleme kleiner Unternehmen dürften daher nicht existieren. Gegenteilige empirische Beobachtungen sowie neuere finanzierungstheoretische Erkenntnisse fordern die Modelle und Schlußfolgerungen des neoklassischen Theoriengebäudes jedoch zunehmend heraus. Diese für die Finanzierung junger Wachstumsunternehmen überaus wichtige wirtschaftstheoretische Entwicklung soll daher im Mittelpunkt der nachfolgenden Betrachtungen stehen.

2.2 Systematisierung finanzierungstheoretischer Forschungsschwerpunkte

Auf den ersten Blick erscheint die finanzierungstheoretische Forschung als ein großes unübersichtliches Geflecht unterschiedlicher Einzelthemen. Bei genauerer Betrachtung stehen die verschiedenen Forschungsschwerpunkte hingegen direkt oder indirekt in einem engen Zusammenhang. Als finanzierungstheoretische Hauptuntersuchungsschwerpunkte lassen sich die Unternehmen selbst, der Kapitalmarkt sowie die beiderseitigen Interdependenzen identifizieren (vgl. *Abbildung 2*):

32 Einzige Ausnahme bilden sogenannte „ewige" Anleihen.

33 Vgl. zu diesem Abschnitt auch Schmidt/ Terberger 1999, S. 20 ff.

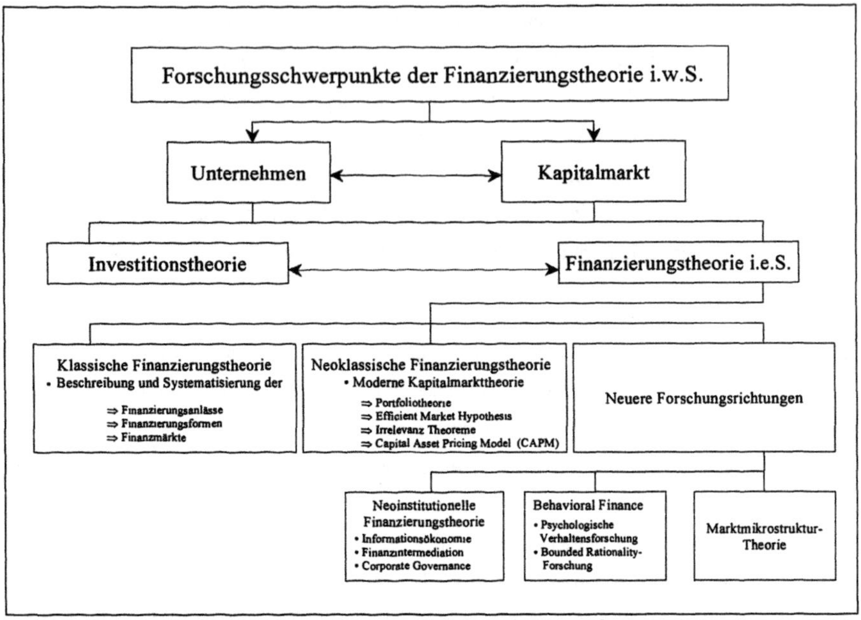

Abbildung 2: *Systematisierung finanzierungstheoretischer Forschungsrichtungen*

Während die deutschsprachige wissenschaftliche Literatur ursprünglich streng zwischen Investitions- und Finanzierungstheorie unterschied, hat sich nunmehr eine integrative, anglo-amerikanisch geprägte Betrachtungsweise durchgesetzt (Finanzierungstheorie i.w.S.). Die Investitionstheorie wird als Teildisziplin der Finanzierungstheorie begriffen, der die Aufgabe zukommt, das Investitionsverhalten von Unternehmen vor dem Hintergrund intertemporaler Kapitalaustauschmöglichkeiten zu beschreiben und fundierend zu erklären. Die Finanzierungstheorie i.e.S. umfaßt die klassische Finanzierungslehre, die neoklassische Finanzierungstheorie sowie neuere Forschungsrichtungen, als deren bedeutendste Zweige der Autor die neoinstitutionelle Finanzierungstheorie, das Forschungsgebiet der Behavioral Finance, sowie die Marktmikrostrukturtheorie betrachtet.[34]

Krahnen interpretiert die finanzierungstheoretische Entwicklung als Abfolge von Pendelbewegungen zwischen primär marktorientierten und primär institutionsorientierten Sichtweisen. Er prognostiziert jedoch, daß diese Bipolarität in Zukunft einer integrativen Betrachtungsweise weichen wird.[35] Das von Krahnen aufgezeigte Spannungsverhältnis zwischen Markt und Institution soll im folgenden als Strukturierungskriterium zur Darstellung finanzie-

[34] Vgl. Pape 1999, S. 73 f. sowie die dortigen Literaturangaben.
[35] Vgl. Krahnen 1993, S. 794.

rungstheoretischer Entwicklungslinien dienen. Dieses Vorgehen ermöglicht es, sowohl historische Perspektivwechsel herauszuarbeiten, als auch aktuelle Entwicklungstendenzen in der Finanzierungstheorie aufzuzeigen.

2.3 Die klassische Finanzierungslehre

Die sogenannte „klassische Finanzierungstheorie", deren Entwicklung zu Beginn des zwanzigsten Jahrhunderts einsetzte, legt - ganz dem traditionellen betriebswirtschaftlichen Verständnis dieser Zeit verhaftet - ihr Hauptaugenmerk darauf, die vielfältigen Finanzierungsanlässe, wie z.B. Unternehmensgründung, -erweiterung, -sanierung etc. sowie die Mannigfaltigkeit vorhandener Finanzierungsformen und nutzbarer Finanzmärkte möglichst erschöpfend zu beschreiben und systematisierend darzustellen.[36] Im Fokus der Allgemeinen Betriebswirtschaftslehre jener Zeit stehen die güterwirtschaftlichen Vorgänge im Unternehmen (Leistungserstellung, Beschaffung, Absatz und Lagerhaltung), die modellmäßig abgebildet und prozeßmäßig optimiert werden sollen. Alle anderen betrieblichen Funktionen sind ihnen nachgeordnet.[37] Diese Sichtweise prägt auch die klassische Finanzierungstheorie.[38] Güterwirtschaftliche Vorgänge bilden den Ausgangs- und Bezugspunkt sämtlicher finanzwirtschaftlicher Überlegungen. Finanzierungsprobleme erhalten hierdurch einen derivativen Charakter – die Finanzierung selbst wird zur *Hilfsfunktion* des Leistungsbereichs, die den güterwirtschaftlichen Prozeß ermöglichen und unterstützen soll.[39]

Der Grund für diese einseitige güterwirtschaftliche Betrachtung ist in dem seinerzeit vorherrschenden institutionellen theoretischen Grundverständnis zu suchen. Unternehmen wurden als soziale Organisationsformen mit dem Hauptziel betrachtet, die Bedürfnisse einer Volkswirtschaft nach Gütern und Dienstleistungen effizient zu befriedigen.[40] Die Interessen und Ziele der Eigentümer hatten sich diesem Oberziel unterzuordnen und wurden daher weitestgehend unbeachtet gelassen.[41] Die Primärzielsetzung einer effizienten Bedürfnisbefriedigung ließ den güterwirtschaftlichen Prozeß zum Ausgangs- und Mittelpunkt aller weiteren be-

---

[36] In Deutschland ist die traditionelle Finanzierungs- und Investitionslehre im Unterschied zu den USA als Teil der Betriebswirtschaftslehre entstanden und orientiert sich daher auch vorwiegend an betriebswirtschaftlichen Fragestellungen. Das wissenschaftliche Verständnis von Finanzierung und Investition in den USA bezog dagegen stets betriebswirtschaftliche *und* volkswirtschaftliche Themenbereiche in die Forschung ein (vgl. Schmidt/ Terberger 1999, S. 9 f.).

[37] Vgl. hierzu ausführlich die Arbeit eines der bedeutendsten Vertreter der klassischen Betriebswirtschaftslehre in Deutschland: Gutenberg 1980.

[38] Vgl. hierzu ausführlich die Arbeit von Schmalenbach, der als Wegbereiter der betriebswirtschaftlichen Auseinandersetzung mit der Finanzwirtschaft in Deutschland gelten darf. Die Erstausgabe seines Werks „Finanzierungen" erschien 1915 in Leipzig.

[39] Vgl. Krahnen 1998, S. 3 f.

[40] Vgl. Schmidt/ Terberger 1999, S. 5.

[41] Gutenberg vertrat gar die Auffassung, daß das Verhalten der Eigentümer gegen die Interessen des Unternehmens selbst verstoßen kann (vgl. Gutenberg 1980, S. 148).

triebswirtschaftlichen Betrachtungen, so auch der finanzwirtschaftlichen, werden. In den Hauptcharakteristika der klassischen Finanzierungstheorie reflektiert sich dieses unternehmerische Grundverständnis. Danach ergeben sich die zentralen Problemstellungen der betrieblichen Finanzwirtschaft aus dem Kapitalbedarf des Unternehmens, dem zur Verfügung stehenden Kapitalfonds[42] sowie deren gegenseitige Abstimmung.[43] Sowohl der Kapitalbedarf als auch das Kapitalangebot werden dabei als voneinander unabhängige, durch die Produktionsanforderungen exogen determinierte Funktionen angenommen. Dem Finanzbereich im Unternehmen obliegt es, für eine ausreichende Deckung des güterwirtschaftlich vorgegebenen Kapitalbedarfs zu sorgen.[44] Zum anderen liegt der Abstimmung von Kapitalbedarf und Kapitalfonds der Leitgedanke zugrunde, dauerhaft ein finanzielles Gleichgewicht im Unternehmen zu gewährleisten.[45] Hierunter wird die formale Anforderung verstanden, daß den Auszahlungen (A_{jt}) eines Unternehmens zu jedem Zeitpunkt (**t**) mindestens gleich große Einzahlungen (E_{it}) gegenüberstehen müssen:

$$\textit{Für alle t soll gelten: } \sum_{i=1}^{n} E_{it} \geq \sum_{j=1}^{m} A_{jt} \qquad (2.1)^{46}$$

Die Abstimmung dieser Zahlungsströme erfolgt mit Hilfe von aufwendigen Simultanplanungsverfahren im Rahmen der Finanzplanung eines Unternehmens.[47] Zum finanzierungstheoretischen Verständnis jener Zeit sei darauf hingewiesen, daß die in der klassischen Finanzwirtschaft zur Anwendung kommenden Optimierungsmethoden ausschließlich auf die Einzelunternehmensebene abstellen und jedwede Kapitalgeberkalküle völlig außer acht lassen.[48]

Um die Deckung des durch die Produktion determinierten Kapitalbedarfs unter Einhaltung des finanziellen Gleichgewichts stets zu gewährleisten, muß sich der Finanzbereich eines Unternehmens intensiv mit den zwei zentralen Fragestellungen:

---

42 Zu den Merkmalen des sogenannten „Kapitalfonds" vgl. Gutenberg 1980, S. 123 ff.

43 Vgl. Teil I „Der Kapitalbedarf", Teil II „Der Kapitalfonds" sowie Teil III „Die Abstimmung zwischen Kapitalbedarf und Kapitalfonds" in Gutenberg 1980.

44 Vgl. Schäfer 1997, S. 40.

45 Vgl. ausführlich Gutenberg 1980, S. 272 ff.

46 Vgl. Schmidt/ Terberger 1999, S. 16, die sich auch kritisch zu dieser formalen Definition äußern. Schmidt/ Terberger erweitern die Definition dahingehend, daß die Bedingung der Zahlungsfähigkeit erfüllt sein muß, ohne daß der güterwirtschaftliche Prozeß durch Maßnahmen zur Aufrechterhaltung der Zahlungsfähigkeit beeinträchtigt wird.

47 Die Zahlungsströme der Investitions- und Finanzierungsalternativen werden, wie bei der integrierten Investitionsplanung üblich, als voneinander unabhängig angenommen (vgl. Krahnen 1998, S. 5).

48 Vgl. Krahnen 1998, S. 5.

- *Wann und wo können Finanzierungslücken bzw. Liquiditätsengpässe auftreten?*
- *Wie kann deren Deckung erfolgen?*

auseinandersetzen. Die klassische Finanzierungstheorie bemüht sich daher, die vielfältigen Finanzierungsquellen und Finanzierungsanlässe systematisch darzustellen.[49] Aufgrund der güterwirtschaftlichen Fixierung sowie der rein deskriptiven Vorgehensweise kann die Finanzierungstheorie jedoch keine Antwort auf die Frage geben, welche Finanzierungsform in einer bestimmten Situation am geeignetsten bzw. empirisch am bedeutsamsten ist.[50] Die theoretische Auseinandersetzung mit der „optimalen Unternehmensfinanzierung" blieb somit für lange Zeit ein vernachlässigter Forschungsbereich.

Das von der klassischen Finanzierungstheorie zur Einhaltung des finanziellen Gleichgewichts entwickelte Instrumentarium basiert in erster Linie auf praktischen Leitregeln und Bilanzstrukturnormen, wie beispielsweise den unterschiedlichen Liquiditätsgraden oder der „Goldenen Bilanzregel".[51] Die aus Zeit-, Branchen- und Betriebsvergleichen gewonnenen Erfahrungswerte dienen als Qualitätsstandards, an denen sich Unternehmen orientieren sollen. Verstöße gegen diese Normwerte werden als Indizien dafür gewertet, daß die Unternehmensliquidität auf kürzere oder längere Sicht gefährdet ist.[52] Da jedoch zukünftige, unsichere Ein- und Auszahlungsströme über die Einhaltung des finanziellen Gleichgewichts im Unternehmen entscheiden, nicht vergangenheitsorientierte Bilanzdaten, erwiesen sich die Liquiditätsnormen und Finanzierungsregeln in der Praxis als unzureichend. Die Finanzierungslehre entwickelte daher das vorausschauende Instrument der Finanz- und Liquiditätsplanung,[53] das als Beginn der umfassenden theoretischen Auseinandersetzung mit von Unsicherheit geprägten Planungs- und Prognosezahlungsströmen betrachtet werden kann.

2.4 Grundbausteine der modernen Finanzierungstheorie

Sämtliche unternehmerischen Produktionsprozesse sind mit dem Verzehr knapper Realgüter verbunden. „Investieren heißt in dieser Sicht, daß *Unternehmen in einzelnen Teilperioden eines laufenden Produktionsprozesses mehr (wertvollere) Realgüter am Markt kaufen und verzehren als sie gleichzeitig erstellen und am Markt verkaufen können.*"[54] Die Gesamtheit

---

[49] Vgl. z.B. oben Abbildung 1.
[50] Vgl. Krahnen 1993, S. 795.
[51] Diese praktischen Grundsätze entbehren einer theoretischen Fundierung und sind wissenschaftlich nicht begründbar. Zum Ursprung der Finanzierungsregeln sowie für einen Erklärungsansatz für das Phänomen, daß Unternehmen dennoch bemüht sind, diese Grundsätze einzuhalten vgl. Schmidt-Wilke 1998, S. 70 f. sowie die dortigen Literaturangaben.
[52] Vgl. Franke/ Hax 1999, S. 114 f.
[53] Vgl. z.B. Gutenberg 1980, S. 381 ff.
[54] Lechner 1988, S. 149.

aller investitionswilligen Unternehmen einer Volkswirtschaft steht somit vor einem Alimentierungsproblem, da die für Investitionszwecke benötigten Realgüter einzig und allein als Ergebnis vorangegangener Produktionsperioden zur Verfügung stehen können. Für das einzelne Unternehmen bedeutet dies, daß es für Investitionen entweder auf Realgüter aus eigenen früheren Produktionsperioden (Innenfinanzierung) und/ oder auf die Realgüter vergangener Produktionsperioden von anderen Wirtschaftssubjekten (Außenfinanzierung) zurückgreifen muß.[55] Gesamtwirtschaftlich betrachtet ist es demnach zwingend erforderlich, daß einige Wirtschaftseinheiten zeitweilig mehr produzieren und/ oder am Markt verkaufen, als sie gleichzeitig zur Produktion und/ oder Konsum verwenden und/ oder am Markt erwerben.[56] Diese für Alimentierungszwecke vorgesehenen Realgüter bezeichnet man als *Kapitaldisposition.*[57] Ein Teil der innerhalb einer bestimmten Periode in einer Volkswirtschaft entstehenden Kapitaldisposition wird am Kapitalmarkt angeboten.[58] Der Preis für den am Markt gehandelten Teil der Kapitaldisposition in Form von *Kredit* ist der natürliche Kapitalmarktzins im Sinne Wicksells.[59] Scheitert eine Volkswirtschaft an der effizienten, dem „ökonomischen Prinzip"[60] entsprechenden Nutzung der knappen Ressource „(Real)-Kapital", produziert sie unterhalb ihrer Transformationskurve. Durch eine effizientere Ressourcenallokation wäre es möglich, den gesamtwirtschaftlichen Output und damit das Wohlstandsniveau zu erhöhen.[61]

Aus diesem makroökonomischen effizienz- und wohlstandsorientierten Blickwinkel erscheint es als eine nahezu zwangsläufige Notwendigkeit, daß jene betriebswirtschaftliche Forschungsrichtung, die sich am intensivsten mit dem Produktionsfaktor „Kapital" auseinandersetzt - nämlich die Finanzierungstheorie - ihr Hauptaugenmerk auf dessen effizienteste Verwendung richten muß. In solchermaßen „kapitalgeleiteten" Unternehmen wird das Unternehmensoberziel primär durch die Zielsetzungen der Kapitalgeber determiniert und muß dementsprechend mit ihren individuellen Zielen kompatibel sein. Dem US-amerikanischen Ökonomen Irving Fisher gebührt der Verdienst, mit seinem Werk „The Theory of Interest"

---

55 Vgl. Gerke/ Bank 1998, S. 300.

56 Die volkswirtschaftlich bedeutendste Gruppe dieser Wirtschaftseinheiten bilden die *Sparer*; vgl. hierzu sowie zu den alternativen Alimentierungsformen ausführlich Lechner 1988, S. 150 ff.

57 Vgl. Cassel 1918, S. 249.

58 Da der volkswirtschaftliche „Kapital"-Begriff grundsätzlich durch seine produktive Verwendung gekennzeichnet ist, Kapitaldisposition jedoch auch konsumtiv in Anspruch genommen wird, spricht man von *Kapitalbildung* nur dann, wenn die Kapitaldisposition für produktive Zwecke zum Einsatz kommt. Einzig und allein in diesem Fall entsteht das volkswirtschaftliche Produktionselement *Kapital*; vgl. Lechner 1988, S. 152 ff.

59 Vgl. hierzu Lechner 1988, S. 156 ff.

60 Hierunter versteht man, mit einem gegebenen Aufwand an Produktionsfaktoren einen maximalen Ertrag an Gütern zu realisieren, bzw. eine gegebene Güterproduktion mit einem minimalen Aufwand an Produktionsfaktoren herzustellen; vgl. Cezanne 1999, S. 7 f.

61 Vgl. Cezanne 1999, S. 7 f.

den Grundstein für unser heutiges kapital- und entscheidungsorientiertes finanzierungstheoretisches Grundverständnis gelegt zu haben.[62] Fisher entwickelt in diesem Beitrag die Grundprinzipien von Konsum und Investition in einer Welt mit perfekten (vollkommenen und vollständigen) und imperfekten (unvollkommenen bzw. unvollständigen) Kapitalmärkten.[63] Er demonstriert, daß die Existenz von Kapitalmärkten zu einer Erhöhung der gesamtwirtschaftlichen Ersparnisbildung und Investitionstätigkeit führt. Viele Agenten (Individuen) der Volkswirtschaft können hierdurch hohe Nutzenzuwächse erzielen, ohne daß andere Agenten Wohlstandsverluste erleiden – das gesamtwirtschaftliche Wohlstandsniveau steigt.[64]

Für den finanzierungstheoretischen Entwicklungsprozeß hält das Werk jedoch noch eine weitere überaus wichtige Erkenntnis bereit, die als *„Fisher-Separationstheorem"* in die Finanzierungstheorie eingegangen ist. Die individuellen Zielsetzungen einzelner Kapitalgeber unterscheiden sich regelmäßig von dem durch die klassische Finanzierungstheorie postulierten gemeinwirtschaftlichen Oberziel höchstmöglicher Bedürfnisbefriedigung der Gesellschaft. Jede Wirtschaftseinheit verfolgt vielmehr eigene, subjektive Bedürfnisse, die es zu maximieren sucht. Das von Fisher entwickelte Separationstheorem zeigt jedoch, daß sämtliche Investoren (Kapitalgeber) in einer finalen wirtschaftlichen Zielsetzung einen gemeinsamen Nenner haben: *Ihre wirtschaftlichen Handlungen erfolgen, um Konsum zu ermöglichen.* Da der Konsum selbst wiederum Mittel zum Zweck einer maximalen individuellen Nutzenerzielung und Bedürfnisbefriedigung ist, kann die **Nutzenmaximierung des Konsumstroms** als gemeinsames Ziel aller Investoren betrachtet werden.[65] Dem Management obliegt es daher, den Unternehmens-Cash-flow in den Dimensionen Breite, zeitliche Struktur und Unsicherheitsgrad entsprechend den Präferenzen der Anteilseigner zu optimieren. Aufgrund der Vielzahl an Aktionären mit unterschiedlichen Zeit- und Risikopräferenzen erscheint dieses Ziel allerdings nicht direkt umsetzbar. Vielmehr bedarf es einer Ersatzzielstellung.[66]

---

62 Vgl. Fisher 1930.

63 Ein Kapitalmarkt wird als „vollkommen" definiert: „...wenn der Preis, zu dem ein Zahlungsstrom zu einem bestimmten Zeitpunkt gehandelt wird, für jeden Marktteilnehmer, unabhängig davon, ob er als Käufer oder Verkäufer auftritt, gleich und gegeben ist. Es gibt damit auch niemanden, der den Preis beeinflussen kann." (Schmidt/ Terberger 1999, S. 57). Ein Kapitalmarkt ist „vollständig", wenn jeder beliebige Zahlungsstrom unabhängig von seiner Höhe, zeitlichen Struktur und Unsicherheit gehandelt werden kann; vgl. Arrow 1964 und Debreu 1959, S. 98.

64 Vgl. Megginson 1997, S. 4.

65 Die Bewertung von Konsumströmen ist aufgrund ihrer Dreidimensionalität hinsichtlich der Zahlungsstromhöhe, deren zeitlicher Struktur sowie der Unsicherheit über den Anfall der Zahlungsströme ausgesprochen problematisch. Bei einer Alternativenabwägung gibt letztendlich die jeweilige subjektive Präferenz des entscheidenden Individuums den Ausschlag. Eine Zielformulierung „Maximierung des Konsumstroms" wäre somit nicht korrekt, da Konsumströme von verschiedenen Wirtschaftseinheiten mit differierenden Präferenzen hinsichtlich der zeitlichen Struktur und Unsicherheit unterschiedlich bewertet werden; vgl. Schmidt/ Terberger 1999, S. 53 f.

66 Vgl. Heitzer/ Klose/ Steiner 2000, S. 345.

Unter der Modellannahme einer einperiodigen Betrachtungsweise weist Fisher für vollkommene und vollständige Kapitalmärkte nach, daß Investitionsentscheidungen unter Sicherheit anhand eines einzigen objektiven Marktkriteriums - *dem Kapitalmarktzins* - getroffen werden können, ohne subjektive Konsumpräferenzen berücksichtigen zu müssen.[67] In diesem speziellen Fall sind sich alle potentiellen Kapitalgeber und -nehmer über die Vorteilhaftigkeit von Investitions- und Finanzierungsentscheidungen einig. Sie entscheiden sich für das Bündel von Investitions- und Finanzierungsmaßnahmen, das den am Markt erzielbaren Preis (Marktwert) ihrer Zahlungsströme maximiert.[68] In Fishers Modell realisieren daher alle Kapitalgeber einer Volkswirtschaft trotz differierender individueller Konsumpräferenzen das gleiche wohlstandsmaximierende Investitionsvolumen, dessen Optimum dann erreicht ist, wenn alle Investitionsprojekte realisiert werden, deren Renditen über dem Kapitalmarktzins liegen oder ihm zumindest entsprechen. Sollten die marktwertmaximierenden Investitionsentscheidungen Zahlungsströme bedingen, die nicht mit den Präferenzen eines der beteiligten Wirtschaftssubjekte übereinstimmen, so kann diese Wirtschaftseinheit durch die Aufnahme benötigter Finanzmittel bzw. durch die Anlage überschüssiger Liquidität zum einheitlichen Zinssatz am Kapitalmarkt jene Zahlungsstromverteilung generieren, die ihrer individuellen subjektiven Nutzenvorstellung genau entspricht.[69] Diese für die weitere wissenschaftliche Entwicklung bahnbrechende Schlußfolgerung ermöglichte der Finanzierungstheorie, allgemeingültige, von subjektiven Konsumpräferenzen und Finanzierungsfragen getrennte, unternehmerische Investitionskalküle herzuleiten.[70]

Es sollten jedoch noch weitere zwanzig Jahre vergehen, bis Fishers Ideen von der breiten finanzierungstheoretischen Forschung aufgegriffen wurden, und die klassischen ad hoc-Theorien[71] ihren Rückzug antraten. Die eigentliche Geburtsstunde der modernen Finanzierungstheorie schlug erst in den fünfziger Jahren, als eine Vielzahl neuer fruchtbarer wirtschaftstheoretischer Beiträge publiziert wurde, die das traditionelle betriebswirtschaftliche Verständnis revolutionierten.[72] An die Stelle der klassischen deskriptiven Finanzierungs- und In-

---

[67] Auf vollkommenen Kapitalmärkten herrscht ein einheitlicher Zinssatz; vgl. Breuer 2000, S. 43 f. und S. 47 ff.

[68] Vgl. Schmidt/ Terberger 1999, S. 57 f.; Breuer 2000, S. 42.

[69] Vgl. Breuer 2000, S. 50; Pape 1999, S. 75.

[70] Ein entscheidendes Problem junger Technologieunternehmen resultiert aus dem Umstand, daß ihnen die *Separation von Investitions- und Finanzierungsentscheidungen* oftmals nicht möglich ist; vgl. Megginson 1997, S. 5. Vgl. zu diesem Abschnitt ausführlich und vertiefend Fisher 1930; Kruschwitz 2002, S. 7 ff.; Breuer 2000, S. 43 ff.; Schäfer 1997, S. 48 ff. sowie zur Gültigkeit der Fisher-Separation auch unter Zugrundelegung einer allgemeinen Gewinnbesteuerung Breuer 1999, S. 270 ff.

[71] Als „ad hoc" werden die traditionellen Aussagen bezeichnet, weil sie zwar viele institutionelle Details enthalten, jedoch keine systematischen Analysen und grundlegende Aussagensysteme aufweisen (vgl. Krahnen 1993, S. 795). Der Leser möge sich als Musterbeispiel das seinerzeit wohl bedeutendste, erstmals 1919 erschienene US-amerikanische Finanzierungslehrbuch von Dewing erarbeiten; vgl. Dewing 1953.

[72] Vgl. Miller 1999, S. 96 ff. In Deutschland hingegen setzte sich die neoklassische Forschungstradition erst später im Anschluß an eine stark ausgeprägte Simultanplanungsphase durch; vgl. Schmidt-Wilke 1998, S. 79.

vestitionslehre trat nunmehr ein entscheidungsorientiertes Wissenschaftsverständnis, das sich intensiv mit der Thematik auseinandersetzt, unter welchen Bedingungen sich Investitionen und deren Finanzierung grundsätzlich lohnen – also genau jene Fragestellung, die von Fisher bereits modelliert wurde und unter Wirtschaftstheoretikern der klassischen Schule als obsolet galt. Im Einklang mit dieser neuen Zielrichtung veränderten sich sowohl die Zielträger als auch die Zielinhalte der Finanzwirtschaft. Das eigenständige, dem gesamtwirtschaftlichen Gemeinwohl verpflichtete institutionelle Gebilde „Unternehmen" wird als Zielträger von rational investierenden Wirtschaftssubjekten im Sinne Fishers abgelöst, die das Unternehmen lediglich als Instrument zur Maximierung ihres eigenen Nutzens betrachten.[73] Die finanzierungstheoretische Maxime für eine Unternehmensleitung lautet nunmehr, den Marktwert des Eigenkapitals zu maximieren und ausschließlich Investitionen mit positivem Kapitalwert durchzuführen.[74]

Diese veränderte Perspektive reflektiert sich auch in den betriebswirtschaftlichen Definitionen finanzierungstheoretischer Grundbegriffe. Investition und Finanzierung werden nunmehr als Maßnahmen betrachtet, die Veränderungen von Konsumströmen auslösen. *Investitionen* sind demzufolge mit Ausgaben und Einnahmen (Nutzen) zu unterschiedlichen Zeitpunkten verbunden, wobei der Investitionsvorgang selbst zunächst immer mit Ausgaben in Erwartung künftiger Einnahmen (Nutzen) beginnt.[75] Die *Finanzierung* wird spiegelbildlich als Zahlungsreihe definiert, die mit einer Einzahlung beginnt, der zu späteren Zeitpunkten (unsichere) Auszahlungen folgen.[76] Beide Definitionen verdeutlichen, daß Investition und Finanzierung die zwei Seiten einer Medaille bilden: Jede Finanzierungsmaßnahme stellt aus Sicht des Kapitalgebers eine Investition dar. Es ist daher nicht verwunderlich, daß die moderne Finanzierungstheorie Investitions- und Finanzierungsentscheidungen als gleichartige Probleme betrachtet. Die zentrale Frage, welche es zu beantworten gilt, lautet: Erhöht sich durch eine Investitions- und/ oder Finanzierungsentscheidung der erwartete Nutzen, den eine Wirt-

Es liegt die Vermutung nahe, daß eine Ursache hierfür in dem Umstand zu suchen ist, daß der wissenschaftstheoretische Wandel hin zu einer markt- und entscheidungsorientierten Perspektive hauptsächlich von Ökonomen getragen wurde. In Deutschland war das Feld der Finanzierungslehre zu jener Zeit jedoch rein betriebswirtschaftlich ausgerichtet und die Forschungstätigkeit auf die Ebene des einzelnen Unternehmens konzentriert. Nach makroökonomischen Berührungspunkten hingegen wurden nicht gesucht; vgl. auch oben Fußnote 36 sowie zu einem ökonomischen Erklärungsversuch Schmidt/ Terberger 1999, S. 35 f.

73 Vgl. Steiner/ Wallmeier 1999, S. 1 sowie grundlegend die dort angegebene Literatur. Für eine umfassende Diskussion der neoklassischen Zielträger sowie der neoklassischen Annahmen über das Verhalten von Wirtschaftssubjekten als Nutzenmaximierer vgl. Schmidt/ Terberger 1999, S. 40 ff.

74 Vgl. Heitzer/ Klose/ Steiner 2000, S. 345.

75 Die notwendige Auszahlung zu Beginn des Investitionsvorgangs entspricht dem heute notwendigen Verzicht auf Konsumeinkommen, um zukünftig über höhere Einkommen verfügen zu können. Zur umfangreichen Diskussion des betriebswirtschaftlichen Investitionsbegriffs vgl. z.B. Perridon/ Steiner 1999, S. 27 ff.; Adam 1997, S. 1 ff.; Blohm/ Lüder 1995, S. 2.

76 Vgl. Kruschwitz 2000, S. 3 f.; Schneider 1992, S. 20.

schaftseinheit aus dem Konsumeinkommensstrom erzielen kann – und wenn ja – welche Investitions-/ Finanzierungskombination maximiert diesen Einkommensstrom?[77]

Die klassische Vorstellung einer „Unternehmensautonomie" erscheint nunmehr nicht nur als Relikt aus vergangener Zeit, sondern geradezu als Kontrapunkt zu einem Unternehmensmodell, in welchem die Eigentümer bzw. Aktionäre als Residual Claimants die Unternehmensentscheidungen determinieren.[78] Auch die dominante Position des Leistungsbereichs im Unternehmen wird relativiert - wenn sich Investition und Finanzierung nicht lohnen, erübrigen sich Entscheidungen über die optimale Produktion. Gleichzeitig verliert die Zielfunktion des Strebens nach einem finanziellen Gleichgewicht als zentrales Problem der klassischen Finanzwirtschaftslehre ihre herausragende Bedeutung. Die investorenbezogene Neuorientierung der neoklassischen Finanzierungstheorie am Marktwert des Unternehmens kann, *muß aber nicht*, mit einem finanziellen Gleichgewicht einhergehen. Solange der zukünftige Zahlungsstrom aus einem Unternehmen höher ist als der Preis, der bei Liquidation dieses Unternehmens erzielt würde, ist die Fortführung des Unternehmens lohnend. Anderenfalls muß im Interesse der Marktwertmaximierung die Gleichgewichtsbedingung sogar ausdrücklich durchbrochen werden und das Unternehmen aufgelöst werden.[79]

Eine entscheidende Erweiterung erfuhr das Fisher-Modell 1958 durch Jack Hirshleifer, der die Prämisse des einheitlichen Kapitalmarktzinses aufhob.[80] Unterschiedliche Zinssätze für die Kapitalanlage bzw. -aufnahme bedeuten, daß für die Vorteilhaftigkeitsbeurteilung von Investitionen kein eindeutiges Marktkriterium mehr existiert. Hirshleifer zeigt jedoch, daß diese realitätsnähere Betrachtung der Finanzierungssituation von Unternehmen nicht zwangsläufig zu einem Bewertungsproblem führen muß. Aufgrund der Finanzierungsbeziehung zwischen kapitalbereitstellenden Investoren und kapitalabsorbierenden Unternehmen ist für die Investitionsbeurteilung der Unternehmen vielmehr grundsätzlich jener Kapitalmarktzins relevant, den diese Investoren für eine vergleichbare Kapitalmarktanlage erzielen würden (Opportunitätsertragsprinzip): „Dieser Zinssatz determiniert die zur Investitionsbeurteilung erforderlichen unternehmensspezifischen Kapitalkosten."[81]

---

77 Vgl. Schmidt/ Terberger 1999, S. 53.

78 Die Interessen der Unternehmensgläubiger, des Managements und Stakeholder fließen lediglich als Nebenbedingungen in das Optimierungsprogramm ein; vgl. Krahnen 1998, S. 6. Stakeholder haben keine Gläubiger- oder Eigentümerposition und keine unternehmensleitende Position inne, sondern tragen aus anderen Gründen Risiken; vgl. Schäfer 1997, S. 45.

79 Vgl. ausführlich Wagner 1997.

80 Vgl. hierzu grundlegend Hirshleifer 1958.

81 Pape 1999, S. 76.

Aufbauend auf den von Fisher und Hirshleifer gelegten Grundlagen über den Zusammenhang von Investition/ Finanzierung und Konsum wurden in der Folgezeit eine Vielzahl analytischer Werkzeuge zur dynamischen Vorteilhaftigkeitsbeurteilung von Investitions- und Finanzierungsentscheidungen entwickelt. Diese Instrumente verkörpern vermutlich den erfolgreichsten Praxisbeitrag, den die theoretische Betriebswirtschaftslehre in den vergangenen Jahrzehnten geliefert hat.[82] Insbesondere die Discounted Cash-flow (DCF)-Analyse[83] hat eine essentielle Bedeutung für die moderne Finanzanalyse erlangt. Im Rahmen der DCF-Analyse werden kausal aus einem Bewertungsprojekt resultierende zukünftige Zahlungsströme mit einem Kalkulationszinssatz, der aus dem individuellen Entscheidungsfeld des Investors abgeleitet wird, auf den jeweiligen Bewertungsstichtag diskontiert. Der so ermittelte Kapitalwert beschreibt den durch das Investitionsprojekt generierten bewertungszeitpunktbezogenen Vermögenszuwachs des Investors.[84] Nach diesem grundsätzlichen Prinzip werden heutzutage sowohl Wertpapiere, wie Aktien und Anleihen, bewertet, als auch Kapitalbudgetierungsentscheidungen in den Unternehmen getroffen.

2.5 Kapitalkosten und Kapitalstrukturentscheidungen

2.5.1 Minimierung der Kapitalkosten als unternehmerische Zielvorgabe

In einem engen Zusammenhang zum bereits postulierten Oberziel der Marktwertmaximierung eines Unternehmens bzw. der Marktwertmaximierung der Summe aller vom Unternehmen begebener Finanzierungstitel, stehen die unternehmerischen Kapitalkosten. „Der Kapitalkostensatz einer Finanzierungsmaßnahme gibt den im Rahmen dieser Finanzierungsmaßnahme mindestens zu gewährenden Erwartungswert der Verzinsung an, um die Kapitalgeber zur Mittelüberlassung zu bewegen."[85] Je nach Herkunft des bereitgestellten Kapitals durch Ausgabe von Forderungs- oder Beteiligungstiteln lassen sich dabei Fremd- und Eigenkapitalkosten unterscheiden, deren Verhältnis zueinander die Gesamtkapitalkosten eines Unternehmens determinieren:[86]

$$r_{GK} = \frac{EK}{EK + FK} * r_{EK} + \frac{FK}{EK + FK} * r_{FK}\,, \qquad (2.2)$$

---

82 Vgl. Krahnen 1993, S. 796.

83 Im deutschsprachigen Raum ist die DCF-Analyse auch als Kapitalwertmethode bekannt. Beide Begriffe werden im folgenden synonym verwandt.

84 Zur DCF-Methode vgl. grundsätzlich Copeland/ Koller/ Murrin 1998, S. 157-163; Rappaport 1986, S. 50 f.

85 Breuer 1998, S. 60.

86 Vgl. z.B. Brealey/ Myers 2000, S. 228 f.; Betsch/ Groh/ Lohmann 1998, S. 202. Von Mezzanine-Finanzierungstiteln, wie Wandel- oder Optionsanleihen, sei an dieser Stelle aus Vereinfachungsgründen abgesehen.

mit: r_{GK}: *Gesamtkapitalkosten,*
r_{EK}: *Eigenkapitalkosten,*
EK: Marktwert des Eigenkapitals,
r_{FK}: *Fremdkapitalkosten,*
FK: Marktwert des Fremdkapitals.

Bei einem feststehenden Investitionsprogramm und damit gegebenem Erwartungswert für den Cash-flow aus der Summe aller Finanzierungstitel eines Unternehmens kann die Unternehmenswertmaximierung somit augenscheinlich als zielidentisch zur Kapitalkostenminimierung betrachtet werden.[87] Im Rahmen der Finanzierungspolitik sollten Unternehmen daher große Anstrengungen darauf verwenden, nach Maßnahmen und Lösungsmöglichkeiten zu suchen, die einen Beitrag zur Verringerung der unternehmensspezifischen Kapitalkosten leisten können.

2.5.2 Problematik der unternehmerischen Eigenkapitalkostenbestimmung

Erfolgreiche Maßnahmen zur Unternehmenswertmaximierung und Kapitalkostenminimierung setzen voraus, daß Unternehmen mit der jeweiligen Höhe und dem Zustandekommen unternehmensspezifischer Kapitalkostensätze vertraut sind.[88] Konzeptionell erscheint hierbei insbesondere die Bestimmung der Eigenkapitalkosten als problematisch. Aufgrund der zwischen Eigenkapitalgeber und Unternehmen bestehenden Finanzierungsbeziehung entsprechen die Eigenkapitalkosten des Unternehmens, wie bereits beschrieben, dem Opportunitätsertragssatz, den Investoren für eine vergleichbare risikoreiche Kapitalmarktanlage erzielen könnten. Da die Aktionäre von Kapitalgesellschaften der Unternehmensleitung jedoch regelmäßig nicht persönlich bekannt sind, bzw. sich die Aktionärsstruktur des Unternehmens ständig ändert, fällt es schwer die individuellen Alternativertragssätze zu bestimmen. Die Aufgabe für die Finanzierungstheorie besteht demnach darin, Konzepte zur Bestimmung der Ertragsforderungen der Kapitalgeber zu entwickeln, um unternehmensspezifische Mindestrenditeanforderungen für die zu finanzierenden Investitionsprojekte ableiten zu können.

Die sogenannten „klassischen Kapitalkostenkonzepte“ können zur Lösung dieser Aufgabe jedoch nur einen bedingten Beitrag leisten, da sie zur Ableitung der Renditeforderungen nicht auf einem geschlossenen Bewertungsmodell aufbauen.[89] Soll jedoch die Mindestrendite von Sach- oder Finanzinvestitionen in Abhängigkeit vom Risikogehalt ermittelt werden, ist ein

87 Vgl. Breuer 1998, S. 50 ff., der das Ziel der Kapitalkostenminimierung auch einer kritischen Betrachtung unterzieht.
88 Vgl. Süchting 1995, S. 419.
89 Vgl. Rudolph 1986a, S. 892.

solches Bewertungsmodell erforderlich. Die in der Praxis am weitesten verbreitete klassische Methode zur Eigenkapitalkostenbestimmung ist das sogenannte „Dividendendiskontierungsmodell", auch unter der englischen Bezeichnung „dividend discount model" bekannt.[90] Der methodische Ansatz des Dividendendiskontierungsmodells, die Ertragsforderungen der Eigenkapitalgeber aus real erzielten Marktpreisen, nämlich den aktuellen Börsenkursen, abzuleiten, ist als wegweisend für die Finanzierungstheorie zu bezeichnen.[91]

Investitionswillige Wachstumsunternehmen stehen vor der praktisch bedeutsamen Frage, ob sie mit Hilfe der nach dem Dividendendiskontierungsmodell ermittelten Eigenkapitalkosten in der Lage sind, korrekte Investitionsentscheidungen im Sinne ihrer Aktionäre zu treffen. Dies sollte augenscheinlich dann der Fall sein, wenn es sich um ein ausschließlich eigenfinanziertes Unternehmen handelt, und Investitionsmaßnahmen durch eine erneute Eigenkapitalzufuhr finanziert werden sollen, so daß sich die Art und Weise der Unternehmensfinanzierung nicht verändert. Des weiteren müssen die zu beurteilenden Investitionen denselben Unsicherheitsgrad wie die bisherigen Investitionen aufweisen. In diesen Fällen ist gewährleistet, daß sich die Risikocharakteristik der Aktie und damit das Risikoäquivalent sowie die Marktkapitalisierungsrate des Unternehmens nicht verändern.[92] Rein eigenfinanzierte Unternehmen dürften in der Praxis jedoch eher die Ausnahme darstellen.[93] Bei einem mit Eigen- *und* Fremdkapital finanzierten Unternehmen stellen die Eigenkapitalkosten jedoch lediglich einen Baustein der Gesamtkapitalkosten dar. Hier repräsentiert der ermittelte Eigenkapitalkostensatz die von den Aktionären geforderte Rendite auf das zusätzlich von ihnen für eine Investitionsmaßnahme aufzubringende Eigenkapital lediglich unter Einhaltung der Bedingung, daß Investitionen *und* ihre Finanzierungsmaßnahmen in ihrer Gesamtheit denselben gegebenen Unsicherheitsgrad aufweisen. Dies bedeutet, eine Investition muß erneut exakt dem Risikoprofil der bisherigen Investitionsmaßnahmen entsprechen *und darüber hinaus* im Verhältnis von neu zugeführtem Eigen- und Fremdkapital identisch zur bisherigen Finanzierungsstruktur des Unternehmens sein. Für alle anderen Fälle muß demnach ein aus Aktionärssicht geeigneterer Kapitalkostensatz ermittelt werden.

---

90 Weitere in der Praxis entwickelte klassische Verfahren zur Bestimmung der Eigenkapitalkosten stellen vor allem auf historische Größen, Buchwerte bzw. Durchschnittsrenditen ab.

91 Nach Schneider stellt ein effizienter Kapitalmarkt generell das beste Bewertungsinstrument dar, „...weil er jenes Wissen verwertet, das der einzelne praktisch nicht haben kann, aber über das die Gesamtheit aller Kapitalmarktteilnehmer verfügt." (Schneider 1992, S. 520) Vgl. zur Kritik Schmidt/ Terberger 1999, S. 204.

92 Vgl. Schmidt/ Terberger 1999, S. 207 ff.

93 Der Fall eines ausschließlich fremdfinanzierten Unternehmens ist theoretisch durchaus denkbar, jedoch allein schon aufgrund von rechtlichen Restriktionen rein hypothetischer Natur: „Because firms are restricted from capitalizing future profits into debt, firms' capital structures include equity. Firms cannot switch to 100 % debt financing even if taxes make debt a cheaper source of capital." (Wald 1999, S. 194)

Die Kontroverse über den finanzierungstheoretisch korrekten Kapitalkostensatz beim Einsatz unterschiedlicher Finanzierungsinstrumente sowie die Frage nach der Existenz einer optimalen, das heißt, kostenminimalen Kapitalstruktur wird gelegentlich auch als Kern der Kapitalkostentheorie angesehen. Von der Finanzierungstheorie wurden im Laufe der Zeit verschiedene Hypothesen über die Veränderung der einzelnen Kapitalkosten bei unterschiedlichen Eigen- und Fremdkapitalanteilen entwickelt und daraus auf die Veränderung der durchschnittlichen Gesamtkapitalkosten geschlossen.[94] In diesen Modellen werden bestimmte Annahmen über die Verhaltensweisen der Kapitalgeber getroffen, wobei der Nettogewinnansatz und der Bruttogewinnansatz zwei entgegengesetzte Extrempositionen verkörpern, wohingegen der sogenannte „traditionelle Ansatz" einen Mittelweg beschreitet.[95] Wie für die klassische Finanzierungslehre symptomatisch, entbehren jedoch all diese Thesen einer theoretischen Fundierung. Für die jeweils aufgestellten Zusammenhänge zwischen Finanzierungsrisiko und Kapitalkosten kann kein Ansatz eine zwingende logische Begründung liefern.[96] Diesen qualitativen Durchbruch in der Auseinandersetzung um die Existenz einer optimalen Kapitalstruktur vermochten erst die Mitbegründer der neoklassischen Finanzierungstheorie, Franco Modigliani und Merton H. Miller, mit ihrem 1958 publizierten Aufsatz „The cost of capital, corporation finance, and the theory of investment" zu erbringen.

2.5.3 Das Irrelevanz-Theorem – Modigliani/ Miller 1958

Die theoretische Zielsetzung der Modigliani/ Miller-Studie kann zweifellos als Fortführung der wissenschaftlichen Suche nach einer adäquaten Theorie über die Auswirkungen von Finanzierungsstrukturentscheidungen auf den Marktwert eines Unternehmens sowie nach objektiven Marktkriterien, aus denen die jeweiligen Auswirkungen auf die Kapitalkosten abgeleitet werden können, interpretiert werden.[97] Der entscheidend neue theoretische Denkansatz, den Modigliani/ Miller verfolgen, ist darin zu sehen, daß nicht mehr Verhaltensannahmen und die Analyse von Kapitalkostenverläufen im Modellmittelpunkt stehen, sondern vielmehr die makroökonomische Erkenntnis, daß auf vollkommenen Märkten identische Güter im Marktgleichgewicht denselben Preis aufweisen müssen. Anderenfalls entstehen risikolose Gewinnmöglichkeiten, die augenblicklich Arbitrageprozesse initiieren würden. Dieses Wissen wird von den Autoren auf den Kapitalmarkt übertragen. Als homogene „Güter" an Kapitalmärkten definieren Modigliani/ Miller Aktien mit identischem Geschäftsrisiko, iden-

94 Vgl. Rudolph 1986b, S. 616.
95 Vgl. Gerke/ Bank 1998, S. 315. Als Quelle dieser klassischen Kapitalkostentheorien gilt die Arbeit von Solomon 1963.
96 Vgl. Schmidt-Wilke 1998, S. 72.
97 Vgl. Modigliani/ Miller 1958, S. 264.

tischen Erwartungen hinsichtlich zukünftiger Einzahlungsüberschüsse sowie einem identischen Finanzierungs- bzw. Kapitalstrukturrisiko (identische Kapitalstruktur). Unternehmen mit gleichem Geschäftsrisiko werden von Modigliani/ Miller in eine Risikoklasse eingeordnet. Die Kernthese von Modigliani/ Miller lautet, daß homogene „Güter" auch an vollkommenen Kapitalmärkten perfekte Substitute sein müssen.[98] Sie zeigen, daß Unternehmen, die sich lediglich hinsichtlich ihres Finanzierungsrisikos voneinander unterscheiden, im Marktgleichgewicht an vollkommenen Kapitalmärkten keine unterschiedlichen Bewertungen aufweisen können, sondern vielmehr den selben Preis aufweisen müssen.[99] Das Verhältnis der Eigen- und Fremdkapitalanteile zum Gesamtkapital ist für den Unternehmenswert nicht relevant (≅ Modigliani/ Miller (M/M)-Theorem 1: *Irrelevanztheorem*). Der Marktwert eines Unternehmens ergibt sich vielmehr durch Kapitalisierung der erwarteten Bruttogewinne mit der Marktkapitalisierungsrate der für das Unternehmen adäquaten Risikoklasse.[100]

„Leverage increases the expected stream of earnings per share but *not* the share price."[101] Über diese Erkenntnis hinaus kann ein weiterer Schluß gezogen werden: Auch die durchschnittlichen Kapitalkosten eines Unternehmens sind unabhängig von der Kapitalstruktur. Sie ergeben sich aus dem Verhältnis der erwarteten Unternehmensgewinne zum Marktwert aller von der Gesellschaft begebener Finanzierungspapiere und sind identisch mit der Marktkapitalisierungsrate eines rein eigenfinanzierten Unternehmens der gleichen Risikoklasse.[102] Die daraus resultierenden Implikationen für die Eigenkapitalkosten verschuldeter Unternehmen führen zum zweiten MM-Theorem: Die Eigenkapitalkosten eines verschuldeten Unternehmens steigen proportional zum Verhältnis der Marktwerte von Fremd- und Eigenkapital ($FK/_{EK}$).[103] Die Steigungsrate der Eigenkapitalkosten ist dabei eine Funktion der Differenz aus Gesamtkapitalkosten und Fremdkapitalkosten.[104] Die Ergebnisse von Modigliani/ Miller lassen sich graphisch wie folgt veranschaulichen:

98 Vgl. Modigliani/ Miller 1958, S. 266.
99 Für den Arbitragebeweis vgl. Modigliani/ Miller 1958, S. 269 ff.
100 Vgl. Modigliani/ Miller 1958, S. 268.
101 Brealey/ Myers 2000, S. 480.
102 Vgl. Modigliani/ Miller 1958, S. 268 f.
103 Vgl. Modigliani/ Miller 1958, S. 271.
104 Vgl. Modigliani/ Miller 1958, S. 271.

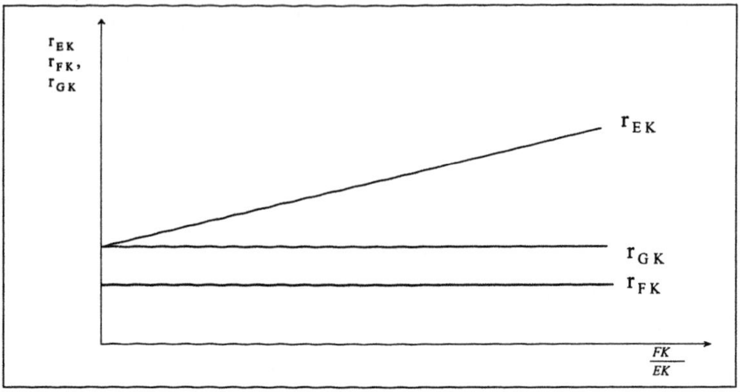

Abbildung 3: *Kapitalkostenverläufe gemäß Modigliani/ Miller*
(Quelle: in Anlehnung an Breuer 1998, S. 71)

Abbildung 3 entspricht im Ergebnis dem klassischen Bruttogewinnansatz. Jedoch sind beide Argumentationen grundverschieden. Modigliani/ Miller kommen über einen Arbitragebeweis auf der Grundlage gesetzmäßiger Gleichgewichtsbedingungen auf vollkommenen Märkten zum Schluß, daß die unternehmerischen Gesamtkapitalkosten zwangsläufig konstant sein müssen – Verhaltensannahmen spielen dabei keine Rolle. Da die Fremdkapitalkosten eines Unternehmens gegeben sind, werden die unternehmerischen Eigenkapitalkosten zu einer Residualgröße, die zwangsläufig proportional zur Verschuldung ansteigen muß, um die Bedingung konstanter Gesamtkapitalkosten zu erfüllen. Demgegenüber argumentiert der Bruttogewinnansatz über Verhaltensannahmen der Eigen- und Fremdkapitalgeber. Hier werden die unternehmerischen Gesamtkapitalkosten zu einem Residuum aus den beiden anderen Größen. Ob die Verhaltensannahmen in realiter zutreffen, erscheint zumindest fraglich und ist empirisch zu überprüfen. Gleichgewichtsbedingungen hingegen können als gesetzmäßig geltend betrachtet werden.

Die MM-Theoreme I und II haben wichtige Implikationen für die unternehmerische Investitionsplanung und münden in MM-Theorem III. Dieses Theorem besagt, daß der Kalkulationszinssatz für Investitionsprojekte ausschließlich aus dem unternehmerischen Geschäftsrisiko resultiert und unabhängig von der Art der Finanzierung ist. Investitions- und Finanzierungsentscheidungen können somit getrennt voneinander vorgenommen werden. Einzig der durchschnittliche Kapitalkostensatz der Risikoklasse, welcher das Unternehmen angehört, ist als *objektives Kriterium* für die Vorteilhaftigkeitsprüfung einer Investition als Entscheidungsgrundlage heranzuziehen.[105] Mit diesem als *Separationstheorem* bekannt gewordenen Ergeb-

[105] Vgl. Modigliani/ Miller 1958, S. 288.

nis für eine Modellwelt vollkommener Kapitalmärkte schließt sich ein finanzierungstheoretisch bedeutsamer historischer Kreis: Die Brücke zu den Erkenntnissen Fishers aus den dreißiger Jahren (Fishersches Separationstheorem) ist erfolgreich geschlagen. Auf vollkommenen Märkten kann jede beliebige Zeit- und Risikostruktur von Zahlungsströmen erzeugt werden. Der Kapitalmarkt bietet damit alle erforderlichen Transformationsfunktionen. Eine separate unternehmerische Transformationsfunktion von Finanzierungsentscheidungen wird entbehrlich und somit wertlos.[106]

Da die MM-Theoreme jedoch unter sehr stringenten Annahmen für vollkommene Kapitalmärkte konzipiert wurden, muß die Frage aufgeworfen werden, inwieweit diese Prämissen die Realität plausibel abbilden.[107] Nahezu mit Erscheinen der MM-Theoreme setzte daher eine fruchtbare kritische wissenschaftliche Debatte um das MM-Modell ein, deren Hauptansatzpunkte obige Modellannahmen bildeten. Das Irrelevanztheorem wurde seitdem in vielfacher Form mit immer schwächeren (weniger einschränkenden) Annahmen neu formuliert, verallgemeinert und auf andere Zusammenhänge angewendet.[108] Hier ist insbesondere die ebenfalls von Modigliani/ Miller aufgestellte These von der Irrelevanz der Dividendenpolitik hervorzuheben.[109] Im Gegensatz zur herausragenden theoretischen Bedeutung der Irrelevanz-Thesen schien deren Bedeutung für die Bestimmung und Minimierungsbemühungen der unternehmerischen Kapitalkosten in der Finanzierungspraxis zunächst jedoch begrenzt. Zwar sind bei Modigliani/ Miller die Kapitalkosten einer Gesellschaft identisch mit dem Kapitalkostensatz der Risikoklasse des Unternehmens. Modigliani/ Miller geben jedoch keinen Anhaltspunkt für die praktische Bestimmung der für das jeweilige Unternehmen adäquaten Risikoklasse und deren Marktkapitalisierungsrate. Diesen für die praktische Akzeptanz entscheidenden Schritt ermöglichten erst neuere kapitalmarkttheoretische Ansätze, die darauf abzielten, den Zusammenhang zwischen Risiko und Rendite aus dem Zustandekommen von Marktpreisen bei unsicheren Erwartungen systematisch abzuleiten. Das wohl wichtigste und einflußreichste Kapitalmarktmodell verkörpert das Capital Asset Pricing Model (CAPM), mit dessen Entwicklung die neoklassische kapitalmarkttheoretische Forschung ihren vorläufigen Höhepunkt erreichte.[110] Erstmals konnten unsichere Investitionsalternativen mit Hilfe eines

---

106 Vgl. Breuer 1998, S. 73.

107 Vgl. zu den Annahmen: Modigliani/ Miller 1958, S. 266-268; Fama 1978, S. 23 ff.

108 Vgl. z.B. die Arbeiten von Stiglitz 1969/1972/1974 und Fama 1978 sowie für einen Überblick über die Debatte Miller 1988

109 Vgl hierzu den grundlegenden Artikel von Modigliani/ Miller 1961, Black 1976 sowie für einen Überblick über die Dividendenkontroverse Brealey/ Myers 2000, S. 439 ff.; Damodaran 1997, S. 552 ff.

110 Ein weiteres grundlegendes Kapitalmarktmodell bildet das State-Preference Model von Arrow/ Debreu/ Hirshleifer. Zum Modellbegriff vgl. Hirshleifer 1965, S. 510 und S. 517. Zum Modell vgl. grundlegend Debreu 1959; Arrow 1964; Hirshleifer 1966; Myers 1968.

theoretisch geschlossenen, klaren konzeptionellen Bewertungsmodells auf ihre Vorteilhaftigkeit hin beurteilt werden.

Modigliani/ Miller verdankt die Finanzierungstheorie die Erkenntnis, daß an vollkommenen Kapitalmärkten im Gleichgewicht der gesamte Finanzierungsbereich eines Unternehmens für die Vermögensposition der Gesamtheit der Kapitalgeber irrelevant wird. Die bis dato zentralen unternehmenspolitischen Fragen der klassischen Finanzierungstheorie nach einer „optimalen" Ausschüttungs- und Finanzierungspolitik erscheinen somit obsolet. Die Argumente der neoklassischen Finanzierungstheorie waren so überzeugend, daß es erst eines erneuten theoretischen Perspektivwechsels bedurfte, um ihre Allgemeingültigkeit zumindest in Frage zu stellen und den wissenschaftlichen Blick verstärkt auf in realiter im Widerspruch zur herrschenden neoklassischen Finanzierungslehre existierende Phänomene, wie die Finanzierungsprobleme junger Wachstumsunternehmen, zu richten.

2.6 Kritische Bestandsaufnahme der neoklassischen Finanzierungstheorie

2.6.1 Errungenschaften

Der Markt ist ein Mechanismus, der die individuellen Interessen einzelner nach Nutzenmaximierung strebender Wirtschaftssubjekte so koordiniert, daß die gesamtwirtschaftliche Wohlfahrt maximiert wird. Die neoklassische Finanzierungstheorie folgt diesem Leitmotiv der klassischen Nationalökonomie und untersucht die Auswirkungen perfekt funktionierender Kapitalmärkte auf unternehmerische Finanzierungs- und Investitionsentscheidungen unter dem Hauptaugenmerk der effizienten Verwendung des Produktionsfaktors „Kapital". Zwei fundamentale Erkenntnisse der neoklassischen finanzierungstheoretischen Forschung revolutionierten das traditionelle investitions- und finanzierungstheoretische Verständnis. *Werden auf einem vollkommenen und vollständigen Kapitalmarkt Zahlungsströme von rationalen, vollständig informierten Marktteilnehmern gehandelt, entfallen für Investitionen mit positiven Kapitalwerten sowohl sämtliche Kapitalbeschaffungsprobleme als auch die Suche nach der optimalen Finanzierungsform.*

Das Alter und der Risikogehalt eines Unternehmens spielen unter diesen Bedingungen für die Finanzierungschancen keine Rolle. Die Vorteilhaftigkeit einer Investition und damit die Finanzierungsentscheidung wird einzig und allein durch die Höhe und Struktur der Projekt-Cash-flows determiniert. Jungen wachstumsorientierten Technologieunternehmen, die über viele aussichtsreiche Investitionsprojekte mit positiven Kapitalwerten verfügen, wird der Kapitalmarkt das benötigte Finanzierungsvolumen daher ohne Probleme zur Verfügung stellen. Die Form der Finanzierung legt lediglich die Aufteilung des Einzahlungsstroms auf die jeweiligen Kapitalgeber fest. Unabhängig von der Art und Höhe der externen Finanzierung herrscht in dieser Modellwelt Einigkeit über das zu finanzierende Investitionsprogramm - selbst bei Berücksichtigung der unterschiedlichen individuellen Präferenzen und Risikoneigungen von Unternehmensgründern und Kapitalgebern. Die Investitionsentscheidungen sind am Oberziel der Marktwertmaximierung des Unternehmens auszurichten.

Die Erkenntnisse der neoklassischen Finanzierungstheorie bilden die Grundlage für das gesamte Instrumentarium der modernen strategischen Unternehmensführung und -bewertung. Die Ausrichtung der Unternehmenspolitik an der Marktwertmaximierung der eigenen Aktien ist spätestens mit Erscheinen von Alfred Rappaports „Creating Shareholder Value"[111] in der Finanzwirtschaftslehre als Oberziel strategischer Unternehmensführung allgemein theoretisch anerkannt und findet auch in der Praxis breite Akzeptanz und Zustimmung.[112] In Übereinstimmung mit dieser Entwicklung gilt die Veränderung des Shareholder Values, d. h. der Veränderung des Marktwertes der Aktien eines Unternehmens, heute als eine der wichtigsten Maßzahlen für die Beurteilung und Bewertung von Managementleistungen und Unternehmensentscheidungen: „If capital markets are efficient, then the market value of the firm reflects the present value of the firm's expected future net cash flows, including cash flows from future investment opportunities."[113]

Grundlegende Prämisse für diese Schlußfolgerungen ist jedoch die bereits erwähnte Existenz einer Welt vollkommener und vollständiger Kapitalmärkte. Die von subjektiven Präferenzen unabhängige Verfolgung des Unternehmensoberziels Marktwertmaximierung wird einzig und allein dann von allen Kapitalgebern befürwortet, wenn der Marktmechanismus reibungslos funktioniert. Auf einem unvollkommenen Kapitalmarkt kann diese Einstimmigkeit nicht mehr uneingeschränkt vorausgesetzt werden. Fallen beispielsweise aufgrund von Transaktionskosten Kauf- und Verkaufspreise eines Zahlungsstroms auseinander, kann dies zur Folge haben, daß diejenigen Investoren, die den marktwertmaximalen Zahlungsstrom durch einen (teilweisen) Verkauf von Unternehmensanteilen sowie durch (teilweisen) Kauf von anderen Zahlungsströmen an ihre Präferenzen anpassen müssen, mit der Entscheidung nicht mehr einverstanden sind, da die Transaktionskosten den Vorteil des marktwertmaximalen Stroms aufzehren. Die Einigung auf eine marktwertmaximierende Unternehmensstrategie kann auch dann scheitern, wenn es Kapitalgebern nicht möglich ist, Bruchteile des marktwertmaximie-

---

111 Vgl. Rappaport 1986.
112 Zur kritischen Diskussion dieser Zielausrichtung vgl. Pape 1999, S. 148 ff.
113 Jensen/ Smith 1984, S. 4.

renden Zahlungsstroms zu verkaufen bzw. Transaktionsmöglichkeiten fehlen, die zur Herstellung der Einstimmigkeit vorausgesetzt werden (unvollständiger Kapitalmarkt).[114]

Modigliani/ Miller zeichneten dementsprechend bereits in ihrem Beitrag von 1958 die Schwerpunkte künftiger Forschungsarbeit vor. Im Zentrum der finanzierungstheoretischen Forschung muß die Frage stehen, inwieweit eine Lockerung der neoklassischen Vollkommenheitsprämissen die Gültigkeit ihrer Modelle berührt. Für eine umfassende und gerechte Beurteilung des von der neoklassischen Finanzierungslehre für die Praxis bereitgestellten Instrumentariums stellt sich somit die Schlüsselfrage, inwieweit die empirisch beobachtbare Funktionsweise realer Finanzmärkte und das Investitions- und Finanzierungsverhalten der Marktteilnehmer den neoklassischen Modellvorstellungen entsprechen.

2.6.2 Die Efficient-market-Hypothese als Gütemaß für reale Kapitalmärkte

Fama definiert 1970 einen Kapitalmarkt als effizient, wenn sich alle verfügbaren Informationen stets vollständig in den Marktpreisen widerspiegeln.[115] Vereinzelte empirische Untersuchungen zur Informationsverarbeitung auf Kapitalmärkten gab es bereits, bevor Famas Vorstellung von einem informationseffizienten Kapitalmarkt Anfang der siebziger Jahre populär wurde. Famas Veröffentlichungen riefen eine Flut von empirischen Forschungsarbeiten zur Überprüfung der Markteffizienzhypothese hervor, die bis zum heutigen Tag unvermindert anhält. Jensen/ Smith äußern gar die Vermutung, daß die Efficient-market-Hypothese die meist getestete Theorie der gesamten Sozialwissenschaften darstellt.[116]

Zur Strukturierung der Efficient-market-Hypothese und leichteren empirischen Überprüfung des Preisverhaltens auf realen Kapitalmärkten unterteilte Fama die bereits existierenden empi-

---

[114] Vgl. Schmidt/ Terberger 1999, S. 58 f.

[115] Vgl. Fama 1970, S. 383; Fama 1976, S. 133; Nach Fama müssen folgende hinreichende Bedingungen für einen informationseffizienten Kapitalmarkt vorliegen: keine Transaktionskosten, kostenlose Verfügbarkeit von Informationen sowie eine homogene Informationsverarbeitung durch alle Marktteilnehmer (vgl. Fama 1970, S. 387). Obwohl die effiziente Informationsverarbeitung lediglich einen Aspekt der Funktionsfähigkeit von Märkten erfaßt, werden aus dieser Annahme regelmäßig wesentlich weitgehendere Schlußfolgerungen, wie die einer Pareto-optimalen Ressourcenallokation, und damit die These einer generellen Kapitalmarkteffizienz abgeleitet; vgl. hierzu kritisch Rapp 1996, S. 20 f. sowie die dort angegebene Literatur. Ferner sei an dieser Stelle angemerkt, daß der Autor der allgemein üblichen Einordnung der Markteffizienzthese als Bestandteil eines vollkommenen Kapitalmarktes nicht folgen kann (vgl. hierzu z.B. Steiner/ Bruns 2000, S. 40; Breuer 2000, S. 42). Nach Arrow/ Debreu ist ein vollkommener Markt lediglich dahingehend charakterisiert, daß der Marktpreis eines Zahlungsstroms für jeden Marktteilnehmer gleich und gegeben ist. Es gibt niemanden, der diesen Preis beeinflussen kann. Diese Definition sagt jedoch nichts über die Art der Informationsverarbeitung durch die Marktteilnehmer aus. An vollkommenen Kapitalmärkten muß es nicht zwangsläufig zu einer homogenen Informationsverarbeitung kommen, sofern die Annahme ausschließlich rational agierender Wirtschaftssubjekte aufgehoben wird. Eine wirtschaftswissenschaftliche Forschungsrichtung, die sich eingehend mit den Gründen für divergierende Meinungen und inhomogener Informationsverarbeitung unter den Marktteilnehmern auseinandersetzt, ist das Gebiet der „Behavioral Finance“ (für einen Einblick in diese Forschungsrichtung vgl. z.B. Goldberg/ Nitzsch 1999; Olsen 1998)

[116] Vgl. Jensen/ Smith 1984, S. 4 sowie für einen Überblick über die empirischen Studien vor 1970 S. 3 f.

rischen Studien je nach Art und Umfang der in den Marktpreisen enthaltenen Informationen in drei Klassen:[117]

(1) ***weak form efficient:***: Alle Informationen über Kursentwicklungen in der Vergangenheit sind vollständig in den aktuellen Kursen enthalten.

(2) ***semi-strong efficient:*** Alle öffentlichen Informationen bzw. Ankündigungen schlagen sich umgehend und ohne Informationsverlust in den Marktpreisen nieder.

(3) ***strong-form efficient:*** Auch nichtöffentliche Informationen (Insiderinformationen) fließen vollständig in die Preisbildung ein.

Fama kommt für den US-Aktienmarkt zu dem Ergebnis, daß „...the evidence in support of the efficient market hypothesis is extensive, and...contradictory evidence is sparse."[118] Die weiteren empirischen Untersuchungen der siebziger Jahre bestätigten Famas Resultat in beeindruckender Weise.[119] Spätestens seit Beginn der achtziger Jahre, als sich die Berichte über Entdeckungen sogenannter „Kapitalmarktanomalien"[120] häuften, wuchsen jedoch die Zweifel an der generellen Gültigkeit der Markteffizienzhypothese für die realen Aktienmärkte. Heute besteht weitestgehend Einigkeit in der Feststellung, daß Aktienmärkte zumindest die strenge Form der Informationseffizienz nicht erfüllen. Tests zeigen, daß es Insidern möglich ist, im Vergleich zur durchschnittlichen Marktrendite signifikant höhere Erträge zu erwirtschaften.[121] Dies allein muß den praktischen Nutzen der neoklassischen Theorie jedoch noch nicht schmälern, ist Famas Informationseffizienz-Hypothese doch lediglich ein Modell, das ein ungefähres Abbild der Realität darstellen soll. Entscheidend ist vielmehr, bis zu welchem Grad Wertpapiermärkte den neoklassischen Modellvorstellungen entsprechen. Besonders umstritten sind daher die Hypothesen schwach bzw. halb-streng informationseffizienter Aktienmärkte.

Die Interpretation der beobachteten Anomalien[122] spaltet die Literatur in zwei Lager. Die Anhänger der „efficient market theory" erklären die beobachteten Erscheinungen im Rahmen

[117] Vgl. Fama 1970, S. 388 ff. Für die grundsätzlichen Probleme, die sich aus der recht unpräzisen Kapitalmarkteffizienz-Definition durch Fama für die empirische Überprüfung ergeben vgl. Nöth 1998, S. 7.

[118] Fama 1970, S. 383.

[119] Dementsprechend folgert Jensen 1978: „I believe there is no other proposition in economics which has more solid empirical evidence supporting it than the efficient market hypothesis." (Jensen 1978, S. 95)

[120] Unter den Begriff der „Kapitalmarktanomalie" werden empirisch nachweisbare Renditeentwicklungen subsumiert, die im Widerspruch zu den theoretischen Aussagen der Kapitalmarkttheorie stehen, wie z.B. systematische Abweichungen der Aktienrenditen von der Wertpapierlinie des CAPM; vgl. z.B. Bruns 1994, S. 19, Ehrhardt 1997, S. 36.

[121] Vgl. Achleitner 1999, S. 549; Ross/ Westerfield/ Jaffe 1999, S. 335.

[122] Für einen illustrativen Überblick der Anomalie-Studien vgl. Raghubir/ Das 1999, S. 57 ff.; Thaler 1999, S. 13 f.

effizienter Märkte,[123] wohingegen die Vertreter der Gegenseite in den Anomalien einen fundamentalen Widerspruch zur Efficient-market-Hypothese sehen.[124] Erschwert wird die Diskussion durch die grundsätzlichen Probleme bei der empirischen Überprüfung der Efficient-market-Hypothese.[125] Um beispielsweise zu ermitteln, ob die Auswertung fundamentaler Informationen Überrenditen ermöglicht, muß ein Modell zur Ermittlung der Normalverzinsung zugrunde gelegt werden. Werden im Rahmen empirischer Tests tatsächlich Überrenditen gemessen, kann daraus jedoch nicht zwangsläufig auf eine Verwerfung der halb-strengen Markteffizienz geschlossen werden, da auch das zugrundeliegende Bewertungsmodell zur Ermittlung der Normalverzinsung falsch bzw. unzureichend spezifiziert sein kann (Problem der verbundenen Hypothesen).[126] Können die empirischen Studien die Markteffizienzhypothese somit nicht falsifizieren, offenbaren sie jedoch zumindest, daß die Einflußfaktoren für die Renditeausprägungen von Aktien wesentlich komplexer sind, als das CAPM postuliert. Die Forschung orientiert sich daher zunehmend in die Richtung von Multifaktoren-Modellen zur Bestimmung der erwarteten Rendite einer Aktie.[127]

Famas „Benchmark für einen effizienten Kapitalmarkt" („...security prices fully reflect all available information...")[128] läßt zudem geringe Handelsvolumina von Aktien und konstante Aktienkurse erwarten, solange keine neuen Informationen bekannt werden.[129] Dies wirft jedoch die Frage auf, warum die Volatilität und die täglichen Umsätze an den internationalen

[123] Vgl. exemplarisch die Kritik der Over- und Underreaction-Studien durch Fama 1998. Eine weitere Kapitalmarktanomalie stellt die sogenannte „value premium" dar. Aktien mit hohen Buchwert-/ Marktwert-, und geringen Kurs-/ Gewinn- bzw. Kurs-/ Cash-flow-Verhältnissen werden als Value Stocks bezeichnet; vgl. Fama 1998. Fama/ French 1992, 1993, 1995, 1996, 1998; Davis/ Fama/ French 2000; Chen/ Zhang 1998 und Lev/ Sougiannis 1999 bestätigen zwar, daß diese Aktien deutliche Überrenditen erzielen (Value Premium), erklären diesen Umstand jedoch mit höheren Risiken der Value Stocks, die im herkömmlichen CAPM nicht abgebildet werden. Elton/ Gruber/ Busse 1998 kritisieren in ihrer Untersuchung die Ergebnisse der sogenannten „closed-end fund puzzle"-Studien von Lee/ Shleifer/ Thaler (vgl. z.B. Lee/ Shleifer/ Thaler 1991) und verneinen ihrerseits einen Einfluß des Investoren-Sentiments auf die Erträge von Aktien.

[124] Vgl. hierzu z.B. die der Behavioral Finance zuzuordnenden Beiträge von De Bondt/ Thaler 1995; Haugen 1995 und 1996; Baumann/ Miller 1997; Daniel/ Hirshleifer/ Subrahmanyam 1998 und 2001; Hirshleifer 2001, Barberis/ Shleifer/ Vishny 1998; Daniel/ Titman 1999.

[125] Vgl. hierzu auch ausführlich unten Abschnitt 5.3.2.

[126] Dieses Argument wird regelmäßig von den Befürwortern der Efficient-market-Hypothese angeführt. So konzediert Fama: „Thus, market efficiency per se is not testable...It is a dissappointing fact that, because of the joint-hypothesis problem, precise inferences about the degree of market efficiency are likely to remain impossible." (Fama 1991, S. 1575 f.)

[127] „Standard finance proponents were happy with the CAPM as its asset-pricing model as long as it served to show that markets are efficient, but they abandoned the CAPM in favor of Fama and French's (1992) three-factor model when the CAPM produced anomalies inconsistent with market efficiency." (Statman 1999, S. 20 f.) Nachdem die Existenz einer „value premium" auch international nachgewiesen wurde, erklärten Fama/ French diese Anomalien wiederum mit einem 2-Faktoren International CAPM; vgl. Fama/ French 1998. Vgl. auch die Arbeiten von Jandura/ Rehkugler 1999 und Jensen/ Johnson/ Mercer 1998 zum Einfluß der Notenbankpolitik auf die Bewertung von Aktien.

[128] Fama 1991, S. 1575.

[129] Vgl. Thaler 1999, S. 13 f.

Aktienbörsen so hoch sind, und die Umsätze im Trend weiter ansteigen.[130] Täglich neue Unternehmensinformationen und Liquiditätsbedürfnisse können diese Phänomene nicht befriedigend erklären. Beruhen hingegen die Ertragserwartungen der Marktteilnehmer auf divergierende Situations- und Zukunftseinschätzungen, da Informationen zur Unsicherheitsreduktion beispielsweise schwer zu erlangen und zusätzlich asymmetrisch verteilt sind, kann kein statischer Gleichgewichtskurs existieren - Aktienkurse müssen schwanken.[131] Große theoretische Erklärungsprobleme bereitet zudem die Tatsache, daß „...thousands of individuals in the capital market invest much time in gaining access to information, in evaluating the information, and in translating the evaluation into investment decisions...“[132] Diese Tätigkeit beansprucht erhebliche finanzielle und zeitliche Ressourcen und rechtfertigt somit die Annahme positiver Kosten der Informationsbeschaffung. Sofern nicht einem Großteil der Marktteilnehmer irrationales Handeln unterstellt wird, muß vermutet werden, daß der aus der Informationsproduktion gezogene Grenznutzen die Grenzkosten des Zeit- und Ressourcenverzehrs übersteigt.

Die Arbeiten von Grossman und Grossman/ Stiglitz unterstützen diese Hypothese: „...if information is costly, then markets cannot be informationally efficient.“[133] Diese Erkenntnis ist als sogenanntes *„Informationsparadoxon“* in die Finanzierungstheorie eingegangen. Sofern sich alle kostenverursachende Informationen sofort in den Marktpreisen niederschlagen, existiert für die Marktteilnehmer kein Anreiz mehr, Informationen zu erwerben, da die erzielbaren Gewinne die Kosten der Informationsbeschaffung nicht ausgleichen können.[134] Dieses Anreizproblem resultiert als externer Effekt aus transparenten Preisbildungsmechanismen. Um originäre Anreize für die Informationsproduktion zu schaffen, müssen Kapitalmärkte daher einen gewissen Grad an Informationsineffizienz aufweisen.

---

[130] Vgl. hierzu beispielhaft die Aufsätze von Loewenstein 1988 und Shiller 1981; auch Krahnen 1993, S. 802.

[131] Vgl. Bernstein 1999, S. 1. Benos 1998 und Odean 1998 stellen die These auf, daß auch eine Überbewertung eigener „Trading-Fähigkeiten“ zu hohe Handelsaktivitäten hervorruft. Diese Hypothese wird durch die Erkenntnisse der empirischen Studie von Odean 1999 unterstützt. Odeans Untersuchungen zeugen von einem exzessiven Handelsvolumen der Discount Broker-Kunden. Dieses Faktum könnte auf einen „overconfidence bias“ dieser Personengruppe zurückzuführen sein. Wie die schlechten Handelsergebnisse zeigen, sind diese Investoren mit der Analyse der vielfältigen unterschiedlichen Aktien überfordert. Ihre Aufmerksamkeit und Handelsentscheidungen scheinen daher vielmehr primär von externen Analysen und Informationsquellen, wie z.B. den Finanzmedien, gelenkt zu werden.

[132] Bernstein 1999, S. 1.

[133] Grossman 1978, S. 82. Vgl. analog hierzu ausführlich Grossman 1976 sowie Grossman/ Stiglitz 1976, 1980.

[134] „When a price system is a perfect aggregator of information it removes private incentives to collect information.“ (Grossman 1976, S. 574). Im Gegensatz zu Fama, der das Vorhandensein kostenloser Informationen lediglich als *hinreichende* Bedingung für einen informationseffizienten Kapitalmarkt erachtet, folgt aus dieser Erkenntnis zwingend, daß kostenlose Informationen eine *notwendige* Bedingung informationseffizienter Kapitalmärkte sind; vgl. auch Rapp 1996, S. 29.

Die konzeptionelle Kritik an der Markteffizienzhypothese und die zunehmend widersprüchlichen empirischen Testergebnisse lassen eine Weiter- bzw. Neuentwicklung der Famaschen Effizienzkriterien unvermeidlich erscheinen. Fama setzt in seinen Hypothesen beispielsweise voraus, daß eine unmittelbare und vollständige Informationsverarbeitung stets auch eine ökonomisch korrekte Interpretation dieser Informationen durch die Marktteilnehmer impliziert (Bewertungseffizienz). Insbesondere die Ergebnisse der Behavioral Finance-Forschung zum Informations- und Entscheidungsverhalten von Individuen verdeutlichen jedoch die Problematik dieser Gleichsetzung verschiedener Effizienzformen. Eine sachgerechte Differenzierung unterschiedlicher Tatbestände wird dadurch erheblich erschwert.[135]

Es bleibt festzuhalten, daß Famas Informationseffizienz-Theorie einen wesentlichen Beitrag zum grundlegenden Verständnis und zur Weiterentwicklung der neoklassischen Finanzierungstheorie geleistet hat. Solange jedoch keine differenzierte(n), eindeutig empirisch testbare(n) Hypothese(n) zur effizienten Funktionsweise des Kapitalmarktes existiert/ existieren und/ oder ein allseits akzeptiertes Aktienbewertungsmodell hergeleitet wird, müssen die kontroversen empirischen Auseinandersetzungen um die Informationseffizienz des Kapitalmarktes als wissenschaftliche „Spiegelfechtereien" betrachtet werden, da keine Seite den Nachweis für die Richtigkeit ihrer Thesen erbringen kann.[136] Aus dem grundsätzlichen Unbehagen gegenüber den Implikationen der Efficient-market-Hypothese für die Praxis lassen sich jedoch wichtige Anhaltspunkte dafür finden, einige Grundpfeiler der neoklassischen Finanzierungsmodelle für das Handeln an realen Kapitalmärkten grundsätzlich in Frage zu stellen.

So impliziert ein vollkommener und vollständiger informationseffizienter Kapitalmarkt einen derartig hohen Perfektionsgrad, daß Finanzierungsvorgängen in realiter keine Beachtung entgegengebracht würde. Finanzierungsprobleme bestünden einfach nicht, und Fragen nach der optimalen Finanzierungsform bzw. dem optimalen Finanzierungsinstrument wären irrelevant, da sie keinen Wertzuwachs für Unternehmen schaffen könnten. Darüber hinaus kennt die neoklassische Finanzierungstheorie lediglich exogene bzw. technische Unsicherheiten, die

[135] So bemerkt Statman beispielsweise: „To some market efficiency means that there is no systematic way to beat the market. To others, it means that security prices are rational – that is, reflect only „fundamental" or „utilitarian" characteristics, such as risk, but not „psychological" or „value-expressive" characteristics, such as sentiment...But I argue that finance scholars and professionals would do well to accept market efficiency in the beat-the-market sense but reject it in the rational-prices sense." (Statman 1999, S. 18) Zur Informationsverarbeitung von Individuen aus Sicht der Verhaltensforschung vgl. Goldberg/ Nitzsch 1999, S. 49 ff.

[136] Fama hat dem verstärkten Nachweis von Anomalien 1991 Rechnung getragen und die Informationseffizienzkategorien modifiziert. Er unterscheidet nunmehr zwischen „predictability tests", „event studies" sowie „tests for private information". Diese Kategorien ersetzen jeweils die schwache, halb-strenge und strenge Form der Markteffizienz; vgl. Fama 1991, S. 1576 f. Jedoch lösen auch diese Kriterien nicht die oben beschriebenen Probleme. Vgl. zur Kritik dieses Effizienzkonzepts auch unten Abschnitt 5.3.2.

nicht aus dem Verhalten der Marktteilnehmer resultieren, sondern einzig und allein durch künftige Umweltzustände bedingt sind. Es wird vorausgesetzt, daß sämtliche Kapitalnehmer und -geber den gleichen Informationsstand über Umweltzustände haben, die Einfluß auf ihre Vertragsbeziehungen ausüben (Annahme der symmetrischen Informationsverteilung). Nur in diesem Fall ist bei einem Auseinanderfallen von Investitions- und Finanzierungsbedürfnissen einzelner Wirtschaftssubjekte ein Bedarfsausgleich ohne die Vermittlung von Finanzintermediären möglich. Banken und andere Finanzintermediäre der realen Wirtschaftswelt, die sich mit der Lösung von Finanzierungs- und Investitionsproblemen beschäftigen, üben auf solchermaßen perfekten Kapitalmärkten keine wohlfahrtssteigernde Funktion aus, da sie keine essentiellen Vorteile für die Kapitalallokation erbringen können. Nach der neoklassischen Finanzierungstheorie würde ihnen dementsprechend jede Existenzberechtigung fehlen.[137]

2.6.3 Empirische Kapitalstrukturen

Die empirischen Überprüfungen der MM-Theoreme zur Kapitalstruktur der Unternehmen lassen sich in zwei Grundrichtungen unterscheiden. Während die empirische Forschung auf der einen Seite Kapitalstrukturen unterschiedlicher Firmen, Branchen und Länder im Zeitablauf auf Regelmäßigkeiten bzw. Gesetzmäßigkeiten (Determinanten des Financial Leverage) hin untersucht und nach eventuell vorhandenen Kapitalrationierungen forscht, die nach MM nicht existieren sollten, konzentriert sich eine andere Richtung auf die Suche nach möglichen Zusammenhängen zwischen Kapitalstrukturen und Investitionsentscheidungen.

Zwischen verschiedenen Unternehmen, Unternehmensrechtsformen, Branchen und Ländern lassen sich deutliche Unterschiede und Trends in den Kapitalstrukturen beobachten. Bereits 1969 zeigten Stonehill/ Stitzel, daß unterschiedliche institutionelle Rahmenbedingungen einen großen Einfluß auf unternehmerische Kapitalstrukturentscheidungen ausüben.[138] Aggarwal sowie Collins/ Sekely untermauerten diese Beobachtung Anfang der achtziger Jahre. Ihre Untersuchungen zeigten, daß sowohl die Branche, als auch der Unternehmensstandort einen signifikanten Einfluß auf den Verschuldungsgrad haben.[139] Die vielfältigen Kapitalstrukturstudien in den großen Industrienationen lassen zudem „wesensmäßige" Unterschiede zwischen den angelsächsischen Staaten (USA, Kanada, Großbritannien) mit traditionell hohen Eigenkapitalquoten auf der einen und den anderen großen Industrienationen (Japan, Deutsch-

[137] Vgl. Schäfer 1997, S. 54.
[138] Vgl. Stonehill/ Stitzel 1969.
[139] Vgl. Aggarwal 1981, S. 75 ff.; Collins/ Sekely 1983, S. 45 ff.

land, Frankreich, Italien) mit einer geringeren Eigenkapitalausstattung und dementsprechend höheren Verschuldungsgraden auf der anderen Seite erkennen.[140]

Als überaus interessant für das Thema dieser Arbeit erweisen sich empirische Studien über die Kapitalstrukturen kleiner/ mittlerer bzw. junger (Technologie)-Unternehmen. Barclay/ Smith/ Watts zeigen in ihrer Untersuchung, daß der Financial Leverage von staatlich regulierten Unternehmen sowie von Unternehmen in „low-tech"-Branchen vergleichsweise hoch ist. „High-tech"-Unternehmen weisen demgegenüber einen geringen Verschuldungsgrad auf.[141] Zu einem ähnlichen Resultat kommt Gul 1999 bei einer empirischen Untersuchung japanischer Unternehmen. Auch in Japan weisen staatlich regulierte Unternehmen höhere Verschuldungsgrade auf. Gul ermittelt zudem eine deutlich negative Korrelation zwischen den Wachstumsaussichten eines Unternehmens und dem Verschuldungsgrad bzw. der Dividendenrendite. Die Korrelation von Unternehmensgröße und Verschuldungsgrad erweist sich als deutlich positiv.[142] Für die USA konstatieren Fama/ French, daß der Marktwert des Eigenkapitals neuer (und damit tendenziell auch kleinerer) Unternehmen ihres COMPUSTAT-Samples börsennotierter Gesellschaften einen größeren Teil des Gesamtunternehmenswertes verkörpert, als dies für den Durchschnitt aller im Sample enthaltener Unternehmen der Fall ist (74,35 % versus 65,84 %).[143] Der Anteil des Fremdkapitals am Marktwert des Unternehmens wächst demnach mit zunehmendem Unternehmensalter. „This shift is consistent with the argument that debt is a relatively more efficient form of financing for mature firms with established track records (Myers 1977)."[144]

Für die Bundesrepublik Deutschland muß festgestellt werden, daß sich die Eigenkapitalquote junger Unternehmen bis Ende der neunziger Jahre kontinuierlich verschlechtert zu haben scheint.[145] Zudem ist zu beobachten, daß der Eigenkapitalanteil börsennotierter Unternehmen angestiegen ist – wohingegen die vergleichbare Quote nicht börsennotierter Unternehmen im selben Zeitraum gesunken ist. Dieser Befund könnte ein Beleg dafür sein, daß unterschiedliche Zugangsmöglichkeiten zum Kapitalmarkt einen erheblichen Einfluß auf die individuelle Risikokapitalausstattung von Unternehmen haben.[146]

---

140 Vgl. z.B. Kaufmann/ Kokalj 1996, S. 18 f.; Francfort/ Rudolph 1992, S. 1059 ff.
141 Vgl. Barclay/ Smith/ Watts 1995, S. 4 ff.
142 Vgl. Gul 1999, S. 141 ff.
143 Vgl. Fama/ French 1999, S. 1949.
144 Fama/ French 1999, S. 1949.
145 Vgl. Struck 1999, S.297.
146 Vgl. auch Gerke 1995, S. 624.

2.6.4 Kapitalstrukturen und Investitionsentscheidungen

Kadapakkam/ Kumar/ Riddick 1998 stellen einen hohen Zusammenhang zwischen der laufenden Investitionstätigkeit und der Verfügbarkeit unternehmensinterner Cash-flows fest. Sie kommen ferner zu dem Ergebnis, daß die Cash-flow-Sensitivität der Investitionen um so geringer ausgeprägt ist, je stärker die Unternehmensgröße abnimmt.[147] Ihr Ergebnis könnte darauf zurückzuführen sein, daß aufgrund des enormen Wettbewerbsdrucks gerade kleine Unternehmen oft einer „do or die"-Situation gegenüberstehen. Dies bedeutet, sie müssen betriebsnotwendige Investitionen tätigen, auch wenn dafür unter Umständen auf kostspielige externe Finanzierungsmaßnahmen zurückgegriffen werden muß. Größere Unternehmen sind hingegen flexibler, wenn es um das Timing ihrer Investitionen geht. So können sie beispielsweise bestimmte Investitionen so lange hinausschieben, bis für diese Projekte ausreichend eigene liquide Finanzierungsmittel zur Verfügung stehen.

Die herausragende Bedeutung der Innenfinanzierungskraft zeigt sich an einer weiteren empirischen Beobachtung. Danach wird die Masse der gesamtwirtschaftlichen Investitionen in erster Linie durch einbehaltene Gewinne finanziert.[148] Erst wenn diese Finanzierungsquelle ausgeschöpft ist, greifen Unternehmen auf Außenfinanzierungsmaßnahmen, und hier vornehmlich auf Kredite und andere ertragsunabhängige Verbindlichkeiten zurück.[149] Fungible marktfähige Wertpapiere (Anleihen und Aktien) spielen für den Finanzierungsprozeß lediglich eine untergeordnete Rolle. Insbesondere für große Unternehmen mit hohen Innenfinanzierungsspielräumen, die auf stabilen, reifen Märkten agieren, muß daher die Vorstellung der Finanzierungstheorie relativiert werden, daß der Kapitalmarkt eine wesentliche Überwachungs- und Kontrollfunktion gegenüber den Unternehmensleitungen ausüben kann.[150]

Zusammenfassend läßt sich der Schluß ziehen, daß die Modellwelt der neoklassischen Finanzierungstheorie in ihren Prämissen zu stringent erscheint, um auch empirisch signifikante Bedeutung zu erlangen und eine umfassende Hilfestellung für die finanzwirtschaftlichen Probleme in der Realität geben zu können. Die mit Erscheinen der zentralen neoklassischen Theorien einsetzende intensive theoretische Forschungstätigkeit sowie die mannigfaltigen empirischen Erhebungen und Tests der neoklassischen Kapitalmarkt- und Finanzierungsmo-

[147] Vgl. Kadapakkam/ Kumar/ Riddick 1998, S. 293 ff. Auch Kaplan/ Zingales 1997 finden, daß Investitionsentscheidungen von Unternehmen mit den geringsten Finanzierungsrestriktionen die höchste Cash-flow-Sensitivität aufweisen. Die Studie von Cleary 1999 weist ähnliche Resultate auf.

[148] Vgl. Hellwig 1997, S. 226. Vgl. hierzu auch Eckbo/ Masulis 1995, S. 1018 ff.

[149] Vgl. Shyam-Sunder/ Myers 1999, S. 221, Cleary 1999, S. 7.

[150] Zur Diskussion dieser These vgl. Hellwig 1997, S. 228. Hellwig geht in diesem Zusammenhang auf den S. 217 ff. sowie S. 229 ff. auch auf das Argument der latenten potentiellen Bedrohung schlecht geführter Aktiengesellschaften durch feindliche Übernahmen ein.

delle offenbaren die Probleme bei der Transformation der theoretischen Modelle mit ihren stringenten Annahmen auf praktische Finanzierungsprobleme in einer Welt, die von Marktunvollkommenheiten und institutionellen Restriktionen geprägt ist. So erweisen sich die Kapitalstrukturen von Unternehmen entgegen dem MM-Theorem empirisch eben nicht als Zufallsvariablen, sondern weisen deutliche und persistente Branchen- und Größenunterschiede auf.[151] Der neoklassischen Finanzierungstheorie gebührt jedoch der große Verdienst, den Nachweis dafür erbracht zu haben, zu welch herausragenden Leistungen ein perfekt funktionierender Kapitalmarkt in der Lage ist. Die der Theorie zugrunde liegenden Prämissen bilden daher einen idealen Ausgangspunkt für die Suche nach den Ursachen der zu beobachtenden Diskrepanzen zwischen Modell und Wirklichkeit. Dementsprechend dürften die überaus fruchtbaren empirischen Arbeiten zu den neoklassischen Kapitalmarkt- und Finanzierungsmodellen sowohl einen Katalysator für die Weiterentwicklung der grundlegenden neoklassischen Investitions- und Finanzierungstheoreme als auch für die verstärkte Hinwendung der finanzierungstheoretischen Forschung zu alternativen Finanzierungs- und Investitionsmodellen unter expliziter modellhafter Einbeziehung von herrschenden Marktunvollkommenheiten gebildet haben.

2.7 Neoinstitutionelle Betrachtung von Finanzierungsvorgängen

2.7.1 Systematisierender Überblick

Modigliani/ Miller zeigten, daß in einer Welt vollkommener und vollständiger Kapitalmärkte mit ausschließlich rational agierenden Marktteilnehmern die Kapitalstruktur für unternehmerische Investitionsentscheidungen völlig irrelevant ist. Dieses Theorem steht jedoch in einem offensichtlichen Widerspruch zu dem Umstand, daß in der Finanzierungspraxis schon von jeher großes Gewicht auf unternehmerische Kapitalstrukturentscheidungen gelegt wurde und auch weiterhin gelegt wird.[152] Die Auflösung des vermeintlichen Widerspruchs ist in den restriktiven Annahmen, unter denen Modigliani/ Miller ihre Theoreme herleiteten, zu finden. So könnte beispielsweise die Art der Finanzierung in dem Moment relevant werden, in dem sich Unternehmen mit unsicheren Erfolgsaussichten ihrer Investitionen auf imperfekten Kapitalmärkten finanzieren müssen, und die externen Kapitalkosten die internen übersteigen.[153] Bereits 1937 befaßte sich Coase mit der Frage, warum marktwirtschaftliche Transaktionen dem Kapitalmarkt entzogen und firmenintern koordiniert werden. Seine Grundüberlegung, daß jede wirtschaftliche Transaktion Kosten der Informationssuche, der Vertragsschließung

---

[151] Fama/ French folgern: „...at least in aggregate, firms adjust their capital structures to maintain relatively constant proportions of common stock and debt." Fama/ French 1999, S. 1947.

[152] Vgl. Burghof 1999, S. 613.

[153] Vgl. Cleary 1999, S. 676.

und -überwachung verursacht, kann als Nukleus der neoinstitutionellen Finanzierungstheorie betrachtet werden.[154] Marktunvollkommenheiten, insbesondere in Form von Informationsmängeln, gelten allgemein als die wesentlichen Bestimmungsgründe für die Entstehung dieser Transaktionskosten. Wird im MM-Modell noch unterstellt, daß sämtliche Akteure vollständig, rechtzeitig und kostenlos informiert sind, treffen viele Akteure auf realen Kapitalmärkten Entscheidungen, ohne auch nur annähernd über vollständige Informationen zu verfügen.

Mit der Entwicklung von der neoklassischen zur neoinstitutionellen Modellwelt wird die Finanzierungstheorie in dem Sinne erweitert, daß nunmehr eine Fülle bisher unerfaßter realer Phänomene in die Betrachtung miteinbezogen sowie Interdependenzen zwischen Institutionen[155] und dem menschlichen Verhalten beschrieben werden.[156] Generell lassen sich unter dem Begriff der neoinstitutionellen Finanzierungstheorie drei unterschiedliche Forschungsrichtungen subsumieren – der Transaktionskostenansatz, die Property-Rights-Theorie sowie die Agency Theorie:

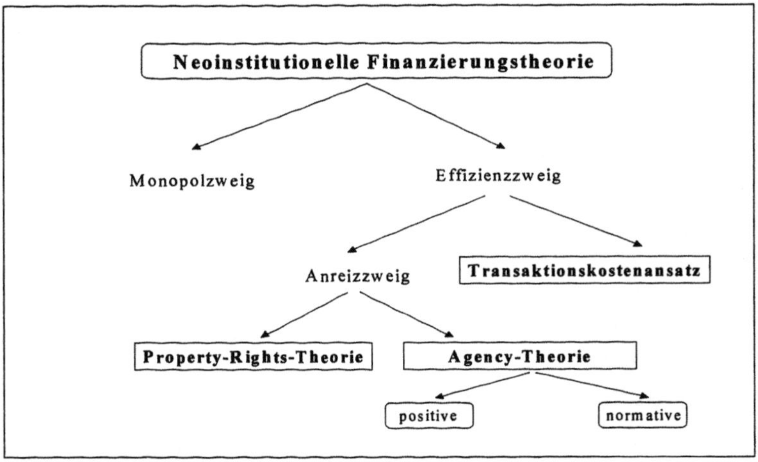

Abbildung 4: *Systematisierung der neoinstitutionellen Finanzierungstheorie*
(Quelle: in Anlehnung an Lieske 1997, S. 7)

Obwohl diese Forschungsrichtungen kein einheitliches Theoriengebäude bilden, beruhen sie doch auf dem gemeinsamen Kern des neoklassischen Gedankengutes. Dieser wird jedoch dahingehend erweitert, daß auch ein mögliches Versagen des Marktmechanismus aufgrund

154 Vgl. Coase 1937, S. 386 ff.
155 Unter Institutionen werden hier neben Finanzintermediären und Kapitalmärkten auch rechtliche Merkmale von Finanzierungsbeziehungen, wie Vertrags- und Handelsrecht sowie Rechnungslegungsvorschriften verstanden.
156 Vgl. Lieske 1997, S. 5.

von Informationsproblemen in die Betrachtung einfließt. Als Ziel der Bildung von Institutionen betrachtet der Neoinstitutionalismus sowohl die Erlangung von monopolistischen Vorteilen (Monopolzweig) als auch eine Verbesserung der Wirtschaftlichkeit der Ressourcenallokation (Effizienzzweig).

Während der primär ex post orientierte Transaktionskostenansatz die Kosten untersucht, die durch Institutionen hervorgerufen bzw. gemindert werden, beschäftigt sich der ex ante ausgerichtete Anreizzweig mit der konfliktmindernden Steuerung von Verhaltensanreizen durch Institutionen. Im Mittelpunkt der Property Rights-Theorie steht die vertragliche Aufteilung verschiedener Eigentums-, Verfügungs- und Handelsrechte durch komplexe Verträge. Die Agency-Theorie wiederum analysiert die Anreizwirkungen vertraglicher Regelungen und Kompensationsmechanismen zur Linderung von Nachteilen aus Verhaltens- und Informationsunsicherheiten. Ihre formale, stark mathematisch ausgerichtete normative Forschungsrichtung stellt die Entwicklung effizienter Vertragsformen in den Vordergrund, wohingegen die eher empirisch orientierte positive Agency-Theorie Beschreibungen und Erklärungsansätze für die in der Realität zu beobachtenden institutionellen Regelungen liefert. In Bezug auf finanzierungstheoretische Fragestellungen gilt die Agency-Theorie, und dabei insbesondere der positive Forschungsansatz, als fruchtbarster der drei neoinstitutionellen Ansätze. Auf Basis der Irrelevanztheoreme von der Kapitalstruktur und der Dividendenpolitik untersucht die Agency-Theorie im wesentlichen drei Konfliktbereiche - das Verhältnis zwischen Eigentümerunternehmern und sonstigen Eigenkapitalgebern, zwischen angestellten Managern und Eigenkapitalgebern sowie zwischen Eigen- und Fremdkapitalgebern.[157]

2.7.2 Auswirkungen asymmetrischer Informationsverteilungen auf die Unternehmensfinanzierung

2.7.2.1 Grundprobleme asymmetrischer Informationsverteilungen

Wie die bisherigen Ausarbeitungen gezeigt haben, müssen die Ursachen von Finanzierungsproblemen in Kapitalmarktunvollkommenheiten und -unvollständigkeiten begründet liegen. Deren Ursprung wiederum können Informationsprobleme bilden, mit denen die Marktteilnehmer konfrontiert werden. Ist beispielsweise eine Vertragsseite – regelmäßig der Auftragnehmer (Agent) – vergleichsweise besser informiert als die andere – regelmäßig der Auftraggeber (Prinzipal) - liegt eine asymmetrische Informationsverteilung vor.[158] Bei Verteilungs-

[157] Die jeweils erste Partei hat in der spezifischen Agency-Beziehung die Rolle des Agenten und die zweite die Rolle des Prinzipals inne; vgl. Schmidt-Wilke 1998, S. 140. Vgl. zu diesem Absatz Lieske 1997, S. 6 f.; Schmidt-Wilke 1998, S. 124 ff. Für eine Übersicht der einzelnen neoinstitutionalistischen Ansätze vgl. Zimmer 1998, S. 12 ff.

[158] Vgl. Stützle-Leinmüller 1998, S. 28.

konflikten im Rahmen von Finanzierungsbeziehungen verfügen die Kapitalnehmer als Agenten der Kapitalgeber in der Regel über die bessere Informationsposition.[159] Zum einen haben sie einen besseren Informationsstand über etwaige Investitionsgelegenheiten und über die Erfolgsaussichten bereits getätigter Investitionsprojekte. Zum anderen können sie darüber hinaus direkten Einfluß auf den weiteren Verlauf der Investitionen ausüben.

Derartig gestaltete Transaktionsbeziehungen bedingen regelmäßig die typischen Principal-Agent-Probleme der adversen Selektion und des Moral Hazard, die den Abschluß vollständiger Verträge verhindern. Wollen potentielle Kapitalgeber (Prinzipale) die Verfügungsgewalt über ihr Kapital an einen Kapitalnehmer (Agenten) abtreten, müssen sie stets damit rechnen, daß dieser konsequent im eigenen Interesse, d.h. möglicherweise auch auf Kosten der Kapitalgeber handelt. Können potentielle Kapitalgeber jedoch die Vorteilhaftigkeit bzw. Qualität eines Investitionsprojektes nicht genau einschätzen, gehen sie Risiken ein, die über die „tatsächlichen" leistungswirtschaftlichen Risiken hinausgehen.[160] In einer solchen Situation kann auch die Finanzierung qualitativ hochwertiger Investitionsprojekte scheitern. Sind sich die Kapitalgeber ihres Informationsnachteils nämlich bewußt, werden sie einer vermeintlich guten Projektqualität zunächst skeptisch gegenüberstehen (Qualitätsunsicherheit). Zudem schlägt den Kapitalnehmern großes Mißtrauen entgegen, ob sie sich nach erfolgter Kapitalüberlassung auch stets vertragskongruent verhalten (Verhaltensunsicherheit). Zur Kompensation dieser Risiken werden Investitionsrenditen eingefordert, welche die leistungswirtschaftlich gerechtfertigten Risikoprämien übersteigen. Hochwertige Investitionsprojekte können dadurch zur Unrentabilität verurteilt werden.[161]

Im Laufe der Zeit haben sich an den Märkten jedoch zahlreiche Mechanismen zur Milderung der negativen Auswirkungen dieser Informations- und Anreizprobleme herausgebildet. Eine Gruppe von Maßnahmen ist z.B. darauf ausgerichtet, transaktionsrelevante Informationen zwischen den ungleich informierten Parteien glaubwürdig zu vermitteln. So kann sich entweder die relativ schlecht informierte Marktseite selbst um zusätzliche Informationen über die andere Vertragspartei bemühen (Screening), und/ oder die besser informierte Partei signalisiert durch verschiedene Maßnahmen (z.B. Aufbau von Reputation, Einräumung von Garantien) ihre hohe Qualität (Signalling) bzw. klassifiziert sich selbst (Self-selection). Da eine

[159] Verteilungskonflikte können entstehen, weil in einer Finanzierungsbeziehung jede Partei zu allererst an dem Cash-flow bzw. an den finanziellen und nicht-finanziellen Vor- und Nachteilen interessiert ist, die ihr zukommen. Aufgrund des Strebens nach Nutzenmaximierung wird dieses Eigeninteresse auch dann verfolgt, wenn es zum Schaden der anderen Partei ist; vgl. Schmidt/ Terberger 1999, S. 71.

[160] Vgl. Kaufmann/ Kokalj 1996, S. 4.

[161] Stützle-Leinmüller 1998, S. 48; Gerke et. al. 1995, S. 16 f. sowie ausführlich Stiglitz/ Weiss 1981.

asymmetrische Informationsverteilung regelmäßig auch voraussetzt, daß ein Interessenkonflikt zwischen den beteiligten Parteien vorliegt,[162] kann ferner auch der Versuch einer Interessenharmonisierung unternommen werden. Dies kann z.B. über eine vertikale Integration oder eine Erfolgs- bzw. Ertragsbeteiligung, beispielsweise in Form einer marktwertorientierten Entlohnung, geschehen. All diese Maßnahmen verursachen jedoch Kosten, so daß sie sich nur dann lohnen, wenn die daraus resultierende Linderung der Informationsasymmetrie zu einer entsprechenden Verringerung der Kapitalkosten führt.[163]

2.7.2.2 Qualitätsunsicherheiten und ihre Folgen für die Unternehmensfinanzierung

Mit den Arbeiten von Akerlof und Spence Anfang der siebziger Jahre flossen Qualitätsunsicherheiten als Folge von Informationsasymmetrien erstmals auch in die finanzierungstheoretische Betrachtung ein.[164] In seinem grundlegenden Aufsatz beschreibt Akerlof die prinzipiellen Folgen von Informationsasymmetrien vor Vertragsabschluß für die Funktionsfähigkeiten von Marktprozessen. Ist der Prinzipal nicht in der Lage, die für ihn wichtigen Eigenschaften des Agenten bzw. dessen angebotenen Leistungen genau zu beobachten, steht er vor einem Identifikationsproblem der „hidden characteristics". Diese bewertungsrelevanten Qualitätsmerkmale müssen daher von der Gegenseite glaubwürdig kommuniziert werden. Gelingt das nicht in dem erforderlichen Umfang, das heißt, kann der Prinzipal bei den am Markt angebotenen Waren/ Leistungen keine Qualitätsunterschiede feststellen, ist die Selektionsfunktion des Marktes empfindlich gestört. Die vom Prinzipal gebotenen Preise werden sich in der Folge an der durchschnittlichen Produktqualität orientieren. Es kommt zu einer Negativauslese bzw. adversen Selektion, da Anbieter mit überdurchschnittlich guter Qualität den Markt sukzessive verlassen. Die Durchschnittspreise und -qualitäten nehmen somit immer weiter ab. Am Ende dieses Anpassungsprozesses werden nur noch schlechte Qualitäten gehandelt; der Markt für gute Qualitäten ist zusammengebrochen.[165]

Im Falle von Qualitätsunsicherheiten an Kapitalmärkten sind außenstehende Investoren über wesentliche Qualitätsmerkmale der Wertpapiere eines Unternehmens (hier sind insbesondere der Erwartungswert und die Varianz zu nennen) schlechter informiert als der Emittent. Für die Funktionsweise von Kapitalmärkten bedeutet dies, daß, sofern die Qualitätsunsicherheiten nicht abgebaut werden, auch die Kapitalmärkte nicht uneingeschränkt funktionieren können.

---

162 Anderenfalls würden die Vertragsparteien alle ihnen bekannten Informationen offenlegen oder sich als Agenten möglichst perfekt an den Zielvorgaben des Prinzipals halten.

163 Vgl. zu diesem Abschnitt ausführlich Fritsch/ Wein/ Ewers 2001, S. 287 ff.; Stützle-Leinmüller 1998, S. 36 ff. sowie Kaufmann/ Kokalj 1996; S. 4 f.

164 Vgl. die grundlegenden Aufsätze von Akerlof 1970 und Spence 1973.

165 Vgl. hierzu grundlegend Akerlof 1970.

Verfügen potentielle Kapitalgeber lediglich über begrenzte Informationen hinsichtlich des wahren Risikos der Kapitalvergabe, können sie keine risikoadäquaten Verträge formulieren. Dementsprechend werden sie den Umfang ihrer Finanzmittelvergabe einschränken und darüber hinaus für die Vergabe von Fremdkapital Sicherheiten bzw. für die Vergabe von Eigenkapital Risikozuschläge fordern.[166] Es tritt die bereits skizzierte Situation ein, daß die unternehmensexternen Kapitalkosten die internen übersteigen, kapitalsuchende Unternehmen sich mit Kapitalrationierungen konfrontiert sehen, bzw. Finanzierungsverträge gar nicht erst zustande kommen.[167] Bei einer asymmetrischen Informationsverteilung ist die einfachste und kostengünstigste Form der Unternehmensfinanzierung daher die *Innenfinanzierung*.

Kapitalsuchende Unternehmen können jedoch durch das Setzen von Signalen versuchen, die Qualitätsunsicherheit zu lindern. Zwei grundlegende finanzierungstheoretische Beiträge zur Signalisierungs-Thematik stammen von Ross und Leland/ Pyle.[168] Ross interpretiert Kapitalstrukturveränderungen als Signal der Unternehmensleitung an potentielle Investoren, die aufgrund von Informationsnachteilen den „wahren" Unternehmenswert nicht erkennen können. Nach dieser Theorie soll eine Erhöhung der Verschuldung den Investoren einen höheren Unternehmenswert signalisieren. Da vom Management hohe Einzahlungsüberschüsse erwartet werden, kann der wachsende Fremdkapitalanteil problemlos bedient werden.[169] Im Modell von Leland/ Pyle wird wiederum die Bereitschaft der Manager, in das eigene Unternehmen zu investieren, als Qualitätssignal an die Investoren interpretiert. Nach ihrer These ist der Unternehmenswert um so höher einzuschätzen, je mehr Anteile die Unternehmensleitung am Eigenkapital des Unternehmens hält, weil sie damit bewußt die Diversifizierungsmöglichkeiten des eigenen Kapitals vermindert oder sogar darauf verzichtet.[170]

Myers und Myers/ Majluf entwickeln 1984 ein Signalisierungsmodell in Bezug auf Kapitalerhöhungen, das gleichermaßen unternehmerische Investitions- wie Finanzierungsentscheidungen berücksichtigt.[171] In ihrem Modell trifft die Unternehmensleitung Finanzierungsentscheidungen ausschließlich in Hinblick auf die Maximierung des Shareholder Values. Erneut ist das Management besser als sämtliche außenstehenden Investoren über die zukünftigen

[166] Vgl. Schäfer 1997, S. 91.

[167] Sind beispielsweise Fremdkapitalgeber in der Lage, Unternehmen in Risiko-/ Ertragsklassen einzuteilen, besteht die Gefahr, daß einige Kapitalnehmer ganz von der Kreditvergabe ausgeschlossen werden; vgl. zu diesem Fall ausführlich Jaffe/ Stiglitz 1990.

[168] Ihre wichtigsten methodischen Anregungen beruhen jedoch auf der bereits erwähnten Arbeit von Spence, der in seinem 1973 publizierten Aufsatz das Hidden-information-Problem der äußerst schwer zu beurteilenden Qualifikation von Stellenbewerbern auf dem Arbeitsmarkt analysiert; vgl. ausführlich Spence 1973.

[169] Vgl. Ross 1977, S. 28.

[170] Vgl. ausführlich Leland/ Pyle 1977.

[171] Vgl. hierzu ausführlich die grundlegenden Beiträge von Myers 1984 und Myers/ Majluf 1984.

Ertragsaussichten und damit auch über den Wert der Finanzierungspapiere informiert. Aufgrund dieser Informationsasymmetrie zwischen Management und außenstehenden Aktionären werden potentielle Kapitalgeber sämtliche Kapitalstrukturentscheidungen und Finanzierungsmaßnahmen des Managements auch in Hinblick auf ihren Signalgehalt über den augenblicklichen Zustand und die zukünftigen Ertragsaussichten des Unternehmens interpretieren und danach ihre Zahlungsbereitschaft für die angebotenen Finanzierungspapiere ausrichten. Externe Finanzierungsmaßnahmen werden dadurch verteuert und verlieren für ein Unternehmen im Vergleich zur Innenfinanzierung an Attraktivität. Erneut kann es zum Problem der Unterinvestition kommen, dessen Ursache in diesem Fall in der Problematik begründet liegt, den Marktwert eines Unternehmens korrekt zu beurteilen, und Wertpapiere bei einer Kapitalerhöhung mit ihrem „fair value" zu bezahlen.[172]

Nach Myers/ Majluf führt dieser Umstand zu einer Pecking Order der Finanzierung. Danach präferieren Unternehmen zur Finanzierung ihrer Investitionsprojekte interne Cash-flows. Erst wenn diese Möglichkeit ausgeschöpft ist, greifen sie auf Außenfinanzierungsmaßnahmen zurück. Sofern die Financial Distress-Kosten vernachlässigbar klein sind, wird dabei wiederum die Finanzierung mit Fremdkapital bevorzugt, da Fremdkapitaltitel nur geringen Informationsasymmetrien und damit einer geringen Unterbewertung unterliegen.[173] „A strict interpretation of this model suggests that firms do not aim at any target debt ratio; instead, the debt ratio is just the cumulative result of hierarchical financing over time."[174] Aufgrund der großen Informationsprobleme steht die Ausgabe neuer Aktien erst am Ende der in Erwägung gezogenen Finanzierungsmaßnahmen. Das Management muß jedoch unter Umständen selbst darauf verzichten, sofern der am Markt erzielbare Aktienpreis zu gering ist. In diesem Fall müssen erneut Investitionen mit positiven NPVs gestrichen oder reduziert werden, bzw. die geplante Reduzierung des Verschuldungsgrades kann nicht erfolgen.[175]

---

172 Vgl. Myers/ Majluf 1984, S. 198 ff.

173 Da das Ausmaß der herrschenden Informationsasymmetrie die Pecking Order steuert, ist für die Kapitalstruktur eines Unternehmens demnach auch die Art und Zusammensetzung der Vermögensgegenstände von großer Bedeutung: „A 20 % debt-to-asset ratio is low for commercial real estate but high for a high-tech startup." (Shyam-Sunder/ Myers 1999, S. 226)

174 Shyam-Sunder/ Myers 1999, S. 223.

175 Vgl. Shyam-Sunder/ Myers 1999, S. 225. Ihre empirischen Resultate unterstützen die Aussagen der Pecking Order-Theorie. Die Ergebnisse deuten darauf hin, daß Veränderungen der Unternehmensverschuldung im Zeitablauf mehr mit dem Bedarf an externen Finanzierungsmitteln als mit dem Avisieren einer optimalen Kapitalstruktur, wie von der statischen Trade-off-Theorie vermutet, erklärt werden können; vgl. Shyam-Sunder/ Myers 1999, S. 219 ff.

2.7.2.3 Verhaltensunsicherheiten und ihre Folgen für die Unternehmensfinanzierung

Die Problematik der Verhaltensunsicherheiten wird auch als Moral Hazard-Problematik bezeichnet.[176] Sie beruht auf Handlungsspielräumen des Agenten nach Vertragsabschluß, die sich daraus ergeben, daß der Prinzipal aufgrund von Informationsasymmetrien nur das Ergebnis, jedoch nicht die Handlung (z.B. Arbeitseinsatz und Sorgfalt) seines Agenten vollständig beobachten kann. Wird das Ergebnis darüber hinaus zumindest teilweise von exogenen zufallsbedingten Umwelteinflüssen determiniert, die nicht im Einflußbereich des Agenten liegen, erweist sich auch ein indirekter vollständiger Rückschluß aus dem Ergebnis auf die Anstrengung des Agenten für den Prinzipal als nicht möglich.[177] Für den Prinzipal erwächst aus dieser Situation die Gefahr, daß der Agent unbemerkt vertraglich zugesicherte Handlungen unterläßt bzw. vereinbarungsgemäß zu unterlassende Handlungen zu Lasten des Prinzipals unternimmt (Hidden Action). Die Gefahr einer Mißachtung der Interessen des Prinzipals wächst, sofern der Agent infolge der Informationsasymmetrie sowie etwaiger vertraglicher Regelungen mit dem Prinzipal nicht die vollen Konsequenzen seines Handelns tragen muß. Er wird in diesem Fall versuchen, Entscheidungen in der für ihn günstigsten Weise zu fällen und dabei seinen Nutzen gegebenenfalls auch zum Schaden des Prinzipals zu maximieren. Der Prinzipal muß daher mit Hilfe anreizkompatibler Kooperationsdesigns sicherstellen, daß der Agent in seinem Sinne handelt. Da er jedoch nicht in der Lage ist, sein Risiko vollständig zu definieren und einzuschätzen, steht der Prinzipal bei Vertragsabschluß mit dem Agenten vor einem potentiellen Risiko-Anreiz-Problem. Das Vertragsdesign soll gleichzeitig anreizkompatibel sein *und* zu einer Pareto-effizienten Risikoteilung führen.[178] Die Existenz nicht handelbarer Zahlungsströme (Managementgehälter) gestattet jedoch lediglich eine suboptimale Risikoallokation mit entsprechend negativen Auswirkungen auf die Managemententscheidungen und der Konsequenz eines Trade-offs zwischen Risikoteilung und Anreizwirkung für den Prinzipal.[179]

Auch im Rahmen von Finanzierungsbeziehungen ist der Kapitalgeber in seiner Rolle als Prinzipal einem Verhaltensrisiko des Agenten, d.h. des Kapitalnehmers, ausgesetzt, da dieser einen besseren Kenntnisstand sowie einen direkten Einfluß auf die aktuelle Geschäftstätigkeit hat. Dieser Handlungs- und Informationsvorteil gegenüber dem Kapitalgeber kann bei-

---

176 Vgl. Heitzer/ Klose/ Steiner 2000, S. 346.

177 Vgl. Arrow 1985, S. 37 f.

178 Anreizkompatibilität bedeutet, daß unabhängig vom Umweltzustand ein höheres Nutzenniveau für das Management nur dann erreichbar ist, wenn gleichzeitig der Wert der Residualansprüche am Unternehmen steigt. Unter einer Pareto-effizienten Risikoteilung wird die Teilung des Unternehmensrisikos entsprechend den Risikoeinstellungen der Vertragspartner verstanden; vgl. Heitzer/ Klose/ Steiner 2000, S. 347.

179 Vgl. Stützle-Leinmüller 1998, S. 229 f.; Heitzer/ Klose/ Steiner 2000, S. 347 f. Fritsch/ Wein/ Ewers 2001, S. 282 ff.

spielsweise dafür genutzt werden, durch die nachträgliche Veränderung der Risikostruktur eines bereits finanzierten Projekts, eine Vermögensverschiebung zu erreichen. Wird das Projektrisiko erhöht, steigt zwar der Erwartungswert, jedoch auch gleichzeitig die Wahrscheinlichkeit eines hohen Verlustbeitrags. Ursprünglich risikofreies Fremdkapital kann durch derartige Handlungen gefährdet werden, so daß sich die Gläubigerposition verschlechtert.[180]

Zur Lösung bzw. Linderung der potentiellen Interessenkonflikte müssen die Vertragspartner Anreizsysteme implementieren, die ein mögliches Abweichen von Vertragsvereinbarungen verhindern, unattraktiv machen oder zumindest in seinen Auswirkungen reduzieren. Der Prinzipal hat dabei die Möglichkeit, Informationen direkt durch die laufende Überwachung und Kontrolle des Agenten zu beschaffen (Monitoring). Dadurch soll erreicht werden, daß der Agent keine Informationsvorsprünge zu Lasten des Prinzipals realisieren kann, zumindest jedoch keine Aktionen ergreifen bzw. unterlassen kann, die den Prinzipal derart schädigen, daß er erst gar keinen Finanzierungsvertrag abschließen würde. Der Agent kann dem Prinzipal zudem eine indirekte Kontrolle durch eigene Informationsübermittlung anbieten (Bonding).[181] Wird trotz dieser Kontrollmöglichkeiten eine gesamtwertmaximierende Lösung nicht erreicht und das Wohlfahrtspotential damit nicht vollständig ausgeschöpft, entsteht ein sogenannter „residual loss". Die Monitoring- und Bondingkosten und das „residual loss"-Ausmaß determinieren gemeinsam die Höhe der gesamten Agency-Kosten.[182]

In ihrem grundlegenden Aufsatz zur Agency-Theorie untersuchen Jensen/ Meckling 1976 die Anreize zum Moral Hazard in der Beziehung zwischen Eigentümerunternehmern und externen Kapitalgebern. Da das Verhalten des Eigentümerunternehmers nicht kostenlos und vollständig durch externe Kapitalgeber überwacht werden kann, und die Handlungen des Unternehmers wiederum Auswirkungen auf die ökonomische Position der Kapitalgeber haben, verursacht jede Form der externen Finanzierung Agency-Kosten. Je nach Wahl des Kapitalüberlassungsvertrags werden dabei jedoch unterschiedliche Formen von Moral Hazard und somit auch unterschiedliche Formen von Agency-Kosten virulent. Jensen/ Meckling heben dementsprechend die Rolle des Arrangements der Finanzierungskontrakte Eigen- und Fremdkapital und damit die Bedeutung der unternehmerischen Kapitalstruktur für die effiziente Abmilderung der jeweiligen negativen Anreizeffekte hervor. So hinterfragen sie denn auch

[180] Vgl. Achleitner 1999, S. 55.

[181] Die Bereitstellung von Informationen durch die besser informierte Partei ruft jedoch erneut ein Glaubwürdigkeitsproblem hervor. Bonding ist daher insbesondere durch vertragsspezifische Selbstverpflichtungen des Agenten gekennzeichnet, deren Einhaltung im Gegensatz zu seinen Handlungsalternativen beobachtbar und verifizierbar ist.

[182] Vgl. zu diesem Abschnitt Spicher 1997, S. 34 f. sowie Jensen/ Meckling 1976, S. 308 ff.

kritisch die zentrale neoklassische Irrelevanzaussage von Modigliani/ Miller und kommen zu dem Schluß: „We believe the existence of agency costs provide stronger reasons for arguing that the probability distribution of future cash flows is *not* independent of the capital or ownership structure."[183]

Jensen/ Meckling entwickeln eine Theorie der optimalen Finanzierungsstruktur, wobei sie zwischen Fremdkapital sowie ***internem*** (vom Management gehaltenem) und ***externem*** (von außenstehenden Aktionären gehaltenem) *Eigenkapital* unterscheiden.[184] Die Agency-Kosten des Eigenkapitals steigen in ihrem Modell mit abnehmender Managementbeteiligung am Unternehmen progressiv an. Dies ist darauf zurückzuführen, daß die Unternehmensleitung asymmetrisch von den Einzahlungsüberschüssen der durch sie initiierten Investitionen profitiert. Auf der einen Seite tragen die Manager zwar die vollständige Verantwortung für die Investitionsaktivitäten, partizipieren hingegen an den Erfolgen nur teilweise. Eigenständige Management-Interessen können daher zu einer Finanzierungspolitik führen, die nicht im Sinne der Eigenkapitalgeber ist. Je geringer die Beteiligung des Managements am Unternehmen ausfällt, desto höher wird vielmehr der Anreiz zum Konsum nichtpekuniärer Vorteile, auch Konsum am Arbeitsplatz genannt, da das Management nur einen geringen Teil der Kosten trägt, die es verursacht.[185] Rationale potentielle Eigenkapitalgeber werden diesen erhöhten Konsum entsprechend antizipieren und ihre Zahlungsbereitschaft für die Unternehmensanteile nach unten korrigieren. Die Eigenkapitalkosten des Unternehmens steigen. Aufgrund ihrer Beteiligung am Unternehmen profitieren jedoch auch die Manager von der Marktwertsteigerung ihrer Unternehmensanteile. Der Anreiz für eine unternehmenswertmaximierende Strategie dürfte dementsprechend um so höher sein, je größer ihr Anteil am Unternehmensvermögen ist. Kleinere und jüngere Unternehmen, bei denen das Management den

---

183 Jensen/ Meckling 1976, S. 333.

184 Jensen/ Meckling selbst sprechen von einer optimalen „Eigentümerstruktur". Jedoch wollen sie mit dieser Begriffswahl lediglich verdeutlichen, daß nicht nur der Verschuldungsgrad in ihre Betrachtung einfließt, sondern auch der Eigenkapitalanteil, der vom Management gehalten wird; vgl. Jensen/ Meckling 1976, S. 343. Das Modell setzt damit eine Beteiligung des Managements am Unternehmen voraus.

185 In den von Novaes/ Zingales 1995 und Zwiebel 1996 entwickelten Modellen erhöhen die Manager den Verschuldungsgrad beispielsweise nicht, um den Marktwert des Unternehmens zu steigern, sondern lediglich um die Bedrohung einer feindlichen Übernahme zu verringern; vgl. zu dieser Problematik ausführlich Novaes/ Zingales 1995 sowie Zwiebel 1996. Für einen kurzen Überblick über empirische Studien zu den Auswirkungen von „Antitakover"-Gesetzen in den USA vgl. Garvey/ Hanka 1999, S. 519 ff.. Die Autoren testen in diesem Papier die Hypothese, daß Unternehmensmanager eher dazu tendieren, den Verschuldungsgrad zu reduzieren, sofern sie dadurch vor feindlichen Übernahmen geschützt sind: „Overall, our results support the view that capital structure choices reflect managerial discretion, and the impediments to takovers induce a shift from debt to equity financing." (Garvey/ Hanka 1999, S. 521)

überwiegenden Anteil des Eigenkapitals hält, sollten gemessen am Unternehmenswert daher deutlich geringere Agency-Kosten als große Publikumsunternehmen aufweisen.[186]

Auch die Finanzierung neuer Investitionen mit Fremdkapital gestattet dem Management, den Beteiligungsanteil am Unternehmen zu erhöhen - jedoch unter Inkaufnahme eines höheren unternehmerischen Verschuldungsgrades. Jensen 1986 sieht darin den Vorteil, daß der Free Cash-flow in der Dispositionsgewalt der Unternehmensführung reduziert wird. Die Unternehmensleitung wird gezwungen, finanzielle Mittel auszuschütten, die ansonsten für Investitionen verschwendet werden könnten, die einzig dem Management Nutzenvorteile verschaffen würden (Überinvestitionsproblematik). Auf der anderen Seite bedingt eine steigende Unternehmensverschuldung potentielle Konflikte zwischen Eigenkapital- und Fremdkapitalgebern, die im wesentlichen für die Entstehung von Agency-Kosten des Fremdkapitals verantwortlich sind. Diese Kosten sind auf den Anreiz der Eigenkapitalgeber zur nachvertraglichen Abänderung der Investitionspolitik zurückzuführen. Auf dieses Risiko zielt z.B. Myers Unterinvestitions-Theorie ab.[187] Demnach kann eine risikoreiche Unternehmensverschuldung Unterinvestitionen hervorrufen. Je angespannter sich die finanzielle Situation eines Unternehmens darstellt, desto geringer wird der Anreiz für die Anteilseigner, Investitionsprojekte mit positiven Kapitalwerten zu finanzieren. Zugleich verstärkt ein zu hoher Verschuldungsgrad den Anreiz der beschränkt haftenden Anteilseigner, auf Kosten der Unternehmensgläubiger ausgesprochen risikoreiche Investitionen oder gar risikoreiche Investitionen mit negativen Net Present Values (NPVs) zu tätigen, um einen Konkurs eventuell noch abzuwenden. Die Gläubigerposition verschlechtert sich dadurch erneut. Genau wie bei Jensen/ Meckling steigen die Agency-Kosten des Fremdkapitals mit zunehmender Unternehmensverschuldung dementsprechend progressiv an. Bei rationalen Erwartungen werden die potentiellen Gläubiger jedoch eine Abänderung der Investitionspolitik antizipieren, so daß erneut die Unternehmenseigner die Agency-Kosten des Fremdkapitals zu tragen haben. Jensen/ Meckling leiten aus der Integration dieser Überlegungen zu den Verläufen der Agency-Kosten des Eigen- und des Fremdkapitals eine Theorie der optimalen Eigentumsstruktur her, bei der die Agency-Kosten insgesamt minimiert werden.[188]

---

[186] Vgl. Zimmer 1998, S. 54 und zur Kritik S. 56.

[187] Vgl. ausführlich Myers 1977.

[188] Vgl. zu diesem Absatz ausführlich Jensen/ Meckling 1976; Jensen 1986; Fama/ Miller 1972; Myers 1977. Für weitere Beispiele, welche „Kapitalstruktur-Spiele" auf Kosten von Gläubigern des Unternehmens gespielt werden können, vgl. Brealey/ Myers 2000, S. 517 ff. Zur Herleitung der optimalen Finanzierungsstruktur vgl. ausführlich Jensen/ Meckling 1976, S. 344 ff.

2.8 Anzeichen eines finanzierungstheoretischen Perspektivwechsels

Die intensiven Forschungsbemühungen um ökonomisch plausible Erklärungen für die beobachteten Kapitalmarktanomalien scheinen somit erneut mit einem Perspektivwechsel in der Finanzierungstheorie einherzugehen. Die Erklärungsversuche der zunehmend an Bedeutung gewinnenden alternativen finanzwirtschaftlichen Forschungsrichtungen basieren auf der Erkenntnis, daß Finanzierungsprobleme auf Unvollkommenheiten und Unvollständigkeiten realer Kapitalmärkte zurückzuführen sein müssen und revidieren damit die neoklassische Idealvorstellung eines perfekt funktionierenden Kapitalmarktes für die Realität. Als bedeutendste und einflußreichste Vertreter der neueren Forschungsrichtungen erachtet der Autor die skizzierte neoinstitutionelle Finanzierungstheorie, die Marktmikrostrukturtheorie sowie das Forschungsgebiet der Behavioral Finance.[189]

Die neoinstitutionelle Finanzierungstheorie vermutet die Hauptursache von Funktionsschwächen des Kapitalmarktes in Informationsproblemen und widmet sich dementsprechend der informationsökonomisch fundierten Untersuchung von Institutionen, um zu analysieren, wie in der realen Wirtschaftswelt mit Informationsproblemen umgegangen wird. Auch die Marktmikrostrukturtheorie befaßt sich mit der Institutionenanalyse. Sie begreift jedoch den Kapitalmarkt an sich als Institution und revidiert damit die neoklassische Idealvorstellung von der Organisation des realen Kapitalmarktes als neutralen, atomistischen und anonymen Auktionsmarkt. Reale Kapitalmärkte weisen vielmehr charakteristische Strukturmerkmale wie andere Institutionen auch auf.[190] Die Marktmikrostrukturtheorie setzt sich daher intensiv mit der Fragestellung auseinander, inwieweit diese institutionellen Strukturmerkmale die absoluten und relativen Preise von Wertpapieren beeinflussen und Finanzierungsprobleme bei Unternehmen hervorrufen können. Die Forschungsrichtung der Behavioral Finance wiederum hinterfragt das neoklassische Axiom rational agierender Wirtschaftssubjekte. Welche Revisionen der neoklassischen Modellaussagen wären erforderlich, träfen (einige) Marktteilnehmer ihre Investitions- und Finanzierungsentscheidungen nicht ausschließlich aufgrund von unverzerrten Zukunftsprognosen bzw. gemäß der Erwartungsnutzen-Maximierungsannahme?[191] Auch in der Behavioral Finance-Forschung spielen institutionelle Marktstrukturen im Rahmen der Fragestellung, welche Bedeutung diese Strukturen für das Verhalten der Marktteilnehmer haben, eine bedeutende Rolle.

---

[189] Vgl. auch oben Abbildung 2.

[190] Für Beispiele institutioneller Charakteristika vgl. z.B. Krahnen 1993, S. 801.

[191] Vgl. Thaler 1999, S. 12. Interessante Einsichten in das Gebiet der Behavioral Finance gewährt das praxisorientierte Werk von Goldberg/ Nitzsch 1999.

Die im Rahmen dieser Theorien getroffenen Aussagen erscheinen wissenschaftlich fundierter als die Axiome der traditionellen und realistischer als die Schlußfolgerungen der neoklassischen Finanzierungstheorie. Alle drei Forschungsrichtungen setzen zur Erklärung realer Investitions- und Finanzierungsvorgänge an den Axiomen der neoklassischen Finanzierungstheorie an und heben darüber hinaus in ihren Analysen die strikte Trennung von reiner Markt- oder reiner Institutionenbetrachtung auf. Das ursprüngliche Spannungsverhältnis zwischen Markt- und Institutionenanalyse beginnt sich damit zunehmend aufzulösen.

3 Charakteristika und Erfolgsfaktoren von technologieorientierten Unternehmensgründungen

3.1 Strukturwandel und Innovationen als gesamtwirtschaftliche Herausforderungen

Vor unseren Augen vollzieht sich eine technologische Revolution, welche sowohl die Weltwirtschaft als ganzes als auch die individuellen Arbeits- und Lebensweisen maßgeblich verändert und erneuert.[192] Aus makroökonomischer Sicht repräsentiert diese Wissensgenerierung im Sinne von wissenschaftlich-technischem Fortschritt eine fundamentale Triebfeder für wirtschaftliche Prosperität und Wettbewerbsfähigkeit.[193] Der internationale Wettbewerb wird mehr und mehr als Innovations- und Ideenwettbewerb ausgetragen. Innovationen unterhöhlen die Basis bestehender Geschäfte, eröffnen jedoch auf der anderen Seite völlig neue Geschäftsmöglichkeiten. Die globale Verfügbarkeit von technologischem Know-how und qualifizierten Arbeitskräften sowie das Zusammenwachsen der internationalen Märkte zerreißen etablierte Wertschöpfungsketten und damit eingefahrene Markt- und Machtstrukturen. Die Wettbewerbsintensität steigt, und der Wettbewerb selbst kann eine ungeahnte Dynamik entfalten.[194]

Bereits 1950 bezeichnete Schumpeter Innovationen als fundamentalen Antrieb für das gesamtwirtschaftliche Wachstum. Auch die neoklassische Wachstumstheorie erkannte die entscheidende Bedeutung der Innovationsfähigkeit für die Zunahme des Pro-Kopf-Einkommens einer Volkswirtschaft. Jedoch galt der Produktionsfaktor technischer Fortschritt, der neben die klassischen Produktionsfaktoren Arbeit und Kapital rückte, lange Zeit als exogen determiniert und damit als nicht beeinflußbar.[195] Dies suggeriert jedoch einen Automatismus, den es kritisch zu hinterfragen gilt. Weder kann generell davon ausgegangen werden, daß Innovationen überhaupt generiert werden, noch daß sie reibungslos in entsprechende praktische Anwendungen überführt werden.[196] Mit den Arbeiten von Paul Romer und anderen „neuen"

[192] H. W. Brock bezeichnet diese Entwicklung als „dritte industrielle Revolution"; vgl. Brock 2000, S. I - 7.

[193] Technologische Innovationen erklären mehr als 70 % des Wirtschaftswachstums seit den fünfziger Jahren; vgl. Zahn 1998, S. 2. Vgl. auch ausführlich Romer 1990; Grossman/ Helpman 1994.

[194] Vgl. Zahn 1998, S. 7.

[195] Vgl. Brock 2000; S. I - 17; Stille/ Bitzer 1998, S. 24. Einen entscheidenden Anstoß zur Debatte über die Determinanten des Wirtschaftswachstums lieferte R. M. Solow, der Innovationen in seiner Wachstumstheorie als statistisches Residuum behandelte. Auf Basis der Produktionsfunktion entwickelte er ein Schema zur Messung des Beitrags der Produktionsfaktoren zum wirtschaftlichen Wachstum. Da Solow den technischen Fortschritt, im Gegensatz zu den Produktionsfaktoren Arbeit und Kapital, nicht direkt messen konnte, ging er von der Annahme aus, daß Innovationen den Teil des gesamtwirtschaftlichen Wirtschaftswachstums ausmachen, der durch die anderen meßbaren Faktoren nicht erklärt werden kann („Solow-Residuum"). Für den Zeitraum von 1909 bis 1949 betrug dieses Residuum des US-Wirtschaftswachstums 88 % (!); vgl. ausführlich Solow 1957. Für eine Übersicht weiterer Studien zur Wirkung von Innovationen auf Wachstum und Beschäftigung vgl. Blessin 1998, S. 13, Fußnote 36.

[196] Vgl. Bandemer/ Belzer 1998, S. 157.

Wachstumstheoretikern der achtziger Jahre begann ein Umdenken unter den Ökonomen. Die „neue" Wachstumstheorie begreift Innovationen nunmehr als endogene Wachstumsfaktoren, und die Bedeutung des Wissens um die optimale Zusammensetzung von Arbeit und Kapital sowie deren Organisation wird als wichtiges Entwicklungselement hervorgehoben.[197]

Lange Zeit galt die Aufmerksamkeit von Wissenschaft und Politik allein den Großunternehmen, was unter anderem auf die Sichtweise zurückgeführt werden kann, daß nennenswerte Innovationen aufgrund von größenbedingten Vorteilen hauptsächlich durch diese Unternehmen hervorgebracht würden.[198] Die Relevanz kleiner und junger Unternehmen für die Innovationstätigkeit und Beschäftigung einer Volkswirtschaft galt hingegen als vernachlässigbar klein und wurde stark unterschätzt.[199] Erst gegen Ende der siebziger bzw. Anfang der achtziger Jahre begann sich diese Einstellung aufgrund neuer empirischer Erkenntnisse zu relativieren.[200] Die Rolle von Unternehmensneugründungen sowie kleinerer und mittlerer Unternehmen (KMU) im Innovations- und Wachstumsprozeß rückte zunehmend in den Blickpunkt von Wissenschaft und Politik. Ähnlich wie bereits kurzzeitig in den achtziger Jahren breitete sich Ende der neunziger Jahre eine geradezu euphorische Stimmung hinsichtlich des Erfolgspotentials und der gesamtwirtschaftlichen Bedeutung technologieorientierter Neugründungen aus.[201] Diese Entwicklung wirft jedoch die Frage auf, ob es wirklich gleichgültig ist, in wel-

---

197 Vgl. hierzu und zu einer Übersicht verschiedener Studien zu dieser Thematik Bandemer/ Belzer 1998, S. 157. Besondere Aufmerksamkeit erfährt in diesem Zusammenhang die ökonomische Entwicklung der USA in den neunziger Jahren, die in weniger als einem Jahrzehnt einen Wohlstandszuwachs von ca. 15 Bln. US$ und *netto* 20 Mio. neue Arbeitsplätze generierte: „*Observers were witnessing a strange phenomenon indeed: rather than fiscal and monetary policy driving the macroeconomy, it was innovation and productivity growth that seemed to be driving the growth rate, the inflation rate,* ***and hence monetary policy.*** " (Brock 2000, S. I-17)

198 Vgl. hierzu z.B. Acs/ Audretsch 1992, S. 15. Den Ausgangspunkt für diese Haltung bildet eine entsprechende These von Schumpeter aus dem Jahre 1952. Für eine ausführliche Darstellung der theoretischen Diskussion vgl. Elßer 1993, S. 49 ff. Es sei jedoch angemerkt, daß die im Laufe der Zeit hervorgebrachten Hypothesen kein geschlossenes theoretisches Konzept bilden, sondern sich vielmehr lediglich auf Plausibilitätsüberlegungen stützen; vgl. Stützle-Leinmüller 1998, S. 1.

199 Die empirischen Forschungsergebnisse der sechziger und siebziger Jahre unterstützten diese Sichtweise. Jedoch beruhten sie auf einer geringen, teilweise unvollständigen Datenbasis sowie auf Indikatoren, welche die unternehmerischen Innovationsaktivitäten nur unzureichend abbildeten; für eine kritische Analyse dieser Studien vgl. ausführlich Frisch 1993, S. 22 ff. sowie Harhoff et al. 1996, S. 21.

200 Zu diesen Studien vgl. z.B. Birch 1979, Rothwell 1982; Aiginger/ Tichy 1984.

201 „Much of this focus stems from the belief that innovation – particularly in the high tech, information, and bio-technology areas – is vitally dependent on a flourishing entrepreneurial sector. The spectacular success stories of companies such as Microsoft, Genentech, and Federal Express embody the sense that new venture creation is the sine qua non of future productivity gains." (Berger/ Udell 1998, S. 614) Bislang existiert nur eine geringe Anzahl empirischer Studien über das Wachstum und die Beschäftigungseffekte von Unternehmensgründungen. Die Ergebnisse dieser Analysen unterstreichen jedoch die von Berger/ Udell getroffene Aussage und heben die Bedeutung von Unternehmensneugründungen und kleinen Unternehmen für die gesamtwirtschaftliche Entwicklung hervor; vgl. z.B. Acs/ Audretsch 1988 und 1990; Audretsch 1995; Almus/ Nerlinger 1999; Römer 1999; Lessat et al. 1999.

che Gründung Investitionskapital fließen soll: „...Hauptsache die Technologie ist neu und das Unternehmen klein oder jung?“[202]

3.2 Charakteristika junger innovativer Wachstumsunternehmen

Das Gründungsgeschehen stellt sich sehr facettenreich dar. Die pauschal vorgetragene Forderung nach einer Steigerung der Selbständigenquote könnte daher am Ziel der Schaffung neuer, dauerhafter Arbeitsplätze vorbeischießen. Es muß sich vielmehr verstärkt mit der qualitativen Problematik auseinandergesetzt werden, wie die Beschäftigungsdynamik der unterschiedlichen Neugründungen ausfällt, und ob sich die jeweiligen Existenzgründungen auch langfristig erfolgreich am Markt behaupten können.[203]

Noch vor wenigen Jahrzehnten konnten innovative Unternehmen Marktvorteile längere Zeit zur Extrahierung von Monopolrenten nutzen, bis ihr Innovationsvorsprung von Imitatoren eingeholt wurde. Die modernen Informations- und Kommunikationstechnologien ermöglichen heutzutage jedoch einen weltumspannenden Informationsaustausch zu geringsten Kosten, so daß de facto keine Möglichkeit mehr besteht, sich auf den einmal erreichten Innovationsvorsprüngen auszuruhen. Vielmehr ist eine enorme Intensivierung des internationalen Wettbewerbs zu konstatieren.[204] Zeit und Informationen werden zu entscheidenden Erfolgsfaktoren. Nur diejenigen technologieorientierten Unternehmen, die sich regelmäßig über neue Bedürfnistrends informieren und frühzeitig an technischen und wirtschaftlichen Entwicklungen partizipieren, können sich dem Preiswettbewerb zeitweilig entziehen und Pioniergewinne verbuchen. Idealerweise sollte ein Unternehmen daher so innovationsfähig sein, daß es aus Marktbereichen aussteigen kann, bevor sie reifen und der Preiswettbewerb dominant wird.[205]

Eine sich derart drastisch wandelnde „Organisationsumwelt“ bedingt auch veränderte Anforderungen an unternehmerische Marktanpassungsstrategien. Für die jeweilige Ausprägung dieser Fähigkeit scheint die Größe einer Organisation eine bedeutende Rolle zu spielen. So geht die Organisationssoziologie in einer Neueinschätzung des Bürokratiemodells von M. Weber davon aus, daß Unternehmen mit bürokratischen Strukturen am effizientesten unter

---

202 Grupp 1999, S. 37.

203 Vgl. hierzu auch Ridinger 1999, S. 29 ff.

204 Vgl. Ridinger 1999, S. 34 f.

205 Vgl. Lehner/ Nordhause-Janz 1998, S. 61. „Kleine Unternehmen haben dann hohe Entwicklungs- und Überlebenschancen, wenn ihre Innovationsfähigkeit bei konstanter Gesamtinnovationsrate eines Wirtschaftszweiges zunimmt. Ihre Überlebensrate sinkt, wenn sie relative Innovationsnachteile haben.“ (Baier/ Pleschak 1996, S. 14.)

stabilen Umweltbedingungen bzw. unter langfristig berechenbaren Veränderungen arbeiten.[206] Größere, bürokratisch organisierte Unternehmen, die seit längerer Zeit mit bewährten Produkten am Markt agieren, reagieren auf exogene Umweltveränderungen, wie z.B. einer schärferen Wettbewerbssituation, regelmäßig lediglich mit passiven Anpassungsstrategien, die im Einklang mit ihrer traditionellen Unternehmensphilosophie stehen.[207] Kleinere Unternehmen erweisen sich hingegen aufgrund ihrer flexiblen Strukturen (unbürokratische Organisationsformen, flache Hierarchien, kurze Entscheidungs- und Kommunikationswege) in dem skizzierten Umfeld sich rasch verändernder wirtschaftlicher Rahmenbedingungen als effizienter.

Gegenstand dieser Arbeit sind technologieorientierte Unternehmensgründungen. Eine einheitliche Definition des Begriffs der „Technologieorientierung" konnte sich bis dato nicht durchsetzen.[208] Im folgenden sollen daher einige der am häufigsten genannten Charakteristika angeführt werden:[209]

- *zentraler Stellenwert der Forschungs- und Entwicklungstätigkeit,*
- *zentrales Unternehmensziel: Gewinnung, Umsetzung und Vermarktung von selbst entwickeltem technischem Wissen bzw. von technischen Produkten mit hohem Innovationsgehalt,*
- *überdurchschnittlich hoher Anteil hochqualifizierter Beschäftigter,*
- *Zugehörigkeit zu einer Branche, die durch schnellen technologischen Wandel, kurze Produktzyklen sowie eine hohe Forschungs- und Entwicklungsintensität und -unsicherheit geprägt ist,*
- *hoher Kapitalbedarf,*
- *hohe Finanzierungsrisiken,*
- *hoher Risikogehalt des technologischen und wirtschaftlichen Erfolgs.*

Nur sehr wenige TOU stellen jedoch wirklich ambitionierte Vorhaben mit der Intention dar, in Zukunft ein bedeutender Wettbewerber mit einem hohen Marktanteil auf den internationalen Wachstumsmärkten zu werden. Da noch weniger Neugründungen ihre hochgesteckten Ziele auch erreichen, agiert die große Masse der TOU als Nischenanbieter, deren Beschäftigungseffekte insgesamt eher gering ausfallen.[210] Analog zur angelsächsischen Typisierung kleiner und junger Unternehmen in die Kategorien „lifestyle companies", „middle market

---

206 Vgl. Leicht/ Strohmeyer 1998, S. 42
207 Vgl. Hayn 2000, S. 2.
208 Vgl. hierzu ausführlich Nerlinger 1998, S. 70 ff.
209 Vgl. Pleschak/ Werner 2000, S. 117; Hagemann 1999, S. 144 f.; Lessat et al. 1999, S. 7; Meier 1998, S. 18 f; Baier/ Pleschak 1996, S. 11.
210 Vgl. Lessat et al. 1999, S. 2.

ventures“ und „high potential ventures“ sollen im folgenden daher auch TOU hinsichtlich ihrer Wachstumsaussichten kategorisiert werden:[211]

Neue technologieorientierte Kleinexistenzen sind regelmäßig lediglich auf regionale Absatzmärkte ausgerichtet und sehr stark durch kundenspezifische Produkte und Dienstleistungen ohne nennenswerte unternehmensinterne Produktion geprägt. Neben den Gründern werden zumeist einige wenige weitere Mitarbeiter beschäftigt. Der Kapitalbedarf in den Anfangsjahren ist nicht sehr hoch und kann in der Regel zum großen Teil durch Eigenmittel der Gründer und/ oder aus der laufenden Umsatztätigkeit gedeckt werden. Das Scheiterrisiko derartiger Gründungen ist sehr hoch; die Gewinnchancen für etwaige Kapitalgeber hingegen sehr begrenzt.

TOU mit moderatem Wachstumspotential haben wenig ambitionierte Wachstumsziele, verfügen jedoch über ein innovatives Leistungsangebot für Marktnischen. Aus der jeweiligen Marktnische heraus werden sukzessive neue Produkt- und Kundengruppen sowie Auslandsmärkte erschlossen, so daß der Mitarbeiterstamm und die Organisationsstruktur kontinuierlich ausgebaut werden muß. Der Kapitalbedarf übersteigt die Selbstfinanzierungskraft der jungen Unternehmen und die verfügbaren Eigenmittel der Gründer in hohem Maße. Derartige Unternehmen verfügen über ein Chancen-/ Risikopotential, das jenes neuer technologieorientierter Kleinexistenzen bei weitem übertrifft, jedoch nicht an das Profil von...

TOU mit hohem Wachstumspotential („potentielle Stars“) heranreicht. Aufgrund ihres von Beginn an international ausgerichteten innovativen Leistungsangebots weisen diese Unternehmen sehr ambitionierte Wachstumsziele sowie enorme Ertrags- und damit Wertsteigerungspotentiale auf, die jedoch auch mit erheblichen Risiken verbunden sind. Aufgrund des hohen Konkurrenzdrucks aus dem In- und Ausland entscheidet die Schnelligkeit über ihren Geschäftserfolg. „Schnell wachsen – oder gar nicht“, heißt daher bei diesen Unternehmen die Devise. Das überproportionale Unternehmenswachstum in Verbindung mit einer intensiven F&E-Tätigkeit und der Finanzierung des Markteinstiegs bedingt wiederum einen überaus hohen dauerhaften Kapitalbedarf, der nur über Beteiligungskapital und andere externe Finanzierungsquellen in mehreren Finanzierungsrunden gedeckt werden kann. Der Kreis der Kapitalgeber wird dabei im Zeitablauf immer größer.

Von besonderem Interesse und daher Gegenstand dieser Arbeit ist die letzte Kategorie der TOU mit hohem Wachstumspotential. Für die Finanzierung dieser Unternehmen kommen grundsätzlich alle Arten von Kapitalgebern in Frage, die einen merklichen Finanzierungsbeitrag leisten und Hilfestellung in den schwierigen Anfangsjahren geben können. Aufgrund ihres überproportionalen Wachstums und Kapitalbedarfs bei einer erfolgreichen Unternehmensentwicklung kann der Kapitalhunger dieser Unternehmen letztlich in ausreichendem Maße nur durch den Gang an die Börse befriedigt werden. Der Unternehmenstypus der TOU mit hohem Wachstumspotential bietet sich daher für eine grundsätzliche exemplarische Abhandlung typischer Finanzierungsvorgänge einschließlich des Börsengangs an. Für TOU mit moderatem Wachstumspotential hingegen sind beispielsweise Kapitalgeber mit starker Gewinnorientierung regelmäßig ungeeignet, da Wachstumsanforderungen und -potential kaum in

---

[211] Vgl. zu dieser Kategorisierung und den nachfolgenden Ausführungen Lessat et al. 1999, S. 174.

Einklang zu bringen sind. Es ist vielmehr zu befürchten, daß die Kapitalgeber versuchen, die Geschäftsentwicklung zu Lasten einer stabilen Entwicklung zu stark zu forcieren. Neue technologieorientierte Kleinexistenzen wiederum sind aufgrund ihres geringen Renditepotentials trotz hoher Risiken für Beteiligungskapitalgeber generell eher unattraktiv.

TOU mit hohem Wachstumspotential sehen sich im Laufe ihrer Entwicklung mit einer Vielzahl von existentiellen Anforderungen und Problemen konfrontiert, die alle Unternehmensbereiche tangieren. So gilt es, Wachstum nicht nur zu generieren, sondern die Expansion auch zu bewältigen und finanziell abzusichern. Der folgende Abschnitt soll daher einen kurzen Überblick über kritische Erfolgsfaktoren und Probleme junger innovativer Wachstumsunternehmen geben.

3.3 Kritische Wachstumsfaktoren

3.3.1 Stand der Erfolgsfaktorenforschung für junge Unternehmen

Die Gründung technologieorientierter Unternehmen ist eine besondere, durch hohe Komplexität gekennzeichnete Form der Innovationstätigkeit. Neue Produkte bzw. Dienstleistungen müssen entwickelt und vermarktet, neue technologische Verfahren und Prozesse angewandt, neue Vertriebswege erschlossen und effiziente Organisationsstrukturen im Unternehmen aufgebaut werden.[212] Ambitionierte TOU müssen sich den komplexen internen und externen Anforderungen stellen, wollen sie dauerhaft erfolgreich am Markt bestehen. Qualifizierte, kompetente Gründer und Mitarbeiter, eine ausreichende Kapitaldecke, eine umfangreiche und effiziente F&E-Tätigkeit sowie eine erfolgreiche Marketingstrategie sind Grundvoraussetzungen für die Erfüllung ihrer hochgesteckten Wachstumserwartungen. Die Einhaltung der ehrgeizigen Wachstumspläne bildet wiederum eine wichtige Voraussetzung für die langfristige Generierung hoher interner Cash-flow-Überschüsse. Nur die Aussicht auf hohe Renditen wird genügend externe Kapitalgeber attrahieren, um die hohen Ressourcenaufwendungen für das schnelle Unternehmenswachstum finanziell bewältigen zu können.[213]

Für die Bundesrepublik Deutschland existieren bislang nur sehr wenige empirische Untersuchungen zu Überlebenswahrscheinlichkeit und Wachstum junger Unternehmen, was zu einem großen Teil auf die bis dato sehr stark eingeschränkte Datenbasis zurückzuführen ist.[214] Dies gilt insbesondere für TOU. Hier zielen die wenigen vorhandenen empirischen Studien darüber hinaus regelmäßig lediglich auf spezielle Untergruppierungen von TOU, wie z.B. staatlich

---

[212] Vgl. Sabisch 1999a, S. 19.
[213] Vgl. auch Pleschak/ Werner 1999, S. 55.
[214] Dies ist jedoch kein spezifisch deutsches Problem. Vgl. z.B. für die USA Berger/ Udell 1998, S. 617.

geförderten jungen Unternehmen oder TOU aus speziellen Regionen. Die teilweise erheblichen methodischen und inhaltlichen Unterschiede der einzelnen Untersuchungen erschweren die Vergleichbarkeit der Ergebnisse und damit auch die Ableitung allgemeingültiger Aussagen. Dennoch wird der Eindruck vermittelt, daß der Anteil der Marktaustritte junger Unternehmen mit innovativen Produkten und Verfahren trotz der zusätzlichen technologischen Risiken vergleichsweise gering ist. Auch scheinen diese Unternehmen höhere durchschnittliche Wachstumsraten aufzuweisen als nicht-innovative Unternehmen.[215]

Erfreulicherweise ist der Untersuchungsgegenstand einiger jüngerer deutscher Untersuchungen weitergefaßt, so daß diesen Ergebnissen eine höhere allgemeine Aussagekraft zugemessen werden darf.[216] Die Forschungsresultate können die These untermauern, daß die Innovationskraft einen maßgeblichen Einfluß auf das Unternehmenswachstum ausübt. Junge Unternehmen aus innovativen volkswirtschaftlichen Sektoren konnten eine signifikant günstigere Entwicklung aufweisen als nicht-innovative Unternehmensgründungen.[217] Lessat et al. arbeiten in ihrer Untersuchung ein weiteres Phänomen heraus, daß auch in zahlreichen anderen empirischen Untersuchungen zutage tritt: Die Wachstumsbeiträge junger Unternehmen - sowohl in den technologieintensiven als auch in den nicht-technologieintensiven Wirtschaftszweigen - sind extrem ungleich verteilt. Die überwiegende Mehrheit der Unternehmen kann in den ersten Jahren nach der Gründung lediglich bescheidene Wachstumsraten aufweisen. Nur ein geringer Anteil ist in der Lage, durchschnittliche jährliche Wachstumsraten im zweistelligen Bereich zu realisieren.[218] „Gerade aber für die (renditeorientierten) Anbieter von Beteiligungskapital ist die Gruppe der schnellwachsenden Unternehmen die Attraktion, die das Engagement erst rentabel machen."[219] Für die Erfolgsmessung junger Unternehmen ist der Bestandsfaktor somit analytisch klar vom Wachstumsfaktor zu trennen. Dies wirft zwangsläufig die Frage auf, ob sich auf Basis etwaiger konstitutiver Merkmale und Gegebenheiten progno-

---

[215] Vgl. Nerlinger 1998, S. 62 sowie kritisch zur Vergleichbarkeit der verschiedenen Studien Meier 1998, S. 28 ff. In Meier 1998, S. 33 ff. findet sich eine Übersicht über wichtige deutsche und amerikanische Forschungsarbeiten zu allgemeinen Erfolgsfaktoren von JTU. Speziell in Hinblick auf deutsche empirische Untersuchungen vgl. auch die Übersicht in Nerlinger 1998, S. 39 ff.

[216] Vgl. die Arbeiten von Nerlinger 1998, Meier 1998; Lessat et al. 1999; Almus/ Nerlinger 1999 sowie Almus/ Engel/ Nerlinger 1999.

[217] Nerlinger weist in seiner Studie jedoch darauf hin, daß dies für Unternehmen in technologieintensiven Dienstleistungssektoren nur eingeschränkt gilt. Die Wachstumsraten weichen hier nur geringfügig von denen nicht-innovativer Unternehmen des Verarbeitenden Gewerbes ab; vgl. Nerlinger 1998, S. 268.

[218] Laut den Ergebnissen von Lessat et al. konnten in den Neuen Bundesländern 14,6 % und in den Alten Bundesländern 16,8 % der Unternehmensgründungen in der Spitzentechnik sowie 13,4 % bzw. 14,1 % der Gründungen in der höherwertigen Technik Wachstumsraten von mehr als 30 % erzielen; vgl. Lessat et al. 1999, S. 61. Zahlreiche Neugründungen operieren hingegen dauerhaft ohne nennenswerte Umsatz- und Beschäftigungssteigerungen an der Break-even Marke; vgl. Preisendörfer 1999, S. 61; auch Bygrave 1998, S. 122.Vgl. auch die Ergebnisse von Pleschak/ Werner 2000, S. 119 f.; Almus/ Engel/ Nerlinger 1999, S. 24 f.

[219] Lessat et al. 1999, S. 62.

stische bzw. antizipative Einflußfaktoren für ein nachhaltiges überproportionales Wachstum junger innovativer Unternehmensgründungen bestimmen lassen.

Die Bemühungen der betriebswirtschaftlichen Forschung, einen ausgereiften theoretischen Ansatz zur Erklärung und Prognose der Überlebenswahrscheinlichkeit bzw. des Wachstums von jungen Unternehmen im allgemeinen sowie von innovativen Unternehmensgründungen im speziellen zu entwickeln, waren bisher jedoch nicht unbedingt von Erfolg gekrönt.[220] So beziehen sich die in der Literatur diskutierten Erklärungsmodelle für Unternehmenskrisen beispielsweise regelmäßig auf spätere unternehmerische Entwicklungsphasen, wie der Markt- oder Produktionsausweitung bzw. auf etablierte Unternehmen mit bereits ausgebauter Infra- und Organisationsstruktur.[221] TOU sehen sich hingegen mit besonders vielfältigen und hohen Risiken konfrontiert, die sich von den Risiken etablierter und nicht-innovativer Unternehmen deutlich unterscheiden.

Obwohl erste US-amerikanische Forschungsarbeiten zu jungen (innovativen) Unternehmen bereits bis in die späten sechziger Jahren zurückdatieren, stellt die spezifische Untersuchung junger (innovativer) Unternehmen noch immer einen sehr jungen Forschungsbereich dar. Ein Großteil der empirischen Studien beruht auf sehr dünnen theoretischen Grundlagen und weist zum Teil erhebliche Theoriedefizite auf. So werden beispielsweise vielfach lediglich ad hoc formulierte Einflußgrößen auf den Unternehmenserfolg überprüft. Oft wird bei den Untersuchungen auch rein explorativ vorgegangen. Die ermittelten empirischen Daten werden auf etwaige statistische Zusammenhänge hin „durchforstet", so daß die Gefahr von theoretischen Fehlschlüssen aufgrund von Scheinkorrelationen besteht.[222]

Dennoch hat die Gründungsforschung mittlerweile einige normativ-theoretische Erklärungsansätze hervorgebracht. Diese Wachstumshypothesen wurden aus anderen Wissenschaftsgebieten abgeleitet und um solche Aspekte erweitert und modifiziert, die speziell für junge (in-

220 Preisendörfer weist beispielsweise darauf hin, daß es trotz komplexer, umfangreicher Modelle und der Verwendung von Checklisten nur selten gelingt, mehr als 30 % der Varianz zu erklären bzw. eine befriedigende Anzahl von Fällen korrekt zu klassifizieren; vgl. Preisendörfer 1999, S. 62; auch Almus/Engel/Nerlinger 1999, S. 3.

221 Als Krisenindikatoren für Unternehmen werden regelmäßig qualitative und quantitative Kriterien vorgeschlagen, die sich an den Erfolgskriterien anlehnen. Da die Begriffe Erfolg, Krise und Mißerfolg überwiegend als verwandt betrachtet werden, können sie nach Meinung vieler Autoren mit jeweils anderen Vorzeichen auch mit denselben Indikatoren gemessen oder beschrieben werden; vgl. Hemer/ Kulicke 1995, S. 9.

222 Zur ausführlichen Kritik auch hinsichtlich der Heterogenität der Definitionen und Operationalisierungen des Unternehmenserfolgs als abhängige Variable vgl. Meier 1998, S. 29 f. Für die Erforschung der Wachstumsdeterminanten junger Technologieunternehmen sind die jüngsten deutschen Arbeiten von Wippler sowie der Gruppe um Nerlinger hervorzuheben. Zum einen handelt es sich dabei um einige der wenigen hypothesengeleiteten Untersuchungen zum Wachstumsverhalten innovativer junger Unternehmen. Zum anderen weisen diese Hypothesen auch eine umfangreichere theoretische Fundierung auf; vgl. Nerlinger 1998; Almus/Engel/Nerlinger 1999; Almus/ Nerlinger 1999 und Wippler 1998.

novative) Unternehmen von Relevanz sind.[223] In nachfolgender *Abbildung 10* hat der Autor wichtige Wachstumstreiber zusammengefaßt, denen auch in verschiedenen empirischen Untersuchungen eine hohe Bedeutung beigemessen wurde. Die Vielfalt der Einflußfaktoren soll jedoch nicht darüber hinwegtäuschen, daß die einzelnen Faktoren zum Teil sehr eng miteinander verbunden sind.[224]

Unternehmensinterne Faktoren	Unternehmensexterne Faktoren
➢ Größe	➢ Standort
➢ Alter	➢ Branche
➢ Rechtsform	➢ Staatliche Rahmensetzungen
➢ Management	➢ Kapitalmarktstruktur
➢ Beteiligungstruktur	➢ Makroökonomisches Umfeld
➢ Innovationsorientierung und -kompetenz	
➢ Marketing-/ Vertriebsorientierung und –kompetenz	
➢ Finanzielle Basis	

Abbildung 5: *Kritische Einflußfaktoren auf das Wachstum von TOU*

3.3.2 Ausgewählte Wachstumshypothesen und empirische Erkenntnisse

Das Erfolgspotential junger Unternehmen erscheint besonders hoch, wenn sie frühzeitig die Vermarktungsmöglichkeiten neuer Technologien entdecken. Verschiedene empirische Untersuchungen unterstreichen diese Hypothese. Danach weisen junge Unternehmen besonders gute Entwicklungschancen auf, wenn ihre Forschungs- und Entwicklungstätigkeit in frühen Phasen des Produktlebenszyklus bzw. in technologischen Grenzgebieten angesiedelt ist, und

---

223 Dazu gehören die transaktionskostenorientierten Arbeiten zur „Theory of the firm" aus der Institutionenökonomik, strategische Ansätze der Managementforschung, organisationsökologische Ansätze aus der Biologie, soziologische Netzwerk- und Resource-dependence-Ansätze sowie lerntheoretische- und persönlichkeitsorientierte Ansätze und Lebenszyklusmodelle. Aufgrund des eingeschränkten Rahmens dieser Arbeit kann im folgenden nicht eingehender auf alle Erklärungsansätze eingegangen werden. Der interessierte Leser sei auf die Übersichten in Nerlinger 1998, S. 181 ff. und Wippler 1998, S. 21 ff. sowie auf die dortigen weiterführenden Literaturangaben verwiesen.

224 Vgl. hierzu ausführlich die empirischen Untersuchungen von Almus/ Engel/ Nerlinger 1999; Almus/ Nerlinger 1999; Lessat et al. 1999; Pleschak/ Werner 1999 und 2000; Paulini 1999; Frank/ Korunka/ Lueger 1999; Huang/ Brown 1999; Storey/ Tether 1998; Gadenne 1998; Nerlinger 1998; Meier 1998; Balderjahn 1997; Hemer/ Kulicke 1995. Vgl. auch die Sekundäranalyse empirischer Studien aus Deutschland und den USA von Wippler 1998 sowie die Übersicht wichtiger Untersuchungsergebnisse aus beiden Ländern bei Meier 1998, S. 36 ff. Vgl. ferner die Beiträge von Sabisch 1999 und Szyperski/ Nathusius 1999.

die Innovationsergebnisse multivalent nutzbar sind. Ein hohes Chancenpotential für Marktneueintritte bieten zudem Technologiegebiete mit geringen Markteintrittsbarrieren und wenigen Wettbewerbern.[225] Die Eröffnung neuer Marktsegmente, sei es durch innovative Konzepte oder durch die zeitliche Komponente, erscheint für eine dynamische Unternehmensentwicklung ebenso wichtig „...wie die Wahl der optimalen Gründungsgröße, eine sorgfältige Gründungsvorbereitung und Entwicklungsplanung, die permanente Anpassung des Produkt- und Leistungsangebots sowie die aktive Unterstützung durch einen qualifizierten und hochmotivierten Gründer oder ein Gründerteam."[226]

Größe und Alter als Determinanten für das Unternehmenswachstum stehen bereits seit langem im Mittelpunkt zahlreicher empirischer und theoretischer Arbeiten. Die 1931 publizierte Arbeit „Les inégalités économiques" von Robert Gibrat beinhaltet das erste formale theoretische Modell zum Zusammenhang von Unternehmensgröße und Unternehmenswachstum.[227] Das sogenannte „law of proportional effect" von Gibrat besagt, daß das Wachstum als Ergebnis eines stochastischen Prozesses unabhängig von der Unternehmensgröße und dem Unternehmenswachstum der Vorperioden ist. „Gibrat's Law" bildete den Ausgangspunkt für die jahrzehntelange Grundüberzeugung, daß kleine und große Unternehmen im Durchschnitt die gleichen Wachstumsraten aufweisen sollten.[228] Die Erkenntnisse zahlreicher empirischer Studien und theoretischer Ansätze lassen dieses Paradigma jedoch zunehmend fraglicher erscheinen und vielmehr einen negativen Zusammenhang zwischen den Wachstumsraten und der Unternehmensgröße vermuten.[229]

Speziell für technologieorientierte Unternehmensgründungen liegen bisher allerdings kaum empirische Untersuchungen vor. Die Arbeiten der Gruppe um Nerlinger deuten allerdings darauf hin, daß die Unternehmensgröße zum Gründungszeitpunkt auch bei innovativen Unternehmen einen entscheidenden Einfluß auf das Wachstum in den ersten Lebensjahren hat. Ein theoretischer Erklärungsansatz für dieses Ergebnis findet sich in dem 1995 publizierten Aufsatz von Luís Cabral: „The idea is that capacity and technology choices involve some de-

225 Lessat et al. zeigen, daß in den expansiven Wirtschaftsbereichen der technologieintensiven Dienstleistungssektoren und Spitzentechnik in den achtziger und neunziger Jahren ein besonders hoher Überschuß der Gründungen über die Schließungen herrschte; vgl. Lessat et al. 1999, S. 67. Vgl. ferner Baier/ Pleschak 1996, S. 13 sowie Meier 1998, S. 48 ff. und die dortigen Literaturangaben.

226 Paulini 1999, S. 179. „In zwei potentiell bahnbrechenden Gebieten technologischer Innovationen – die Biotechnologie und das Internet – waren zuerst kleinere Marktteilnehmer aktiv." (Lerner 1998, S. 115)

227 Vgl. Gibrat 1931.

228 Für eine ausführliche Darstellung der historischen Entwicklung der wissenschaftlichen Auseinandersetzung mit „Gibrat's Law" vgl. Sutton 1997.

229 Vgl. Evans 1987a und 1987b; Dunne/ Roberts/ Samuelson 1989; Schmalensee 1989; Variyam/ Kraybill 1992; Wagner 1992; Storey 1994 a und 1994 b; Harhoff/ Stahl 1995; Reid 1995; Harhoff/ Stahl/ Woywode 1998; Weiss 1998. Bei Hall 1987 findet sich ein Überblick über Studien, die das Gesetz nicht verwer-

gree of sunkness (that is, investment for which value is foregone upon exit)."[230] Nach dem Modell von Cabral ist für das höhere Wachstumspotential kleiner Unternehmen ihre geringere Überlebenswahrscheinlichkeit im Vergleich zu etablierten und größeren Unternehmen zum Zeitpunkt des Markteintritts ausschlaggebend. Sie investieren dementsprechend in der ersten Lebensperiode vorsichtiger und bauen nur einen Teil ihrer langfristig optimalen Kapazität auf.[231] Im Laufe der Unternehmensentwicklung steigt jedoch die Wahrscheinlichkeit sukzessive an, sich auch langfristig am Markt behaupten zu können. Die Investitionen werden dementsprechend an das langfristig optimale Niveau angepaßt, was wiederum überdurchschnittliche Wachstumsraten zur Folge hat.[232] Das Modell von Cabral impliziert, daß die a priori zu erwartenden Wachstumsraten junger Technologieunternehmen ceteris paribus um so höher ausfallen, je kleiner die Unternehmensgröße, je höher die Unsicherheit um die eigene Wettbewerbsfähigkeit und je höher die mit der Unternehmensgründung verbundenen Sunk Costs. Mit anderen Worten, je risikoreicher, innovativer bzw. forschungs- und kapitalintensiver das Tätigkeitsfeld einer Gründung, desto höher die zu erwartenden Wachstumsraten bei einer erfolgreichen Unternehmensentwicklung.[233]

Cabrals Modell weist Parallelen zu einem von Jovanovic 1982 zur Diskussion gestellten lerntheoretischen Wachstumsmodell auf und bezieht sich auch explizit auf dieses Modell.[234] Nach Jovanovic verfügen Unternehmen, die einen Markt neu betreten, über eine bestimmte relative Effizienz (relative Produktionsstückkosten) bzw. über eine relative Wettbewerbsfähigkeit im Vergleich zu den anderen Wettbewerbern. Die relative Wettbewerbsfähigkeit ist im

fen konnten.

230 Cabral 1995, S. 161.

231 Cabral versteht unter der ersten Lebensperiode den Zeitraum, in dem ein Unternehmen noch nicht vollständig über seine relative Wettbewerbsfähigkeit informiert ist, bzw. die Anzahl der Marktaustritte noch immer positiv ist. Aufgrund der empirischen Erkenntnisse veranschlagt er als Zeitdauer für diese Periode die ersten fünf bis zehn Lebensjahre eines Unternehmens; vgl. Cabral 1995, S. 167.

232 „Small firms, by contrast, exit with positive probability, and in case of exit the initial investment in capacity is lost. Therefore, it is optimal for these firms to invest less in the first period than the lon-run capacity level. In the second period, with positive probability, these firms stay in the industry and adjust capacity to its long-run level, thus experiencing a supra-normal growth rate." (Cabral 1995, S. 165) Die empirische Forschung unterstützt im übrigen die Theorie, nach der die Überlebenswahrscheinlichkeit mit zunehmender Unternehmensgröße und zunehmendem Alter steigt; die jeweiligen Wachstumsraten jedoch abnehmen. Dies bedeutet, daß zwei Effekte auf die Größe-Wachstums-Beziehung einwirken. Größere und ältere Unternehmen weisen zwar geringere Wachstumsraten auf, haben jedoch auch eine größere Überlebenswahrscheinlichkeit. In der Studie von Dunne/ Roberts/ Samuelson 1988 wird diese Wirkungskombination untersucht und bei gegebener Unternehmensgröße eine „net" growth rate ermittelt. Für Einzelunternehmen stellen sie fest, daß: „...the reduction in plant failure rates with size and age was inadequate to offset the tendency for larger and older surviving plants to grow more slowly: the net growth rate falls with plant size and age." (Sutton 1997, S. 47) In Bezug auf TOU berücksichtigen die empirischen Untersuchungen der Gruppe um Nerlinger explizit etwaige Selektionsverzerrungen, beispielsweise aufgrund eines Survival Bias, mittels eines Korrekturmodells; vgl. Nerlinger 1998, S. 220 ff.

233 Vgl. Cabral 1995, S. 168 f.

234 Vgl. ausführlich Jovanovic 1982.

vorhinein nicht bekannt, wird jedoch mit zunehmender Zeit aufgrund der erzielten Gewinne „erlernt". Wettbewerbsfähige Unternehmen wachsen und überleben, die anderen erfahren um ihre relative Ineffizienz und verlassen den Markt. Mit zunehmendem Alter gleichen sich die auf Basis der erwarteten eigenen Effizienz getroffenen Output-Entscheidungen der Unternehmen einander an. Die Varianz der Outputmengen sinkt und die Wachstumsraten tendieren gegen Null. Einem weiteren Erklärungsansatz für die hohen Wachstumsraten junger Unternehmen liegt die Annahme einer „mindestoptimalen Betriebsgröße" zugrunde. Danach können Skaleneffekte eine bestimmte Mindestunternehmensgröße erforderlich machen, die eine rentable Produktion überhaupt erst ermöglicht. Geht man von der Annahme aus, daß Unternehmen regelmäßig mit einer „suboptimalen" Größe gegründet werden (wie im übrigen auch das Modell von Cabral impliziert), müssen sie schnellstmöglich eine „mindestoptimale" Größe erreichen, um etwaige Wettbewerbsnachteile gegenüber der Konkurrenz zu minimieren. Um zu überleben, sind die Unternehmen daher „gezwungen", in den ersten Lebensjahren schnell zu wachsen.[235]

Es ist somit zu konstatieren, daß der Gründungsgröße eine nicht zu unterschätzende Bedeutung für eine erfolgreiche und dynamische Unternehmensentwicklung zukommt. Zu kleinen technologieorientierten Neugründungen in Branchen mit bereits etablierten Konkurrenzunternehmen und ausgeprägten Economies of Scale sollte nach Erachten des Autors große Skepsis entgegengebracht werden. Aufgrund ihrer geringen Größe lassen diese Gründungen zwar a priori hohe Wachstumsraten erwarten. Die geringe Startgröße bedeutet jedoch auch einen enormen Wettbewerbsnachteil gegenüber der bereits etablierten Konkurrenz. Die Überlebenswahrscheinlichkeit der Neugründungen ist dementsprechend gering.

3.3.3 Ableitung von Wachstumshypothesen auf der Basis von Unteilbarkeiten

Aus dem Blickwinkel der mikroökonomischen Markttheorie bedeutet die erfolgreiche Markteinführung von Produktinnovationen nichts anderes, als daß ein neuer Markt entsteht. Die Nachfrage für Substitutionsgüter verringert sich dementsprechend und verlagert sich hin zum neuen Produkt. Der generelle Anreiz, Innovationen hervorzubringen, resultiert aus der Möglichkeit, durch die Einführung neuer Produkte oder Produktionsverfahren eine gewisse (temporäre) Monopolstellung zu erlangen und dadurch außerordentlich hohe Gewinne zu erwirtschaften, die auch als „Pioniergewinne" des Innovators bezeichnet werden.[236] Je länger eine solche Monopolsituation Bestand hat, desto höher ist der zu erwartende Pioniergewinn.

[235] Vgl. ausführlich Fritsch 1990.
[236] Vgl. Fritsch/ Wein/ Ewers 2001, S. 82 ff.

Die Zeitspanne zum Abschöpfen von Monopolgewinnen ist von verschiedenen Einflußfaktoren abhängig, die sich unter anderem aus der Markttheorie des unvollkommenen Wettbewerbs ableiten lassen. Marktimperfektionen können aus externen Effekten, Unteilbarkeiten, Informations- und Anpassungsmängeln sowie aus Irrationalitäten von Marktteilnehmern resultieren.

Die Annahme einer „mindestoptimalen Betriebsgröße" basiert auf dem Phänomen der Unteilbarkeiten, d.h. auf einer Abweichung von der Annahme des Modells der vollständigen Konkurrenz, daß sämtliche Güter bzw. Produktionsfaktoren beliebig teilbar sind. Aufgrund von technischen Gegebenheiten ist die Kapazität bestimmter Ressourcen in realiter oftmals nur in größeren Sprüngen variierbar. Derartige Unteilbarkeiten haben regelmäßig eine gewisse Konzentration auf der Anbieterseite zur Folge, da die Durchschnittskosten (Stückkosten) eines Produktes mit wachsender Produktionsmenge abnehmen.[237] Im Extremfall kann die Nachfrage sogar am kostengünstigsten von einem einzigen Anbieter befriedigt werden. In diesem Fall spricht man von einem „natürlichen Monopol".[238] Trotz in realiter vielfach vorzufindender Unteilbarkeiten sind natürliche Monopole jedoch äußerst selten anzutreffen. Ein wichtiger Grund hierfür ist dem Umstand geschuldet, daß aufgrund von produktionstechnischen Gegebenheiten bzw. unternehmensinternen Transaktionskostenverläufen auch Größenvorteile nicht unerschöpflich sind. Vielmehr steigen die Durchschnittskosten eines Unternehmens mit zunehmendem Output regelmäßig ab einem bestimmten Punkt, an dem die Größenvorteile erschöpft sind, wieder an. Das Minimum der Durchschnittskosten markiert die mindestoptimale Betriebsgröße bzw. Produktionsmenge.[239]

Eine zentrale Rolle in dem Modell von Cabral spielen die sogenannten „Sunk Costs". Sunk Costs beruhen auf Irreversibilitäten und „...bezeichnen den Wert von Aufwendungen bzw. Produktionsfaktoren, der für den Markteintritt erforderlich ist und bei einem Marktaustritt unwiederbringlich abgeschrieben werden muss."[240] Von Irreversibilitäten spricht man, wenn Ressourcen einer bestimmten Nutzung zugeführt werden, und ein anschließender Transfer in andere Nutzungen bzw. ein Verkauf mit Produktivitäts- bzw. Wertverlusten verbunden wäre.[241] Nach Fritsch/ Wein/ Ewers ist das potentielle Ausmaß an Sunk Costs um so höher einzuschätzen, je spezialisierter die entsprechenden Produktionsfaktoren sind, bzw. je größer die Probleme sind, diese Produktionsfaktoren einer anderen Verwendung zuzuführen.

237 Zu den Ursachen vgl. Fritsch/ Wein/ Ewers 2001, S. 187 ff.
238 Vgl. Fritsch/ Wein/ Ewers 2001, S. 186 f.
239 Vgl. ausführlich Fritsch/ Wein/ Ewers 2001, S. 187 ff.
240 Fritsch/ Wein/ Ewers 2001, S. 211.
241 Vgl. Fritsch/ Wein/ Ewers 2001, S. 211.

Sunk Costs stellen dementsprechend eine hohe Barriere für den Markteintritt dar. Die Wahrscheinlichkeit für einen Neueintritt wird um so geringer, je höher die daraus resultierenden Sunk Costs im Falle eines Scheiterns am Markt sind.[242]

Aus diesen elementaren theoretischen Zusammenhängen lassen sich nach Erachten des Autors wichtige Schlußfolgerungen für das Erfolgspotential von technologieorientierten Unternehmensgründungen ableiten. Dabei wird unterstellt, daß die Technologie, in der sich das junge innovative Unternehmen engagiert, mit Unteilbarkeiten verbunden ist, und die Branche daher bis zu einem gewissen Grad mit sinkenden Durchschnittskosten operiert. Bei gegebenem Stand der Technik sind junge Unternehmen dann c.p. grundsätzlich gezwungen, möglichst schnell die bereits beschriebene mindestoptimale Größe zu erreichen, um dauerhaft auf dem betreffenden Markt bestehen zu können. Andernfalls besteht permanent die Gefahr, von einem im Minimum der Durchschnittskosten produzierenden Konkurrenten unterboten und aus dem Markt gedrängt zu werden. Diese Schlußfolgerung ist jedoch lediglich für den Fall zulässig, daß die neuen Marktteilnehmer auch mit der zum jeweiligen Zeitpunkt effizientesten Produktionstechnologie (State of the Art-Technologie) operieren. Bei Verwendung einer suboptimalen Technologie bietet die unternehmensspezifische mindestoptimale Größe keinen effektiven Schutz vor Preiswettkämpfen. Demgegenüber bedeutet die Verwendung einer innovativen effizienteren Technologie einen einzigartigen Wettbewerbsvorteil gegenüber den Mitbewerbern. So könnten beispielsweise die minimalen Stückkosten bereits bei einer deutlich geringeren Produktionsmenge als bei allen übrigen Wettbewerbern erreicht werden. Die erfolgreiche Entwicklung und Anwendung einer effizienteren neuartigen Fertigungstechnologie kann es jungen Unternehmen demnach ermöglichen, selbst etablierte Märkte erfolgreich zu betreten und hohe Wachstumsraten zu erzielen.

Auf Grundlage der bisher gewonnnen Erkenntnisse sollten Unternehmen grundsätzlich mit der mindestoptimalen Größe gegründet werden. Sowohl Kapitalengpässe als auch risikoaverses Gründerverhalten (in Cabrals Modell von zentraler Bedeutung) lassen jedoch vermuten, daß Technologieunternehmen in der Regel mit suboptimaler Größe gegründet werden.[243] In diesem Fall wird der Unternehmenserfolg neben der verwendeten Technologie auch vom Zeitbedarf für die Markterschließung bzw. für den Aufbau der mindestoptimalen Größe sowie

[242] Vgl. Fritsch/ Wein/ Ewers 2001, S. 211.

[243] Auch die Ergebnisse der empirischen Forschung deuten darauf hin, daß die Startgröße der Unternehmen aufgrund von Risikoabwägungen der Gründer allgemein eher zu gering ist, und die Gründungsunternehmen gezwungen sind, innerhalb der ersten Jahre schnell zu wachsen, um eine branchenminimale Größe, die ihnen das Überleben sichert, zu erreichen; vgl. z.B. Paulini 1999, S. 172. Ein konvexer Zusammenhang zwischen Markteintrittsgröße und Unternehmenswachstum für TOU konnte ebenfalls von Almus/ Engel/ Nerlinger 1999 ermittelt werden.

vom Verhalten der etablierten Marktteilnehmer abhängen. Das Erfolgspotential einer Unternehmensgründung ist dabei um so größer, je länger die Reaktionszeit der Konkurrenz ausfällt, und je schneller die eigene mindestoptimale Größe erreicht wird. Je mehr Zeit der Unternehmensaufbau und die Markterschließung hingegen beanspruchen, desto eher ist mit entsprechenden Preis- und Mengenreaktionen der bereits etablierten Anbieter zu rechnen. Darüber hinaus steigt bei Verwendung von innovativen Fertigungstechnologien mit zunehmendem Zeitablauf die Wahrscheinlichkeit, daß diese Technologien von der Konkurrenz adaptiert werden, und der spezifische Wettbewerbsvorsprung des jungen Unternehmens schwindet. Ferner besteht die Gefahr, daß neue Wettbewerber mit einer „optimaleren" Größe bzw. mit neuen Fertigungstechnologien den Markt betreten, und ihre Produkte kostengünstiger anbieten.

Neben der Fertigungstechnologie kommt zwangsläufig auch dem Produkt eine herausragende Bedeutung für das Wachstumspotential junger Unternehmen zu. Wesentliche Erfolgsdeterminanten sollten in diesem Zusammenhang die Neuartigkeit, Einzigartigkeit sowie ein hoher Kundennutzen des Produktangebots darstellen. Je mehr ein(e) Produkt(palette) diesen Anforderungen entspricht, desto einzigartiger wird auch die Marktposition des jungen, innovativen Unternehmens und desto größer das Absatz- und damit Wachstumspotential sein. Im Idealfall verfügt das Unternehmen gar über eine temporäre Monopolstellung und kann die Monopolrente für sich vereinnahmen. Je größer der potentielle Absatzmarkt und je geringer die Anzahl der Konkurrenzprodukte, desto geringer ist grundsätzlich die Gefahr, aufgrund von Preisattacken der Konkurrenz aus dem Markt gedrängt zu werden. Des weiteren ist davon auszugehen, daß die Imitierbarkeit der Innovation einen großen Einfluß auf die Zeitspanne hat, in der die mindestoptimale Betriebsgröße erreicht werden muß. Je weniger Substitutionsgüter existieren, je schwieriger das Produkt zu imitieren ist, und je höher die Markteintrittsbarrieren für potentielle Konkurrenten sind, desto länger sollte das Unternehmen a) vor Preiswettkämpfen geschützt sein, b) die Phase überdurchschnittlich hoher Gewinn- und Umsatzsteigerungen ausfallen, und desto besser kann das Unternehmen c) mit Abwehrreaktionen auf etwaige neue Anbieter reagieren.

Marktzutrittsschranken[244] repräsentieren daher eine weitere wesentliche Erfolgskomponente für junge Unternehmen. Entscheidende Hindernisse für den Markteintritt neuer Unternehmen ergeben sich z.B. aus dem Vorhandensein von Sunk Costs sowie aus Unteilbarkeiten. Weitere Marktzutrittsbarrieren können im Zugang zu den Absatz- und Beschaffungsmärkten sowie in

[244] Die Begriffe Marktzutrittsschranken und Markteintrittsbarrieren werden in dieser Arbeit synonym verwandt.

der Verfügbarkeit der effizientesten Technologie und/ oder Fertigungserfahrung durch etablierte Anbieter bestehen.[245] Unteilbarkeiten haben jedoch nicht nur unter diesem Gesichtspunkt eine große Bedeutung als Markteintrittsbarriere. Im Falle von Unteilbarkeiten hängt von der Relation zwischen der mindestoptimalen Produktionsmenge und der insgesamt nachgefragten Menge eines Gutes auch die Anzahl der Anbieter ab, die langfristig auf dem betreffenden Markt überleben kann.[246] Aus diesem Grund spielt die (potentielle) Größe des Gesamtmarktes sowie dessen Expansions- oder auch Kontraktionsgeschwindigkeit eine weitere entscheidende Rolle für den zu erwartenden wirtschaftlichen Erfolg junger Unternehmen. Je geringer die Anzahl der Anbieter ist, die langfristig auf einem Markt existieren kann, desto schneller und aggressiver werden etablierte Anbieter Verteidigungsmaßnahmen ergreifen, und desto höher ist die Hemmschwelle für potentielle Konkurrenten, den Markt neu zu betreten.

Die bisher angestellten theoretischen Überlegungen und die Ergebnisse der verschiedenen empirischen Studien ermöglichen an dieser Stelle ein erstes Zwischenfazit. Unter der Annahme, daß eine hohe Technologieintensität in der überwiegenden Zahl der Fälle mit einem gewissen Maß an Unteilbarkeiten verbunden ist, sollten die Erfolgs- bzw. Wachstumsaussichten junger innovativer Unternehmen besonders hoch sein, wenn sie a) über *innovative Fertigungstechnologien* verfügen, die eine erhebliche Reduzierung der Herstellkosten ermöglichen und/ oder eine deutlich geringere mindestoptimale Betriebsgröße erfordern, b) auf *expansiven Märkten mit hohem Wachstumspotential und geringen Markteintrittsbarrieren* operieren und c) möglichst *schnell* die *mindestoptimale Betriebsgröße* erreichen. Weitere Erfolgsfaktoren bilden d) der *Innovationsgehalt*, e) der *Kundennutzen* sowie f) die *Imitierbarkeit* des *Produktes*. Sollte ein junges Technologieunternehmen eine Pionierrolle übernommen und ein völlig neuartiges Produkt mit hohem Kundennutzen auf den Markt gebracht haben, stellen g) *hohe Markteintrittsbarrieren* potentieller Konkurrenten sogar ein Positivum für das Unternehmen dar.

Die Ausführungen der vorangegangen Abschnitte haben deutlich gemacht, daß sich die Erfolgsfaktorenforschung für junge innovative Unternehmen in einem frühen Entwicklungsstadium befindet. Für die wirtschaftswissenschaftliche Forschungsarbeit eröffnet sich hier ein umfangreiches Betätigungsfeld, das es in Zukunft verstärkt zu bearbeiten gilt.

---

245 Vgl. Fritsch/ Wein/ Ewers 2001, S. 211.
246 Vgl. Fritsch/ Wein/ Ewers 2001, S. 198.

3.4 Kapitalbedarf

Von einzelnen Ausnahmen abgesehen, sind Unternehmensgründungen durch eine geringe Unternehmensgröße gekennzeichnet.[247] Auf weitgehend verteilten Märkten spielen sie regelmäßig keine bedeutende Rolle, können sie doch nur wachsen, indem sie der bereits etablierten Konkurrenz Marktanteile abringen. Als eine gründungstypische Strategie auf solchen Märkten hat sich dementsprechend das Besetzen von Marktnischen, deren Ausnutzung sich für etablierte Großunternehmen nicht lohnt, herauskristallisiert.[248] Für ambitionierte Gründer erscheint es hingegen erfolgversprechender, ihr Unternehmen auf noch nicht entwickelten Märkten mit einem hohen Innovationsgrad zu etablieren.

Gründungsprojekte mit hohem Wachstumspotential sind regelmäßig auch vom Finanzierungsvolumen sehr ambitioniert und erfordern den Einsatz enormer personeller und finanzieller Ressourcen. Je kleiner und jünger die innovativen Unternehmen sind, desto stärker werden sie dadurch belastet. Von insgesamt 801 vom Fraunhofer-Instituts für Systemtechnik und Innovationsforschung (ISI) befragten kleinen und mittleren Unternehmen wiesen beispielsweise rund 40 % eine F&E-Intensität (F&E-Aufwand in Relation zum Umsatz) von über 9 % auf. Knapp 10 % der befragten Unternehmen verzeichneten einen F&E-Aufwand pro unternehmenstypischem Projekt von über einer Million DM.[249] Die Auswertung von 1071 statistischen Beiblättern aus dem KfW- und ERP-Innovationsprogramm der Jahre 1994-1997 läßt auf eine noch höhere Innovationsintensität junger Technologieunternehmen schließen.[250] So betrugen die durchschnittlichen Innovationsaufwendungen in dieser Untersuchung 15 % des gesamten Jahresumsatzes. Dieser hohe Wert ist vor allem auf kleine und junge Unternehmen zurückzuführen. Hier übertrafen die Innovationsaufwendungen teilweise sogar den Jahresumsatz. In Abhängigkeit von der Unternehmensgröße ermittelte die KfW einen U-förmigen Verlauf des F&E-Aufwands in Relation zum Umsatz, wie er auch aus anderen empirischen Untersuchungen bekannt ist (vgl. *Abbildung 6*).

Wenn Mrzyk darauf hinweist, daß die Neugründung eines Unternehmens einen weitaus höheren Finanzierungsbedarf bedingt als ein bereits am Markt etabliertes Unternehmen gleicher Größe,[251] gilt diese Aussage somit insbesondere für TOU mit ambitionierten Innovationsvor-

[247] Vgl. Posner 1996, S. 22.
[248] Vgl. Posner 1996, S. 22.
[249] Vgl. Kulicke 1999a, S. 5, Fußnote 8.
[250] Da die „eigene F&E-Leistung" ein Förderkriterium des KfW- und ERP-Innovationsprogramms war, entstammte ein großer Teil der durch die KfW untersuchten Unternehmen forschungsintensiven Wirtschaftssektoren.
[251] Vgl. Mrzyk 1999, S. 46.

haben. Diese Unternehmensgründungen unternehmen vergleichsweise hohe eigene F&E-Anstrengungen und erwerben darüber hinaus regelmäßig weitere technologische Kompetenzen von externen F&E-Einrichtungen und/ oder anderen Unternehmen (z.B. in Form von Lizenzen, Auftragsforschung oder Joint Ventures bei der Produktentwicklung). Der Ressourcenverzehr bis zur erfolgreichen Marktetablierung ist regelmäßig so hoch, daß er die finanziellen Möglichkeiten der Gründer deutlich übersteigt.[252]

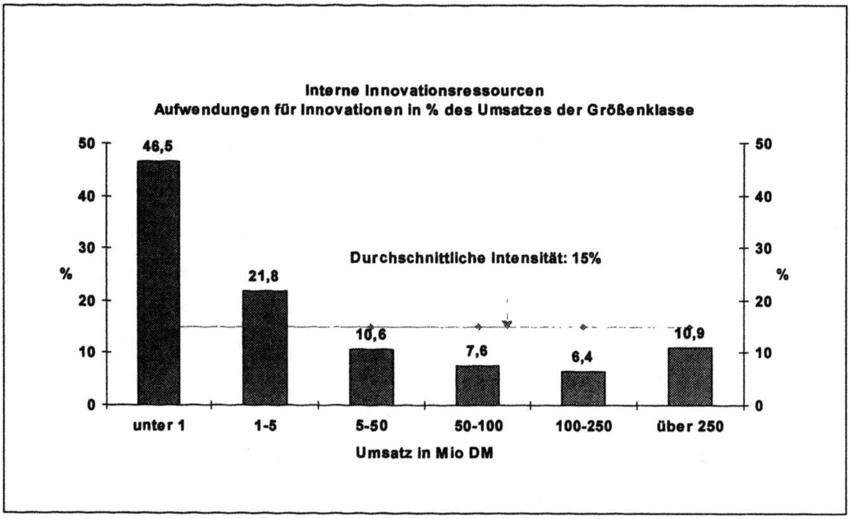

Abbildung 6: *F&E-Intensität in Abhängigkeit von der Unternehmensgröße* (Quelle: KfW-Beiträge zur Mittelstands- und Strukturpolitik 1999, S. 19)

Es ist zu konstatieren, daß das breite Spektrum an kostenintensiven Innovationsaktivitäten zu einer enormen finanziellen Belastung wachstumsstarker TOU führt. Neben dem angestrebten Unternehmenswachstum bilden die spezifische Wettbewerbs-, Kapital- und F&E-Intensität, der Reifegrad, die Komplexität und das Wachstumspotential des jeweiligen Technologiegebietes bzw. der jeweiligen Branche sowie das Ausmaß der Markteintrittsbarrieren, insbesondere die mit einem Markteintritt verbundenen Sunk Costs wichtige Einflußfaktoren auf den Kapitalbedarf technologieorientierter Unternehmensgründungen.[253] Die zum Teil hochriskanten Innovationsaufwendungen müssen vorfinanziert werden, führen jedoch regelmäßig erst mit erheblicher Verzögerung zu Einzahlungen. Viele Innovationen können zudem lediglich innerhalb eines bestimmten „Zeitfensters“ erfolgreich eingeführt werden. Wollen junge

[252] Vgl. Kulicke/ Wupperfeld 1996, S. 107; Pleschak/ Werner 1998b; S. 147.

[253] Vgl. Pleschak et al. 2000, S. 47 ; Sabisch 1999b, S. 28; Geigenberger 1999, S. 55; Lessat et al. 1999, S. 179 f; Baier/ Pleschak 1996, S. 103; FhG-ISI 1996, S. 7.

innovative Unternehmen ihre ehrgeizigen Wachstumspläne realisieren, sind sie somit zwangsläufig auf die Einbindung externer finanzieller Ressourcen angewiesen.

3.5 Bedeutung externer Kapitalquellen

Aufgrund der dargestellten Sachverhalte wiegt der Umstand um so schwerer, daß innovative Unternehmensgründungen gerade in den Frühphasen der Produktentwicklung nur schwer externe Kapitalgeber finden.[254] Eine Reihe von empirischen Untersuchungen kommt zu dem Schluß, daß die Finanzierung ein zentrales Innovationshemmnis für kleine und junge Unternehmen darstellt. Im Rahmen von Unternehmensbefragungen zu wahrgenommenen Innovationshemmnissen werden Finanzierungsprobleme, und hier insbesondere der Mangel an Eigenkapital, weitgehend deckungsgleich genannt. Der konstatierte Kapitalmangel nimmt dabei mit abnehmender Unternehmensgröße deutlich zu.[255] Eine Aufgliederung des Eigenkapitals nach unterschiedlichen Unternehmensgrößenklassen läßt trotz methodischer Probleme[256] erkennen, daß sich das Verhältnis von Eigenmitteln zur Bilanzsumme um so ungünstiger gestaltet, je geringer die Betriebsleistung eines Unternehmens ausfällt.[257] In einer Studie der IKB weisen die Unternehmen der untersten Größenklasse bis 10 Mio. DM Betriebsleistung eine Eigenkapitalquote auf, die lediglich etwas mehr als die Hälfte des Gesamtdurchschnitts aller 1389 von der IKB erfaßten Unternehmen des Verarbeitenden Gewerbes beträgt (vgl. *Abbildung 7*).

Wie bereits oben in Abschnitt 2.6.3. dieser Arbeit konstatiert werden mußte, haben sich die Eigenkapitalquoten kleiner, mittlerer und junger Unternehmen in der Bundesrepublik Deutschland im Laufe der neunziger Jahre kontinuierlich weiter verschlechtert. In Bezug auf junge Wachstumsunternehmen findet Struck in einer Untersuchung der Jahresabschlüsse von 11.203 durch die Deutsche Ausgleichsbank geförderter junger Unternehmen aus den NBL die Hypothese bestätigt, daß deren starkes, in aller Regel diskontinuierliches Wachstum besonders auf das Eigenkapital drückt.[258] Die erforderlichen Sprunginvestitionen betragen oft ein Vielfaches der Gründungsinvestitionen bzw. der Bilanzsumme vor Beginn der neuen Investitionsphase. Struck stellt fest, daß ein Großteil der geförderten Unternehmen die geplanten In-

---

[254] Vgl. Pleschak 2000, S. 13 f. ; Pleschak et al. 2000, S. 11 f. ; Gerke et al. 1995, S. 23 f.

[255] Vgl. Sabisch/ Groß 1999, S. 135; Huang/ Brown 1999, S. 80; KfW-Beiträge zur Mittelstands- und Strukturpolitik 1999, S. 6; Römer 1999, S. 79 ff.; Meier 1998, S. 42; Balderjahn 1997; Harhoff/ Licht 1996, S. 77; Baier/ Pleschak 1996, S. 22 f.; Heinemann/ Kukuk/ Westerheide 1995; Hemer/ Kulicke 1995, S. 1; Felder et al. 1995.

[256] Vgl. z.B. Bretz 1998, S. 267 zur Problematik der Ermittlung der Eigenkapitalhöhe.

[257] Vgl. z.B. Albach 1995, Sp. 679; Deutsche Bundesbank 1994 und 1992.

[258] Vgl. ausführlich Struck 1999, S. 300 ff.

vestitionen ohne Eigenkapitalhilfe der Deutschen Ausgleichsbank nicht im erforderlichen Umfang oder nur mit einer existenzbedrohenden Risikoerhöhung hätte realisieren können.[259]

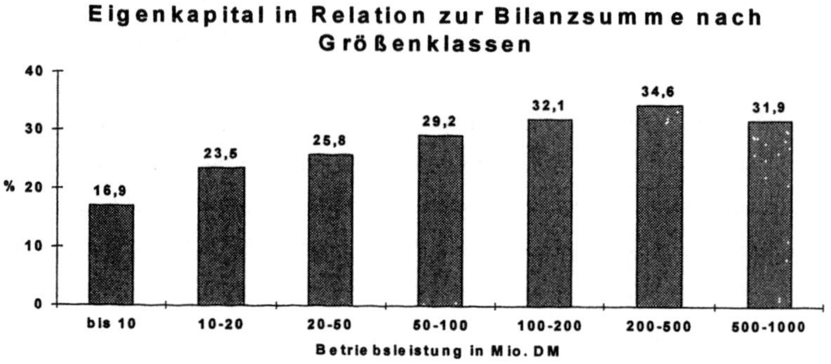

Abbildung 7: *Eigenkapitalquote in Abhängigkeit von der Unternehmensgröße*
(Quelle: Hansen 1997, S. R 84)

Auch bei jungen Unternehmen läßt sich empirisch eine typische Präferenzordnung (Pecking Order) potentieller Finanzierungsquellen erkennen. An oberster Stelle steht der Wunsch nach Selbstfinanzierung. Im Rahmen der Außenfinanzierungsmöglichkeiten wird wiederum die Fremdfinanzierung bevorzugt. Die Einwerbung von Beteiligungskapital hingegen wird regelmäßig erst als letzter Ausweg in Betracht gezogen, wenn alle anderen Finanzierungsquellen versagen.[260] Häufig wird die Aufnahme von Beteiligungskapital von den Gründern sogar trotz wahrgenommener „Eigenkapitallücke“ nicht als Finanzierungsoption in Betracht gezogen. Der Grund für diese Einstellung ist in einem stark ausgeprägten Unabhängigkeitsstreben zu finden. Viele Gründer hegen die Befürchtung, daß durch die Hereinnahme eines starken Partners Betriebsgeheimnisse verloren gehen, ihre selbständige Handlungsfähigkeit eingeschränkt wird, und es im Extremfall gar zu einer Fremdübernahme ihres Unternehmens kommt.[261] Die konstatierten Finanzierungsprobleme junger Unternehmen resultieren demzufolge nicht ausschließlich aus objektiven Beschränkungen, sondern sind zumindest teilweise

[259] Gadenne bestätigt in einer empirischen Untersuchung von Erfolgsfaktoren kleiner US-amerikanischer Unternehmen die hohe Bedeutung einer soliden Eigenkapitalversorgung: „The fact that there was a common success factor – financial leverage – for all three industry groups, indicates that small enterprises in general tend to be more successful if there are sufficient financial resources either contributed by the owner or generated through profits and cash flows from operations.“ (Gadenne 1998, S. 48)

[260] Vgl. Stützle/ Leinmüller 1998, S. 83 sowie zur Theorie der Pecking Order oben Abschnitt 2.7.2.2.

[261] Vgl. Szyperski/ Nathusius 1999; S. 57; Stützle/ Leinmüller 1998, S. 83; Lompe et al. 1998, S. 36.

auch subjektiv bedingt. Die Finanzplanung wird beispielsweise trotz ihrer zentralen Bedeutung für den Innovations- und Unternehmenserfolg von den Gründern oftmals vernachlässigt und der Finanzierungsaufwand regelmäßig unterschätzt.[262] Die Fähigkeit von potentiellen Kapitalgebern, jungen Unternehmen neben der Bereitstellung von Finanzmitteln eine adäquate betriebswirtschaftliche Beratungs- und Unterstützungsleistung zu gewähren, hat dementsprechend auch einen wichtigen Einfluß auf die Überlebens- und Wachstumschancen dieser Unternehmen.[263]

Die in diesem Abschnitt aufgezeigten empirischen Regelmäßigkeiten lassen darauf schließen, daß die Erschließung externer Kapitalquellen für junge innovative Unternehmen mit erheblichen Problemen verbunden ist. Scheint die Gestaltung der Bilanzrelationen auch teilweise auf bewußte unternehmerische Entscheidungen zurückzuführen zu sein, so deutet die Vielzahl der empirischen Kapitalmangelbefunde doch darauf hin, daß ein Großteil der Finanzierungsprobleme auf die Nichterhältlichkeit von Kapital und somit auf Marktunvollkommenheiten zurückzuführen ist. Der limitierte Zugang zu neuem Kapital zeichnet oftmals für Wachstumsprobleme und Unternehmenskrisen junger innovativer Unternehmen verantwortlich. Dabei scheint die Wachstumsfinanzierung selbst für jene Unternehmen schwierig zu sein, die bereits einen überprüfbaren Erfolgsausweis durch Wachstum und Profitabilität aufweisen können.[264] TOU, die Beteiligungskapital erhalten, gehören hingegen zu den am schnellsten wachsenden Unternehmen. Es muß daher diskutiert werden, welche Faktoren zu einer Verteuerung der Finanzierung führen können, bzw. welche Faktoren Restriktionen für die Kapitalbereitstellung darstellen und somit eine „Kapitallücke" wachstumsstarker junger Unternehmen begründen könnten.

3.6 Spezifische Finanzierungsprobleme junger innovativer Wachstumsunternehmen

3.6.1 Unsicherheit aufgrund unvollkommener Informationen

In einer neoklassischen Modellwelt mit leistungsfähigen Kapitalmärkten und vollkommenen, symmetrisch verteilten Informationen erfolgt die Wachstumsfinanzierung junger innovativer Unternehmen problemlos, da die Erwartungen über den Innovationserfolg bzw. den ökonomischen Wert neuer Technologien bei kapitalsuchenden Unternehmen und potentiellen Kapital-

---

[262] Vgl. hierzu Hemer/ Kulicke 1995, S. 25 ff.; Pleschak/ Werner 1999, S. 50 sowie zu weiteren besonders häufig auftretenden Mängeln Sabisch/ Groß 1999, S. 136. Vgl. ferner Sabisch/ Groß 1999, S. 136; Lompe et al. 1998; S. 17; Bundesministerium für Wirtschaft 1996, S. 9; Posner 1996, S. 71 ff.

[263] Vgl. Lessat et al. 1999, S. 88; Wupperfeld 1999, S. 163. Vgl. zu etwaigen Nachteilen externer Beteiligungen Nerlinger 1998, S. 193 f. sowie die dortigen Literaturangaben; ferner Lerner 1998, S. 115 ff.; Haller 1999a, S. 89 f.; Almus/ Engel/ Nerlinger 1999 sowie Meier 1998, S. 42.

[264] Vgl. Meier 1998, S. 42.

gebern identisch sind. Die Kapitalgeber fordern für ihre Kapitalüberlassung ein entsprechendes Entgelt, das sich grundsätzlich aus zwei Teilkomponenten zusammensetzt: einer Entschädigung für den Liquiditäts- und Konsumverzicht des Kapitalgebers (Zeitpräferenzprämie) sowie einer Prämie zur Kompensation für das übernommene allgemeine Geschäftsrisiko bzw. leistungswirtschaftliche Risiko des Unternehmens (systematisches Risiko).[265] Das leistungswirtschaftliche Risiko realisiert sich für Kapitalgeber dann, wenn die erwarteten Kapitalrückflüsse nicht bzw. nicht in der erwarteten Höhe und Zeit erfolgen.

Bei innovativen jungen Unternehmen läßt sich das allgemeine Geschäftsrisiko in zwei Teilkomponenten zerlegen: das technologische Produktionsrisiko sowie das Marktrisiko. Während das technologische Risiko die Unsicherheit darüber reflektiert, ob ein innovatives Produkt überhaupt auf die vorgesehene Art und Weise hergestellt werden kann, um die erwarteten Qualitätseigenschaften zu besitzen, werden unter dem Marktrisiko eine Vielzahl von unternehmensexternen Unsicherheitsfaktoren verstanden, die im Zusammenhang mit der Markteinführung und Diffusion die Wettbewerbschancen innovativer Produkte determinieren. So hängt der kommerzielle Erfolg z.B. sehr stark von den sich wandelnden Konsumentenbedürfnissen, vom Konkurrenzverhalten sowie von den makroökonomischen und rechtlichen Rahmenbedingungen ab. Bei kumulierter Betrachtung der Risiken zeigt sich, daß es bis zum Zeitpunkt der Markteinführung zu einer starken Risikoanhäufung kommt. Mit Beginn der Markteinführung ist das technologische Risiko hingegen nicht mehr signifikant. Auch das Marktrisiko verringert sich ab diesem Zeitpunkt und sinkt in der Folgezeit weiter.[266]

Gemäß der neoklassischen Kapitalmarkttheorie sind die Kapitalkosten eines Investitionsprojekts allein von diesen Risiken abhängig. Wie die neoinstitutionelle Finanzierungstheorie jedoch aufgezeigt hat, kann das Risikoprofil einer Investition für potentielle Kapitalgeber durch unvollkommene Informationen entscheidend verändert und die Aufnahme von Finanzierungsbeziehungen dadurch erheblich erschwert werden. So müssen externe Kapitalgeber bei asymmetrisch verteilten Informationen neben dem allgemeinen Geschäftsrisiko auch Qualitäts- und Verhaltensrisiken der Kapitalnehmer in ihre Kapitalvergabekalkulationen miteinbeziehen.[267] Gerade in Bezug auf junge innovative und dynamisch wachsende Unternehmen, wo das Spektrum an möglichen Erfolgsentwicklungen sehr groß ist,[268] herrscht in dieser Hinsicht eine besonders hohe Unsicherheit. Die Gefahr einer adversen Selektion ist daher

---

265 Eine zusätzliche Abgeltung für das unsystematische Risiko ist nicht erforderlich, da dieses unternehmensspezifische Risiko für einen Investor vollständig diversifizierbar ist.
266 Vgl. Hayn 2000, S. 27 ff. sowie S. 31 f.; Grisebach 1989, S. 32 f.
267 Vgl. Pape/ Bayer 2001, S. 630.
268 Vgl. Hayn 2000, S. 29 f.

besonders stark ausgeprägt. Die Finanzierung qualitativ hochwertiger Investitionsprojekte kann scheitern, weil sich die von den Kapitalgebern geforderte Risikoprämie aufgrund der herrschenden Informationsasymmetrie an der durchschnittlichen Qualität der Kapitalnehmer bemißt. Wegen der hohen Kapitalkosten wird so zumindest ein Teil der „guten" Schuldner auf eine Projektdurchführung verzichten. Kommt ein Finanzierungsvertrag zustande, haben wiederum die Kapitalnehmer einen starken Anreiz, sich nicht ausschließlich im Sinne der Kapitalgeber zu verhalten, sondern vielmehr so weit wie möglich die Maximierung ihres eigenen Nutzens anzustreben (Verhaltens- bzw. Moral Hazard-Risiko).[269]

Im Zusammenhang mit der Finanzierung junger Technologieunternehmen stellen Informationsunvollkommenheiten ein gravierendes Problem dar. Junge, dynamisch wachsende Unternehmen gehören vorwiegend jungen Branchen an, die dadurch gekennzeichnet sind, daß noch keine festen Spielregeln existieren, und die Wettbewerbskräfte daher noch äußerst instabil sind.[270] Aufgrund der besonderen Eigenschaften von Innovationen ist es um so schwieriger, eine Idee, Person bzw. Organisation zu beurteilen, je ausgeprägter der Neuigkeitsgrad der jeweiligen Problemlösung ist. Aus Mangel an vergleichbaren Erfahrungen stehen keine Standardlösungen oder Standardanalysetechniken zur Verfügung.[271] Im Hinblick auf die Projektdurchführung kann regelmäßig lediglich auf sehr eingeschränkte Erfahrungswerte zurückgegriffen werden. Auch können etwaige Vergleichsdaten aus den Erfahrungen mit gleichartigen oder ähnlichen Projekten als Informationsquelle gänzlich wegfallen. Prognosen über die Quantität der einzusetzenden Ressourcen – insbesondere über den Kapitalbedarf – sowie den zeitlichen Verlauf der Projektrealisierung erweisen sich damit in zunehmendem Maße schwieriger.[272]

Dementsprechend wird auch die Qualitätsbeurteilung für potentielle Investoren um so unsicherer und kostspieliger, je innovativer und komplexer ein Investitionsprojekt ausfällt: „Der prinzipielle Risikocharakter von Innovationen, der mit steigendem Neuigkeitsgrad zunimmt, läßt in vielen Fällen keine Voraussage der wirtschaftlichen Erträge mit hinreichender Sicherheit zu."[273] Insbesondere die Bewertung der spezifischen Innovationsrisiken der technologischen Machbarkeit und der Innovationsvermarktung bereitet erhebliche Probleme. Die jeweilige Analyse erfordert ein fundiertes Expertenwissen über das betreffende Technologie-

[269] Vgl. oben Abschnitt 2.7.2 dieser Arbeit.

[270] Vgl. Porter 1995, S. 273. Porter zählt zu den Wettbewerbskräften u.a. die Gefahren durch den Markteintritt neuer Konkurrenten sowie durch etwaige Substitutionsprodukte und Abwehrmaßnahmen der etablierten Marktteilnehmer; vgl. Porter 1995, S. 27 f.

[271] Vgl. Römer 1999, S. 102; Stützle-Leinmüller 1998, S. 17.

[272] „Mit zunehmendem Innovationsgrad steigt demzufolge nicht nur das technologische Risiko, sondern auch die Schwierigkeit seiner richtigen Einschätzung." (Stützle-Leinmüller 1998, S. 80)

gebiet, etwaige Markteintrittsbarrieren, Kundenbedürfnisse, mögliche Absatzmärkte usw. Sofern dieses Expertenwissen nicht im erforderlichen Umfang vorhanden ist, wird die Finanzierung für einen Kapitalgeber zu einem unkalkulierbaren Risiko.[274] Je höher die Informationsbeschaffungskosten jedoch ausfallen, um so uninteressanter wird wiederum die Finanzierung des Projekts, da diese Kosten im Verhältnis zum Gesamtrisiko und zur Gesamtrendite der Investition zunehmend stärker ins Gewicht fallen.[275]

Die Unbeobachtbarkeit der projektspezifischen und entscheidungsrelevanten Daten ist ein weiteres wesentliches Kennzeichen von Innovationen. Innovationen beruhen primär auf Denkprozessen und Entwürfen der jeweiligen Entwickler, die von Dritten schwer nachzuvollziehen und einzuschätzen sind. Die asymmetrische Informationsverteilung betrifft daher bei jungen Unternehmen in hohem Maße auch das Managementrisiko, und hierbei vor allem die Unsicherheit über die Qualifikation und Fähigkeiten, aber auch die Integrität des Jungunternehmers. So ist die Gefahr eines opportunistischen Verhaltens der Gründer grundsätzlich um so höher einzuschätzen, je jünger, technologie- und wachstumsorientierter ein Unternehmen ist. Dies ist darauf zurückzuführen, daß sich für die Unternehmensleitung tendenziell um so mehr Handlungsspielräume eröffnen, je mehr Entscheidungen zu treffen sind. Speziell in technologieorientierten Branchen haben Kapitalgeber zudem nur geringe Möglichkeiten, die Gründer effizient zu kontrollieren.[276] Zwar hat der Innovator selbst einen hohen Informationsstand, jedoch nimmt die Informationsdichte mit zunehmender Projektentfernung stark ab.[277] Die neoinstitutionelle Forschung sieht daher insbesondere bei Eigentümerunternehmern große Gefahren, daß sie ihren Kapitalanteil vorrangig bedienen oder sich zu Lasten des Unternehmenserfolgs andere individuelle Vorteile verschaffen.[278]

Neben den großen Bewertungsproblemen hat die hohe Abhängigkeit des Erfolges technologieorientierter Unternehmensgründungen vom Humankapital der Gründer auch zur Folge, daß die Gründungsfinanzierung eine extrem spezifische Investition darstellt. Da ein unternehmensinterner Risikoausgleich in Klein- und Mittelbetrieben mit wenigen Aktionsbereichen (wenn überhaupt) schwerer möglich ist als in größeren Mehrproduktunternehmen, sehen sich Kapitalgeber mit dem Risiko konfrontiert, daß bei einem Mißerfolg des Innovationsvorhabens das gesamte Unternehmen scheitert. Der Erfolg des Innovationsvorhabens ist wiederum

---

273 Sabisch/ Groß 1999, S. 140.
274 Vgl. Wupperfeld 1999, S. 162 und 165.
275 Vgl. Posner 1999, S. 88 f.
276 Vgl. Fama/ Jensen 1983a, S. 307 f.
277 Vgl. Römer 1999, S. 102.
278 Vgl. zu diesem Abschnitt ausführlich Stützle-Leinmüller 1998, S. 80 ff.; Wupperfeld 1999, S. 162 ff; Römer 1999, S. 102 f.

untrennbar mit der Person des Gründers verbunden. Ein etwaiger Ausfall der Person des Gründers hat regelmäßig hohe Verluste der Kapitalgeber zur Folge. Schulz formuliert diesen Fakt noch drastischer: „Das Gründungsprojekt ist ohne die intangible Vermögensposition *Existenzgründer* wertlos."[279] Für die Finanzierung von TOU ist das unternehmensspezifische Humankapital damit von besonderer Relevanz. Auf der einen Seite resultiert aus dem spezifischen Wissen des Gründers der entscheidende unternehmerische Wettbewerbsvorteil. Auf der anderen Seite erzeugt dieses Wissen jedoch auch eine extreme Abhängigkeit von der Person des Unternehmensgründers. Das Finanzierungsrisiko junger innovativer Wachstumsunternehmen ist somit ungleich höher einzuschätzen als bei etablierten oder „low-tech-Unternehmen". Dieses spezifische Risiko resultiert daraus, daß das technologische Wissen des Unternehmensgründers regelmäßig nicht vollständig auf andere Personen übertragbar ist, da es sich um „nicht-artikulierbares implizites Wissen" handelt.[280] Erst im Laufe der Unternehmensentwicklung nimmt die zentrale Bedeutung des Unternehmensgründers kontinuierlich ab. Aufgrund der sich entwickelnden Prozesse und Routinen können andere Mitarbeiter lernen und sich so einen Teil des Expertenwissens aneignen. Ferner erlangt das innovative Produkt in zunehmendem Maße Marktreife. Es läßt sich dann in standardisierten und damit imitierbaren Verfahrensabläufen herstellen. Mit zunehmendem Unternehmensalter stellt die Gründungsidee somit nicht länger eine immaterielle Investition dar, sondern geht vielmehr in das Realvermögen des Unternehmens über und wird vertraglich handelbar.[281]

Bei der Auswahl der erfolgversprechendsten Innovationsprojekte stehen potentielle Kapitalgeber somit vor komplexen Informations- und Bewertungsproblemen. Aufgrund unvollkommener Informationen wird die unternehmensexterne Bewertung maßgeblich durch die subjektive Erwartungsbildung der jeweiligen erfolgsrelevanten Projektparameter geprägt. Unter Umständen kann es daher zu großen Bewertungsdifferenzen zwischen den beteiligten Akteuren kommen.[282]

3.6.2 *Kostencharakteristika*

Wie die bisherigen Ausführungen gezeigt haben, geht die Gründung und Entwicklung von Technologieunternehmen mit einem sehr hohen Kapitalbedarf einher. Der Aufbau der Fertigungskapazitäten, die F&E-Tätigkeit und Marketingaktivitäten müssen finanziert werden,

---

279 Schulz 2000, S. 188 Vgl. zu einer Übersicht weiterer Probleme, die aus der Verschmelzung von Unternehmer und Unternehmensprojekt resultieren Schulz 2000, S. 189 f.

280 Vgl. Domrös 1994, S. 19.

281 Vgl. zu den Ausführungen über die Rolle des Humankapitals im Rahmen der Finanzierung TOU ausführlich Schulz 2000, S. 188 ff.; Wupperfeld 1999, S. 162.

282 Vgl. Römer 1999, S. 103.

ohne daß das Unternehmen auf nennenswerte Umsatzerlöse zurückgreifen kann.[283] Der faktische Ausschluß der Innenfinanzierungsmöglichkeit bei jungen, innovativen Unternehmen ist auf den ausgeprägten Vorfinanzierungscharakter von Innovationsinvestitionen zurückzuführen. Regelmäßig liegen große Zeitspannen zwischen der Initiierung eines Innovationsprojekts und der Markteinführung. Die Größe dieses „time-lags" ist wiederum von der Qualität der Innovation abhängig. Je stärker ein Innovationsvorhaben in den Grundlagenbereich vorstößt, das heißt, je radikaler eine Innovation ist, desto größer wird im allgemeinen auch der „time lag" zwischen Innovationsauszahlungen und -einzahlungen ausfallen. Bei inkrementalen Verbesserungsinnovationen hingegen verkürzt sich diese Zeitspanne in entsprechendem Maße.[284] Grundsätzlich kann eine Innovation für ein Unternehmen als um so wirtschaftlicher betrachtet werden, je geringer die Amortisationsdauer der Innovationsaufwendungen aus den erwirtschafteten Umsatzerlösen ausfällt. Je länger hingegen die Amortisationszeit andauert, desto stärker wird der Zwang, die für die Innovation benötigten finanziellen Mittel aus anderen Einnahmequellen des Unternehmens bzw. aus externen Finanzierungsquellen zu beschaffen. Für ein innovierendes Unternehmen stellt sich somit zwangsläufig die Frage nach der vertretbaren Höhe der Amortisationsdauer.[285]

Investitionen im Rahmen von Innovationsprozessen sind generell sehr kostenintensiv und darüber hinaus mit Irreversibilitäten verbunden, die nur durch Produktionserlöse zu amortisieren sind. Da die Umsatzerlöse jedoch erst mit großer zeitlicher Verzögerung anfallen, wird der Entscheidungsspielraum der Wirtschaftssubjekte über längere Zeit hinweg signifikant eingeschränkt. Es entsteht ein erhebliches finanzielles Investitionsrisiko.[286] Das finanzielle Risiko von Innovationen wird durch den (teilweisen) Charakter von Innovationen als „öffentliche Güter" zusätzlich erhöht. So ist das durch eine Innovation erzeugte Wissen in einem Unternehmen nicht vollständig für andere ausschließbar und kann daher (zumindest teilweise) öffentlich genutzt werden.[287] Als mögliche Diffusionswege innovationsrelevanter Informationen kommen z.B. Patentierungsverfahren, informeller und formeller Kommunikationsaustausch, Personalbewegungen etc. in Frage. Andere Unternehmen gelangen dadurch kostenlos bzw. zu einem geringen Preis an wichtige Innovationserkenntnisse. Es entstehen technologische externe Effekte, auch „spill overs" genannt. Derartige, vom innovierenden

283 Vgl. Baier/ Pleschak 1996, S. 11.
284 Vgl. Stützle-Leinmüller 1998, S. 21. Für einen idealtypischen Verlauf der Entwicklung von Innovationsaufwand und -ergebnis vgl. Sabisch 1999, S. 23.
285 Vgl. Sabisch/ Groß 1999, S. 139.
286 Vgl. Stützle-Leinmüller 1998, S. 24.
287 Der Anteil des wirtschaftlich nicht vermarktungsfähigen Wissens differiert dabei von Innovation zu Innovation; vgl. hierzu und zum folgenden Römer 1999, S. 94.

Unternehmen größtenteils ungewollte Know-how-Transfers können die geplanten Einzahlungsströme einer Innovation entscheidend negativ beeinflussen.[288]

Der Kapitalbedarf ist in den einzelnen Phasen des Innovationsprozesses höchst unterschiedlich ausgeprägt. Ausgehend von der Grundlagenforschung bis hin zur praktischen Nutzbarmachung durch die Markteinführung steigt die relative Ressourcenbindung sukzessive an. Mit zunehmender Dauer und Tiefe des Innovationsprojekts werden immer mehr finanzielle Mittel gebunden, so daß die absoluten Innovationskosten in überproportionalem Maße anwachsen.[289] Für junge Unternehmen gestaltet sich die Innovationsfinanzierung besonders problematisch, da sie in der Regel nicht auf Einnahmen anderer Geschäftsfelder zurückgreifen können. Sie sind dann in vollem Umfang auf externe Kapitalquellen sowie auf die begrenzten finanziellen Mittel der Gründer angewiesen.[290] Erweist sich die Prognose der künftigen Innovationsrückflüsse mit zunehmender zeitlicher Entfernung selbst für „Unternehmensinsider" als ausgesprochen problematisch, potenziert sich die Unsicherheitssituation für unternehmensexterne Kapitalgeber. Aufgrund des hohen finanziellen Risikos von Innovationsinvestitionen kann die Informationsunsicherheit prohibitiv auf die Kapitalvergabebereitschaft wirken.[291]

Unteilbarkeiten von Investitionsobjekten sind zudem dafür verantwortlich, daß Economies of Scale und Economies of Scope auch im Rahmen der Innovationstätigkeit existieren. So können Kapazitäten regelmäßig nicht schrittweise, sondern nur sprunghaft auf- bzw. ausgebaut werden. Empirische Untersuchungen zeigen, daß derartige Sprunginvestitionen insbesondere kleinere Unternehmen vor enorme Finanzierungsprobleme stellen, da ihr Kapitalbedarf dadurch starken Schwankungen unterliegt und es zu einem ausgeprägten Spitzenbedarf kommt.[292] Traditionelle Finanzierungswege, wie z.B. die Kreditaufnahme, erscheinen für die Wachstumsfinanzierung junger Technologieunternehmen um so weniger geeignet, je diskontinuierlicher und höher der erforderliche Innovationsaufwand ausfällt, und je länger die Fi-

[288] Zu Innovationen als öffentliches Gut vgl. ausführlich Römer 1999, S. 94 ff.; Stützle-Leinmüller 1998, S. 20 f. sowie zum Marktversagen infolge externer Effekte Fritsch/ Wein/ Ewers 2001, S. 107 ff. Welche Auswirkungen die unentgeltliche Bereitstellung von Forschungsergebnissen an die Allgemeinheit auf den Wert eines innovierenden Unternehmens haben kann, verdeutlichte der weltweite Kurseinbruch von Biotechnologieaktien am Tag, nachdem Äußerungen von US-Präsident Clinton bzgl. der Genforschung derart interpretiert wurden, daß dieses Wissen nicht patentierbar ist, und der Allgemeinheit daher unentgeltlich zur Verfügung gestellt werden müsse, in dramatischer Weise.

[289] Vgl. Stützle-Leinmüller 1998, S. 22; Sabisch 1999, S. 25.

[290] Vgl. Sabisch 1999, S. 24.

[291] Vgl. Heinke/ Heitzer 1999, S. 215 f.; Dortans 1999, S. 59.

[292] Vgl. auch oben die Abschnitte 3.4 und 3.6.2 sowie Behringer 1999, S. 19.

nanzierungsmittel gebunden sind. Um so wichtiger hingegen werden langfristige Engagements der Kapitalgeber, insbesondere in Form von Kapitalbeteiligungen.

Junge Technologieunternehmen sehen sich jedoch auch bei der Kapitalbeschaffung mit einer Reihe von unternehmensgrößenbedingten Nachteilen konfrontiert. So verläuft ein großer Teil der Kosten der Kapitalaufnahme und der laufenden Gestaltung von Finanzierungsbeziehungen degressiv zur Höhe des Finanzierungsvolumens. Viele Kostenbestandteile weisen einen ausgeprägten Fixkostencharakter auf. Erschwerend wirkt ferner der Umstand, daß viele junge Unternehmen über kein aussagekräftiges betriebliches Rechnungswesen verfügen, und es ihnen oftmals an der Fähigkeit mangelt, sich öffentlich professionell zu präsentieren. So bleiben sie von der Öffentlichkeit weitestgehend unbeachtet, ohne Reputation und von potentiellen Kapitalgebern nur schwer und kostspielig zu beurteilen. Aufgrund des vergleichsweise geringen Kapitalnachfragevolumens mangelt es kleinen und mittleren Unternehmen auch an einer günstigen Verhandlungsposition gegenüber den Kapitalanbietern. Große Unternehmen sehen sich eher in der Lage, entweder den jeweils günstigsten inländischen Kapitalanbieter auszuwählen, das benötigte Kapital im Ausland zu beschaffen oder die Finanzdienstleistungen sogar selbst auszuführen. Ihre Verhandlungsmacht gegenüber potentiellen Kapitalgebern wird dadurch erheblich gestärkt. KMU haben zudem aufgrund von rechtlichen Restriktionen, ökonomischen Zulassungserfordernissen und möglicherweise auch aufgrund von Funktionsmängeln der Börseninstitutionen regelmäßig große Probleme, Finanzierungstitel an organisierten Kapitalmärkten zu begeben. Wie im Verlaufe dieser Arbeit bereits erwähnt, weisen junge Unternehmer in Bezug auf Finanzierungsfragen oftmals auch erhebliche Know-how-Mängel auf, d.h. die Vielfalt der Finanzierungsquellen und -alternativen ist ihnen nicht bekannt. Eine diesbezügliche Beratung durch die Hausbanken erfolgt wiederum viel zu oft viel zu einseitig. All diese Faktoren führen dazu, daß junge und kleine Unternehmen regelmäßig ungünstige Bedingungen für die externe Innovationsfinanzierung vorfinden und überproportionale Kapitalkosten zu schultern haben.[293]

3.7 Zwischenfazit zur Finanzierungsproblematik von TOU

Die bisherigen Ausführungen legen den Schluß nahe, daß das Erfolgspotential junger Unternehmen besonders groß erscheint, wenn sie auf expansiven Märkten mit hohem Wachstumspotential und geringen Markteintrittsbarrieren agieren sowie möglichst schnell ihre mindestoptimale Betriebsgröße erreichen. Ihre Innovationen sollten in frühen Phasen des Produktlebenszyklus oder in technologischen Grenzgebieten angesiedelt sein bzw. auf völlig neuen

[293] Vgl. hierzu auch ausführlich Kaufmann 1997, S. 140 ff.; Kaufmann 1996a, S. 14 f. sowie Kaufmann 1996b,

Prinzipien oder Effekten beruhen - und schnellstmöglich in neue multivalent einsetzbare, am Kundennutzen orientierte Produkte umgesetzt werden. Eine derartige Strategie bedingt jedoch nahezu zwangsläufig die (wiederholte) Zufuhr von externem Kapital.[294] Aus neoklassischer Sicht erscheint die finanzielle Absicherung dieser Wachstumsstrategie völlig unproblematisch, steht doch für aussichtsreiche Investitionsprojekte Kapital in unbegrenztem Umfang zur Verfügung. Auch spielt es nach dieser Theorie keine Rolle, wie sich die Finanzierungsmittel von jungen, innovativen Unternehmen konkret zusammensetzen. Der innovative „Schumpetersche-Unternehmer" finanziert seine Vorhaben beispielsweise ausschließlich mit Fremdkapital.[295]

Etwaige Kapitalgeber von TOU tragen jedoch ein überaus hohes Risiko. So ist der zukünftige Entwicklungspfad dieser Unternehmen mit vielen Unsicherheiten behaftet. Aufgrund fehlender Erfahrungen mit gleichartigen bzw. ähnlichen Produkten und/ oder Technologien ist sowohl das marktliche und technologische Erfolgspotential von innovativen Entwicklungen als auch der erforderliche Kapitalbedarf ausgesprochen schwer abschätzbar. Junge innovative Wachstumsunternehmen haben daher auch im neoklassischen Idealmodell vollständiger und vollkommener Märkte mit vergleichsweise hohen Kapitalkosten zu kämpfen. Sie sind jedoch Ausdruck des speziellen Risikoprofils dieser Unternehmenskategorie, nicht einer systematischen Diskriminierung.

Auf realen Kapitalmärkten wird die Kapitalüberlassung an TOU durch Marktfriktionen erschwert. So besteht ein Kernproblem des Marktes für „Innovationskapital" nicht allein in der absoluten Höhe des Investitionsrisikos „...sondern in der Kombination von hohem Risiko und einer ungleichen Verteilung der Informationen über die „wahre" Qualität eines Jungunternehmens einschließlich der Fähigkeiten und Absichten seines Managements."[296] Über die bekannten Wirkungsmechanismen der adversen Selektion und des Moral Hazard kann dieses Informationsgefälle die Kapitalversorgung von TOU entscheidend beeinträchtigen. Je nachdem, ob Informationsunvollkommenheiten vor oder nach der Kapitalüberlassung betrachtet werden, sind zum Teil erhebliche Such- und Bewertungsprobleme bzw. Probleme bei der Gestaltung anreizkompatibler Finanzierungsverträge zu konstatieren. Gemäß der Theorie des Marktversagens lassen sich diese Probleme als strukturelle Marktdefekte interpretieren,[297] die dazu führen können, daß gesamtwirtschaftlich sinnvolle Investitionen, das heißt, Projekte, bei

S. 351.
[294] Vgl. auch Deutsche Bundesbank 2000, S. 17.
[295] Vgl. Brandkamp 2000, S. 69.
[296] Deutsche Bundesbank 2000, S. 18.
[297] Vgl. hierzu Schirmeister/ Wippler 1999, S. 208 und S. 204 ff.

denen die zu erwartende risikoadjustierte Rendite zumindest dem Marktzins entspricht, lediglich zu überhöhten Preisen und/ oder nur teilweise bzw. überhaupt nicht finanziert werden (Probleme der Unterinvestition).

Solche Marktdefekte stellen sich jedoch nur dann in vollem Umfang ein, wenn die Finanzierungspartner ausschließlich direkt miteinander in Kontakt treten und durch direkte Finanzierungsbeziehungen miteinander verbunden sind, keine marktendogenen Informationsübertragungsmechanismen nutzen, und Finanzierungsverträge lediglich den Tausch von sicheren gegenwärtigen gegen unsichere zukünftige Zahlungen beinhalten.[298] Auf realen Kapitalmärkten kommt es hingegen zu Anpassungsreaktionen, wie der Herausbildung von Institutionen. Finanzintermediäre führen potentielle Marktteilnehmer zusammen, gleichen differierende Vorstellungen in Bezug auf Risiken, Vertragslaufzeiten und Losgrößen aus und stellen Regeln für einen effizienten Handel und Vertragsabschluß auf. Die Auswirkungen von Friktionen und Informationsproblemen auf die Funktionsweise des Marktprozesses werden auf diese Weise abgemildert.[299]

Als ein wichtiges Zwischenfazit läßt sich somit festhalten, daß die Ausgestaltung der institutionellen Rahmenbedingungen einer Volkswirtschaft maßgeblichen Einfluß auf die Finanzierungs- und Wettbewerbsposition der jungen, innovativen Unternehmen dieses Landes hat. Ihre Finanzierung ist zu einem großen Teil davon abhängig, inwieweit die implementierten institutionellen Systeme effizient genug sind, die Folgen von Kapitalmarktunvollkommenheiten so weit wie möglich zu überwinden. Etwaige Zugangsprobleme junger innovativer Unternehmen zum nationalen „Ersparnis-Pool" können dementsprechend auch als Reflektion einer mangelhaften Institutionenstruktur interpretiert werden und dürfen daher nicht losgelöst von den jeweiligen Besonderheiten des gesamten Finanzsystems betrachtet werden.

Aufgrund dieser Erkenntnis verwundert es nicht, daß die tatsächliche Bedeutung von Kapitalmarktunvollkommenheiten für die Finanzierung junger innovativer Unternehmen - insbesondere das Vorhandensein einer „Finanzierungslücke" - in der internationalen Finanzierungsliteratur durchaus umstritten ist. Zwar hat sich insbesondere sowohl in der politischen als auch wirtschaftstheoretischen Diskussion in Deutschland die These verfestigt, daß junge und kleinere Unternehmen nur unzureichend über den Kapitalmarkt versorgt und somit systematisch gegenüber etablierten Wettbewerbern benachteiligt werden.[300] Empirische Studien

[298] Vgl. Stützle-Leinmüller 1998, S. 59.
[299] Vgl. z.B. Gerke/ Bank 1999, S. 15.
[300] Vgl. Schulz 2000, S. 1.

aus den USA und Großbritannien lassen jedoch vermuten, daß die Erhältlichkeit finanzieller Mittel maßgeblich durch die jeweiligen institutionellen, „kulturellen“ und situativen Rahmenbedingungen geprägt wird.[301] In den USA wurde die Kapitalverfügbarkeit beispielsweise insbesondere dann positiv eingestuft, wenn die Gründungsvorhaben in einer „klassischen“ oder aufstrebenden High-tech-Agglomeration angesiedelt waren, es sich bei den Produkten um innovative und zukunftsträchtige Problemlösungen handelte, und die Gründer von Hochschulen bzw. mit Hochschulen verbundenen Instituten kamen. Wippler schießt daraus: „...daß es vor allem die *engen (räumlichen) Kontakte zwischen Forschungs- und Finanzsektor* in den USA sind, welche eine gute Versorgung der dortigen innovativen Unternehmensgründungen mit externem Kapital gewährleisten.“[302]

Die wesentlich skeptischeren Befunde der empirischen deutschen KMU-Forschung hinsichtlich der Fähigkeit des Kapitalmarkts, eine adäquate Kapitalversorgung innovativer junger Unternehmen zu gewährleisten, könnten somit zumindest teilweise in der spezifischen deutschen Institutionenstruktur begründet liegen. Audretsch/ Elston führen beispielsweise die insbesondere bei schnell wachsenden jungen Technologieunternehmen diagnostizierte ausgeprägte Finanzierungslücke auf „Eigentümlichkeiten“ des deutschen Finanzierungssystems zurück.[303] So können junge Wachstumsunternehmen ihren Eigenkapitalbedarf in Deutschland zwar häufig nicht decken, auf der anderen Seite steht jedoch ein ausreichendes risikobereites Kapitalangebot zur Verfügung: „Hemmnisse bestehen folglich beim Ausgleich von Angebot und Nachfrage am Risikokapitalmarkt...“[304]

Diese Analyse führt zu einem weiteren wichtigen Punkt der Wachstumsfinanzierung von TOU. Finanzierungsengpässe junger Technologieunternehmen sind nicht nur vom prinzipiell vorhandenen Kapital abhängig, sondern in hohem Maße auch von der Professionalität der

---

301 Vgl. Meier 1998, S. 42 f. und Wippler 1998, S. 153 ff. Zu den empirischen Studien in Großbritannien vgl. Lageman 1999, S. 108 f. Zu den Auswirkungen situativer Einflußfaktoren, wie den US-„credit crunch“ Anfang der neunziger Jahre und die Konsolidierung des US-Bankensektors, auf die Erhältlichkeit von Finanzierungsmitteln vgl. Peek/ Rosengren 1998; Strahan/ Weston 1998; Rosen 1998; Goldberg/ White 1998; Hancock/ Wilcox 1998; Eisenbeis 1998.

302 Wippler 1998, S. 154 f.

303 Vgl. ausführlich Audretsch/ Elston 1997, S. 97 ff. Ein weiteres Indiz für die These von Audretsch/ Elston findet sich bei Kulicke 1999b, S. 20 und S. 26. Die Autorin sieht die Gründe für die verbesserte Erhältlichkeit von Beteiligungskapital in Deutschland Ende der neunziger Jahre sowohl in situativen Einflußfaktoren, wie der anziehenden Konjunktur, der Hausse an den Aktienmärkten, der Deregulierung wichtiger Marktfelder und der sich durch technologische Entwicklungen neu eröffnenden Marktchancen als auch in verbesserten institutionellen Rahmenbedingungen.

304 Knips 2000, S. 3. Korrekterweise muß in diesem Zusammenhang von der Existenz mehrerer nebeneinander bestehender Risikokapitalmarktsegmente gesprochen werden, da Risikokapital sowohl in Form von informellem Beteiligungskapital durch Privatpersonen ohne Einschaltung von Vermittlern („Business Angels“) als auch über Börsen, als hoch organisierte Märkte, zur Verfügung gestellt wird. Daneben agieren Finanzintermediäre, die sich auf die Risikokapitalfinanzierung mittelständischer Unternehmen spezialisiert haben (Beteiligungsgesellschaften).

Gründer und Kapitalgeber.[305] So deuten einige Forschungsergebnisse darauf hin, „...daß es vor allem die persönliche Disposition der Unternehmer ist, die trotz vorhandener Kapitalquellen eine ausreichende Ausstattung mit eigenen Mitteln verhindert."[306] Sollte sich dieser Befund bestätigen, und beispielsweise die Angst vor einem etwaigen Verlust der Unabhängigkeit und/ oder Kenntnislücken über die zur Verfügung stehenden Finanzierungsmöglichkeiten einen erheblichen Einfluß auf die Finanzierungsentscheidungen junger Unternehmen haben, kann die Konsequenz daraus einen (bewußten) Verzicht auf objektiv zur Verfügung stehende Finanzierungsalternativen bedeuten.[307] Finanzierungsengpässe wären in diesem Fall sowohl auf Irrationalitäten, als auch auf Informationsdefizite der Unternehmer zurückzuführen. Im Sinne der effizientesten Nutzung des knappen Faktors „Kapital" muß die Institutionenstruktur einer Volkswirtschaft daher auch gewährleisten, daß die Kompetenzträger in den Unternehmen mit dem Wesen und den Chancen der einzelnen Finanzierungsalternativen vertraut sind. Die Finanzierungsinstrumente sind so einzusetzen, daß die Kapitalkosten minimiert und der Unternehmenswert maximiert werden.

Die bisherigen Ausführungen haben deutlich gemacht, daß ein Zusammenhang zwischen „typischen" Unternehmensmerkmalen, wie Alter bzw. Größe, und dem Bedarf, der Erhältlichkeit sowie den Kosten einzelner Finanzierungsalternativen besteht. Im zeitlichen Verlauf der Unternehmensentwicklung weisen verschiedene Finanzierungsinstrumente daher eine unterschiedliche Eignung für die Finanzierung auf. Der idealtypische Unternehmenszyklus bietet sich dafür an, Möglichkeiten für den effizienten Ausgleich von Kapitalangebot und -nachfrage nachzuvollziehen. Die Analyse darf dabei jedoch nicht auf die komparativ-statische Betrachtung einzelner Finanzierungsarten beschränkt werden. Vielmehr ist der *dynamische* Charakter junger, wachsender Unternehmen zu berücksichtigen, der seinen Ausdruck z.B. in den Veränderungen informationsbedingter Restriktionen und Anreizstrukturen im Zeitablauf findet. Eine effiziente strategische Absicherung der Kapitalversorgung junger innovativer Unternehmen erfordert folglich dynamische, phasenübergreifende institutionelle Finanzierungslösungen.

[305] Vgl. FhG-ISI/ ZEW 1998, S. 12 f.
[306] Geiseler 1999, S. 2.
[307] Vgl. Geiseler 1999, S. 2 f. sowie die Zusammenfassung seiner diesbezüglichen empirischen Untersuchungen auf den S. 333 ff. Vgl. auch die Befunde von Lessat et al. 1999, S. 180 f.; speziell für JTU in den NBL vgl. Kulicke 1999a, S. 8 ff.

4 Der Einfluß von Informationsunsicherheiten auf den Financial Growth Cycle innovativer Unternehmen

4.1 Der integrierte Unternehmens- und Finanzierungslebenszyklus technologieorientierter Neugründungen

4.1.1 Der Unternehmenslebenszyklus

Die betriebswirtschaftliche Forschung beschäftigt sich schon seit langem mit der Evolution dynamischer Marktprozesse. Viele der im Laufe der Zeit entwickelten Wachstums- und Entwicklungsmodelle leiten typische Entwicklungsphasen einzelner Produkte, Märkte und Unternehmen in Analogie zum Lebenszyklus natürlicher Organismen her. Die Phasen eines spezifischen Wirtschafts-Lebenszyklus verlaufen in ihrer zeitlichen Sequenz jedoch nicht zwangsläufig kontinuierlich. Entwicklungsstufen können übersprungen, abgebrochen bzw. wiederholt werden oder auch dauerhaft anhalten. Betriebswirtschaftliche Lebenszyklus-Konzepte sollten dementsprechend dahingehend interpretiert werden, daß sie auf Grundsituationen verweisen, mit denen sich die Entscheidungsträger eines Unternehmens im Laufe der Entwicklung immer wieder konfrontiert sehen. Die verschiedenen Lebenszyklus-Modelle dynamischer Marktprozesse sind dabei durchaus miteinander kompatibel und bedingen einander teilweise sogar gegenseitig.[308]

In Bezug auf den Entwicklungsprozeß von Unternehmen lassen sich grob fünf Grundtypen von Lebenszykluskonzepten kategorisieren: Metamorphose-, Krisen-, Marktentwicklungs-, Strukturänderungs- und Verhaltensänderungsmodelle.[309] Neben diesen allgemeineren Entwicklungsmodellen nicht näher spezifizierter Unternehmenstypen existieren auch spezielle Theorien zu den Entwicklungsverläufen technologieorientierter Neugründungen. Den zentralen Unternehmensgegenstand von TOU bilden spezifische Innovationsprojekte. Da es sich bei Gründungs- bzw. Jungunternehmen meist um Ein-Produkt-Unternehmen handelt,[310] determiniert der Verlauf dieser Innovationsprojekte größtenteils auch die Entwicklung des Gesamtunternehmens. Es verwundert demnach nicht, daß die idealtypischen Phasen der Entwicklungsmodelle innovativer Unternehmensgründungen eng an den Innovationszyklus gekoppelt sind:[311]

---

[308] Die Entwicklungen von Innovationen, Märkten und Unternehmen lassen sich wohl auch nur schwerlich strikt voneinander trennen. Vgl. zu diesem Abschnitt ausführlich Brandkamp 2000, S. 25 f.; Schulz 2000, S. 7 ff.; Kramer 2000, S. 23 f.; Meier 1998, S. 24 ff. sowie die dortigen Literaturangaben.

[309] Vgl. Pümpin/ Prange 1991, S. 45 ff. Zu ausgewählten Modellen vgl. ausführlich Greiner 1972, S. 37 ff.; Mintzberg 1983, S. 503 ff.; Churchill/ Lewis 1983, S. 30 ff.

[310] Vgl. Schween 1996, S. 96.

[311] Vgl. Brandkamp 2000, S. 2000 f.; Schmeisser/ Jahn 1999, S. 49 f. sowie Schween 1996, S. 93 ff. Zu den Lebenszyklusmodellen innovativer Unternehmen vgl. ausführlich Doutriaux 1984, S. 368 ff.; Kazan-

1. ***Vorlauf-, Vorgründungs- bzw. Konzeptionsphase:*** Erstellung eines Business Plans auf Grundlage der Produktidee; erste F&E-Tätigkeiten;
2. ***Start-up-, Gründungs- bzw. F&E-Phase:*** Entwicklung des Produktprogramms bis zur Marktreife; Erstellung eines detaillierten Marketingkonzepts; Knüpfung erster Kontakte zu potentiellen Kunden und Lieferanten;
3. ***Phase des Produktionsaufbaus und der Markteinführung bzw. Phase des (ersten) Wachstums:*** fertiggestellte Produktlinie; erste feste Kundenkontakte, die sich im Zuge der anlaufenden Vertriebsaktivitäten kontinuierlich ausweiten;
4. ***Phase des nachhaltigen Wachstums bzw. der Stabilisierung und Reife:*** weiterer Auf- und Ausbau von Vertriebskanälen und Produktionskapazitäten; Sicherung der erreichten Marktposition; Anpassung der Organisationsstruktur.

Je nachdem, ob die Vorgründungsphase noch einmal präziser in eine Entstehungs- und Entwicklungsphase untergliedert wird, ergeben sich bis zu fünf Entwicklungsstufen innovativer Wachstumsunternehmen. Jede dieser Entwicklungsstufen weist spezifische charakteristische Merkmale, Probleme und Erfolgsfaktoren hinsichtlich der Unternehmensaktivitäten, Managementaufgaben, Umsatz- und Wirtschaftlichkeitsentwicklung bzw. des Kapitalbedarfs auf. Die einzelnen Phasen sind dabei jedoch nicht starr voneinander abgegrenzt, sondern gehen teilweise unmittelbar ineinander über. Auch eine Reihe von Unternehmensaktivitäten, insbesondere die Forschung und Entwicklung als ständige Bedingung für technologieorientierte Unternehmen, bzw. der Auf-/ Ausbau von Fertigungskapazitäten und Vertriebsnetzen findet nicht nur in einer spezifischen Wachstumsphase statt, sondern kann ebenso in anderen Phasen der Unternehmensentwicklung eine wichtige Aufgabe darstellen. [312]

4.1.2 Das „Financial Growth Cycle"-Konzept

Vor dem Hintergrund, daß der Kapital- und Finanzierungsbedarf sowie die zur Verfügung stehenden Finanzierungsquellen Ausgangspunkte für die Finanzierungsüberlegungen in den einzelnen Phasen der Unternehmensentwicklung sind, wurden auf Basis der idealtypischen Entwicklungsphasen junger innovativer Wachstumsunternehmen auch idealtypische, phasenkongruente Finanzierungsphasen hergeleitet. Diese Darstellung erscheint trotz der Tatsache, daß Innovationsprozesse singuläre Phänomene sind, und der individuelle Kapitalbedarf daher eine entsprechend große Variabilität aufweist, sinnvoll, um eine Vorstellung vom Kapitalbedarfsverlaufsprofil junger innovativer Wachstumsunternehmen zu erhalten.

jian 1984, S. 144 ff. und 1988, S. 257 ff.; Kazanjian/ Drazin 1990, S. 137 ff. sowie Pleschak/ Sabisch/ Wupperfeld 1994, S. 37; Baier/ Pleschak 1996, S. 17 ff. Vgl. auch Koschatzky et al. 1999, S. 175; Niederöcker 2000, S. 14 ff.; Knips 2000, S. 10.

[312] Vgl. hierzu Sabisch 1999a, S. 21 und Meier 1998, S. 26, der auch auf die Kritik an den Wachstums- und Entwicklungsmodellen eingeht.

Die frühen Finanzierungsphasen innovativer Neugründungen werden in Seed-, Start-up- und First-stage-Finanzierung unterschieden und regelmäßig unter dem Begriff „Early-stage-Finanzierung" zusammengefaßt.[313] Die drei Phasen der Early-stage-Finanzierung gehen unmittelbar aus den entsprechenden frühen Unternehmensphasen der Konzeption, des Start-ups sowie des Produktionsaufbaus und der Markteinführung hervor.[314] Der Seed-Kapitalbedarf in der Konzeptionsphase eines neuen Unternehmens ist im Vergleich zu den anderen Entwicklungsphasen typischerweise gering. Oftmals sind die Gründer in dieser Phase noch vollzeitbeschäftigt und können für ihre Forschungs- und Entwicklungstätigkeiten teilweise sogar die Infrastruktur ihres Arbeitgebers nutzen. Es werden jedoch bereits wichtige strategische Weichenstellungen vorgenommen. So muß z.B. geklärt werden, welche der oftmals zahlreichen Anwendungsmöglichkeiten einer neuen Technologie den attraktivsten und am realistischsten zu erobernden Markt eröffnet. Die hierfür erforderlichen Marktanalysen und technischen Machbarkeitsstudien, die unter Umständen auch den Bau eines funktionsfähigen Prototypen bedingen, sind genauso mit Kosten verbunden, wie Patent- und Literaturrecherchen, Beratungsleistungen für die Erstellung eines Business Plans und des Gesellschaftervertrags, Weiterbildungsmaßnahmen, Genehmigungen etc.

Bereits zu diesem frühen Zeitpunkt können daher erste Finanzierungsprobleme auftreten. Reichen die finanziellen Mittel der Gründer und ihres persönlichen Umfeldes (Familie, Freunde) nicht aus, um alle Kosten zu decken, erweist es sich als extrem schwierig, weitere externe Kapitalgeber für die Ausreifung und Umsetzung der Geschäftsidee zu finden. Regelmäßig stellen öffentliche (vor allem regionale) Fördermittel - teilweise auch unter Einbeziehung von Bankkrediten - in Form von Krediten, Beteiligungen oder der Nutzung von Technologiezentren die einzigen zugänglichen externen Finanzierungsquellen dar. Unter Umständen können auch private Kontokorrentkreditlinien der Gründer bei den Hausbanken zusätzliche Finanzierungsspielräume eröffnen.

In der darauffolgenden Phase der Start-up-Finanzierung erfolgt die eigentliche Unternehmensgründung. In dieser Zeit, in der die Innovationen bis zur Produktions- und Marktreife weiterentwickelt werden, steigt der Investitions- und Kapitalbedarf stark an. Da etwaige noch verbliebene eigene Mittel des Unternehmers regelmäßig endgültig erschöpft sind, Einnahmen aus dem laufenden Geschäftsbetrieb (wenn überhaupt) nur in geringem Umfang anfallen,

---

313 Vgl. z.B. Geigenberger 1999, S. 50; Wittneben 1997, S. 5; Schween 1996, S. 97.

314 Vgl. hierzu sowie zu den nachfolgenden Ausführungen über den Finanzierungszyklus von TOU ausführlich Schmeisser 2000, S. 189; Niederöcker 2000, S. 14 ff.; Jud/ Kremshofer 1999, S. 175 ff.; Geigenberger 1999, S. 48 ff.; Ebert 1998, S. 19 ff.; Betsch/ Groh/ Lohmann 1998, S. 229 ff.; Baier/ Pleschak 1996, S. 101 ff.; Schween 1996, S. 97 ff.

rückt die Frage der Kapitalbeschaffung zunehmend in den Vordergrund der Unternehmensstrategie.[315] Die vielfältigen Instrumente der traditionellen Unternehmensfinanzierung sind für TOU in dieser Phase jedoch nur schwer erschließbar, da sie aus Kapitalgebersicht weitaus ungünstigere Finanzierungscharakteristika aufweisen als bereits etablierte Unternehmen.[316] Obwohl erste Kontakte zu Beteiligungskapitalgebern aufgenommen werden, stehen in dieser Phase neben den weiterhin in Anspruch genommenen öffentlichen Förderprogrammen regelmäßig nur wohlhabende Privatinvestoren, die sogenannten „Business Angels"[317], als Financiers zur Verfügung. Professionelle Kapitalbeteiligungsgesellschaften[318] und Banken verhalten sich in dieser Phase noch sehr zurückhaltend. Die Finanzierungschancen verbessern sich jedoch, sofern ein junges Unternehmen funktionsfähige Prototypen und vielversprechende Marktstudien vorweisen kann.

Die First-stage-Phase der Finanzierung umfaßt die Zeit des Produktionsaufbaus und der Markteinführung. Der Kapitalbedarf steigt in dieser Zeit erneut stark an, da die Anlaufkosten der Produktion, der Aufbau eines Vertriebsnetzes sowie die Erschließung neuer Märkte den Einsatz hoher Ressourcen erfordern.[319] Zudem haben neue Produkte und Verfahren oftmals mit hohen Markteintrittsbarrieren zu kämpfen. TOU müssen teilweise mehrere Jahre überbrücken, bis aus der Vermarktung neu entwickelter Produkte oder Verfahren nennenswerte Rückflüsse entstehen.[320] Der intern generierte Cash-flow reicht bei weitem nicht aus, die notwendigen Erweiterungsinvestitionen und die Einstellung von qualifiziertem Personal zu finanzieren und damit ein kontinuierliches Unternehmenswachstum sicherzustellen. Auch die privaten Business Angels stoßen in dieser Zeit, wo sich das Unternehmen an einer kritischen Wachstumsschwelle befindet, an die Grenzen ihrer Finanzierungsmöglichkeiten. Die Nachfrage nach zusätzlichem Beteiligungskapital steigt daher sprunghaft an, und die (erneute)

[315] Baier/ Pleschak verweisen z.B. darauf, daß Teilergebnisse der Forschung und Entwicklung vermarktet sowie Umsätze aus anderen Produkten bzw. Leistungen erzielt werden können. Sie gestehen jedoch zu, daß diese Einnahmen lediglich eine „Grundlage" bilden können, um in den Genuß von F&E-Programmen bzw. öffentlichen Darlehen zu kommen; vgl. Baier/ Pleschak 1996, S. 101 f.

[316] So verfügt eine technologieorientierte Neugründung beispielsweise in der Aufbauphase noch über keine nennenswerten Substanzwerte, die als etwaige Sicherheiten für externe Finanzmittel herangezogen werden können. Vgl. auch FhG-ISI/ ZEW 1998, S. 13 sowie oben Abschnitt 3.6 und unten Abschnitt 4.1.3.

[317] „"Angels" are high net worth individuals who provide direct funding to early-stage new businesses." (Berger/ Udell 1998, S. 618 f.) Zur Klassifizierung der einzelnen Arten von Business Angels vgl. Coveney/ Moore 1998, S. 9 ff.

[318] Kapitalbeteiligungsgesellschaften verwalten als Finanzintermediäre Gelder von privaten und institutionellen Anlegern und zeichnen für den Anlageerfolg des ihnen anvertrauten Kapitals verantwortlich. Sie beteiligen sich auf verschiedene Art und Weise am Eigenkapital von Unternehmen unterschiedlicher Größe und Branche, die sich in den unterschiedlichsten Phasen des Lebenszyklus befinden können; vgl. Kramer 2000, S. 103; Jud/ Kremshofer 1999, S. 178.

[319] Zum hohen Kapitalbedarf in der Phase der Markteinführung vgl. z.B. Sabisch/ Groß 1999, S. 142 f.

[320] Knips führt als Beispiel für ein besonders großes Time Lag zwischen F&E-Aufwand und Erträgen aus Produktverkäufen oder Lizenzen Unternehmen an, die biotechnische Therapeutika entwickeln und herstellen. Das Time Lag beträgt hier im Durchschnitt 15 Jahre. Der Kapitalbedarf steigt dabei jedoch mit fortschreiten-

Kontaktaufnahme zu institutionellen Beteiligungskapitalgebern, wie Venture Capital-Fonds[321] oder auch klassischen Beteiligungsgesellschaften[322], wird erforderlich. Vor allem Venture Capital-Gesellschaften stehen Beteiligungsgesprächen nun offener gegenüber. Sie investieren jedoch nur einen geringen Teil ihres Fondsvermögens in die Early-stage-Entwicklungsphasen innovativer Unternehmen. Sehr häufig ist in dieser Phase des Financial Growth Cycle zudem die Bereitstellung von Beteiligungskapital durch etablierte Industrieunternehmen - auch als „Corporate Venturing"[323] bezeichnet - anzutreffen.

Hat eine Unternehmensgründung die schwierige Anfangsphase überwunden, gilt die Frühphasenfinanzierung als abgeschlossen. Mit der sich nun anschließenden Expansionsfinanzierungsphase wird der Zyklus der sogenannten „Spätphasenfinanzierungen" („Later-stage"-Finanzierungen) eingeleitet. Das Unternehmen hat sein(e) neuen Produkt(e) bzw. Verfahren erfolgreich am Markt eingeführt und befindet sich nunmehr auf dem Weg des nachhaltigen, meist sehr raschen Wachstums. Zwar reichen die vorhandenen Finanzierungsmittel aus, um die unmittelbaren Finanzierungsbedürfnisse zu decken. Die vielen neuen Geschäftschancen zur Expansion auf nationalen und internationalen Märkten, die sich in dieser Phase ergeben, erfordern jedoch erneut hohe zusätzliche Investitionen und machen die Bereitstellung weiterer externer finanzieller Mittel erforderlich. Die Phase der „Expansionsfinanzierung" läßt sich wiederum in zwei Zwischenphasen unterteilen. In der ersten Expansionsphase, der sogenannten „Second-stage"-Finanzierungsphase, wird primär das Ziel verfolgt, die bestehenden Vertriebskanäle weiter auszubauen und das neue Produkt/ Verfahren erfolgreich am Markt zu etablieren. In diesem Stadium wird regelmäßig auch die Gewinnschwelle überschritten. Erstmals

der Entwicklung des Therapeutikums bis zur endgültigen Zulassung exponentiell an; vgl. Knips 2000, S. 11.

321 Die Begriffe „Venture Capital" sowie „Risiko"- bzw. „Wagniskapital" im engeren Sinn werden in der neueren Literatur zunehmend synonym für zeitlich begrenzte Beteiligungsfinanzierungen bzw. beteiligungsähnliche Finanzierungen vorwiegend junger, technologisch innovativer, nicht emissionsfähiger Unternehmen mit hohem Wachstumspotential verwendet. Einen zweiten essentiellen Begriffsbestandteil verkörpert die zusätzliche Bereitstellung managementunterstützender Leistungen; vgl. z.B. Deutsche Bundesbank 2000, S. 16; Berens/ Hoffjan/ Pakulla 2000, S. 287; Pfeifer 1999, S: 1665; Bell 1999, S: 53; Butzmann 1999, S. 2. Dieser engeren, vornehmlich angloamerikanischen Abgrenzung steht eine in Europa vorherrschende, weiter gefaßte Definition gegenüber, nach der Venture Capital neben der Frühphasenfinanzierung auch Spätphasenfinanzierungen, wie z.B. die Finanzierung von Expansionsvorhaben und die Vorbereitung von Börsengängen, umfaßt. Im angloamerikanischen Sprachgebrauch ist für diese weitergefaßte Definition eher der Oberbegriff des „Private Equity" gebräuchlich; vgl. Deutsche Bundesbank 2000, S. 16. Für eine Systematik der verschiedenen Arten von Venture Capital vgl. Nittka 2000, S. 253.

322 Klassische Beteiligungsgesellschaften konzentrieren ihre Investitionen zumeist auf langjährig bestehende, etablierte Unternehmen aus traditionellen Branchen. In jüngster Zeit ist jedoch zu konstatieren, daß sich Venture Capital-Gesellschaften und klassische Beteiligungsgesellschaften hinsichtlich der potentiellen Beteiligungsobjekte einander annähern: So gehen klassische Beteiligungsgesellschaften beispielsweise verstärkt dazu über, auch junge Unternehmen zu finanzieren, während Venture Capital-Gesellschaften zunehmend auch Kapital für besondere Unternehmensphasen etablierter Unternehmen zur Verfügung stellen; vgl. z.B. Kramer 2000, S. 106 f.

323 Zur Begriffsbestimmung vgl. z.B. FhG-ISI/ ZEW 1998, S. 24 sowie ausführlich die Diskussion in Schween 1996, S. 21 ff.

kann damit ein Teil der mit der Marktdurchdringung verbundenen Kosten durch eigene positive Cash-flows finanziert werden. Junge Unternehmen, die schnell expandieren wollen, sind jedoch nach wie vor in erheblichem Umfang auf Beteiligungskapital angewiesen. Die fortschreitende Expansion erfordert in der Third-stage-Phase den weiteren Ausbau der Produktpalette, der Produktionskapazitäten, Vertriebsnetze sowie einzelner Funktionsbereiche, wie z.B. des Controllings. Für das Unternehmen wird es zunehmend leichter, externe Finanzierungsmittel zu erhalten, und es stehen immer mehr Finanzierungsquellen zur Verfügung. Beispielsweise stellen Banken nunmehr in stärkerem Maße Kredite zur Verfügung.

Die sogenannte „Desinvestitionsphase" („divestment-stage") verkörpert keine eigene Entwicklungsphase innovativer Unternehmen, die sich typischerweise weiterhin in der Phase des nachhaltigen Wachstums befinden. Later-stage Venture Capital-Finanzierungsrunden dienen zur Diversifizierung des Produktspektrums, zur Finanzierung weiterer Kapazitätserweiterungen oder auch zur Überwindung von zwischenzeitlich aufgetretenen Schwierigkeiten („Turnaround"-Finanzierung). Mit zunehmendem absoluten Wachstum und steigender Unternehmensgröße stellt sich zwangsläufig auch die Frage nach einer dauerhaften breiteren Kapitalzufuhr bzw. nach Möglichkeiten für Gründer und Beteiligungskapitalgeber, ihre Anteile am Unternehmen zu reduzieren. Nach der risikoreichen Finanzierung des Unternehmensaufbaus unter Verzicht jeglicher zwischenzeitlicher Ausschüttungen ist es für Wagniskapitalgeber nunmehr an der Zeit, den Lohn für ihre Investitionen zu erhalten und unter Zuhilfenahme verschiedener Exitkanäle ihre Unternehmensanteile mit höchstmöglichem Gewinn zu verkaufen. Den Idealfall und das Ziel jeder Wagniskapitalfinanzierung bildet die Desinvestition über die Börse im Rahmen eines sogenannten „Initial Public Offering" (IPO), d.h. der erstmaligen Plazierung von Aktien eines Unternehmens an der Börse. Die im Rahmen einer solchen Desinvestitionsstrategie häufig zu beobachtenden Überbrückungsfinanzierungen (Bridge Financing) durch die Beteiligungskapitalgeber dienen im allgemeinen der Vorbereitung des Börsengangs - einerseits um die Zulassungskriterien der jeweiligen Börsen erfüllen zu können und die Eigenkapitalquote zu verbessern, andererseits aber auch, um über ausreichend liquide Mittel zur Deckung der Kosten eines Börsengangs zu verfügen. Eine weitere Desinvestitionsmöglichkeit stellen sogenannte „Buy Backs" durch das Unternehmen selbst dar, das Beteiligungsanteile von den Kapitalgebern zurückkauft. Durch diese Form der Desinvestition gewinnt ein Unternehmen seine völlige Unabhängigkeit zurück. Jedoch wird die Liquidität in erheblichem Maße belastet. Der Verkauf an Dritte (Trade sale) - im Regelfall an Industrieunternehmen - rundet die Möglichkeiten der Desinvestitionsstrategien der Beteiligungskapitalgeber ab. Aus Sicht der Unternehmer ist hier die Gefahr des Verlustes der wirtschaftlichen Unabhängigkeit am größten.[324]

Die folgende Darstellung bietet einen zusammenfassenden schematischen Überblick über den integrierten Unternehmens- und Finanzierungslebenszyklus und die typischen Kapitalquellen:[325]

Unternehmens-phasen	**Konzeptionsphase**	**F&E-Phase**	**Produktionsaufbau und Markteinführung**	**Nachhaltiges Wachstum und Reife**
Finanzierungs-phasen	**Early-stage** Seed	Start-up	First-stage	**Later-stage** ➢ Expansion ➢ Desinvestition ➢ Überbrückung ➢ Turnaround
Externer Kapitalbedarf	Vergleichsweise gering	Hoch, stark ansteigend	Sehr hoch, weiter ansteigend	Weiterhin sehr hoch mit abnehmender Tendenz
Vorherrschende Finanzierungs-quellen	➢ Eigenmittel der Gründer ➢ „Family & Friends“ ➢ Öffentliche Fördermittel ➢ Kontokorrentkredite **Teilweise bereits:** ➢ Business Angels	➢ Öffentliche Fördermittel ➢ Business Angels ➢ Kontokorrentkredite ➢ Lieferantenkredite **Teilweise bereits:** ➢ Corporate Venture Capital ➢ Venture Capital-Fonds	➢ Öffentliche Fördermittel ➢ Business Angels ➢ Corporate Venture Capital ➢ Venture Capital-Fonds ➢ Kontokorrent-kredite ➢ Lieferantenkredite	➢ Corporate Venture Capital ➢ Venture Capital-Fonds ➢ Klassische Beteiligungsgesellschaften ➢ Kontokorrentkredite ➢ Längerfristige Bankkredite ➢ Anleihen ➢ IPO

Abbildung 8: *Der integrierte Unternehmens- und Finanzierungslebenszyklus technologieorientierter Unternehmensgründungen*

[324] Desinvestitionen sind zwangsläufig mit Veränderungen der Eigentümerstruktur verbunden. In Bezug auf die potentiellen neuen Eigentümer werden erneut typisierte Finanzierungsvorgänge unterschieden: Der Rückkauf von Unternehmensanteilen durch die Gesellschafter wird als „Replacement“-Finanzierung bezeichnet, der Erwerb durch die Unternehmensleitung als Management-Buy-Out (MBO) bzw. durch ein externes Management als Management-Buy-In (MBI)-Finanzierung. Werden die Transaktionen größtenteils mit Fremdkapital finanziert, spricht man auch von einem Leveraged Buy-Out (LBO); vgl. Deutsche Bundesbank 2000, S. 17; Butzmann 1999, S. 5, Betsch/ Groh/ Lohmann 1998, S. 237.

[325] Aufgrund der sehr eingeschränkten Datenlage existieren hierzu bis dato nur äußerst wenige empirische Untersuchungen. Für den beispielhaften Kapitalbedarfsverlauf und die Finanzierungsquellen junger innovativer Unternehmen, die im Rahmen des „Programms zur Förderung technologieorientierter Unternehmensgründungen“ (FUTOUR) in den Neuen Bundesländern gefördert wurden, vgl. Pleschak/ Kulicke/ Stummer 1998, S. 52 ff.

4.1.3 Kernprobleme der Frühphasenfinanzierung von TOU

4.1.3.1 Planungs- und Ergebnisrisiken

Technologieorientierte Unternehmensgründungen werden bereits vor Beginn der Marktpenetration durch die Forschungs- und Entwicklungskosten ihrer innovativen Produkte erheblich belastet.[326] Darüber hinaus haben sie mit den hohen technischen und marktlichen Risiken dieser Innovationen zu kämpfen. Es gilt der prekäre Zusammenhang: Je höher der Innovationsgehalt einer Investition ausfällt, desto irreversibler sind die Investitionsausgaben, und desto größer ist das Investitionsrisiko.[327] Die Einschätzung der Vermarktungs- und Entwicklungschancen von Innovationen ist mit erheblichen Schwierigkeiten verbunden, da lediglich auf ein geringes Maß an Erfahrungswissen zurückgegriffen werden kann. Zudem liegen regelmäßig nur wenige Informationen über Marktvolumina, Wachstumsraten, Konkurrenzsituation, Kundenstruktur und Kundenverhalten vor. Die Unsicherheit über die zukünftige Technologie- und Marktentwicklung ist in den frühen Phasen des Produkt- bzw. Technologielebenszyklus besonders stark ausgeprägt. Erschwerend kommt hinzu, daß auch die Prognosen über den Umfang der erforderlichen materiellen Ressourcen, über den Zeitbedarf bis zur erfolgreichen Markteinführung sowie über die Erfolgsaussichten der avisierten Innovationsziele zu Beginn des Innovationsprozesses äußerst schwierig und daher ebenfalls mit hoher Unsicherheit behaftet sind. Die individuelle Struktur des Gesamtrisikos, das sich aus diesen Planungs- und Ergebnisrisiken zusammensetzt, differiert im Verlauf des Innovationsprozesses. Das Ausmaß des Gesamtrisikos nimmt jedoch mit zunehmendem Projektfortschritt ab.

Diese Risikocharakteristik ist sowohl in Hinblick auf die Frage der Erhältlichkeit von Finanzierungsmitteln als auch hinsichtlich der Eignung bestimmter Finanzierungsquellen im Verlauf des Lebenszyklus von großer Bedeutung. So sehen sich potentielle Kapitalgeber in den frühen Entwicklungsstadien innovativer Unternehmen mit erheblichen Informations- und Bewertungsproblemen konfrontiert, die einen außergewöhnlich hohen qualitativen, zeitlichen und materiellen Prüfaufwand des potentiellen finanziellen Engagements erfordern.[328] Die Prüfung wird um so unsicherer und kostspieliger, je innovativer und komplexer das jeweilige Innovationsprojekt ist. Viele Ideen und Erfindungen lassen sich hinsichtlich ihrer Marktfä-

[326] Das Ausmaß des Kapitalbedarfs ist stark von der Branche abhängig und kann sich z.B. bei Software-Unternehmensgründungen in der Seed-Phase durchaus im privat zu finanzierenden Rahmen bewegen, hingegen bei der Entwicklung von Biotechnologien bereits vor Produktionsbeginn so hohe Kosten nach sich ziehen, daß weitere externe Finanzierungsquellen erschlossen werden müssen; vgl. auch oben die Abschnitte 3.4. und 3.6.2.

[327] Vgl. Bell 1999, S. 53.

[328] Insbesondere die Beurteilung der Projektqualität bedingt ein technisches Know-how, das potentielle Kapitalgeber häufig überfordert; vgl. Heinke/ Heitzer 1999, S. 215 sowie oben Abschnitt 3.6 dieser Arbeit.

higkeit selbst von Experten nur schwer einschätzen, so daß trotz Technologiegutachten und Prototypen große Finanzierungsrisiken verbleiben.[329] Die Unsicherheit wird dadurch verstärkt, daß aufgrund des Neuigkeitsgrades und der relativ langen Zeitspanne von der Produktentwicklung bis zur erfolgreichen Marktetablierung eine exakte Prognose des erforderlichen Kapitalbedarfs nicht möglich ist.[330] Während dieses Planungsrisiko nicht zwangsläufig auf die Kapitalgeber durchschlagen muß, hat das Eintreten des Ergebnisrisikos für sie unmittelbare Kapitalverluste (zumindest in Form einer verminderten Investitionsrendite) zur Folge.

Eine entsprechende Interessenabwägung der Kapitalgeber kann die Erfolgs- bzw. Wachstumsaussichten einer Unternehmensgründung bereits frühzeitig stark einschränken. So haben immer schnellere technische Entwicklungen und immer kürzere Produktlebenszyklen zur Folge, daß ein neues Produkt/ Verfahren lediglich innerhalb eines immer kürzer werdenden zeitlichen Fensters erfolgreich am Markt eingeführt werden kann.[331] Möchte ein Gründungsunternehmen zur Beschleunigung des Innovationsprozesses bereits vor erfolgreicher Beendigung einer spezifischen Entwicklungsphase ungeplante kostenträchtige Folgetätigkeiten in Angriff nehmen (Kostenrisiko), kann diese sinnvolle Strategie zur Beschleunigung des Innovationsprozesses lediglich dann verfolgt werden, wenn das Unternehmen erfolgreich auf externe Kapitalressourcen zurückgreifen kann. Für Fremdkapitalgeber ist die Aufstockung bereits zur Verfügung gestellter Kredite jedoch nicht unbedingt sinnvoll, da sie an den potentiell höheren Gewinnen einer früheren Produkteinführung nicht partizipieren. Schlägt das Innovationsprojekt hingegen fehl (Ergebnisrisiko), muß ein noch größerer Kreditbetrag abgeschrieben werden. Die aus den Planungs- und Ergebnisrisiken von Innovationen resultierende große Unsicherheit sowie der hohe Prüfaufwand erweisen sich somit als zwei fundamentale Probleme der Frühphasenfinanzierung innovativer Unternehmen.

4.1.3.2 Informationsasymmetrien

Die Kapitalbedarfs- und Risikoentwicklung im Lebenszyklus innovativer Unternehmen kann durch einen tendenziell gegenläufigen Verlauf charakterisiert werden. Während der Kapitalbedarf zumindest bis zur Phase der Markteinführung progressiv ansteigt, kann hinsichtlich der Einzelrisiken konstatiert werden, daß diese im Zeitablauf deutlich abnehmen. In den frühen unternehmerischen Entwicklungsphasen wird die aus den hohen Planungs- und Ergebnisrisiken resultierende überdurchschnittliche Unsicherheit durch eine stark ausgeprägte In-

[329] Vgl. Bell 1999, S. 53.
[330] Vgl. FhG-ISI/ ZEW 1998, S. 14; Pleschak/ Kulicke/ Stummer 1998, S. 5 f.
[331] Vgl. Dortans 1999, S. 59.

formationsasymmetrie zwischen Gründern/ Innovatoren und Kapitalgebern potenziert. Das daraus resultierende Mißtrauen der Investoren in Bezug auf die Qualität einer Neugründung beeinträchtigt die Finanzierungsverhandlungen in erheblichem Maße und konfrontiert junge innovative Unternehmen mit dem Problem der adversen Selektion.[332]

Im Gegensatz zu etablierten Unternehmen benötigen innovative Neugründungen meist für ein einziges Innovationsprojekt zusätzliches externes Kapital. Vom Erfolg dieses Projekts hängt wiederum die Geschäftsentwicklung des Gesamtunternehmens ab. Neben der überaus schwierigen Prognostizierbarkeit des zukünftigen Markterfolges tritt für Early-stage-Investoren als weiteres schwerwiegendes Problem die kaum zu beurteilende technische Realisierbarkeit der Innovation hinzu. Der Informationsvorsprung des Unternehmensgründers ist in dieser Hinsicht noch größer als in Bezug auf die Qualität der betriebswirtschaftlichen Prognose über die Marktchancen einer Innovation. Der Aufwand, das bestehende Informationsdefizit zu verringern, wird für Early-stage-Investoren tendenziell um so größer, je innovativer ein Investitionsprojekt ist. Je höher jedoch die Informationsbeschaffungskosten ausfallen, desto uninteressanter wird die Finanzierung einer Innovation, da die Informationskosten im Verhältnis zum Gesamtrisiko und zur Gesamtrendite zunehmend stärker ins Gewicht fallen.[333]

In Bezug auf die technische Realisierbarkeit und den Erfolg einer Innovation nimmt der Innovator zudem eine monopolartige Stellung ein. Potentielle Investoren müssen befürchten, daß ihr Engagement aufgrund einer zweifelhaften Managementpolitik trotz des ex ante großen wirtschaftlichen Potentials einer Innovation ex post ein kommerzieller Mißerfolg wird.[334] Um das Informationsgefälle abzubauen, könnte der Innovator seinen Informationsvorsprung kontinuierlich offenlegen. Er steht dabei jedoch vor einem fast unlösbaren Glaubwürdigkeitsproblem. Nur wenn die Informationen von den Investoren als den Tatsachen entsprechend solide und konkret eingeschätzt werden, kann ihr Mißtrauen reduziert werden. Gerade unbekannten jungen Unternehmen mit neuen Produkten und ohne Markterfahrung, über die noch keine aussagekräftigen und nachvollziehbaren vergangenheitsbezogenen Informationen vorliegen, fällt diese Glaubhaftmachung ungemein schwer.[335]

---

332 Aufgrund der hohen Komplexität der Gründung eines technologieorientierten Unternehmens und des sich schnell wandelnden Umfeldes für technologische Innovationen sind bedeutende Lücken in Kapitalüberlassungsverträgen unvermeidlich. Die Erstellung hinreichend vollständiger Verträge, die alle relevanten Umweltzustände mit einbezögen, wären mit prohibitiven Informationskosten verbunden; vgl. Rudolph/ Fischer 2000, S. 53.

333 Vgl. Posner 1996, S. 88.

334 Gerade innovative Gründer neigen beispielsweise dazu, wirtschaftlich unnötige Investitionen in die „optimale“ Technik vorzunehmen („Tüftelei“); vgl. Zemke 1995, S. 43; auch Pape/ Beyer 2001, S. 635. Vgl. ferner ausführlich Fama/ Jensen 1983b.

335 Vgl. Heinke/ Heitzer 1999, S. 216; Pleschak/ Kulicke/ Stummer 1998, S. 6 sowie Kaufmann 1997, S. 142 f.

Ein weiteres Kernproblem der Finanzierung von TOU liegt somit nicht allein in der absoluten Höhe des leistungswirtschaftlichen Risikos, sondern vielmehr in der Kombination aus hohem leistungswirtschaftlichen Risiko und asymmetrisch verteilten Informationen über die „wahre" Qualität der Unternehmer, einschließlich ihrer Fähigkeiten und Absichten. Den Kapitalgebern junger innovativer Unternehmen wird es nie gelingen, diese Informationsasymmetrien vollständig abzubauen. Dieser Tatsache muß durch spezielle Regelungen in den Kapitalüberlassungsverträgen Rechnung getragen werden.

4.1.4 Potentielle Finanzierungsquellen in den Phasen der Seed- und Start-up-Finanzierung

4.1.4.1 „Bootstrap Financing"

Betrachtet man nun die verschiedenen Finanzierungsalternativen junger innovativer Unternehmen in der Seed- und Start-up-Phase, wird ersichtlich, daß der prekären Risiko-Anhäufung zu Beginn der Konzeptionsphase fast einzig und allein durch das persönliche Vermögen des Gründers bzw. durch Investitionen von Familienangehörigen und engen Freunden („family-and-friends-connection") entgegengewirkt werden kann. Die Investitionsentscheidungen der „family-and-friends-connection" beruhen auf der langjährigen Kenntnis der Person des Unternehmers und damit auf großem Vertrauen.[336] Anders als in der Öffentlichkeit oft verbreitet, ist das „bootstrap financing", d.h. die Kapitalbereitstellung durch die Gründer und die „family-and-friends-connection" sowie die Finanzierung über Kreditkarten, zweite Hypotheken, Kundenkredite und Kontoüberziehungen selbst in den USA die mit Abstand wichtigste Finanzierungsquelle von Unternehmensgründungen.[337] Im Rahmen des „bootstrap financing" nutzen die Gründer auch gezielt sämtliche Kosteneinsparungspotentiale, um die finanzielle Belastung in der Startphase so gering wie möglich zu halten.[338] Hierbei ist insbesondere die Unternehmensgründung als vorläufige Nebentätigkeit sowie die kostenlose bzw. kostengünstige Nutzung von Ressourcen des Arbeitgebers hervorzuheben. Erreicht der Kapitalbedarf jedoch bereits in der Gründungsphase technologieorientierter Unternehmen ein solches Niveau, daß weiteres externes Kapital benötigt wird, stellt dies regelmäßig ein kaum zu lösendes Problem dar. Die Folgewirkungen aus der Kombination von Informationsunsicherheiten und Marktunvollkommenheiten können somit bereits im Gründungsstadium eines

und Kaufmann 1996, S. 349.

336 Vgl. auch Nittka 2000, S. 254. „Insider funding is … usually a necessary condition for any infusions of external finance to reduce adverse selection and moral hazard problems." (Berger/ Udell 1998, S. 629) Die Agency Kosten sind daher zu Beginn des Financial Growth Cycle vernachlässigbar klein; vgl. Zimmer 1998, S. 65.

337 Vgl. Lessat et al. 1999, S. 136 ; Hake 1998, S. 227.

338 Freear/ Sohl/ Wetzel definieren das „bootstrap financing" denn auch als: „...highly creative ways of acquiring the use of resources without borrowing money or raising equity financing from traditional sources."

innovativen Unternehmens die Illiquidität und damit das Ende einer Unternehmensidee bedingen.

4.1.4.2 Fremdkapital

Die Finanzierungsbemühungen in den frühen Frühfinanzierungsphasen dienen vornehmlich der liquiditätsmäßigen Absicherung des weiteren Innovationsfortschritts.[339] Die Tatsache, daß TOU in diesen Phasen noch keine nennenswerten Einzahlungen aufweisen, erschweren die Finanzierungsbemühungen jedoch erheblich. Darüber hinaus ist das Kapital im Vergleich zur Finanzierung anderer leistungswirtschaftlicher Prozesse sehr lange im Unternehmen gebunden. Angesichts des Umstandes, daß sich junge Technologieunternehmen im Verlauf ihrer Entwicklung mit einem stark zunehmenden Kapitalbedarf konfrontiert sehen, sind zudem Kapitalrückzahlungsverpflichtungen, die bereits vor erfolgreichem Abschluß des Innovationsprozesses anfallen, als äußerst problematisch einzuschätzen. Ein derartiger Finanzierungsvertrag kann bereits den Grundstein für zukünftige Liquiditätsprobleme legen.

Dementsprechend erweist sich klassisches Fremdkapital als Frühphasenfinanzierungsinstrument technologieorientierter Unternehmen in hohem Maße ungeeignet. Durch einen zu frühen umfassenden Einsatz dieses Instruments würde das Finanzierungspotential eines jungen Unternehmens erheblich in Mitleidenschaft gezogen. Neben das bereits bestehende hohe leistungswirtschaftliche Risiko träte ein starker Anstieg des finanziellen Risikos. In der Folge würde das Gesamtunternehmensrisiko derartig ansteigen, daß externe Kapitalgeber kaum mehr bereit wären, in das Unternehmen zu investieren. Dies gilt um so mehr, als daß potentielle Beteiligungskapitalgeber davon ausgehen müssen, daß ihr Kapital nicht mehr ausschließlich zur Vollendung des Innovationsprozesses eingesetzt wird, sondern vielmehr auch zur Konsolidierung der Kapitalstruktur.[340]

Von diesen Betrachtungen abgesehen, dürfte sich in den frühen Lebensphasen von TOU ohnehin das Problem der Nichterhältlichkeit von Fremdkapital ergeben. Kreditinstitute müssen bei der Vergabe von Krediten auf die adäquate Entgeltung der Bonitäts- und Ausfallrisiken ihrer Engagements achten. Bei innovativen Neugründungen sind diese Risiken extrem stark ausgeprägt. So hängen die Überlebenschancen der Unternehmen in hohem Maße vom Gelingen eines einzigen Innovationsprojekts ab. Die daraus resultierende Problematik der Identifizierung von guten Kreditrisiken wird durch Informationsasymmetrien zusätzlich verschärft. In

---

(Freear/ Sohl/ Wetzel 1995, S. 395)

339 In empirischen Untersuchungen wird die Kapitalverfügbarkeit von jungen Unternehmen höher eingestuft als der Preiseffekt der jeweiligen Finanzierungsform; vgl. Petersen/ Rajan 1994, S. 35; Storey 1994a, S. 148 f.

340 Vgl. Hennigs 1983, S. 233.

Hinblick auf die Finanzierung risikoreicher innovativer Investitionen erscheint es besonders problematisch und kostspielig, vertragliche Regelungen zu treffen, die eine Fremdfinanzierung in größerem Maße bei asymmetrischer Informationsverteilung erlauben. Mit zunehmender Verschuldung nimmt beispielsweise der Anreiz für einen Unternehmer, außergewöhnlich riskante Investitionen zu tätigen (Risikoanreizproblem bzw. „Spiel mit den Fremdkapitalgebern"), stark zu. Potentielle Fremdkapitalgeber wissen um die skizzierten Qualitäts- und Moral Hazard-Risiken, können sie jedoch nicht hinreichend genau kalkulieren. Dementsprechend versagt auch eine Abgeltung der Risiken über erhöhte Zinssätze. Sie würden lediglich adverse Selektionsprobleme hervorrufen. Als Mittel zur Risikobegrenzung bleibt den Banken somit lediglich die Kreditrationierung.[341]

Es kommt zu einem Marktversagen der Kreditfinanzierung. Aufgrund ihrer ungünstigen Risikocharakteristika sind hiervon vor allem TOU in den Early-stage-Finanzierungsphasen betroffen. Sofern in diesen Phasen dennoch sogenannte „Innovationskredite" zur Verfügung gestellt werden, geschieht dies in der Regel lediglich vor dem Hintergrund staatlicher Anreize (z.B. mittels staatlicher Ausfallbürgschaften) in Verbindung mit weiteren Auflagen an die Gründer (z.B. dem Abschluß einer Lebensversicherung des Unternehmers), die das Risiko eines Kapitalverlustes für die Banken weitestgehend ausschließen sollen.[342] Darüber hinaus werden von den Banken Kredite in kleinerem Umfang bereitgestellt, die auf die Person des Unternehmers selbst abstellen. Dies hat für die Banken zwei Vorteile. Zum einen ist die finanzielle Situation der Unternehmerperson besser zu bewerten, als die Vermögenssituation einer TOU, die hauptsächlich aus immateriellen Vermögensgütern besteht. Zum anderen kann eine Kreditwürdigkeitsprüfung, die ausschließlich auf das Unternehmen selbst abstellt, keine oder nur unzureichende Informationen über das finanzielle Gebaren des Gründers beinhalten. Der Unternehmer selbst hat hingegen in der Regel bereits eine langjährigen Beziehung zu der entsprechenden Bank aufzuweisen.[343]

4.1.4.3 Beteiligungskapital

Ein möglicher Lösungsweg zur Überwindung der aufgezeigten Finanzierungsprobleme innovativer Neugründungen infolge der extremen Informations- und Anreizprobleme besteht in der Konzentration von Beteiligungskapital in den Händen einiger weniger Investoren, die

[341] Vgl. ausführlich Stiglitz/ Weiss 1981; zur Kreditrationierung bei Wachstumsunternehmen vgl. Achilles 1999, S. 5 ff. Eine vom ISI durchgeführte Befragung bei 26 Kreditinstituten ergab, daß für die Mehrzahl dieser Institute der Anteil von Innovationskrediten bei höchstens 3 % lag; vgl. Kulicke 1999a, S. 8 f.

[342] Vgl. Pfeifer 1999, S. 1667.

[343] Vgl. auch Mann 1998, S. 1063.

darauf spezialisiert sind, die Qualität derartiger Unternehmen zu prüfen und die Geschäftsführung beständig zu kontrollieren.[344] In der Seed- und Start-up-Phase sind jedoch von dem beschränkten Kreis potentieller Investoren, die dieser Kapitalgeber-Kategorie zuzuordnen sind, regelmäßig lediglich Business Angels zu einem finanziellen Engagement bereit. Business Angels werden dem informellen Beteiligungskapital zugeordnet, d.h. der nicht organisierten direkten privaten Unternehmensbeteiligung ohne Einschaltung von Finanzintermediären.[345] Dieses informelle Segment des Kapitalmarktes ist sehr zersplittert und verfügt über keine einheitliche Informationsbasis. Zudem präferieren Business Angels Engagements aus ihrer nahen geographischen Umgebung und legen, von Ausnahmen abgesehen, Wert auf absolute Anonymität in der Öffentlichkeit.[346] Diese Charakteristika bedingen große „Matching"-Probleme. Das heißt, trotz eines ausreichenden Kapitalangebots können viele Unternehmer nicht genügend Kapitalgeber und etliche potentielle Business Angels wiederum keine geeignete Beteiligungsmöglichkeit finden. Die hohen – teilweise prohibitiven - Suchkosten können somit erneut ein Marktversagen der Finanzierung hervorrufen.[347]

Lediglich Corporate Venture Capital sowie spezielle, auf Early-stage-Finanzierungen spezialisierte Venture Capital (VC)-Gesellschaften, sogenannte „Seed Capital"-Gesellschaften, weisen ähnliche Spezialisierungsvorteile wie informelle Privatinvestoren auf. Jedoch ist die Erzielung eines angemessenen Kosten-Ertragsverhältnisses in den Early-stage-Finanzierungsphasen für diese institutionellen Investoren ausgesprochen schwierig. So verursacht die Bereitstellung von Beteiligungskapital fixe und variable Transaktionskosten der Anbahnung, Durchführung, Überwachung, Anpassung und Auflösung der Beteiligung. In den frühen Entwicklungsphasen innovativer Unternehmensgründungen sind diese Kosten besonders hoch, und ihre Kostennachteile daher besonders stark ausgeprägt. Viele Kostenbestandteile verlaufen zudem mit steigendem Finanzierungsvolumen degressiv. Die für institutionelle Investoren vergleichsweise geringen Finanzierungsvolumina innovativer Unternehmen in der Seed- und Start-up-Phase haben dementsprechend überproportionale Transaktionskosten zur Folge.[348]

[344] Durch diese Konzentration wird eine Bündelung der Kontroll-, Informations- und Entscheidungsrechte und damit eine effiziente Kontrolle des Managements unter Minimierung der Agency Kosten erreicht; vgl. auch Rudolph/ Fischer 2000, S. 52.

[345] Vgl. Niederöcker 2000, S. 8; Hemer 1999a, S. 103.

[346] Vgl. Boehm-Bezing, 1999, S. 600; Hemer 1999b, S. 192, für mögliche Gründe der Bevorzugung von Anonymität vgl. Hemer 1999a, S. 108.

[347] Vgl. Rudolph/ Fischer 2000, S. 54. Dies gilt für die Bundesrepublik Deutschland um so mehr, als daß sich der informelle Kapitalmarkt hier im Vergleich zu den USA noch in einem frühen Entwicklungsstadium befindet; vgl. Deutsche Bundesbank 2000, S. 23.

[348] Neben dem vergleichsweise geringen Finanzierungsbedarf ist der Überwachungs- und Betreuungsbedarf dringlicher und intensiver als bei etablierten Unternehmen. Wie bereits geschildert, ist darüber hinaus auch der Anpassungsbedarf im Verlaufe der Finanzierung erfahrungsgemäß sehr hoch; vgl. Kaufmann/ Kokalj 1996, S. 61 f.; Kaufmann 1997, S. 142. Die übermäßigen Transaktionskosten sind auch einer der wesentlichen Gründe dafür, warum sich innovative Unternehmen in dieser Phase nicht über die Börse fi-

Renditeorientierte Venture Capital-Geber sind daher frühestens in der Start-up-Phase bereit, Kapital („seed capital") in junge Unternehmen zu investieren.[349] Das verfügbare Investitionskapital der Business Angels ist meist deutlich geringer als das Fondsvolumen institutioneller Investoren, wodurch die Ergiebigkeit dieser Finanzierungsform deutlich eingeschränkt wird.[350] Da sie jedoch keine Formalprozeduren oder Aufsichtsgremien zu berücksichtigen haben, können Business Angels kostengünstiger, unabhängiger und flexibler agieren und dementsprechend auch geringere Investitionsrenditen akzeptieren.[351]

In der durch extrem hohe Scheiterrisiken geprägten Frühphase innovativer Unternehmensgründungen spielt eine weitere Eigenschaft informeller Investoren eine entscheidende Rolle. Sie streben nicht ausschließlich nach der Nutzenmaximierung ihres monetären Zahlungsstroms, sondern verfolgen auch „nonfinancial rewards", wie z.B. mitunternehmerisch tätig zu werden, regionale und technologische Entwicklungen zu fördern oder auch lediglich mitzuhelfen, die Ideen enger Freunde und Verwandter zu verwirklichen.[352] Auch aus diesem Grund sind Business Angels eher zu den längerfristigen, betreuungsintensiven und vergleichsweise risikoreichen kleineren Engagements der Seed- bzw. Start-up-Phase bereit als ihre institutionellen Pendants. Sie schließen damit zumindest teilweise die Kapitallücke in der Zeit zwischen der ausschließlichen Erhältlichkeit von Kapital durch Familienangehörige und Freunde und der ersten Bereitstellung von Beteiligungskapital durch VC-Gesellschaften.[353] Institutionelle Venture Kapitalgeber und informelle Business Angels stehen somit regelmäßig in einem komplementären Verhältnis zueinander.[354]

Jedoch verfolgen auch institutionelle Investoren mitunter Ziele, die von der reinen Maximierung der Investitionsrenditen abweichen. Hinter den Engagements von Corporate Venture-Kapitalgebern stecken regelmäßig strategische Interessen. Da etablierte Industrieunternehmen

---

nanzieren; vgl. Berger/ Udell 1998; S. 628.

[349] Vgl. Rudolph/ Fischer 2000, S. 53 f.; Pfeifer 1999, S. 1666. Lessat et al. zitieren eine amerikanische Studie, nach der junge US-Unternehmen Beträge unter 0,5 Mio. US-$ mittels „bootstrap financing" oftmals selbst finanzieren können. Bei Beträgen bis 1,5 Mio. US-$ ist es hingegen für sie schwierig, externe Eigenkapitalgeber zu mobilisieren. So steigen Venture Capital-Gesellschaften frühestens ab Beträgen von 0,5 Mio. US-$ ein, und dann auch nur unter der Bedingung, daß die Startfinanzierung bereits durch andere, z.B. Business Angels, erfolgt ist. Organisierte Venture Capitalists investieren unter einem Volumen von 3 Mio. US-$ pro Deal faktisch überhaupt nicht mehr; vgl. Lessat et al. 1999, S. 137.

[350] Um auch an größeren Transaktionen zu partizipieren, bilden sich daher häufig Business Angels-Syndikate; vgl. hierzu Boehm-Bezing, 1999, S. 600 f.

[351] Vgl. Hemer 1999b, S. 192.

[352] Vgl. z.B. Kramer 2000, S. 114; Nittka 2000, S. 254; Engelmann/ Heitzer 1999, S. 458.

[353] Vgl. Rudolph/ Fischer 2000, S. 54; von Boehm-Bezing, 1999, S. 600. Obwohl aufgrund der Intransparenz des informellen Kapitalmarktes nicht sehr viele empirische Untersuchungen vorliegen, bestätigen die wenigen, daß Business Angels vornehmlich die Kapitallücken kleinerer Unternehmen in früheren Lebensphasen decken, deren Investitionsvolumina zu gering für institutionelle, renditeorientierte Venture Capital-Gesellschaften sind; vgl. Geigenberger 1999, S. 29 f.; Freear/ Wetzel 1990, S. 77 ff.

[354] Vgl. Berger/ Udell 1998; S. 627.

oft Mühe haben, innovative unternehmerische Aktivitäten im eigenen Haus zu initiieren, versuchen sie frühzeitig über Beteiligungsfinanzierungen Einblick und Zugang zu neuen Technologieentwicklungen und damit künftigen Märkten zu erhalten („window on technology"). Corporate Venture-Kapitalgeber streben somit vornehmlich nach Synergien und Know-how-Transfers.[355] Die zeitliche Befristung bzw. profitable Exitmöglichkeit des Engagements hat hingegen eher sekundäre Bedeutung, da für diese Investorengruppe auch eine Integration der Beteiligungsunternehmen in das Mutterhaus eine durchaus überlegenswerte Option darstellt. Aus diesen Gründen engagieren sich Corporate Venture-Kapitalgeber zum Teil bereits in der Forschungs- und Entwicklungsphase junger Technologieunternehmen und damit wesentlich früher als ihre ausschließlich renditeorientierten institutionellen Pendants.[356]

4.1.4.4 Staatliche Fördermaßnahmen

Öffentlich geförderte Finanzierungsmaßnahmen verfolgen primär wirtschaftspolitische Zielvorstellungen, die nicht immer mit betriebswirtschaftlichen Erwägungen übereinstimmen müssen.[357] So ist die Finanzierung neuer Technologien, die sich noch im Entwicklungsstadium befinden, unter Umständen betriebswirtschaftlich nicht rentabel. Aus gesamtwirtschaftlicher Sicht kann der Finanzierung neuer Technologieentwicklungen jedoch durchaus große Bedeutung zukommen. Dieser Zusammenhang könnte auch erklären, warum staatliche Förderprogramme eine so große Rolle in der Frühphasenfinanzierung junger Technologieunternehmen spielen. Derartige administrative Eingriffe in den Marktprozeß sind jedoch einzig und allein dann gerechtfertigt, wenn die Gefahr eines Marktversagens diagnostiziert wird. Anderenfalls wird der freie Wettbewerb in seinen Funktionen empfindlich gestört. Aufgrund der bereits ausführlich dargestellten Marktunvollkommenheiten erachtet die Deutsche Bundesbank die Gefahr eines solchen Marktversagens im Rahmen der Frühphasenfinanzierung innovativer Unternehmen jedoch als gegeben und konstatiert, daß „...ein begrenztes Engagement der öffentlichen Hand eher komplementär als substitutiv zu privaten Finanzierungen wirkt. In diesem Fall würden direkte staatliche Aktivitäten das Mittelaufkommen am Venture-Capital-Markt tatsächlich längerfristig fördern."[358]

---

[355] Vgl. Schirmeister/ Wippler 1999, S. 202.

[356] Vgl. ausführlich Berens/ Hoffjan/ Pakulla 2000, S. 287; Pfeifer 1999, S. 1666; Koo 1999, S. 71; Brunsch 1999, S. 13 f.; FhG-ISI/ ZEW 1998, S. 24.

[357] In diesem Zusammenhang sind insbesondere Ziele, wie die Erhöhung der technologischen Wettbewerbsfähigkeit und Verbesserung der Wettbewerbsstruktur einer Volkswirtschaft zur Sicherung bzw. Schaffung von Arbeitsplätzen zu nennen, welche z.B. durch die Förderung innovativer Existenzgründungen, des Aufbaus eines innovativen Mittelstandes bzw. durch Förderung einer F&E-freundlichen Infrastruktur erreicht werden sollen; vgl. auch Pfeifer 1999, S. 1666; Pleschak/ Kulicke/ Stummer 1998; S. 9.

[358] Deutsche Bundesbank 2000, S. 23.

Die öffentliche Hand in der Bundesrepublik Deutschland hat sich in den letzten Jahren mit zahlreichen Programmen verstärkt für die Überwindung der Marktunvollkommenheiten und Anreizprobleme im Rahmen der Frühphasenfinanzierung eingesetzt. Die Aktivitäten umfassen dabei zum einen Garantieprogramme und zum anderen die Refinanzierung von Beteiligungsgesellschaften.[359] Es muß in diesem Zusammenhang jedoch ausdrücklich betont werden, daß sich auch eine öffentlich geförderte Frühphasenfinanzierung grundsätzlich verbietet, wenn bereits aus dem Unternehmenskonzept deutlich wird, daß eine technologieorientierte Unternehmensgründung keine realistischen Entwicklungsperspektiven hat. Eine derartige Förderpraxis würde einzig und allein zu einer Verschwendung von Steuergeldern bzw. von knappen realwirtschaftlichen Ersparnissen und damit zu einer Fehlallokation von Kapital führen.

4.1.4.5 Zwischenfazit

Early-stage-Investoren verfügen in der Regel über Branchenerfahrungen und ein spezielles Know-how.[360] Die großen Informationsdefizite in der Start-up-Phase eines Unternehmens, die eine adäquate Beurteilung des potentiellen Innovationserfolges und der Qualität des Innovators regelmäßig kaum zulassen, können durch diese Spezialisierungsvorteile mit einem vertretbaren Aufwand verringert werden. Frühphaseninvestoren beteiligen sich zudem aktiv am Management des Unternehmens und können aufgrund ihres Know-hows die Jungunternehmer intensiv betreuen („coachen").[361] Neben dem speziellen Know-how der Investoren kommt ihren persönlichen Kontakten („know-who") zu potentiellen weiteren Kapitalgebern, Lieferanten, Kunden und qualifizierten Mitarbeitern ebenfalls große Bedeutung zu. Technologieorientierte junge Unternehmen erhalten damit nicht nur dringend erforderliche Finanzierungsmittel. Early-stage-Investoren schaffen durch ihr Know-how und ihre Kontakte vielmehr auch einen Value-added beim Aufbau des Unternehmens.[362] Durch ihre aktive Beteiligung an der Unternehmensführung wird zudem die Informationsasymmetrie zwischen Innovatoren und Kapitalgebern nach Vertragsabschluß stark vermindert und das Monopolwissen der Unternehmensgründer hinsichtlich der Innovation abgebaut. Frühphasenfinanzierungen durch Business Angels und (Corporate) Venture Capital können gleichzeitig als ein „Gütesiegel" und Signal für technisch weniger versierte Investoren in Bezug auf die gute Qualität der Inno-

---

359 Vgl. Deutsche Bundesbank 2000, S. 22.
360 Vgl. z.B. Kramer 2000, S. 114.
361 Zur empirischen Bestätigung der hohen Bedeutung von Managementbeteiligungen vgl. ausführlich Pleschak/ Kulicke/ Stummer 1998, S. 37 ff. Zu den Grundsätzen und Schwerpunkten der Betreuung und Beratung junger Technologieunternehmen vgl. ausführlich Baier/ Pleschak 1996, S. 167 ff.
362 Vgl. z.B. Deutsche Bundesbank 2000, S. 19; Berens/ Hoffjan/ Pakulla 2000, S. 290; Boehm-Bezing 1999, S. 599.

vation und die Zukunftschancen des Unternehmens interpretiert werden.[363] Die Auswirkungen der hohen ex ante Informationsasymmetrie auf die Unternehmensfinanzierung können dadurch abgemildert werden.

Als ein erstes Fazit kann an dieser Stelle festgehalten werden, daß zur Finanzierung von Innovationen in der Frühphase technologieorientierter Unternehmensgründungen klassisches Fremdkapital in größerem Umfang weder geeignet noch verfügbar ist. Klassische Kreditgeber werden sich allein schon deshalb kaum zur Übernahme der hohen Innovationsrisiken bereitfinden, weil den großen Ausfallrisiken keine Möglichkeit gegenübersteht, an den Erfolgschancen der Innovation entsprechend zu partizipieren. Die häufig geäußerte Kritik eines mangelnden Risikobewußtseins deutscher Kreditinstitute als Ursache für die Finanzierungsprobleme von TOU ist dementsprechend verfehlt. Die klassische Beteiligungsfinanzierung stellt wiederum zwar durchaus ein geeignetes Instrument zur Deckung des Kapitalbedarfs dar. Abgesehen von der Kapitalbereitstellung durch spezialisierte private Business Angels und in eingeschränktem Umfang durch Corporate Venture-Kapitalgeber bzw. durch Freunde und Verwandte ist die Verfügbarkeit der Beteiligungsfinanzierung in den frühen Lebensphasen von TOU aufgrund der großen Marktunvollkommenheiten jedoch äußerst skeptisch zu beurteilen. Im Rahmen der Frühphasenfinanzierung innovativer Unternehmen kommt der staatlichen Förderung daher eine besonders wichtige Rolle zu. In Hinblick auf eine marktgerechtere Lösung scheint am ehesten die verstärkte Aktivierung von potentiellen Business Angels und Corporate Venture Kapitalgebern Erfolg zu versprechen.

4.1.5 Die besondere Rolle des Marktrisikos im Rahmen von First-stage-Finanzierungen

Mit steigendem Konkretisierungsgrad einer Innovation nehmen die spezifischen Innovationsrisiken kontinuierlich ab. Lernprozesse des Innovators führen zu einer besseren Risikoeinschätzung und -kontrolle, die Unsicherheit über den Zeit- und Kapitalbedarf verringert sich und das technische Realisationsrisiko bzw. das Planungsrisiko schwinden mit zunehmender Umsetzung der Neuerung. Im Rahmen von First-stage-Finanzierungen rückt daher die Markteinführung als wesentliche Risikokomponente in den Vordergrund, zeigt sich doch hier erstmals die Reaktion der Marktteilnehmer auf das innovative Produkt. Zugleich kulminiert in dieser Zeit auch der Nettokapitalbedarf junger innovativer Unternehmen. Zwei entscheidende

[363] Vgl. Deutsche Bundesbank 2000, S. 19; Geigenberger 1999, S. 48 f.

Hürden des Innovationsprozesses - der Markteintritt und der hohe Kapitalbedarf - fallen somit zeitlich zusammen.[364]

Das Marktrisiko, auch als Verwertungs- oder externes Risiko bezeichnet, umfaßt allgemein die Gefahr, daß die Vermarktung eines unter technischen Gesichtspunkten erfolgreich abgeschlossenen Innovationsprojekts nicht plangemäß verläuft. Aus finanzwirtschaftlicher Perspektive impliziert dies Störungen im Kapitalfreisetzungsprozeß.[365] Innerhalb des Innovationsprozesses kommt dem Marktrisiko eine hervorgehobene Stellung zu, da es in hohem Maße fremdbestimmt ist. Das heißt, im vorhinein angestellte Prognosen und Planungen müssen auf das Verhalten anderer Marktteilnehmer abstellen. Deren Reaktion läßt sich mit Hilfe von Marktanalysen jedoch lediglich näherungsweise bestimmen. Es ist in der Regel nicht möglich, die Struktur des Marktrisikos in seiner gesamten Komplexität zu erfassen und zu beurteilen.[366] Zu einem Hauptproblem für die Finanzierung im Wachstumsprozeß junger innovativer Unternehmen wird das Marktrisiko auch dadurch, daß es sich erst dann konkretisiert, wenn bereits ein hoher Ressourceneinsatz erfolgt ist. Dies hat zur Folge, daß bei einem Akutwerden dieses Risikos häufig der gesamte Kapitaleinsatz, zumindest jedoch ein großer Teil, gefährdet bzw. verloren ist.

Die Risikosituation für Fremdkapitalgeber gestaltet sich in der Phase des Produktionsaufbaus und der Markteinführung im Vergleich zur Forschungs- und Entwicklungsphase deutlich günstiger. So müssen Kreditvergabeentscheidungen nicht mehr einzig und allein auf Einschätzungen der Qualifikation der Unternehmensleitung und der Bewertung der Innovationsidee abstellen. Vielmehr liegen zu diesem Zeitpunkt bereits greifbare technologische Ergebnisse, z.B. in Form von Prototypen vor. Die Verfügbarkeit des Finanzierungsinstruments Fremdkapital hängt dementsprechend entscheidend davon ab, inwieweit potentielle Kreditgeber bereit und in der Lage sind, ihre herkömmlichen Bonitätsprüfungen dergestalt zu modifizieren, daß neben der Bilanz- und GuV-Analyse auch das Ergebnis der Technologie- und Marktbewertung in das Kalkül mit einbezogen wird.[367] Für eine derartige Überprüfung der besonderen Kapitalbedarf-Risiko-Konstellation in der Markteinführungsphase scheint das traditionelle Bankensystem in Deutschland jedoch nicht ausgelegt.[368] Da JTU auch keine

364 Vgl. Wittneben 1997, S. 32.
365 Vgl. Hennigs 1983, S. 183 f.
366 Vgl. Wittneben 1997, S. 30 f.
367 Vgl. auch Hennigs 1983, S. 291 f.
368 Vgl. Kaufmann 1997, S. 146; Pleschak/ Kulicke/ Stummer 1998, S. 8. Die zuständigen Sachbearbeiter in den Kreditabteilungen verfügen in der Regel nicht über eigenes technologisches Expertenwissen. Brunsch weist jedoch darauf hin, daß in der Bundesrepublik Deutschland diesbezüglich Veränderungen im Gange sind: „Seit Ende 1995 gibt es Ansätze im Kreditsektor, die fehlende interne Kompetenz zur Bewertung der technischen und Marktseite eines Innovationsvorhabens von KMU bei Kredit- oder Beteiligungsentscheidungen

bankürblichen Sicherheiten in erforderlichem Umfang vorlegen können, spielen Bankkredite bis zur Erzielung erster Unternehmensgewinne in Deutschland nur eine untergeordnete Finanzierungsrolle.

Um dennoch zu realisierbaren Finanzierungskonzepten zu kommen, unterstützt der Staat junge Technologieunternehmen erneut mit öffentlich geförderten Beteiligungsprogrammen und Darlehen. Investitionen für den Fertigungsaufbau können relativ günstig über öffentlich geförderte Darlehen finanziert werden. Durch die spezielle Ausgestaltung der Kapitalüberlassungsverträge werden die Kapitalkosten auf spätere Zeitperioden verlagert. Für die Finanzierung der Markteinführungskosten stehen hingegen keine öffentlichen Förderprogramme zur Verfügung.[369] In dieser Phase zeigen sich erneut die Vorteile von Beteiligungsfinanzierungen. Die Zufuhr von privatem Beteiligungskapital verschafft den Unternehmen in der Markteinführungsphase die Möglichkeit, nicht nur liquiditätsgetrieben, sondern vielmehr strategisch orientiert Prioritäten zu setzen und die zur Verfügung gestellten Mittel sorgfältig für die Nutzung von Wachstumschancen einzusetzen.[370] Zugleich erhöhen Beteiligungen das Eigenkapital, woraus für die Unternehmen die Hoffnung erwächst, von den Kunden als stabiler Partner anerkannt zu werden und dadurch ein besseres Image zu erhalten. Dies ist ein wichtiger Faktor für den Markterfolg.[371]

Für die externe Finanzierung junger Technologieunternehmen mit Eigenkapital sind erneut vor allem solche Beteiligungsgesellschaften interessant, die bereit sind, die hohen Risiken des Unternehmensaufbaus zu tragen, und ihr Engagement gleichzeitig mit einer Managementunterstützung zu verbinden. Die hierfür in Frage kommenden renditeorientierten Venture Capital-Gesellschaften stellen jedoch sehr strenge Wachstums- und Renditepotentialanforderungen an ihre Beteiligungen, da sie eine Performanceverantwortung gegenüber den Inhabern ihrer Fondsanteile haben. So hängt die Rendite ihres Beteiligungsfonds maßgeblich davon ab, wie hoch der Anteil der Stars im Portfolio ist, wie viele Beteiligungsunternehmen mit einem Totalverlust ausfallen, und wie hoch die Relation der Verkaufserlöse zum investierten Kapital ist. Das Risiko eines Beteiligungsfonds ist von den spezifischen Risiken und der jeweiligen Größe der einzelnen Engagements sowie von der wechselseitigen Abhängig-

durch Einbindung externer Fachleute aus Forschungseinrichtungen und Hochschulen auszugleichen." (Brunsch 1999, S. 8) Die von der Bundesanstalt für Finanzdienstleistungsaufsicht (BaFin) am 20.12.2002 veröffentlichten „Mindestanforderungen an das Kreditgeschäft der Kreditinstitute" (MaK) und die voraussichtlich Ende 2006 in Kraft tretenden neuen Eigenkapitalregeln („Basel II") werden das Kreditrisikomanagement deutscher Kreditinstitute in der Zukunft weiter verbessern; vgl. hierzu ausführlich Deutsche Bundesbank 2003, S. 45 ff sowie BIS 2001.

369 Vgl. Pleschak/ Stummer 1999, S. 330.

370 Vgl. Butzmann 1999, S. 23.

371 Vgl. Pleschak/ Stummer 1999, S. 330.

keit von Risiko und Ertrag zwischen diesen Engagements abhängig. Im Rahmen einer Risikodiversifizierungsstrategie kann das gesamte Fondsvermögen daher einerseits so aufgeteilt werden, daß die einzelnen Investitionen aus verschiedenen Bereichen stammen und eine unterschiedliche Risikostruktur hinsichtlich Branche, Zeit und/ oder Geographie aufweisen. Eine weitere von Venture Capital Gesellschaften praktizierte Strategie zur Reduktion des Gesamtportefeuillerisikos ist die Konzentration auf bestimmte Branchen, Standorte und/ oder Entwicklungsphasen (Spezialisierungsstrategie), die eine tiefgreifendere Einschätzung der Wachstumspotentiale sowie eine fundiertere branchenspezifische Managementunterstützung ermöglichen soll.[372]

Die verschiedenen Risikomanagementstrategien führen letztendlich dazu, daß lediglich ein sehr geringer Teil der um Beteiligungskapital werbenden jungen Technologieunternehmen Zugang zu einer VC-Gesellschaft findet. Kapitalsuchende Unternehmen sollten daher Beteiligungsverhandlungen nie ausschließlich mit einer einzigen VC-Gesellschaft führen, sondern parallel dazu mit anderen VC-Fonds verhandeln und auch den Kontakt zu Corporate Venture Capital-Gebern sowie förderorientierten Beteiligungsgebern suchen.

4.1.6 Bedeutung der Börse als Exitkanal

Venture Capital-Gesellschaften erwirtschaften ihre Erträge vor allem aus der Wertsteigerung ihres Beteiligungsportefeuilles, da sie im Gegensatz zu den klassischen Beteiligungsgesellschaften auf regelmäßige Gewinnausschüttungen der Beteiligungsunternehmen verzichten. Die Wertsteigerungen ihrer Beteiligungsunternehmen lassen sich somit einzig durch Desinvestitionen (Exits) realisieren. Klassische Beteiligungsgesellschaften legen hingegen in der Regel Wert darauf, daß ihre Beteiligungsunternehmen bereits stabile Erträge sowie eine gewisse Mindestgröße aufweisen. Sie treten damit vor allem in den späten Finanzierungsphasen des nachhaltigen Wachstums und der Reife als Eigenkapitalgeber innovativer Unternehmen in Erscheinung. Da auch die klassischen Beteiligungsgesellschaften einen Großteil ihrer Erträge aus dem Verkauf von Beteiligungsunternehmen ziehen, setzt ein funktionierender privatwirtschaftlicher Markt für Beteiligungen an jungen innovativen Wachstumsunternehmen einen funktionierenden „Exit"-Markt voraus, auf dem sich risikoadäquate Renditen realisieren lassen.[373]

Der Exit durch einen Börsengang sowie der anschließende Handel der emittierten Unternehmensanteile an speziellen Segmenten des Aktienmarktes, die auf die Besonderheiten der

[372] Vgl. Berens/ Hoffjan/ Pakulla 2000, S. 288.
[373] Vgl. Deutsche Bundesbank 2000, S. 20.

Finanzierung junger innovativer Wachstumsunternehmen zugeschnitten sind, weist hierfür die beste Eignung auf. Das Initial Public Offering (IPO) gilt als profitabelste Exitmöglichkeit.[374] Neben der Realisierung hoher Veräußerungsgewinne sichert ein IPO zudem das Erreichen eines weiten Investorenkreises, die Erhöhung der Fungibilität der Unternehmensanteile sowie die erstmalige Bewertung des Gesamtunternehmens durch den Kapitalmarkt.[375] Auch wird die Unternehmensliquidität bei dieser Form des Exits nicht in Mitleidenschaft gezogen.[376] Aus dynamischer Sicht kommt der Funktionsweise der Aktienprimärmärkte als Schnittstelle zwischen dem nicht-organisierten und dem organisierten Kapitalmarkt somit eine essentielle Bedeutung für die Finanzierung innovativer Wachstumsunternehmen zu - sowohl für die Beteiligungsfinanzierung über informelle und institutionelle Beteiligungskapitalgeber vor dem IPO als auch für die Finanzierung über den Aktienmarkt.

4.1.7 Zusammenfassende Betrachtung des Financial Growth Cycle aus finanzierungstheoretischer Sicht

Potentiellen Kapitalgebern technologieorientierter Unternehmensgründungen mangelt es nicht nur an Informationen über die Marktchancen innovativer Produkte. Vielmehr können sie auch nicht wissen, ob die Unternehmensgründer den extremen Arbeitsanstrengungen über einen längeren Zeitraum gewachsen sind, und wie es um ihre Führungsqualitäten bestellt ist. Nicht zuletzt herrscht zudem große Unsicherheit über das Verhalten und die Integrität der Unternehmer gegenüber den Kapitalgebern. Die Finanzierung von TOU wird somit durch mehrere gleichzeitig nebeneinander bestehende Informationsasymmetrien empfindlich gestört. Kommen nun im Rahmen der Unternehmensfinanzierung verschiedene Finanzierungsformen gleichzeitig zum Einsatz, entsteht damit grundsätzlich ein Interdependenzproblem. So kann eine bestimmte Finanzierungsart aus Sicht eines jungen innovativen Unternehmens zwar geeignet sein, einzelne Agency-Konflikte in ihren Auswirkungen zu mildern, in Bezug auf andere Verhaltensrisiken jedoch gegenläufige negative Anreizwirkungen ausüben.

Besteht beispielsweise Unsicherheit hinsichtlich des zukünftigen Arbeitseinsatzes eines Unternehmers, sollte aus agencytheoretischer Sicht eindeutig die Kreditfinanzierung die Beteiligungsfinanzierung dominieren, entspricht doch der Leistungseinsatz des Unternehmers bei vollständiger Kreditfinanzierung dem der vollständigen Eigenfinanzierung, da der Unterneh-

[374] Vgl. Lessat et al. 1999, S. 135 und S. 137.
[375] „Besonders für High-tech Firmen gilt, daß der amerikanische institutionelle Venture-Capital-Markt ohne gute IPO-Möglichkeiten nicht funktionieren würde, denn diese Firmen werden primär nach ihren erwarteten Wertsteigerungen in der Zukunft taxiert. Den Gegenwert gegen zukünftigen, erwarteten Wertzuwachs der Unternehmen können klassische Venture-Capital-Gesellschaften am ehesten durch ein Going Public realisieren.“ (Lessat et al. 1999, S. 135)
[376] Vgl. Berens/ Hoffjan/ Pakulla 2000, S. 290.

mer alleiniger Empfänger des Residualeinkommens bleibt. Das Risikoanreizproblem ist hingegen rein fremdkapitalbezogen und entfällt bei vollständiger Eigenfinanzierung. Der Risikoanreiz-Konflikt löst sich wiederum nur dann auf, wenn die Kapitalgeber am Unternehmensergebnis beteiligt werden, da sie in diesem Fall proportional an den Chancen und Risiken des Unternehmens partizipieren. Eine vollständige Beteiligungsfinanzierung wäre daher optimal. Jedoch muß in Folge eines möglicherweise geringen Arbeitseinsatzes des Managements erneut ein Effizienzverlust ins Kalkül mit einbezogen werden. Die Anreizwirkungen der jeweiligen Finanzierungsmaßnahmen in ihrer Gesamtheit hängen somit augenscheinlich davon ab, welche Verhaltensprobleme zu einem bestimmten Zeitpunkt der Unternehmensentwicklung dominieren sowie davon, ob die einzelnen Verhaltensrisiken unabhängig voneinander sind, sich in ihren Wirkungen kompensieren oder gar verstärken.[377]

Aufgrund dieser Zusammenhänge und den spezifischen Eigenschaften wachstumsorientierter innovativer Unternehmensgründungen läßt sich die Theorie der Pecking Order nur begrenzt als Erklärung für das Finanzierungsverhalten TOU im Zeitablauf heranziehen.[378] Als theoretischer Hintergrund für die Erklärung des Finanzierungsverhaltens von TOU im Zeitablauf erweist sich vielmehr die informationsbasierte Theorie des „Security Designs" als plausibler: „The modern information-based theory of security design predicts that the mix among external equity and debt sources will be affected by three dimensions of informational opacity – costly state verification, adverse selection, and moral hazard."[379]

Wie im Verlaufe der Arbeit bereits ausgeführt, bestehen die Aktiva junger technologieorientierter Wachstumsunternehmen regelmäßig lediglich aus immateriellen Vermögensgegenständen. Um zu wachsen und den Firmenwert zu vergrößern, müssen all diejenigen Investitionsprojekte finanziert und durchgeführt werden, die einen positiven Net present value aufweisen. Diese Investitionsprojekte werden auch als „Wachstumsoptionen" bezeichnet und können als Hauptquelle des Firmenwertes eines jungen Wachstumsunternehmens betrachtet werden.[380] Die Tatsache, daß die Wachstumsoptionen regelmäßig nicht mit anderen Investitionsprojekten vergleichbar sind und zudem hohen Informationsasymmetrien zwischen potentiellen externen Kapitalgebern und dem Unternehmensmanagement unterliegen, führt jedoch zu erheblichen Principal Agent-Konflikten und einer daraus resultierenden großen Unsicherheit

---

377 Vgl. zu den bisherigen Ausführungen Schulz 2000, S. 93 f.

378 Empirisch wurde die Pecking Order-Theorie beispielsweise von Helwege/ Liang 1996a für junge Unternehmen verworfen.

379 Berger/ Udell 1998, S. 661. Einen sehr guten Einblick in die Denkweise der Theorie des Security designs geben Jensen/ Fama 1983.

380 Vgl. Niebuhr 1999, S. 126.

unter den Kapitalgebern. Generell wird das Auftreten von Moral Hazard-Problemen im Rahmen der Finanzierung junger Unternehmen um so wahrscheinlicher, je größer der Anteil der externen Finanzierung im Verhältnis zur „initial insider"-Finanzierung[381] ausfällt. In den Frühphasen junger, wachstumsorientierter Technologieunternehmen wird diese Finanzierungsproblematik dadurch verschärft, daß die Informationsasymmetrien besonders stark ausgeprägt sind. Die daraus hervorgehenden Risikoanreizprobleme erschweren den Abschluß von Verträgen zur Überlassung von Fremdkapital in erheblichem Maße und können ihn teilweise sogar gänzlich unmöglich machen.

Die Kumulation der Informationsprobleme zu Beginn des Lebenszyklus kann somit als eine Erklärung dafür gelten, warum Unternehmensgründungen fast ausschließlich auf eine Finanzierung durch „Insider" angewiesen sind. Das durch die Insider-Finanzierung abgegebene „Commitment" zum Unternehmen ist eine notwendige Bedingung zur Reduzierung der adversen Selektions- und Moral Hazard-Probleme und Voraussetzung für den Beginn des externen Finanzierungszyklus.

Zur Maximierung des Unternehmenswertes muß die Finanzierung im Verlaufe des Financial Growth Cycles jedoch so strukturiert werden, daß sämtliche vorhandenen Wachstumsoptionen auch im optimalen, d.h. wertmaximierenden Moment ausgeübt werden können. Hierfür ist eine höchstmögliche finanzielle Flexibilität erforderlich. Unter diesem Gesichtspunkt lassen sich für junge Wachstumsunternehmen sinkende Finanzierungskosten lediglich mit einem hohen Eigenkapitalanteil erreichen. Da die verschiedenen Wachstumsoptionen regelmäßig unterschiedliche optimale Ausübungszeitpunkte aufweisen, stiege bei einer verstärkten Fremdkapitalfinanzierung zunehmend die Wahrscheinlichkeit, daß die Optionen aufgrund von Finanzierungslücken nicht vollständig ausgeübt werden können. Der auf diese Weise entgangene Vermögenszuwachs ließe die Agency-Kosten des Fremdkapitals und damit auch die Finanzierungskosten insgesamt weiter ansteigen. Neben der Berücksichtigung einer ausreichenden finanziellen Flexibilität ist auch das Verhältnis zwischen dem Kapitalwert eines Investitionsprojekts und dem Gesamtunternehmenswert ein entscheidendes Kriterium für die Bereitschaft externer Investoren, die Investitionsprojekte eines Unternehmens zu finanzieren. Unter der Annahme, daß bei jungen und stark wachsenden innovativen Unternehmen dieses

[381] Berger/ Udell definieren als „initial insider"-Finanzierung das Kapital, welches durch die Unternehmensgründer selbst sowie durch Familie und Freunde bereitgestellt wird; vgl. Berger/ Udell 1998, S. 622.

Verhältnis stärker ausgeprägt ist als bei etablierten reifen Unternehmen, nimmt die informationsbedingte Problematik einer Eigenkapitalfinanzierung weiter ab.[382]

TOU sind von Beginn an auf die externe Bereitstellung von zusätzlichem Eigenkapital angewiesen. Die mit derartigen Kapitalmaßnahmen ansonsten regelmäßig einhergehenden negativen Signaleffekte sollten für diese Kategorie von Unternehmen im Unterschied zu großen Publikumsgesellschaften jedoch vernachlässigbar klein sein und damit auch keine negativen Auswirkungen auf die Kapitalkosten zeitigen. Mit dem Übergang von der Wachstums- in die Reifephase erweist sich jedoch eine sukzessiv steigende Unternehmensverschuldung aus „agency-theoretischer" Betrachtung als effizient. Bei abnehmenden Investitionsmöglichkeiten erhöht der nicht benötigte Eigenkapitalanteil in zunehmendem Maße den diskretionären Handlungsspielraum des Managements. Aus Sicht der Anteilseigner führt ein höherer Verschuldungsgrad daher zu einer Senkung der Kosten des Eigenkapitals. Eine weitere Konsequenz aus zunehmender Unternehmensgröße und Spezialisierung der Eigentumsfunktion im idealtypischen Wachstumszyklus junger innovativer Unternehmen ist die sukzessive Substitution von Qualitätsunsicherheiten durch Moral Hazard-Probleme und den damit einhergehenden kostenträchtigen Monitoring-Aktivitäten.[383] Insbesondere bei jungen Technologieunternehmen, die den Schritt an die Börse wagen, und sich erstmalig mit strengen Publizitätsvorschriften konfrontiert sehen, dürfte sich das Monitoring zunächst als problematisch erweisen, da die notwendigen Informations- und Anreizsysteme regelmäßig erst implementiert werden müssen. Mit wachsendem Aktionärskreis steigt die Bedeutung des Verschuldungsgrades kontinuierlich an. Existiert letztendlich kein „beherrschender" Großaktionär mehr, hat der Agent, respektive das Management, eine strenge Kontrolle von den Eigenkapitalgebern nicht mehr zu befürchten, da die Überwachungskosten für den einzelnen Kleinaktionär zu hoch sind.[384] Unternehmen mit vielen Kleinaktionären sind daher in besonderem Maße auf das Monitoring durch die Fremdkapitalgeber angewiesen.[385]

4.2 Die Bedeutung dynamischer, anreizkompatibler Kooperationsdesigns

4.2.1 Grundlegende Kooperationsansätze zur Reduzierung von Informationsunsicherheiten

Die bisherigen Ausführungen dieser Arbeit haben deutlich gemacht, daß junge innovative Wachstumsunternehmen durch klassische Finanzierungsmaßnahmen kaum Mehrwerte schaf-

382 Zur Begründung vgl. ausführlich Zimmer 1998, S. 73 f.

383 Vgl. Kramer 2000, S. 43 und Zimmer 1998, S. 69.

384 Eine potentielle Gefahr für das Management stellt dann lediglich die feindliche Übernahme des Unternehmens durch einen Großinvestor mittels Aufkauf der Aktienmehrheit von den Kleinaktionären dar.

385 Vgl. Kramer 2000, S. 42.

fen können. Da potentielle Kapitalgeber, sofern sie angesichts der aus den immensen Informations- und Verhaltensunsicherheiten resultierenden Planungs- und Ergebnisrisiken überhaupt zu einer Finanzierung bereit sind, vergleichsweise hohe Risikoaufschläge fordern werden, sind Maßnahmen zur Reduzierung von Informationsunsicherheiten hingegen äußerst wertvoll. Spezifische Kooperationsdesigns und die Expertise von Investoren können dazu beitragen, bestehende Informationslücken zu verringern und Anreizmechanismen so zu gestalten, daß alle am Finanzierungsprozeß beteiligten Akteure die langfristigen Erfolgsaussichten eines jungen innovativen Unternehmens aktiv verbessern.[386] Durch die gezielte Gestaltung von Finanzierungsverträgen lassen sich sowohl die Finanzierungsmöglichkeiten als auch die unternehmensspezifischen Kapitalkosten positiv beeinflussen und damit letztendlich die Finanzierungsbedingungen von JTU in erheblichem Maße verbessern.

Um die Auswirkungen asymmetrisch verteilter Informationen auf Finanzierungsbeziehungen abzuschwächen, müssen den beteiligten Parteien Anreize geboten werden, ihren jeweiligen Informationsvorsprung nicht zu Lasten der anderen Vertragspartei auszunutzen, sondern vielmehr im Sinne einer Interessenharmonisierung zu handeln. Die von den Marktteilnehmern im Laufe der Zeit in dieser Hinsicht entwickelten Mechanismen lassen sich dabei auf zwei grundlegende Kooperationsdesigns zurückführen: *„Vertrauen" und „Kontrolle"*.[387] Einen Überblick über die wesentlichen Kooperationsmechanismen vermittelt *Abbildung 9*:

Die im Rahmen der Finanzierung junger innovativer Unternehmen gemachten Erfahrungen zeigen, daß neben den zu fixierenden vertraglichen Kooperationsdesigns dem partnerschaftlichen Verhältnis zwischen Investor und Gründer eine große Bedeutung für das Gelingen des gemeinsamen Projekts zukommt. Im Gegensatz zur Akerlofschen „Lemon-Problematik", wo die Verhandlungsparteien autonom handeln und entscheiden, haben bei der Beteiligungsfinanzierung von TOU beide Parteien zumindest hinsichtlich des Geschäftserfolgs des betreffenden Unternehmens ein gleichgerichtetes Interesse.[388]

Auf Vertrauen basierende Kooperationsansätze lassen sich einerseits in aktive Investor Relations-Maßnahmen und andererseits in einen passiven Reputationsaufbau unterscheiden. Unter Investor Relations-Aktivitäten werden allgemein lediglich aktive und glaubwürdige Maßnahmen der Kapitalnehmerseite subsummiert, die ihr die Möglichkeit eröffnen, kontinuierlich Reputation bzw. Vertrauenskapital gegenüber den Investoren aufzubauen. Diese Begriffsauf-

386 Vgl. Deutsche Bundesbank 2000, S. 18.
387 Vgl. Jacob 1991, S. 121.
388 Vgl. Posner 1996, S. 90.

fassung ist nach Erachten des Autors jedoch zu eng gefaßt, handelt es sich doch um ein „*Kooperations*“-*D*esign. Das heißt, im Rahmen der Finanzierungsbeziehung zu jungen technologieorientierten Wachstumsunternehmen können und müssen auch die Investoren eine aktive Rolle beim Aufbau von Vertrauenskapital spielen. So hat beispielsweise die aktive Managementunterstützung von Beteiligungsunternehmen über die Verbesserung der unternehmerischen Geschäftsaussichten hinaus den positiven Zusatzeffekt, daß gegenseitiges Vertrauen aufgebaut und Informationsasymmetrien reduziert werden können.

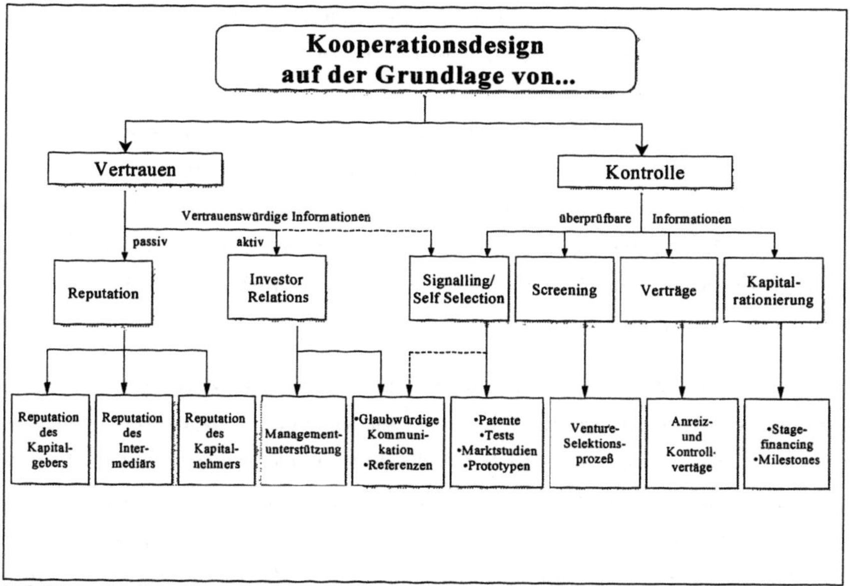

Abbildung 9: *Grundlegende Kooperationsmechanismen zur Reduzierung von Informationsunsicherheiten*
(Quelle: in Anlehnung an Schween 1996, S. 148)

Eine positive Reputation stellt für jeden Marktteilnehmer ein wertvolles immaterielles Vermögensgut dar, von dem er konkrete Vorteile erwarten kann.[389] Zum Aufbau von Reputation tragen Handlungen bei, die von den Geschäftspartnern positiv bewertet werden. Eine positive Reputation erwirbt ein Unternehmer beispielsweise dadurch, daß er seine vertraglichen Verpflichtungen und abgegebenen Versprechen über einen längeren Zeitraum anstandslos erfüllt bzw. einhält.[390] Auch eine gute Investor Relations-Arbeit durch junge Unternehmen kann zum Aufbau einer positiven Reputation unter den Investoren beitragen. Die erlangte Reputation

[389] Vgl. Rasmusen 1994, S. 129 ff.
[390] Vgl. Neuberger 1998, S. 42.

wird wiederum durch Situationen unterminiert, in denen sich eine Vertragspartei übervorteilt fühlt.[391]

Kontrollmechanismen lassen sich in die bekannten Elemente Signalling, Screening, Kapitalrationierung sowie gegenseitige Verträge unterteilen. TOU verfügen typischerweise über keine Realsicherheiten. Wachstumspotentiale wiederum können nicht als Sicherheiten für Kapitalgeber verwendet werden. Auch die Rechnungslegung ist weniger aussagekräftig als bei älteren und bereits börsennotierten Unternehmen. TOU müssen daher anstreben, Kapitalgebern durch geeignete Signale die Güte des Unternehmens zu verifizieren, um damit die hohe Qualitätsunsicherheit sowie die Hold-up-Probleme zu reduzieren. In diesem Zusammenhang besteht jedoch die Schwierigkeit, daß sich alle Unternehmen, die eine externe Finanzierung einwerben wollen, möglichst vorteilhaft präsentieren und den Investoren einen hohen Cash-flow-Überschuß in Aussicht stellen. Die Glaubwürdigkeit der übermittelten Informationen ist daher allein für den Fall gewährleistet, daß Fehlinformationen zu Kosten führen, welche die Vorteile einer wahrheitswidrigen Information überwiegen. Nur in diesem Fall repräsentiert das Signalling eine wichtige Möglichkeit, der asymmetrischen Informationsverteilung ex ante entgegenzuwirken.

Eine professionelle Kommunikationsstrategie ist hierfür eine Grundvoraussetzung. Das Unternehmen hat den überwiegenden Teil der Transaktionskosten zu tragen. Die Möglichkeit eines kostenlosen Signallings bietet sich jedoch, wenn die Informationen im eigenen Unternehmen verwendet werden können. Dies ist z.B. der Fall, wenn ein internes Finanz- und Rechnungswesen bzw. eine effizientere Planungs- und Kontrollrechnung eingeführt wird. Bei JTU können insbesondere auch Maßnahmen der Gesellschafter, wie Einlagen, Forderungsverzichte oder Rangrücktritte sowie Wechsel in der Unternehmensleitung glaubwürdigen Signalling-Charakter besitzen. Im Falle von Fehlinformationen sind derartige Maßnahmen teilweise mit hohen Kosten für die Gesellschafter verbunden. Auch die Einschaltung qualifizierter Berater und das Engagement von Business Angels bzw. von VC-Gesellschaften können positive Signalwirkungen aussenden.[392] Das Signalling eines Unternehmens bezüglich seiner Fähigkeiten und Erfolgsaussichten bildet zugleich eine Schnittstelle zwischen den Dimensionen Vertrauen und Kontrolle, da dieser Mechanismus einerseits über nachprüfbare Informationen erfolgen kann, andererseits aber auch vertrauenswürdige Informationen, wie z.B. persönliche Referenzen, Verwendung finden können. Da der Wahrheitsgehalt derartiger

[391] Vgl. zu den Ausführungen Schween 1996, S. 148 f.
[392] Vgl. Achilles 1999, S. 14.

Signale regelmäßig nur schwer überprüfbar ist, haben sie nur dann einen Wert, wenn Investoren keinen Anlaß haben, die Glaubwürdigkeit dieser Angaben anzuzweifeln.

Warten potentielle Kapitalgeber nicht auf Signale von kapitalsuchenden Unternehmen, sondern führen sie selbst aktiv herbei, spricht man von „Self Selection". In diesem Fall legen die weniger gut informierten Kapitalgeber kapitalsuchenden Unternehmen beispielsweise ein Bündel von Finanzierungsverträgen vor, aus denen diese den für sie optimalen Vertrag auswählen sollen. Die Verträge sind dabei so gestaltet, daß aus der jeweiligen Entscheidung eines Unternehmens Rückschlüsse auf zunächst noch unbekannte Informationen gezogen werden können.[393] Als weiteres aktives Instrument zur Reduzierung von Qualitätsunsicherheiten steht Kapitalgebern das Screening der erfolgversprechendsten Unternehmen zur Verfügung. Im Mittelpunkt der Entscheidung steht in beiden Fällen das optimale Maß der Informationsbeschaffung, wobei der Wert zusätzlicher Maßnahmen den dadurch hervorgerufenen Kosten gegenüberzustellen ist. Während diese Kooperationsdesigns primär auf die Reduzierung von ex ante Informationsunsicherheiten und der Separierung eines zunächst gepoolten Marktes in verschiedene Märkte mit unterschiedlichen Qualitäten und Konditionen zielen (Sorting), sind Kontroll- und Anreizverträge sowie künstliche Kapitalrationierungen durch kurze Finanzierungsrunden auf die vertraglichen ex post Probleme Hold up und Moral Hazard ausgerichtet.[394]

Aufgrund ihrer großen Bedeutung für die Finanzierung von TOU sollen im folgenden einige ausgewählte anreizkompatible Kooperationsdesigns zur Überwindung bzw. Reduzierung von Informationsunsicherheiten ausführlicher vorgestellt werden. Es sei an dieser Stelle jedoch ausdrücklich darauf hingewiesen, daß es sich bei sämtlichen Kooperationsdesigns lediglich um „Second-best"-Lösungen handelt. Kooperationsdesigns stellen immer Abweichungen von dem Finanzierungsgleichgewicht bei symmetrischer Informationsverteilung dar, das durch individuelle Risikopräferenzen, steuerliche Rahmenbedingungen und Vertragskosten determiniert wird. In einer Modellwelt symmetrischer Informationen wären derartige Kooperationsdesigns nicht notwendig und würden von den Vertragsparteien auch nicht gewählt.[395]

4.2.2 Vertrauensbildende Maßnahmen

Den besonderen Stellenwert der Reputation für die Finanzierung junger Technologieunternehmen im Lebenszyklus läßt sich unter anderem aus den theoretischen Überlegungen Gu-

393 Vgl. Schulz 2000, S. 82 f.
394 Vgl. Schween 1996, S. 149 f.
395 Vgl. Schulz 2000, S. 76.

tenbergs zum Begriff des akquisitorischen Kapitals ableiten. Danach erklärt Gutenberg Konsumentenpräferenzen damit, daß sich Kunden bei ihren Kaufentscheidungen weitestgehend auf das aus eigener und fremder Erfahrung abgeleitete Ansehen (Reputation) des Herstellers verlassen.[396] Aus diesem Mechanismus erwachsen für beide Seiten Vorteile. So haben Hersteller mit hoher Reputation die Möglichkeit, für ihre Produkte eine Preisprämie zu erzielen, wohingegen die Konsumenten Produkte mit hoher Qualität erhalten und darüber hinaus Suchkosten vermeiden.

Überträgt man dieses Konzept auf die Finanzierungsvorgänge von TOU, bedeutet dies, daß durch den Reputationsmechanismus sowohl Transaktionskosten gesenkt als auch der adversen Selektions-Problematik und den Verhaltensrisiken nach Vertragsabschluß wirksam entgegengetreten werden kann. Die Reputation dient sowohl Kapitalnehmern als auch -gebern als Pfand für ein faires Verhalten der jeweils anderen Seite. Da die Finanzierung technologieorientierter junger Wachstumsunternehmen keine einmalige Entscheidung ist, sondern vielmehr ein regelmäßiger Finanzierungsbedarf für Anschlußinvestitionen besteht, hat dieses Kooperationsdesign somit einen dynamischen zeitabhängigen Charakter. Im Rahmen längerfristiger Finanzierungsbeziehungen „erarbeiten" sich Unternehmer und Kapitalgeber ein spezifisches Standing (Reputation), das wiederum die jeweiligen Erwartungen der Gegenseite lenkt und deren Entscheidungen stark beeinflußt. Es handelt sich dabei um ein sequentielles Spiel mit sich ändernden Rahmenbedingungen.[397] Fehlinformationen des Kapitalnehmers oder unfaire Nachverhandlungen von Seiten des Kapitalgebers führen zum Verlust der aufgebauten Reputation.

Junge Wachstumsunternehmen werden aufgrund ihrer hohen Finanzierungserfordernisse alles daransetzen, den Aufbau einer positiven Reputation bei den Kapitalgebern nicht zu gefährden. Der immaterielle Vermögenswert „Reputation" dient Kapitalgebern somit nicht nur als Qualitätssignal, sondern auch als zusätzliche Sicherheit, die bei Eintritt bestimmter Ereignisse bzw. bei einem Fehlverhalten entwertet oder gar völlig zerstört wird, und damit als Signal für ein vertragskonformes Verhalten des Kapitalnehmers.[398]

Vertrauensbildende Maßnahmen stellen somit eine der wichtigsten Möglichkeiten zur Überwindung der Informationsunvollkommenheiten auf Kapitalmärkten dar. Mit Hilfe dieses Kooperationsdesigns kann letztlich auch die Basis für eine angemessene Bewertung und bessere

[396] Vgl. Gutenberg 1979, S. 243.
[397] Vgl. Schulz 2000, S. 119 ff. Schulz verweist in einem Exkurs auch auf den in der spieltheoretischen Literatur diskutierten Fall, bei dem es zu keinem Reputationsaufbau kommen kann.
[398] Vgl. Schulz 2000, S. 120.

Finanzierung kapitalsuchender Unternehmen geschaffen werden. Wie im Verlaufe dieser Arbeit herausgearbeitet wurde, sind die Finanzierungsentscheidungen junger Unternehmen gerade dadurch gekennzeichnet, daß sie unter Unsicherheit, unvollständigen Informationen, zeitlicher Begrenzung und der Randbedingung begrenzter Fähigkeiten getroffen werden müssen. Je größer das zwischen den jeweiligen Finanzierungsparteien herrschende Vertrauen ist, desto eher wird ein potentieller Kapitalgeber bereit sein, diese kognitiven Restriktionen zu akzeptieren und eine positive Finanzierungsentscheidung fällen.

Die im Zeitverlauf erworbene Reputation stellt dementsprechend ein wertvolles immaterielles Vermögensgut dar. Für junge wachstumsorientierte Technologieunternehmen gilt es daher, bereits frühzeitig durch vertrauensbildende Maßnahmen aktiv in dieses „Asset" zu investieren und die Reputation durch ein entsprechendes Verhalten im Verlauf des weiteren Lebenszyklus zu schützen. Trotz der herausragenden Bedeutung der Beteiligungsfinanzierung ist es daher auch für TOU sehr wichtig, bereits so früh wie möglich die Möglichkeit zu prüfen, in geringem Umfang Bankkredite in Anspruch zu nehmen. Auf diese Weise wird gewährleistet, daß das Unternehmen bereits frühzeitig von einer kreditgewährenden Bank beobachtet und überwacht wird und damit eine tadellose Kreditverbindung über einen längeren Zeitraum aufbauen kann. Bei einer umfangreicheren Inanspruchnahme von Fremdkapital in späteren Phasen der Unternehmensentwicklung kann das Unternehmen dann infolge der langfristig bestehenden Finanzierungsbeziehung von der besseren Risikoeinstufung durch die Bank und den daraus resultierenden geringeren Fremdkapitalkosten profitieren.[399]

Schween bemerkt somit völlig zu Recht, daß vertrauensbildende Maßnahmen eine höchst effiziente Koordinationsform für die am Finanzierungsprozeß beteiligten Parteien darstellen.[400] Wie bereits ausgeführt, ist beispielsweise ein großer Teil des Erfolgs von Unternehmensgründungen von der Motivation und dem Einsatz des Managements abhängig. Diese Motivation (und damit auch der Arbeitseinsatz) nimmt jedoch mit zunehmender Kontrolle durch die Kapitalgeber sukzessive ab.[401] Unter der Annahme der Austauschbarkeit von Kontrolle und Vertrauen besteht somit für beide Finanzierungspartner ein großer Anreiz, in Vertrauenskapital zu investieren. Dadurch reduzieren sich sowohl die Qualitätsunsicherheiten, als auch die Gefahr von Hold up-Situationen.[402]

399 Vgl. hierzu auch ausführlich Bester/ Schepens 1996.
400 Vgl. Schween 1996, S. 150 ff.
401 Vgl. Jacob 1991, S. 122.
402 Vgl. Schween 1996, S. 150 ff. Als vertrauensbildende Maßnahmen der Kapitalgeber können z.B. die Offenlegung der mit der Beteiligungsfinanzierung verbundenen Ziele, der geplanten Fristigkeit der Beteiligung sowie der bisherigen Beteiligungserfahrungen verstanden werden. Das kapitalsuchende Unternehmen erhält

Vertrauensbildende Maßnahmen allein können die Principal Agent-Probleme der Finanzierung von TOU jedoch nicht lösen. Zum einen sind diese „weichen“ Kooperationsdesigns nicht expliziter Gegenstand von Finanzierungsverträgen und berücksichtigen darüber hinaus beispielsweise weder die spezifische Art eines Investitionsprojekts noch die Form der Finanzierung. Neben „Vertrauen“ sind daher auch entsprechende Kontrollmechanismen notwendig.

4.2.3 Berücksichtigung von Optionen in ausgewählten Kontrollmechanismen

4.2.3.1 Der Wert von Handlungsoptionen für die Kapitalgeber

Im Verlauf einer Finanzierungsbeziehung existieren für den Frühphaseninvestor eine Vielzahl von Wahlmöglichkeiten zur Anpassung seiner Finanzierungsentscheidung an veränderte Umweltbedingungen. Folgende Optionen[403] lassen sich unterscheiden: Optionen zur vorzeitigen Beendigung der Vertragsbeziehung (Ausstiegsoption), Optionen, Entscheidungen über etwaige Anschlußinvestitionen auf spätere Zeitpunkte zu verschieben (Warteoptionen) sowie Optionen, das finanzielle Engagement des Investors in der Zukunft auszuweiten (Erweiterungsoption) bzw. zu reduzieren (Einschränkungsoption).[404] Da erfolgreiche Kooperationen zudem selten aufgekündigt werden, bilden Frühphasenfinanzierungen regelmäßig den Beginn einer langfristigen Geschäftsbeziehung. Die Frühphasenfinanzierung räumt dem Investor somit bereits frühzeitig die Chance ein, an der positiven Entwicklung eines jungen Unternehmens zu partizipieren. Gleichzeitig hat er jedoch keine Verpflichtung, etwaige erfolglose Kooperationen zu verlängern. Dementsprechend kann auch die gesamte Frühphasenfinanzierung technologieorientierter Unternehmensgründungen als Erwerb einer Realoption interpretiert werden, welche die Partizipation an künftigen Wachstumserfolgen eines Unternehmens ermöglicht. Durch diese Sichtweise werden Frühphasenfinanzierungsverträge deutlich aufgewertet.[405]

Die Existenz der Realoptionen muß explizit in die Bewertung von Investitionsentscheidungen in junge Unternehmen mit einbezogen werden. Anderenfalls wird der tatsächliche Marktwert von Frühphaseninvestitionen durch potentielle Kapitalgeber systematisch unterschätzt, was zu

dadurch die Möglichkeit, sich ein genaueres Bild von den Fähigkeiten des Kapitalgebers zu verschaffen, das Risiko eines „Ideendiebstahls“ sowie das Maß der zu erwartenden unternehmerischen Einflußnahme besser einschätzen zu können.

403 Eine Option verkörpert ein bedingtes Termingeschäft, welches dem Erwerber (Verkäufer) der Option das Recht (die Pflicht) gewährt (auferlegt), am Ende (europäische Option) oder während der Laufzeit der Option (amerikanische Option) den zugrunde liegenden Vermögensgegenstand (Underlying) zu den bei Vertragsabschluß vereinbarten Konditionen zu erwerben oder zu veräußern. Kaufoptionen (Calls) gewähren dabei das Recht zum Kauf, Verkaufsoptionen (Puts) hingegen das Recht zum Verkauf. Von Realoptionen spricht man, wenn diese aus der Finanzwirtschaft bekannten Optionen auf Investitionen (Calls) oder Desinvestitionen (Puts) angewandt werden; vgl. Ernst/ Thümmel 2000, S. 667.

404 Vgl. zu diesen Realoptionen ausführlich Brealey/ Myers 2000, S. 619 ff., auch Ernst/ Thümmel 2000, S. 669.

405 Vgl. hierzu Schulz 2000, S. 148 ff.

folgenschweren Fehlentscheidungen führen kann.[406] Zur Bewertung künftiger Handlungsalternativen können die bekannten Bewertungsmodelle für Finanzoptionen von Black/ Scholes bzw. Cox/ Rubinstein als Grundlage herangezogen werden.[407] Aufgrund der unvollkommenen Informationen im Rahmen der Finanzierung von TOU muß an dieser Stelle jedoch betont werden, daß die wesentlichen Erkenntnisse aus der Bewertung von Realoptionen nicht vornehmlich in der mathematisch exakten Berechnung der einzelnen Optionen zu sehen sind. Der besondere Wert des Realoptions-Ansatzes liegt vielmehr in der Bereitstellung eines neuen Kommunikations- und Denkmodells. Durch seinen integrativen und interaktiven Charakter trägt dieser Ansatz zu einer Rationalitätsfundierung von Investitionsentscheidungen bei und befähigt die Akteure, Strukturen und Wirkungszusammenhänge besser zu erkennen, Entscheidungsregeln zu formulieren und Richtungsaussagen zu treffen.[408]

Realoptionen sind für Kapitalgeber wachstumsorientierter junger innovativer Unternehmen generell sehr wertvoll. Dies ergibt sich daraus, daß eine wesentliche Determinante für den Wert einer Option die Volatilität des zugrunde liegenden Basisgutes (Underlying) darstellt. Je stärker das Underlying schwankt, desto wertvoller wird die Option. Wie im Verlaufe der Arbeit ausführlich dargestellt, ist jedoch gerade die hohe Schwankungsbreite der zukünftigen Cash-flows ein hervorstechendes Merkmal von TOU. Im Rahmen einer Unternehmensbewertung unter expliziter Einbeziehung von Realoptionen erhält diese Volatilität einen positiven strategischen Wert und erhöht somit den Wert des Unternehmens.[409] Dieses Ergebnis steht im völligen Gegensatz zu den gängigen Unternehmensbewertungsverfahren, die einen eindeutig negativen Zusammenhang zwischen der Volatilität der Cash-flows und dem Unternehmenswert postulieren. Werden in Hinblick auf nicht prognostizierbare und damit nicht antizipierbare Veränderungen der wirtschaftlichen Rahmenbedingungen die Parameter „Unsicherheit“ und „Flexibilität“ hingegen explizit in die Unternehmensbewertung einbezogen, verkörpern Handlungsspielräume quantifizierbare Wertpotentiale. Die Modifizierung der ursprünglichen Planung bei einer signifikanten Veränderung wesentlicher Parameterwerte eröffnet Möglichkeiten, Verluste zu begrenzen bzw. Gewinnpotentiale besser auszuschöpfen.[410]

---

406 Hayes/ Garvin 1982 stellten beispielsweise in einer empirischen Untersuchung fest, daß eine Unternehmensbewertung auf Basis der DCF-Methode zu einer systematischen Unterbewertung im Vergleich zu den tatsächlich erzielten Marktpreisen führt. Vgl. auch Ernst/ Thümmel 2000, S. 670.

407 Vgl. hierzu ausführlich Hull 2000 sowie die grundlegenden Aufsätze zur Optionspreistheorie von Black/ Scholes 1973; Merton 1973 und Cox/ Ross/ Rubinstein 1979.

408 Vgl. Ernst/ Thümmel 2000, S. 668. Auf die Problematik der praktischen Anwendung und Übertragung der Bewertungsmodelle für Finanzoptionen auf Realoptionen kann im Rahmen dieser Arbeit nicht ausführlich eingegangen werden. Der interessierte Leser sei diesbezüglich auf die Ausführungen und Literaturangaben in Schulz 2000, S. 154 ff. verwiesen.

409 Vgl. zu den Determinanten des Wertes von Finanzoptionen im allgemeinen Brealey/ Myers 2000, S. 596 ff. sowie von Realoptionen im speziellen Brealey/ Myers 2000, S. 619 ff.

410 „Discounted cash flow (DCF) implicitly assumes that firms hold real assets passively. It ignores the options

Entsprechend dem Realoptionsansatz entspricht der Gesamtwert eines Unternehmens somit dem Wert der realen Assets zuzüglich des Wertes der Realoptionen. Der Wert der realen Assets ergibt sich aus dem Marktwert des Unternehmens auf Basis der bisher eingeschlagenen Strategie, d.h. aus dem Barwert der zukünftigen Cash-flows, die bei gegebenem Informationsstand aufgrund der Managementplanung zu erwarten sind. Im Gegensatz dazu beinhaltet der Wert der Realoptionen die Wertpotentiale, die sich aus der Modifikation der Handlungsstrategien an nicht antizipierbare Veränderungen der wirtschaftlichen Umwelt ergeben. Aufgrund des additiven Charakters von Realoptionen sind somit Projekte mit Handlungsflexibilitäten höher zu bewerten als Projekte mit starren Handlungsschemata.[411]

Da der Wert einer Option mit zunehmender Restlaufzeit ansteigt, kann der Wert der Investition in ein junges Technologieunternehmen für die Kapitalgeber durch eine verlängerte Laufzeit der vereinbarten Handlungsspielräume zusätzlich erhöht werden. Eine weitere Determinante für den Wert einer Option bildet der Ausübungspreis. Eine Kaufoption wird grundsätzlich um so wertvoller, je geringer ihr Ausübungspreis ist. Durch eine sorgfältige und gezielte Festlegung der Konditionen für vertraglich vereinbarte exklusive Handlungsspielräume können für die Kapitalgeber junger innovativer Unternehmen somit erneut zusätzliche Werte geschaffen werden. Mit Hilfe derartiger Maßnahmen lassen sich theoretisch sowohl die ausführlich diskutierten Finanzierungsprobleme junger wachstumsorientierter Technologieunternehmen mildern, als auch die Finanzierungskosten der laufenden Periode senken und auf spätere Finanzierungsphasen verlagern.

4.2.3.2 Optionen im Rahmen von VC-Finanzierungsverträgen

Angesichts der Unsicherheiten beim Eingehen einer Venture Capital-Beteiligung finden sich in den meisten Beteiligungsverträgen Optionsrechte für den Fall des Eintritts verschiedener Szenarien. So lassen sich Venture Capital-Geber häufig Optionen zum Erwerb weiterer Unternehmensanteile oder gar zum Erwerb der Anteilsmehrheit gegen einen fest definierten Preis bzw. gegen die Umwandlung von Darlehen für den Fall einräumen, daß sich das jeder Venture Capital-Investition inhärente Risiko einer Unternehmenskrise realisiert, bzw. vorher vereinbarte Umsatz- oder Gewinnerwartungen nicht erreicht werden. Parallel hierzu können im Gesellschaftsvertrag für diese Fälle weitere Sonderrechte, wie z.B. das Recht auch bei fehlender Kapitalmehrheit das Unternehmensmanagement abzuberufen und zu ersetzen, und/ oder

found in real assets – options that sophisticated managers can act to take advantage of. You could say that DCF does not reflect the value of management." (Brealey/ Myers 2000, S. 622)

411 Vgl. Ernst/ Thümmel 2000, S. 670.

sogenannte „Earn-out"-Regelungen, d.h. Bewertungskorrekturen, vereinbart werden.[412] In Analogie zum Vorkaufsrecht findet sich in Venture Capital-Verträgen zudem regelmäßig die Option, daß VC-Geber ihre Unternehmensanteile zuerst zu den gleichen Konditionen wie die Unternehmer an etwaige Interessenten verkaufen dürfen. Mit dieser vertraglichen Regelung soll der Situation vorgebeugt werden, daß Unternehmer versuchen, materielle Vorteile aus ihrem Informationsvorsprung über unternehmensinterne Entwicklungen zu Lasten der externen Kapitalgeber zu ziehen.

Die Einräumung solcher Optionsrechte ist für Unternehmensgründer häufig der „dealbreaker" für den Einstieg einer Venture Capital-Gesellschaft. Bei Eintritt der Optionsbedingungen wird ihnen regelmäßig die unternehmerische Unabhängigkeit, respektive ihr „Lebenswerk", zu einem großen Teil entrissen. Die beschriebene Anreizgestaltung von Finanzierungsverträgen kann jedoch auch zur Folge haben, daß kostenintensive, für die langfristige Entwicklung des Unternehmens jedoch entscheidende Investitionsvorhaben zugunsten der Einhaltung von Planzahlen verworfen werden.[413] Des weiteren können derartige vertragliche Kontrollmechanismen auch negative Motivationseffekte auf die Unternehmensgründer haben, ist doch ein wichtiger Beweggrund für die Selbständigkeit oftmals gerade der Aspekt der Unabhängigkeit. Zur Reduzierung der negativen Motivationseffekte sollten die Kontrollmechanismen daher so weit wie möglich mit Anreizverträgen angereichert werden. Durch diese Anreizverträge kann sowohl ex ante eine Selbstselektion herbeigeführt werden, als auch eine weitgehende Zielkongruenz zwischen Prinzipal und Agent nach Vertragsabschluß hergestellt werden. Der Agent wird aus eigenem Antrieb dazu gebracht, im Sinne des Prinzipals zu handeln.

4.2.3.3 Aktienoptionspläne

VC-Gesellschaften achten dementsprechend darauf, daß die von ihnen betreuten Unternehmen mehrheitlich in der Hand der Gründungsunternehmer verbleiben. Gemeinsames Ziel von Unternehmer und Beteiligungskapitalgebern sollte zudem eine zukünftige Desinvestition über die Börse sein, da in diesem Fall uneingeschränkte Einigkeit über das gemeinsame Ziel der Marktwertmaximierung des Unternehmens herrscht. Diese Zielsetzung senkt sowohl die zukünftigen Kapitalkosten des Unternehmens und erhöht zugleich die Rendite des Investors.[414] Darüber hinaus ist das Beteiligungsengagement von US-Venture Capital-Gesellschaften an jungen Firmen regelmäßig mit der Einführung von Mitarbeiterbeteiligungsmodellen (Aktien-

412 Zu „Earn-out"-Regelungen vgl. auch Ernst/ Thümmel 2000, S. 671.
413 Vgl. Pfeifer 1999, S. 1670 f.
414 Vgl. Posner 1996, S. 96 f.; Schween 1996, S. 157 f.

optionsplänen) verbunden. Aktienoptionen berechtigen den Inhaber zum Bezug einer bestimmten Anzahl von Aktien des Unternehmens zu einem bestimmten Kurs (Basispreis) innerhalb eines limitierten Zeitfensters („holding period").[415] Zusätzlich wird regelmäßig eine sogenannte „vesting period" vereinbart, welche die Möglichkeit der Optionsausübung in Abhängigkeit von einem bestehenden Beschäftigungsverhältnis über mehrere Jahre streckt. Den Mitarbeitern wird dadurch der Ausstieg aus dem Unternehmen schwerer gemacht, da sie unter Umständen auf erhebliche Einkünfte aus ihren Optionspaketen verzichten müssen. Dadurch, daß monetäre Anreize geschaffen werden, sich voll für die Belange „ihres" Unternehmens einzusetzen, dient die Einführung eines Aktienoptionsprogramms als Motivationsinstrument zur Reduzierung von Agency Kosten. Für ein zielkonformes Design des Optionsprogramms ist es jedoch essentiell, daß die Kausalkette Erhöhung des Anstrengungsniveaus, Steigerung des Unternehmenswertes und Zunahme der Vergütung strikt eingehalten wird. Der Ausübungspreis sollte an eine Referenzgröße gekoppelt werden und eine Unternehmenswertentwicklung voraussetzen, welche die Referenzgröße übertrifft. Als Referenz bietet sich beispielsweise die Wertentwicklung eines dem Unternehmensgegenstand vergleichbaren Branchenindex während der Laufzeit der Option an.[416]

Da die überwiegende Mehrheit junger Unternehmen sich nicht in der Lage sieht, konkurrenzfähige Gehälter für Spitzenmanager zu zahlen, stellen Mitarbeiterbeteiligungsmodelle auf der Basis von Optionen gleichzeitig ein zentrales Instrument zur Rekrutierung und dauerhaften Bindung von Topmanagern dar. „Die Knowledge Economy ist eine People Economy. Nur wer hervorragende Leute anzieht und bindet, wird ein hervorragendes Business aufbauen."[417] Optionsprogramme sind für junge wachstumsorientierte Unternehmen das ideale Instrument, um ambitionierte Führungs- und Forschungskräfte von etablierten Unternehmen abzuwerben.[418] Sind Optionen hingegen aufgrund einer ungünstigen Aktienkursentwicklung vor Ende der Ausübungsfrist weit aus dem Geld und damit wertlos, stehen die Entscheidungsträger vor einem schwierigen Problem, riskieren sie doch, daß wichtige Manager und Mitarbeiter zu anderen Unternehmen wechseln, von denen sie „werthaltige" Optionen und/ oder ein höheres Grundgehalt angeboten bekommen. Um wichtige Fachkräfte auch in Zukunft an das Unter-

---

415 Vgl. o.V. 2001, S. 16. Hierbei lassen sich echte und fiktive Kaufoptionen unterscheiden. Im Fall von fiktiven Kaufoptionen wird der oben dargestellte Vorgang lediglich virtuell nachgebildet. Die Mitarbeiter erhalten lediglich das Recht, sich zum Ausübungszeitpunkt der Optionen die Differenz zwischen Ausübungspreis und aktuellem Unternehmenswert auszahlen zu lassen. Virtuelle Optionen stellen insbesondere für nichtbörsennotierte Unternehmen ein interessantes Motivationsinstrument dar; vgl. Körnert 1999, S. 234 f.

416 Vgl. Körnert 1999, S. 246 ff., auch Strascheg 2001, S. 14 sowie für eine beispielhafte Erklärung der Funktionsweise eines Mitarbeiterbeteiligungsmodells Werner 1999, S. 56 f.

417 O.V. 2001, S. 16.

418 „Auch in den Pre-IPO-Phasen, in denen das Management, um den Anforderungen eines börsennotierten Unternehmens gewachsen zu sein, regelmäßig ergänzt wird, gelingt es, gute Manager mit Stock Options an-

nehmen zu binden, könnte es daher erforderlich werden, entweder ihr Fixgehalt zu erhöhen und/ oder ein „repricing" der Optionen vorzunehmen. Das „repricing" geschieht dabei regelmäßig durch Einziehung der bestehenden Optionen und Ausgabe neuer Optionen mit niedrigerem Bezugspreis. Aus Shareholder Value-Sicht wirft eine derartige Vorgehensweise jedoch die Frage auf, worin der Anreiz- und Motivationscharakter dieses Instruments bestehen soll, wenn bei einer schlechten Unternehmensentwicklung einfach die „Spielregeln" geändert werden.

Trotz dieses nach Erachten des Autors sehr schwerwiegenden Einwands gegen ein „repricing" von Aktienoptionen ist das Vorgehen auch in den USA sehr weit verbreitet. Die Aktionäre haben hier jedoch das Recht, das betreffende Unternehmen auf Verschwendung von Firmenvermögen zu verklagen. Die Entscheidungsträger müssen somit genau begründen, warum sie sich zu einem „repricing" der Optionen veranlaßt sehen. Um den Aktionären glaubhaft zu machen, daß es sich bei dem „repricing" wirklich um einen Value-added für das Unternehmen handelt und um den Leistungsanreizcharakter der Optionen nicht völlig zu negieren, sollte das Tauschverhältnis der neuen zu den alten Optionen grundsätzlich nicht 1:1 betragen, sondern ungünstiger für den Inhaber ausfallen. Sofern die Aktien nicht extrem weit vom vereinbarten Referenzwert entfernt sind, besteht zudem die Möglichkeit, die Laufzeit der Optionen zu verlängern.[419]

4.2.3.4 Wandel- und Optionsanleihen

Going Public-Optionsanleihen sowie klassische Wandelanleihen verkörpern anreizkompatible Finanzierungsdesigns, die Kapitalgebern Zugang zu den Wachstumsoptionen des Unternehmens eröffnen. Sie haben im Rahmen von US-Venture Capital-Finanzierungen eine weite Verbreitung gefunden. Bei der Going Public-Optionsanleihe handelt es sich um ein festverzinsliches Wertpapier, welches das Optionsrecht auf Aktien des Unternehmens beinhaltet, falls dieses erstmalig Aktien emittiert.[420] Bei einem ausbleibenden Börsengang sehen die Anleihebedingungen regelmäßig vor, daß bei Tilgung der Anleihe ein entsprechendes Agio zu entrichten ist, so daß nachträglich eine marktkonforme Rendite erzielt wird. Für JTU hat diese Finanzierungskonstruktion den Vorteil, daß die unmittelbare Liquiditätsbelastung durch die Fremdfinanzierung erheblich gesenkt bzw., sofern keine Aktienemission stattfindet, an das Ende der Laufzeit der Anleihe verschoben wird.[421] Klassische Wandelanleihen wiederum

zulocken." (Straschеg 2001, S. 14)

419 Vgl. ausführlich o.V. 2001, S. 16.

420 Vgl. Betsch/ Groh/ Lohmann 1998, S. 221.

421 Vgl. auch oben Abschnitt 3.6.2 sowie zu diesem Absatz Aerni 1999, S. 120 ff; Betsch/ Groh/ Lohmann 1998, S. 221.

können erst dann begeben werden, wenn die Aktien eines JTU bereits an einer Börse gelistet sind. Sie räumen dem Investor die Option ein, seine fixe Forderung gegenüber dem Unternehmen (Fremdkapital) innerhalb einer bestimmten Frist (Wandelfrist) bzw. zu einem bestimmten Zeitpunkt zu einem bestimmten Preis (Wandelpreis) in Aktien (Eigenkapital) des Unternehmens umzuwandeln. Übt der Inhaber der Wandelanleihe dieses Recht aus, erhält er den vereinbarten Gegenwert am Eigenkapital des Unternehmens; die Anleihe geht unter. Bei der Wandelanleihe handelt es sich somit prinzipiell um zwei getrennte Finanzierungstitel: einen Standardkreditvertrag und einen Optionsschein.[422]

Sofern die Wandelrechte optimal bestimmt werden, kann durch dieses Finanzierungsinstrument die Agency Problematik im Rahmen der Finanzierung junger innovativer Wachstumsunternehmen vollständig entschärft werden.[423] Der externe Investor erhält eine bestimmte Mindestrendite, namentlich die Effektivverzinsung, und verfügt zudem durch Ausübung der Wandeloption über die Möglichkeit, seinen festen Rückzahlungsanspruch in eine Unternehmensbeteiligung umzuwandeln. Der Unternehmer nimmt hingegen die Position des Stillhalters einer Kaufoption ein. Durch diese Konstruktion wird ein entscheidender Hinderungsgrund für die Vergabe von Fremdkapital an risikoreiche junge Unternehmen beseitigt, da der Anreiz für einen Unternehmer, außergewöhnlich riskanten Geschäften nachzugehen (Risikoanreizproblem bzw. „Spiel mit den Fremdkapitalgebern"), entscheidend abnimmt. Ändert der Unternehmer sein Verhalten zugunsten einer risikofreudigeren Investitionspolitik, fallen die Gewinne aus dieser Risikozunahme nämlich zumindest teilweise auch den Inhabern der Wandelanleihen zu. Zudem geht die Erhöhung des unternehmerischen Risikos mit einer Erhöhung der Volatilität der Aktien des Unternehmens einher. Hierdurch steigt auch der Wert der Ausübungsoption der Wandelanleihe an. Der Wandelanleiheninhaber wird dadurch im Gegensatz zu anderen Unternehmensgläubigern bis zu einem gewissen Grad für den Wertverlust seiner Anleihen kompensiert.[424]

Das Finanzierungsinstrument Wandelanleihe weist gegenüber der reinen Eigen- bzw. Fremdfinanzierung den Effizienzvorteil auf, qualitativ hochwertige Unternehmen herauszufiltern

422 Vgl. Niebuhr 1999, S. 119. Im Gegensatz dazu bestehen Optionsanleihen aus zwei separaten Bestandteilen (Anleihe und Option zum Bezug von Aktien). Die Anleihe geht bei Ausübung des Optionsrechts jedoch nicht unter; vgl. Steiner/ Bruns 2000, S. 134. Zur Problematik der Bewertung von Wandelanleihen vgl. den Überblick in Niebuhr 1999, S. 121 ff.

423 Vgl. z.B. Green 1984, Gompers 1994; Kürsten 1994, S. 112; Brealey/ Myers 2000, S. 659. Eine anschauliche Beispielrechnung findet sich in Schulz 2000, S. 111 ff.

424 Vgl. Niebuhr 1999, S. 124 f.

und gleichzeitig effiziente Leistungsanreize zu setzen. Folgende Selektions- und Motivationseffekte lassen sich unterscheiden:[425]

- Der fixe Rückzahlungsbetrag pro eingesetzter Kapitaleinheit ist aufgrund der eingeräumten Wandeloption geringer als bei reiner Fremdfinanzierung. Aus Unternehmersicht vergrößert sich dadurch das Spektrum einer leistungsabhängigen Entlohnung. Zudem sinkt c.p. der Anreiz für ein risikoreiches Verhalten des Unternehmers.

- Im Fall einer normalen Entwicklung des Investitionsprojekts ist der Unternehmer weiterhin alleiniger Bezieher des Residualeinkommens. Qualitativ gute Unternehmer profitieren dementsprechend in vollem Umfang von ihrem Investitionsprojekt und haben somit einen hohen Anreiz, sich voll zu engagieren. Die Betonung der leistungsabhängigen Entlohnung führt zum Abbau von Verhaltensrisiken (Arbeitseinsatz, versteckter Konsum). Diese verhaltensdisziplinierende Wirkung erfolgt ohne umfangreiche Mitsprache- und Überwachungstätigkeiten.

- Übersteigt der Cash-flow ein bestimmtes Ergebnis, kommt es zur Gewinnteilung mit den Inhabern der Wandelanleihe. Der Grenzertrag ist somit bei hohen Projekterträgen geringer als bei reiner Fremdfinanzierung. Dadurch sinkt jedoch auch der Anreiz qualitativ schlechter (unprofitabler) Unternehmer, trotz hoher Projektrisiken in den Markt einzutreten.

- Durch eine im Vergleich zur reinen Fremdfinanzierung geringere Beteiligung am Residualgewinn nimmt für die Unternehmer der Anreiz ab, zu riskanteren Projekten überzugehen (Risikoanreizproblem). Da sie nicht mehr alleiniger Empfänger des Grenzertrags sind, profitieren sie in geringerem Maße von hohen Ertragsschwankungen.

- Durch das Wandelrecht wird im Vergleich zur Beteiligungsfinanzierung die Notwendigkeit einer Erfolgsermittlung bzw. Unternehmensbewertung auf die Extrembereiche mit sehr hohen bzw. sehr geringen Projekterträgen reduziert. Die Vertragsbeziehung erfordert ansonsten keine Bewertung oder zusätzliche Betreuung, und der Unternehmer hat keinen Anreiz zu einer fehlerhaften Ergebnisübermittlung. Die Monitoring- und Kontrollkosten sind dementsprechend gering.

Für junge Wachstumsunternehmen ist die Finanzierungskonstruktion der Wandelanleihe auch aus einem anderen Grund sehr interessant. Ziel eines jungen Unternehmens muß es sein, im

[425] Vgl. hierzu Schulz 2000, S. 108 ff. und 168 f. sowie Gompers 1994.

Zuge der Kapitalbeschaffung sowohl die Informationsasymmetrien so weit wie möglich zu reduzieren, als auch die zur Ausübung der Wachstumsoptionen erforderliche Flexibilität zu wahren. Aufgrund der hohen Informationsasymmetrien sowie der überaus schwierigen Bewertung der Wachstumsoptionen ist es für außenstehende Kapitalgeber jedoch überaus schwierig, das Investitionsrisiko genau zu spezifizieren. Potentielle Investoren werden daher einen Risikoabschlag bei der Bewertung der Finanzierungstitel junger technologieorientierter Wachstumsunternehmen einfordern, der wiederum einen Anstieg der unternehmerischen Kapitalkosten nach sich zieht.[426] Schätzt der Kapitalmarkt nun aufgrund der bestehenden Informationsasymmetrien das Risiko eines jungen Technologieunternehmens höher ein als die Unternehmensleitung, wird es dem Unternehmen unmöglich, Anleihen oder Aktien zu dem Preis zu begeben, welcher der tatsächlichen Risikoperzeption des Unternehmensmanagements entspricht. Wandelanleihen stellen in dieser Situation ein hervorragendes Instrument zur Minimierung der unternehmerischen Kapitalkosten dar. So werden die Investoren zwar den Wert der Anleihe unterbewerten und daher einen höheren Zinssatz als die wahren Kapitalkosten fordern. Hingegen werden sie den Wert der Option überbewerten, wodurch die Kapitalkosten für das Unternehmen zumindest teilweise wieder reduziert werden. Wandelanleihen sind damit auch geeignet, die Auswirkungen unterschiedlicher Unternehmenseinschätzungen aufgrund von Informationsasymmetrien auf die Finanzierung zu reduzieren.[427]

Die Wandelanleihe repräsentiert somit ein effizientes Instrument zur Finanzierung von JTU, das weitreichende positive Anreizwirkungen zeitigt. Die Verhaltensrisiken der Unternehmensleitung werden minimiert und die Motivation zur Maximierung des Unternehmenswertes deutlich gesteigert.[428]

4.2.3.5 Stage-financing

Zu den gängigsten Kontrollmechanismen in der Praxis gehört ferner die Strategie von Venture Capital-Gebern, ihren Beteiligungen Kapital lediglich stufenweise verteilt über die gesamte Beteiligungsdauer zur Verfügung zu stellen und dadurch künstlich eine mehrperiodige Vertragsbeziehung zu schaffen. Im Rahmen dieses sogenannten „Stage-financing" wird der Ent-

---

426 Vgl. Niebuhr 1999, S. 131.

427 Vgl. Aerni 1999, S. 232 f. Essig bestätigt diese theoretischen Überlegungen in einer empirischen Untersuchung. Demgemäß ist der Einsatz von Wandelanleihen positiv mit solchen Unternehmenskennzahlen korreliert, die auf ein starkes Wachstumspotential bei gleichzeitig hohem Konkursrisiko und überdurchschnittlich hohen asymmetrisch verteilten Informationen hindeuten. Essigs Untersuchungen wiesen signifikant positive Testergebnisse für folgende Variablen auf: die Cash-flow-Volatilität, das aus dem Verhältnis von Markt- zu Buchwerten abgeleitete Wachstumspotential, der Anteil intangibler Investitionen, der F&E-Aufwand sowie der durch eine geringe Eigenkapitalquote implizierte Eigenkapitalbedarf; vgl. ausführlich Essig 1992.

428 Vgl. Berlin 1998, S. 21.

wicklungsprozeß des Beteiligungsunternehmens in einzelne, individuelle Finanzierungsrunden zerlegt. Das Unternehmen erhält dabei jeweils nur den Kapitalbetrag, der für die Verwirklichung der angestrebten Zwischenziele bis zum Ende einer spezifischen Finanzierungsrunde dringend erforderlich ist.[429] Nach Ablauf einer Finanzierungsrunde werden die Konditionen für eine Fortführung der Finanzierungsbeziehung zwischen den Vertragsparteien neu verhandelt. Als Kriterien dienen dabei regelmäßig vorab vereinbarte „Meilensteine", welche die angestrebten Zwischenziele der Unternehmensentwicklung fixieren.[430] Der Investor erhält das Recht, eine weitere Finanzierungsrunde abzulehnen, sofern diese Meilensteine nicht erreicht werden. Alternativ hierzu kann auch vereinbart werden, daß ihm für die erneute Kapitalbereitstellung nunmehr eine höhere Unternehmensbeteiligung eingeräumt wird („earn out"-Effekt). Die optimale Anzahl der Finanzierungsrunden und damit die optimale Vertragslaufzeit ergibt sich aus der Minimierung der gesamten Finanzierungskosten. Dabei kommt es zu einem Trade-off zwischen den Kapitalkosten kurz- und langfristiger Finanzierungsbeziehungen. Während mit abnehmender Finanzierungsdauer die direkten Vertragskosten bei gleichzeitiger Abnahme der Agency-Kosten ansteigen, sind die unmittelbaren Vertragskosten einer Langfristfinanzierung minimal, die Agency-Kosten hingegen maximal.[431]

Den Kapitalgebern eröffnet das Stage-financing als Kooperationsdesign sowohl eine zusätzliche Kontrollmöglichkeit zur Überwachung des Unternehmers, als auch die Möglichkeit zum Aufbau von Kapitalsicherheiten. Zudem verfügen sie durch dieses Finanzierungsdesign über die Option eines vorzeitigen Projektausstiegs, sofern sich das Investitionsvorhaben nicht in der erwarteten Art und Weise entwickelt, und sich die Ertragserwartungen deutlich verschlechtern. Diese Ausstiegsoption verhindert, daß die Kapitalgeber in einem unprofitablen Projekt eingeschlossen werden und senkt auf diese Weise die maximale Verlusthöhe. Die jeweilige Höhe des Ausfallrisikos wird dabei unmittelbar durch die Höhe und den Spezifitätsgrad der bereits getätigten Investitionen determiniert. Wie im Verlauf dieser Arbeit bereits erörtert, sind TOU gerade in den frühen Phasen ihres Lebenszyklus durch eine extrem hohe Bindung des Unternehmenserfolges an die Gründerperson charakterisiert. Kommt es in diesen Phasen zum Ausfall des Unternehmers, ist regelmäßig der überwiegende Teil des bisher investierten Kapitals verloren. Aus der Sicht externer Kapitalgeber stellt eine Finanzierung in diesen Phasen des Lebenszyklus somit eine extrem spezifische Investition dar.[432]

---

[429] Vgl. Schween 1996, S. 159.
[430] Vgl. Berlin 1998, S. 20.
[431] Für einen Überblick über die Diskussion der optimalen Finanzierungsdauer in der Literatur vgl. Schulz 2000, S. 142 ff. sowie S. 199 ff.
[432] Vgl. oben Abschnitt 3.6 dieser Arbeit.

Potentielle Kapitalgeber können ihr Ausfallrisiko jedoch durch das Staging verringern, da die Kapitalzuführung nicht einmalig in voller Höhe, sondern vielmehr auf einzelne Stufen verteilt vorgenommen wird. Durch die zeitliche Streckung der Gesamtinvestition in verschiedene aufeinanderfolgende Einzelinvestitionen können zwischenzeitlich im Unternehmen Realsicherheiten aufgebaut werden, die zur Absicherung der nachfolgenden Einzelinvestitionen genutzt werden können und den Liquidationserlös für den Fall einer Vertragsauflösung erhöhen. Da zudem der Spezifitätsgrad der Investitionen eines jungen innovativen Unternehmens im Laufe der Zeit abnimmt, verbessert sich auch die Verhandlungsposition der Kapitalgeber gegenüber den Kapitalnehmern bei Nachverhandlungen. Die Ausstiegsoption gewinnt damit zusätzlich an Wert. Aus Sicht der Kapitalgeber verkörpert sie einen realen Wert, der die Vorteilhaftigkeit eines finanziellen Frühphasenengagements erhöht und damit auch die von jungen innovativen Unternehmen geforderten Kapitalkosten senkt. Darüber hinaus kann aufgrund der geschilderten Zusammenhänge auch der Schluß gezogen werden, daß mit zunehmender Implementierungsdauer eines Investitionsprojekts die Chancen für eine externe Finanzierung deutlich anwachsen.[433]

Der durch das Stage-financing im Beteiligungsunternehmen erzeugte künstliche Zustand permanenter Kapitalknappheit hat zudem eine Reihe unterschiedlicher Anreizwirkungen auf das Management des Beteiligungsunternehmens zur Folge. So kommt es bereits vor Vertragsbeginn zu einer Self Selection, da einige kapitalsuchende Unternehmen nicht bereit sein werden, auf dieses Finanzierungsdesign einzugehen. Dieser positive Auswahlmechanismus läßt sich durch die Synchronisierung des Zuflusses relevanter Projektinformationen mit den einzelnen Finanzierungsrunden (z.B. durch die Vereinbarung von Meilensteinen) noch verstärken. Die Wahrscheinlichkeit für schlechte Qualitäten, entdeckt zu werden, steigt in diesem Falle deutlich an. Durch die wiederholte Anpassung der Finanzierungskonditionen im Falle des Zustandekommens eines Finanzierungsvertrages werden auch die Leistungsanreize des Unternehmensmanagements deutlich gestärkt. Verweigern die Investoren nämlich eine Anschlußfinanzierung, werden andere potentielle Kapitalgeber dies als negatives Signal interpretieren. Das Stage-financing räumt den Kapitalgebern somit ein erhebliches Drohpotential ein. Dadurch erhöht sich der Erfolgsdruck des Unternehmers und der Zwang zur effizienten Verwendung des zur Verfügung gestellten Kapitals.

Da jede Handlung der beteiligten Finanzierungsparteien wiederum direkte Auswirkungen auf die Verhandlungen der nächsten Finanzierungsrunde hat, ermöglicht das Stage-financing-

[433] Vgl. Schulz 2000, S. 141 ff. sowie 198 ff.

Konzept im Verlauf der Geschäftsbeziehung neben den unmittelbaren Anreizeffekten auch Lerneffekte zwischen JTU und Kapitalgebern.[434] Zwischen den phasenübergreifenden dynamischen Kooperationsdesigns „Stage-financing" und „Reputation" existiert somit ein direkter Zusammenhang. Viele der angesprochenen Informationsprobleme können durch diese Kooperationsdesigns gelöst oder zumindest reduziert werden. Zu Beginn jeder neuen Finanzierungsrunde stellt sich beispielsweise erneut die Frage nach dem aktuellen Wert der Beteiligung an dem jungen Technologieunternehmen. Die damit einhergehende Möglichkeit für Bewertungskorrekturen hat eine deutliche Reduzierung der für die Finanzierung junger innovativer Wachstumsunternehmen charakteristischen adversen Selektionsproblematik zur Folge. So müssen potentielle Kapitalgeber bei der Prüfung eines potentiellen Engagements bei JTU auf viele Informationen verzichten, da die Kosten für die Erlangung vollständiger Informationen prohibitiv hoch wären. Für dieses „Handicap" verlangen die Investoren von ihren Beteiligungen jedoch eine zusätzliche Risikoprämie, die über eine Anpassung der Diskontierungszinssätze abgegolten wird. Dies hat für die jungen Unternehmen wiederum deutlich erhöhte Kapitalkosten zur Folge. Die Gefahr der adversen Selektion steigt damit stark an. Mit Hilfe des Kooperationsdesigns „Stage-financing" kann diese Gefahr jedoch deutlich reduziert werden, da eine ex post festgestellte anfängliche Unterbewertung in den nachfolgenden Finanzierungsrunden durch Bewertungsanpassungen wieder korrigiert werden kann.[435]

4.3 Ungewollte Diffusion wettbewerbsrelevanter Informationen

Ein weiteres schwerwiegendes Problem der Finanzierung technologieorientierter Unternehmensgründungen bildet die ungewollte Diffusion wettbewerbsrelevanter Informationen. Diese Problematik wurde von der finanzierungstheoretischen Literatur bisher sehr stark vernachlässigt. Bevor sich externe Kapitalgeber bereit erklären, die Umsetzung einer innovativen Geschäftsidee zu finanzieren, müssen sie zunächst von den Ertragsaussichten überzeugt werden. Ihr Informationsbedürfnis stellt jedoch den Innovator und Unternehmensgründer vor erhebliche Probleme. Sein technologischer Wissensvorsprung gegenüber (potentiellen) Konkurrenten ist für die Erarbeitung und Ausnutzung von Wettbewerbsvorsprüngen und damit letztlich für den Unternehmenserfolg entscheidend und bildet die Geschäftsgrundlage jeder innovativen Neugründung. Die Weitergabe ausführlicher projektrelevanter Informationen an ein breites Publikum im Rahmen des „öffentlichen Überzeugungsprozesses" einer Finanzierung über den anonymen Kapitalmarkt würde jedoch unweigerlich auch (potentielle) Konkur-

[434] Vgl. Schween 1996, S. 160.

[435] Vgl. zu diesem Absatz Deutsche Bundesbank 2000, S. 19; Berens/ Hoffjan/ Pakulla 2000, S. 288;

renten auf den Plan rufen, welche die Innovation unentgeltlich kopieren und damit entwerten.[436] Derartige negative externe Finanzierungseffekte für die Werthaltigkeit von Innovationsprojekten und die Erfolgsaussichten junger innovativer Unternehmen implizieren, daß die Art der Finanzierung somit auch bei Außerachtlassung von Interessenkonflikten zwischen Management und Unternehmenseignern einen erheblichen Einfluß auf unternehmerische Investitionsentscheidungen hat.[437]

Unter dem dynamischen Gesichtspunkt der Förderung des technologischen Fortschritts erweist sich daher auch das Postulat der neoklassischen Finanzierungstheorie von der vollständigen Informationseffizienz des Kapitalmarktes nicht zwangsläufig als effiziente Annahme, da diese Form der Informationseffizienz mit systematischen und daher ausbeutbaren Informationsvorsprüngen einzelner Marktteilnehmer nicht vereinbar ist. Sofern alle Informationen über Investitionsprojekte und Ertragserwartungen der Unternehmen öffentlich bekannt sind, kann der Kapitalmarkt zwar eine optimale Kapitalallokation herbeiführen, gleichzeitig reduzieren sich jedoch mögliche Vorsprungseffekte und damit die Voraussetzung für unterschiedliche Ertragserwartungen zwischen den konkurrierenden Unternehmen auf ein Minimum.[438] Vorsprungsgewinne bilden im Prozeß des freien Wettbewerbs jedoch die Entlohnung des Innovators für seine Aufwendungen und Anstrengungen sowie für das mit der Innovationstätigkeit verbundene hohe unternehmerische Risiko. Aus gesamtwirtschaftlicher Sicht untergräbt ein vollkommen informationseffizienter Kapitalmarkt somit den Wettbewerb auf den Gütermärkten, da ein Anreiz zur Durchführung von Innovationen, sofern diese über den Kapitalmarkt finanziert werden müssen, nicht mehr gegeben ist: „So wünschenswert informationseffiziente Kapitalmärkte für die Allokationsfunktion sind, so bedrohlich können diese für den Wettbewerb auf den Gütermärkten sein.“[439]

Aus dynamischer Sicht läßt sich somit konstatieren, daß eine effiziente Finanzierung ein gewisses Maß an statischer Ineffizienz auf dem Kapitalmarkt vorauszusetzen scheint.[440] Der Marktdefekt der ungewollten Diffusion wettbewerbsrelevanter Informationen würde jedoch gelindert, sofern sich die gesamten unternehmensspezifischen Informationen in technologi-

---

Schween 1996, S. 159 f.

436 „Die Imitation erfolgreicher Innovationen auf den Gütermärkten durch Konkurrenten führt über eine Ausdehnung des Angebots und den dadurch zwangsläufig fallenden Marktpreis zu einem allmählichen Verschwinden des rentenähnlichen Extragewinns.“ (Krahnen 1994, S. 302 f.)

437 Vgl. zu den bisherigen Ausführungen Rudolph/ Fischer 2000, S. 53; Schulz 2000, S. 206 f.; Kupper 1999, S. 35; Gerke/ Bank 1998, S. 290; Gehrig 1997, S. 185 ff.; Schulz 1997, S. 201 ff., Stadler 1997, S. 205 ff.

438 Vgl. Krahnen 1994, S. 302 f. In Krahnens Beispielmodell führt die Informationsaufdeckung gar zum vollständigen Verschwinden des Vorsprungeffekts. Vgl. hierzu auch ausführlich das Modell von Yosha 1995.

439 Krahnen 1994, S. 302.

440 Vgl. analog zur Effizienz von Realgütermärkten Fritsch/ Wein/ Ewers 2001, S. 73 f. Von staatlichen Eingriffen in den freien Marktprozeß auf den Realgütermärkten, wie dem Patentschutz, sei hier abstrahiert.

sche und kapitalmarktrelevante Informationen separieren ließen.[441] Kapitalmarktrelevante Informationen sollen dabei als Folge des jeweiligen firmenspezifischen Vorteils verstanden werden und sind somit sowohl für die Wettbewerbssituation eines Unternehmens auf den Realgütermärkten als auch für die Bewertung am Kapitalmarkt die relevante Größe. Diese Informationen betreffen sowohl Kosten und Risiken, als auch Chancen (z.B. F&E-Aufwand, Erfolgswahrscheinlichkeit der Innovationsanstrengungen, Herstellungskosten, Kundennutzen, Marktpotentiale, mögliche Markteintrittsbarrieren für potentielle Konkurrenten etc.). Für die Financiers eines Innovationsvorhabens ist das Verhältnis der Kosten und Risiken zu den Chancen, die sich aus einer Innovation ergeben, von entscheidender Bedeutung, da sich daraus die erwarteten Investitionsrenditen ableiten.[442] Kapitalmarktrelevante Informationen können zwar aufgrund ihres Signalcharakters potentielle Konkurrenten auf den Gütermärkten anlocken, versetzen sie jedoch nicht automatisch in die Lage, Innovationen zu imitieren, geschweige denn zu identischen Kosten herzustellen. Hierfür sind vielmehr spezifische technologische Informationen erforderlich. Darunter sollen analog zu Schulz solche Informationen verstanden werden, die zu einer Effizienzsteigerung auf der Produktions- oder Absatzebene führen und den Inhaber in die Lage versetzen, ein bestimmtes Produkt selbst herzustellen und am Markt abzusetzen. Ein firmenspezifischer Vorteil wird somit in dem Moment hinfällig, in dem diese technologischen Informationen der Öffentlichkeit zugänglich gemacht werden.

Ein Kapitalmarkt, der in der Hinsicht als informationseffizient definiert wird, daß sämtliche kapitalmarktrelevanten Informationen korrekt antizipiert werden, verursacht demnach nicht den negativen externen Effekt der ungewollten Diffusion wettbewerbsrelevanter Informationen. Für Finanzierungsvorgänge auf einem derart informationseffizienten Kapitalmarkt ergeben sich allerdings erneut Glaubwürdigkeitsprobleme. Da allein der Innovator über die technologischen Informationen der zu finanzierenden Produkt- bzw. Prozeßinnovationen verfügt, herrscht zwischen ihm und den Kapitalmarktteilnehmern in dieser Hinsicht weiterhin eine asymmetrische Informationsverteilung. Potentielle Kapitalgeber werden daher auch den Wahrheitsgehalt der von ihm übermittelten kapitalmarktrelevanten Innovationsdaten anzweifeln, müssen sie doch davon ausgehen, daß er diese günstiger als der Wirklichkeit entsprechend darstellt, um seine Finanzierungskosten zu senken. Ohne die Veröffentlichung der entsprechenden technologischen Informationen werden sie dem Innovator somit erneut keinen Glauben schenken. Daraus ist zu schließen, daß von den Unternehmen veröffentlichte kapital-

441 Vgl. Schulz 2000, S. 210 zu den nachfolgenden Ausführungen.
442 Vgl. auch oben Abschnitt 3.2 dieser Arbeit.

marktrelevante Informationen allein in Verbindung mit technologischen Informationen als Qualitätssignal für Investoren geeignet sind.

Die bisher gewonnenen Erkenntnisse erfordern einen erneuten Blick auf den bereits im Abschnitt 2.7.2.3 dieser Arbeit erwähnten Aufsatz von Jensen aus dem Jahre 1986, der die moderne Finanzierungstheorie entscheidend mitgeprägt hat.[443] Jensen formuliert hier die These von der Mittelverschwendung durch das Management großer Publikumsgesellschaften auf Kosten der vielen anonymen Anteilseigner. Um den eigenen Nutzen zu maximieren, präferiert das Management bei Vorliegen einer asymmetrischen Informationsverteilung selbst dann die Einbehaltung interner Cash-flow-Überschüsse, wenn es keine Projekte mit positiven NPVs zu finanzieren gibt. Im Interesse einer effizienten Kapitalverwendung fordert Jensen von den Publikumsgesellschaften daher, die überlegenen Allokationseigenschaften des Kapitalmarktes intensiver zu nutzen, und sämtliche Cash-flow-Überschüsse an die Anteilseigner auszuschütten. Auf diese Weise müßten alle Unternehmen auf dem Kapitalmarkt um die knappe Ressource Kapital konkurrieren. Ineffiziente Investitionsstrategien würden dadurch ausgeschlossen, zumindest jedoch erheblich erschwert.

Wie oben gezeigt, kann die Kapitalallokation über den Kapitalmarkt jedoch auch negative Externalitäten für die Wettbewerbssituation auf den Realgütermärkten implizieren und damit Effizienznachteile im Vergleich zur Finanzierung über interne Cash-flows zur Folge haben.[444] Muß ein Unternehmen das notwendige Kapital für seine Investitionsprojekte jeweils fallweise auf dem Kapitalmarkt beschaffen, kann dies aufgrund der damit verbundenen Informationsoffenlegung zu einer Gefährdung innovativer Investitionsprojekte führen: „Einen Schutz vor frühzeitiger Imitation kann hier nur eine Finanzierungsform bieten, bei der die Mittelbereitstellung quasi-automatisch, auf jeden Fall ohne Nennung spezifischer Investitionsabsichten und damit ohne Informationsaufdeckung erfolgt."[445] Unter dem Gesichtspunkt der Internalisierung dieses negativen externen Finanzierungs-Effekts auf die Wettbewerbssituation an den Realgütermärkten erweist sich die Innovationsfinanzierung über interne Cash-flows der externen Kapitalmarktfinanzierung als überlegen. Zwischen den Agency-Kosten einer vollständigen Innenfinanzierung und den Kosten der negativen externen Effekte einer vollständigen Finanzierung über den Kapitalmarkt besteht offensichtlich eine „Trade-off"-Beziehung.

---

[443] Vgl. Jensen 1986.

[444] Ein weiteres Argument für die Einbehaltung von Cash-flow-Überschüssen liefern im übrigen auch Realoptionen. So eröffnet ein hoher Innenfinanzierungsspielraum beispielsweise die Möglichkeit, sich kurzfristig bietende Investitionschancen wahrzunehmen oder auch die Realisierung möglicher Investitionsprojekte hinauszuzögern.

[445] Krahnen 1998, S. 19.

Im Rahmen einer optimalen Finanzierungsstrategie sind daher die einzelnen Wirkungen gegeneinander abzuwägen. Je höher die Gefahr der Kapitalverschwendung durch das Management einer Publikumsgesellschaft einzuschätzen ist, desto eher erscheint eine Vollausschüttung der Cash-flow-Überschüsse sinnvoll. Je höher andererseits das Investitions- und Innovationspotential eines Unternehmens ausfällt, desto mehr sollte sich die verstärkte Einbehaltung der Cash-flows als effizient erweisen.[446]

Aufgrund der zahlreichen aussichtsreichen Investitionsprojekte erscheint gerade bei jungen innovativen Technologieunternehmen die Gefahr einer Mittelverschwendung durch das Management vergleichsweise gering, die Gefahr der ungewollten Wissensdiffusion durch externe Finanzierungsmaßnahmen hingegen außerordentlich hoch. Diese Kategorie von Unternehmen sollte daher zur Maximierung des Unternehmenswertes möglichst viele innovative Investitionsprojekte außerhalb des anonymen Kapitalmarktes finanzieren. Wie im Verlaufe dieser Arbeit jedoch deutlich geworden ist, verfügen gerade die eigentümergeleiteten technologieorientierten Unternehmensgründungen, bei denen die Agency-Kosten der Innenfinanzierung vernachlässigbar klein sind, nicht über die Möglichkeit, ihre innovativen Investitionsprojekte über interne Cash-flows zu finanzieren. Vielmehr sehen sie sich mit einer hohen Abhängigkeit von externen Finanzierungsmitteln und dem damit verbundenen Problem der Glaubhaftmachung der exzellenten Renditeaussichten ihrer Innovationen konfrontiert. Der Konflikt zwischen der Notwendigkeit, externe Kapitalgeber ausführlich über die Innovationsvorhaben zu informieren und dem Schutz der untrennbar mit dem Unternehmenserfolg verbundenen Geschäftsidee erscheint für junge wachstumsorientierte Technologiegründungen daher von besonderer Brisanz.[447]

Eine Möglichkeit, die ungewollte Diffusion wettbewerbsrelevanter Informationen im Rahmen von externen Finanzierungsmaßnahmen weitgehend einzuschränken, eröffnet die Kapitalbereitstellung durch einzelne bzw. einige wenige Investoren unter Umgehung des anonymen Kapitalmarktes. Fremdkapital kann beispielsweise sowohl über den anonymen Kapitalmarkt (Anleihen), als auch über Finanzintermediäre (typischerweise in Form von Bankkrediten) bereitgestellt werden. Die traditionellen „Hausbankbeziehungen"in der Bundesrepublik Deutschland stellen unter dem Aspekt der ungewollten Wissensdiffusion somit ein wertvolles Institut dar, läßt doch eine dauerhafte, enge Bindung zwischen Intermediär und Unternehmen

[446] Vgl. auch Krahnen 1994, S. 307 ff. Krahnen 1998 bemerkt zurecht, daß die explizite Modellierung der Innenfinanzierungsentscheidungen von Unternehmen unter Berücksichtigung der Existenz alternativer Finanzierungsquellen in der finanzierungstheoretischen Literatur trotz der hohen empirischen Relevanz bisher kaum eine Rolle spielt.

[447] Vgl. auch Schulz 2000, S. 206 f.

die Gefahr der ungewollten Wissensdiffusion in den Hintergrund treten.[448] Technologieorientierte Unternehmensgründungen können Bankkredite in ihren frühen Lebensphasen (wenn überhaupt) jedoch lediglich in sehr geringem Umfang in Anspruch nehmen. Um bei Innovationsvorhaben in späteren Lebensphasen verstärkt auf Bankkredite zurückgreifen zu können und damit die Diffusion wettbewerbsrelevanter Informationen einzuschränken, erscheint der möglichst frühzeitige Aufbau einer vertrauensvollen Hausbankverbindung ausgesprochen wichtig.

Die Diskussion um die Problematik der ungewollten Wissensdiffusion ermöglicht eine neue Sicht auf den Financial Growth Cycle innovativer Unternehmensgründungen, da die Wettbewerbsnachteile, die aus einer möglichen Diffusion wettbewerbsrelevanter Informationen für den Innovator entstehen, als inhärenter Bestandteil der spezifischen Kapitalkosten einer Finanzierungsmaßnahme begriffen werden müssen. Die herausragende praktische Bedeutung des informellen und formellen Beteiligungsmarktes für die Frühphasenfinanzierung junger innovativer Unternehmen läßt sich dementsprechend nicht nur mit den aus Informationsmängeln resultierenden Problemen auf Seiten potentieller Kapitalgeber und dem Value-added begründen, den Frühphaseninvestoren durch ihre Managementunterstützung regelmäßig in Beteiligungsunternehmen einbringen können. Vielmehr vermindert die gezielte Ansprache und Gewinnung einiger weniger, auf die Finanzierung innovativer junger Unternehmen spezialisierter Investoren und die damit einhergehende Konzentration von Beteiligungskapital in ausgewählten Händen die Gefahr, daß der technologische Wissensvorsprung kapitalsuchender Pioniere zu früh in die Hände von (potentiellen) Konkurrenten fällt, bevor gewährleistet ist, daß sich der Innovator erfolgreich am Absatzmarkt behaupten kann.[449] Unter Einbeziehung dieser Kapitalkostenkomponente in die strategische Entscheidung, den Innovationsfortschritt über den anonymen Aktienmarkt zu finanzieren, dürfte der Schritt an die Börse in den frühen Lebenszyklusphasen innovativer Unternehmen dementsprechend regelmäßig an den zu hohen Kapitalkosten scheitern.

---

[448] Vgl. Krahnen 1994, S. 312.

[449] Eine Indikation für die Richtigkeit dieser These liefert die Arbeit von Yosha 1995. Yosha modelliert die Problematik, daß aufgrund von Finanzierungsvorgängen wichtige Informationen in die Hände der Konkurrenz gelangen können, und kommt zum Schluß, daß: „Small- and medium-size, high-quality, entrepreneurial firms may prefer bilateral to multilateral financing arrangements, in order to avoid disclosure of private information which might leak to competitors." (Yosha 1995, S. 3)

5 Der organisierte Aktienmarkt als Finanzierungsquelle im Lebenszyklus innovativer Wachstumsunternehmen

5.1 Theoretische Überlegungen zur strategischen IPO-Entscheidung unter dem Aspekt des ungewollten Signallings

In dieser Arbeit wurde als eine wichtige Charakteristik junger wachstumsorientierter Technologieunternehmen angeführt, daß sie regelmäßig in relativ jungen, wachstumsstarken Branchen mit noch ungeordneten und nicht gefestigten Strukturen, agieren.[450] Unternehmen in sich stark verändernden Branchen verfügen über eine Vielzahl von strategischen Handlungsoptionen, deren optimale Ausübung und Werthaltigkeit jedoch nicht nur von den technologischen Risiken der eigenen Innovationsanstrengungen sondern auch von den Strategien der (potentiellen) Konkurrenzunternehmen determiniert wird. Ist man sich dieser Interaktionen bewußt, wird einmal mehr deutlich, daß mit den Finanzierungs- und Investitionsentscheidungen junger Pionierunternehmen auch negative externe Effekte für das betreffende Unternehmen verbunden sein können. „As a result, the optimal timing, pricing and success of a securities offering depends not only on the individual firm, but also on key industry and competitor characteristics."[451]

Die finanzwirtschaftliche Forschung hat bisher kein umfassendes Modell hervorbringen können, das erklärt: „...i) at what stage of a firm's lifecycle it is optimal to go public, and ii) why the volume of IPOs varies dramatically across time and across countries."[452] Angesichts der Komplexität von IPO-Entscheidungen erscheint diese Tatsache nicht überraschend. Daß jedoch in diesem Zusammenhang das Problem der ungewollten Diffusion wettbewerbsrelevanter Informationen bisher nahezu vollkommen vernachlässigt wird, erstaunt hingegen sehr.[453] Nach Kenntnis des Autors ist neben den beiden Publikationen von Campbell 1979 und Yosha 1995 das Working Paper von Maksimovic/ Pichler „Technological Innovation and Initial Public Offerings" der bisher einzige Versuch, einen Teilaspekt der ungewollten Diffusion wettbewerbsrelevanter Informationen, nämlich das ungewollte Signalling an po-

---

450 Vgl. oben Abschnitt 3, auch Zimmermann/ Wortmann 2001, S. 158.

451 Maksimovic/ Pichler 1998, S. 1.

452 Ritter 2001, S. 21.

453 Subrahmanyam/ Titman 1999 beschäftigen sich mit positiven Informationsexternalitäten im Zusammenhang mit IPOs. Nach ihrer Theorie hängt die Anzahl der Börsengänge in einer Volkswirtschaft von den Informationsbeschaffungskosten der Investoren ab: „Generally, the advantage of public financing is high if costly information is diverse and cheap to acquire, and if investors receive valuable information without cost." (Subrahmanyam/ Titman 1999, S. 1045) Die Autoren argumentieren, daß jede Börsennotierung mit einer positiven Informationsexternalität verbunden ist, da es dadurch einfacher wird, vergleichbare nichtnotierte Unternehmen zu bewerten. Vgl. hierzu auch Benveniste/ Busaba/ Wilhelm 2001 sowie Benveniste/ Wilhelm/ Yu 2000. Bei Fischer 2000, S. 6 ff. findet sich ein sehr guter Überblick über den aktuellen Stand der finanzierungstheoretischen Modellierungsversuche der IPO-Entscheidung.

tentielle Konkurrenten, im Rahmen der erstmaligen Finanzierung über den anonymen Kapitalmarkt zu modellieren.

Gemäß Maksimovic/ Pichler können Finanzierungsentscheidungen junger innovativer Unternehmen auch als Entscheidungen über die optimale Ausübung von Realoptionen interpretiert werden.[454] Die Autoren gehen dabei von der Annahme aus, daß der Eintritt in eine neue aufstrebende Branche zunächst mit Sunk Costs für die Herstellung einer Prototyp-Fabrik, d.h. einer Testproduktion mit geringem Produktionsvolumen, verbunden ist, die keine positiven Erträge abwirft. Maksimovic/ Pichler bezeichnen diese Investition als Erwerb einer „toehold option" und beziehen sich dabei explizit auf Myers 1977, der F&E-Investitionen als Erwerb von „growth options" charakterisiert.[455] In dem 2-Perioden-Modell von Maksimovic/ Pichler besteht die junge Branche zum Zeitpunkt 1a aus Pionieren, die bereits die zur Herstellung des neuen Produktes erforderliche Investition in die „toehold option" vorgenommen haben. Für die Produktion des homogenen Gutes kommen dabei grundsätzlich zwei mögliche Technologien in Frage, die unterschiedliche Produktionsstückkosten bedingen - eine bereits etablierte sowie eine innovative. Maksimovic/ Pichler treffen in diesem Zusammenhang die Annahme, daß sowohl die Anzahl der Pioniere, die bereits in die „toehold option" investiert haben, als auch die in den Prototypfabriken eingesetzten Technologien öffentlich bekannt sind.[456] Hingegen herrscht Unsicherheit darüber, ob diese Technologien grundsätzlich zur profitablen Herstellung des neuen Produkts geeignet und die Branche damit „viable", d.h. lebensfähig, ist.

„A firm that has built a prototype plant discovers...[im Zeitpunkt 1b (Anmerkung des Autors]...whether the industry is viable or not, and learns the costs of producing at full-scale using the technology that it has chosen."[457] Erweist sich die neue Branche als „lebensfähig", können die Unternehmen, die mit der etablierten Technologie produzieren, bereits zum darauffolgenden Zeitpunkt 1c Erweiterungsinvestitionen in die volle Produktionskapazität tätigen. Die innovative Technologie erfordert hingegen einen längeren Implementierungszeitraum. Um Erweiterungsinvestitionen vornehmen zu können, ist grundsätzlich die Zuführung von externem Eigenkapital, entweder durch ein IPO oder durch Private Equity, notwendig. Erste Produktionserlöse mit der etablierten Technologie können frühestens im Zeitpunkt 2a realisiert werden. Bis zu diesem Zeitpunkt müssen sich auch alle potentiellen neuen Markt-

[454] Die nachfolgenden Ausführungen basieren auf Maksimovic/ Pichler 1998.
[455] „We use the phrase "acquiring a toehold" for a prototype investment that allows the firm to learn if its technology is viable. Myers (1977) refers to this investment in research and prototypes as acquring a growth option." (Maksimovic/ Pichler 1998, S. 2, Fußnote Nr. 3)
[456] Vgl. Maksimovic/ Pichler 1998, S. 9.
[457] Maksimovic/ Pichler 1998, S. 8.

teilnehmer entschieden haben, ob sie den Markt betreten, und welche der beiden Technologien sie verwenden. Ein erfolgreicher Markteintritt zu einem späteren Zeitpunkt ist aufgrund der uneinholbaren Technologie- oder Marktvorsprünge der etablierten Unternehmen nicht möglich. Im Zeitpunkt 2b wird die Unsicherheit aufgelöst, welche Technologie sich als effizienter erweist und welche Produzenten sich damit am Markt behaupten können. Dies bedeutet, daß zum Zeitpunkt 2c alle profitablen Unternehmen, die bereits in die „toehold option", jedoch noch nicht in die volle Produktionskapazität, investiert haben, ihre Erweiterungsinvestitionen vornehmen werden. Die Investitionen werden grundsätzlich über IPOs finanziert, da es keinen strategischen Grund mehr für den Rückgriff auf Private Equity gibt.

Die Entwicklung einer jungen bzw. sich stark verändernden Branche mit solcher Konstellation wird von Maksimovic/ Pichler als strategisches Spiel zwischen der exogen determinierten Anzahl der Pionierunternehmen, die von Beginn an auf dem Markt agieren, einer großen Anzahl potentieller neuer Marktteilnehmer und dem Kapitalmarkt modelliert. Die beiden Autoren konzentrieren sich dabei auf die strategischen Finanzierungsentscheidungen der Pionierunternehmen E[458] im Zeitpunkt 1c, da diese Unternehmen hier eine bzw. zwei Schlüsselentscheidungen zu treffen haben. Zum einen muß entschieden werden, ob die Investition in die volle Produktionskapazität sofort finanziert werden soll, oder ob es sinnvoller erscheint, bis zur Periode 2 zu warten. Hat sich ein Unternehmen zur sofortigen Erweiterungsinvestition entschlossen, stellt sich wiederum die Frage nach dem geeigneten Finanzierungsinstrument. Aus diesen strategischen Handlungsoptionen resultieren für die Gesamtheit der Pionierunternehmen E drei reine Strategiegleichgewichtszustände:[459]

(1) **Gleichgewicht W:** Sämtliche Pionierunternehmen E warten ab und verschieben ihre Investitionspläne auf Periode 2.

(2) **Gleichgewicht I:** Zumindest zwei Unternehmen E führen ein IPO durch. Alle anderen Pionierunternehmen E verschieben die Finanzierungsentscheidung auf Periode 2.

(3) **Gleichgewicht P:** Zumindest zwei Unternehmen E finanzieren sich über Private Equity, während kein anderes Unternehmen E ein IPO vornimmt. Alle anderen Pionierunternehmen E verschieben erneut ihre Finanzierungsentscheidung auf Periode 2.

---

[458] Pionierunternehmen E wenden die etablierte Technologie an.

[459] Zur Herleitung der einzelnen Strategiegleichgewichte vgl. ausführlich Maksimovic/Pichler 1998, S. 14 ff. Es sei darauf hingewiesen, daß Spezialfälle existieren, bei denen eine frühe Finanzierung lediglich für ein einziges Unternehmen optimal ist: „These equilibria occur when the risk of loss to a superior technology is overwhelmed by single period monopoly profits, but not by singly period oligipoly profits, so that it is rational for only one pioneering firm to obtain financing early." (Maksimovic/ Pichler 1998, S. 19) Diese speziellen Gleichgewichtszustände haben jedoch keinen Einfluß auf die allgemeinen qualitativen Aussagen des Modells; vgl. Maksimovic/Pichler 1998, S. 12, Fußnote 26.

Die Entscheidung eines einzelnen Unternehmens über den Finanzierungszeitpunkt wird von dem Trade-off zwischen der Möglichkeit, frühzeitig Gewinne zu erwirtschaften, und zwei gegenläufigen Parametern gelenkt: dem Signalling-Effekt, der zu einem verstärkten Markteintritt potentieller Konkurrenten im Zeitpunkt 2a führt, und dem Risiko, daß eine effizientere Technologie die eigene Technologie obsolet werden läßt. Für die individuellen Finanzierungsentscheidungen im Zeitpunkt 1c lassen sich daher folgende Schlußfolgerungen ziehen:

i. Je höher die ex ante Wahrscheinlichkeit, daß die Branche „lebensfähig" ist, desto attraktiver wird eine frühzeitige Produkteinführung und damit die frühzeitige Finanzierung.

ii. Je höher die ex ante Wahrscheinlichkeit, daß die effizientere Technologie erfolgreich entwickelt wird, desto unattraktiver wird die frühe Finanzierung.

iii. Der Netto-Effekt der „toehold"-Kosten auf den Zeitpunkt der Finanzierung ist davon abhängig, ob die Signalling-Kosten der frühen Finanzierung oder der Einfluß des erwarteten Kapitalverlusts im Falle eines Erfolgs der Konkurrenztechnologie überwiegen.

Hat ein Pionierunternehmen die grundsätzliche Entscheidung für eine frühzeitige Finanzierung im Zeitpunkt 1c gefällt, ist das neu investierte Kapital bereits vollständig versunken, bevor bekannt wird, ob die Entwicklung der konkurrierenden innovativen Technologie erfolgreich verlaufen ist. Das bedeutet jedoch auch, daß die potentielle Gefahr, die von dieser Technologie ausgeht, für die Wahl der Finanzierungsart irrelevant ist. Diese Entscheidung wird lediglich von dem Trade-off zwischen den höheren Private Equity-Kosten einerseits und der höheren Wahrscheinlichkeit, im Rahmen eines IPOs ungewollt wertvolle Informationen an potentielle neue Marktteilnehmer zu signalisieren, andererseits gelenkt. Ein IPO gewinnt somit im Vergleich zum Private Equity an Attraktivität:

a) je höher die ex ante Wahrscheinlichkeit, daß sich eine neue Branche als „viable" erweist,

b) je geringer der relative Anteil der „toehold option" am Gesamtinvestitionsaufwand ist.

Stellt unter den skizzierten Bedingungen die „Warte"-Strategie W kein Gleichgewicht mehr dar, und hat zumindest ein Pionierunternehmen den positiven Anreiz, ein IPO der Private Equity-Finanzierung vorzuziehen, führt dies zwangsläufig zur Gleichgewichtsstrategie I. In diesem Strategiegleichgewicht steht jedes Pionierunternehmen E jedoch erneut vor einem Konflikt: „Each firm has an incentive to go public early to reap the second period profits. At the same time, no single firm can affect the release of information to potential competitors."[460] Ein solcher Zustand birgt den Anreiz zum „Herdenverhalten". Sobald ein Unternehmen den Schritt an die Börse unternimmt, werden alle anderen Pioniere folgen. Hingegen werden die Vorteile des frühen IPOs entscheidend geschmälert, je mehr Konkurrenzunternehmen gleichzeitig an die Börse gehen. Darüber hinaus besteht für diese "First Mover" das Risiko, später von einer effizienteren Technologie aus dem Markt gedrängt zu werden: „Because the profit from an IPO is decreasing in the number of firms, while the cost is constant, there is a limit on the number of firms that can profitably do early IPOs."[461] Maksimovic/ Pichler zeigen, daß das IPO eines Pionierunternehmen daher um so weniger Folge-IPOs in dieser Branche nach sich ziehen wird, je unvorteilhafter sich das Verhältnis aus den Sunk Costs bei einem späteren Marktaustritt (aufgrund der erfolgreichen Entwicklung einer superioren Konkurrenztechnologie) und den Vorteilen aus der frühen Markteinführung gestaltet. Dies bedeutet, daß ein Herdenverhalten früher IPOs in solchen Branchen erwartet werden kann, in denen eine geringe Wahrscheinlichkeit existiert, daß in Zukunft eine effizientere Technologie zum Einsatz kommen wird, die Kapitalkosten gering sind, und die Kosten des Übergangs von der F&E-Phase zur Produktionsphase relativ gering sind (hohe relative „toehold costs" am Gesamtinvestitionsaufwand und/oder eine entsprechend hohe Produktnachfrage). In Branchen, die diese Charakteristika nicht aufweisen, werden einige Unternehmen ein frühes IPO unternehmen, wohingegen andere abwarten werden, wie sich die Konkurrenztechnologie entwickelt.

Zusammengefaßt können dem Modell von Maksimovic/ Pichler somit folgende empirisch überprüfbare Prognosen entnommen werden:

- Sofern eine Branche bereits etabliert ist, hat ein frühes IPO für potentielle Konkurrenten keinen großen Informationswert und ist daher mit geringen Signalling-Kosten verbunden. Eine Verzögerung von externen Finanzierungsmaßnahmen sollte daher vor allem in Branchen anzutreffen sein, die von der Allgemeinheit als sehr risikoreich, d.h. mit wenig Chancen, sich dauerhaft am Markt zu behaupten, eingestuft werden.
- Ein entscheidendes Risiko der frühzeitigen Finanzierung stellt die Gefahr dar, von Unternehmen mit einer effizienteren Technologie aus dem Markt gedrängt zu werden. Erweist sich diese Gefahr in einer Branche als sehr hoch, sollte auch hier eine spätere externe Finanzierung zu beobachten sein.
- Eine weitere Hauptdeterminante der Entscheidung über den Zeitpunkt von Erweiterungsinvestitionen bilden die Kosten der „toehold option". Sind die „toehold"-Kosten gering, haben IPOs selbst in Branchen, die als risikoreich erachtet werden, nur geringe Auswirkungen auf das Markteintrittsverhalten. Je geringer somit die *absoluten* Markteintrittskosten einer Branche ausfallen, desto höher ist die Wahrscheinlichkeit, frühe IPOs zu beobachten.

---

[460] Maksimovic/ Pichler 1998, S. 20.
[461] Maksimovic/ Pichler 1998, S. 21.

- Für eine Abschätzung des Nettoeffekts der *relativen* „toehold"-Kosten am Gesamtinvestitionsaufwand müssen sowohl die Signalling-Kosten als auch die zusätzlichen Kosten, die aufgrund der Erweiterungsinvestition im Falle des Marktaustritts entstehen, in Betracht gezogen werden. Ist das technologische Substitutionsrisiko im Vergleich zum Risiko, daß die gesamte Branche auf Dauer nicht bestehen kann, eher klein, dann führen relativ hohe „toehold"-Kosten zu einer Verzögerung der Finanzierungsmaßnahmen. In diesem Fall steht nämlich der negative Effekt verstärkter Markteintritte, der durch den positiven Signalcharakter der Finanzierungsmaßnahmen hervorgerufen wird, im Vordergrund. Genau andersherum verhält es sich, wenn die neue Branche selbst als risikolos, die Gefahr durch eine bessere Technologie verdrängt zu werden, hingegen als hoch erachtet wird. In diesem Fall ist bei hohen relativen Markteintrittskosten eher mit frühen Finanzierungsmaßnahmen zu rechnen.
- Das Risiko der ungewollten Informationsdiffusion ist bei einem IPO grundsätzlich höher als im Rahmen einer Private Equity-Finanzierung. In den Fällen, in denen sich Pionierunternehmen für eine frühzeitige Erweiterungsinvestition entscheiden, ist der Anreiz für eine Umgehung des anonymen Kapitalmarktes dementsprechend um so höher, je geringer die ex ante Wahrscheinlichkeit, daß die Branche „lebensfähig" ist, und je höher die Markteintrittskosten sind.
- Das Modell hat auch wichtige Implikationen für die Verträge zwischen jungen Unternehmen und Venture Capitalists. Venture Kapitalgeber, deren Pay-off-Struktur im Zeitablauf eine konvexe Form hat, könnten demnach spätere IPOs präferieren, um abzuwarten, bis sich die Unsicherheit über die Technologie der Konkurrenzunternehmen gelegt hat. Bei Beteiligungen hingegen, die eine konkave Payout-Struktur erwarten lassen, könnten VC-Geber wiederum ein frühzeitiges IPO präferieren.

Die Arbeit von Maksimovic/ Pichler stellt einen wichtigen Beitrag zur Erforschung und Modellierung des Finanzierungsverhaltens innovativer Unternehmen dar. Erstmals wird mit dem Signalling ein wichtiger Teilaspekt der ungewollten Diffusion wettbewerbsrelevanter Informationen im Rahmen der Finanzierung innovativer Unternehmen spieltheoretisch modelliert. Ihr Modell gestattet zudem eine empirische Überprüfung der getroffenen Aussagen in Bezug auf das Finanzierungsverhalten von Pionierunternehmen. Die getroffenen Modellannahmen sind jedoch sehr restriktiv. Darüber hinaus berücksichtigen die beiden Autoren in ihrem Modell nicht die im Rahmen dieser Arbeit ausführlich erörterte Problematik, daß von externen Finanzierungsvorgängen auch permanent die Gefahr der ungewollten Diffusion *technologischer* Wissensvorsprünge ausgeht. Da auch die besondere Finanzierungsproblematik junger innovativer Unternehmen nicht Gegenstand der spieltheoretischen Überlegungen von Maksimovic/ Pichler ist, kann ihr Modell somit lediglich als ein kleiner – jedoch wichtiger - Schritt zur Herleitung einer allgemeingültigen Theorie zur Erklärung des Finanzierungsverhaltens junger innovativer Unternehmen betrachtet werden.

Je weniger der technologische Wissensvorsprung und damit die Exklusivität eines innovativen Produktes geschützt werden kann, desto mehr kommt dem Zusammenspiel von Herstellungskosten, Verkaufspreis und Absatzmenge eine herausragende Bedeutung für den Erfolg wachstumsorientierter Unternehmensgründungen zu. Um Größenvorteile und Lerneffekte nutzen zu können, sollte der spätere Verkaufspreis des neuen Produkts bereits in der Phase der Projektierung so festgelegt werden, daß eine Masse von Kunden angesprochen wird. Strategisch klug gestaltete Preise können so zu einem hohen Verkaufsvolumen und dem raschen Aufbau wertvoller Marken führen. Amazon.com-Gründer Jeff Bezos prägte in dieser Hinsicht das Motto: „Get Big Fast." Bei einer solchen Strategie muß die Kostenkalkulation zwangsläufig in den Mittelpunkt des Innovationsmanagements rücken. Eine von Anfang an am Verkaufspreis ausgerichtete stringente Kostenkalkulation und -kontrolle kann zur Erreichung attraktiver Gewinnmargen beitragen und gleichzeitig zu einer Kostenstruktur führen, die es Imitatoren schwer macht, in den Markt des Innovators zu drängen.[462]

Die „Get Big Fast"-Strategie geht jedoch mit einem hohen Ressourcenverzehr einher. Eine solche Strategie läßt sich von jungen, innovativen Unternehmen dementsprechend nur dann erfolgreich verfolgen, wenn die Zuführung umfangreicher externer Finanzierungsmittel gewährleistet ist. Wie im Rahmen dieser Arbeit ausführlich erörtert, kann dieses Problem regelmäßig lediglich durch Beteiligungskapital sowie bis zu einem gewissen Grad durch Wandelanleihen gelöst werden. Wird im Rahmen der Entscheidung über die Nutzung von Private Equity oder der Börse auch der Schutz von technologischen Wissensvorsprüngen berücksichtigt, sollten IPOs junger innovativer Unternehmen vor allem in der Phase des nachhaltigen Wachstums anzutreffen sein. Nach der erfolgreichen Produkteinführung verspricht eine umfangreiche Eigenkapitalaufnahme über die Börse eine Beschleunigung der Unternehmensexpansion. Sobald die frühen Unternehmensentwicklungsphasen, die das größte Risiko beinhalten, jedoch auch die höchsten Renditen versprechen, abgeschlossen sind, dürften Early-stage-Investoren zudem ein großes Interesse haben, ihr Beteiligungsengagement zumindest teilweise wieder zu lösen.[463] Hat ein innovatives Unternehmen sein neues Produkt erst einmal auf den Markt gebracht, ist es der Konkurrenz ohne Probleme möglich, dieses Produkt zu erwerben, zu studieren, die nicht geschützten bzw. schützbaren Produkteigenschaften zu imitieren und ein Produkt in ähnlicher Form selbst am Markt anzubieten. Für junge innovative Unternehmen geht es daher nach der Produkteinführung vor allem darum, in möglichst kurzer Zeit einen großen Marktvorsprung gegenüber der (potentiellen) Konkurrenz zu erringen. Die Unternehmensfinanzierung muß auf den Schutz technologischer Vorsprünge keine Rücksicht mehr nehmen. Einzig der positive Signalcharakter eines IPOs auf potentielle neue Marktteilnehmer sowie die Kapitalkosten sind bei dieser Finanzierungsentscheidung mit

[462] Vgl. hierzu Kim/ Mauborgne 2000, S. 7 ff.
[463] Vgl. Frankfurter Finanzmarkt-Bericht 1999, S. 6.

ins Kalkül zu ziehen. Entsprechend den Modellimplikationen von Maksimovic/ Pichler sollte sich diesbezüglich ein IPO um so mehr eignen, je besser die Zukunftsaussichten der betreffenden Branche von der Öffentlichkeit eingeschätzt werden, je geringer die Markteintrittskosten ausfallen und je geringer der relative Anteil der Markteintrittskosten am Gesamtinvestitionsaufwand ist.

Die neoklassische Finanzierungstheorie betrachtet die erstmalige Begebung von Aktien junger innovativer Wachstumsunternehmen lediglich als Ziel und Abschluß eines marktorientierten Finanzierungsvorgangs, der ohne Probleme vollzogen werden kann. Atomistisch verteilte Kapitalnehmer und -geber treffen bei vollständigen Informationen und nicht vorhandenen Transaktionskosten auf friktionsfreien Kapitalmärkten aufeinander und schließen zu Gleichgewichtskonditionen bilaterale Finanzierungskontrakte.[464] In realiter behindern jedoch die vielfältigen, im Verlaufe dieser Arbeit aufgezeigten Marktunvollkommenheiten auch den Abschluß von Transaktionen junger innovativer Wachstumsunternehmen auf dem Aktienprimärmarkt. Sie können unter Umständen sogar ein bedingtes Marktversagen der Aktienfinanzierung derartiger Unternehmen bedingen. Da der Gang an die Börse grundsätzlich mit positiven Transaktionskosten verbunden ist, muß beispielsweise davon ausgegangen werden, daß Economies of Scale die Möglichkeiten kleiner Unternehmen, externes Eigenkapital über den Aktienmarkt einzuwerben, stark einschränken können. Auch repräsentieren Börsengänge junger Wachstumsunternehmen erneut exemplarische Fälle von Informationsunvollkommenheiten, einschließlich der daraus resultierenden Kontraktunsicherheit bei den Marktteilnehmern.

Die organisatorische und institutionelle Ausgestaltung der Primär- und Sekundärmärkte für Aktien soll die bestehenden Friktionen so weit wie möglich reduzieren und eine Optimierung von Marktprozeß und Marktergebnis ermöglichen. Dem institutionellen und organisatorischen Design von Aktienmärkten kommt somit die maßgebliche Bedeutung zu, die Funktionsfähigkeit der Aktienprimärmärkte im allgemeinen und die Finanzierungsbedingungen junger innovativer Wachstumsunternehmen im Financial Growth Cycle im speziellen zu optimieren.[465]

5.2 Aktienmarktfunktionen

Der Kapitalmarkt kann als ein komplexes Gesamtsystem, das durch die Marktteilnehmer, die gehandelten Finanzierungstitel und durch die institutionellen Rahmenbedingungen determiniert wird, aufgefaßt werden. Innerhalb dieses Gesamtsystems bildet der Aktienprimärmarkt

---

[464] Vgl. Rapp 1996, S. 39.
[465] Vgl. auch Knips 2000, S. 218; Gerke/ Bank 1999, S. 15.

lediglich einen Teilmarkt, der eng mit den anderen Subsystemen des Kapitalmarktes verflochten ist. Im folgenden soll der Aktienprimärmarkt daher in Anlehnung an Rapp als ein organisiertes Subsystem des Kapitalmarktes definiert werden, das dem direkten Abschluß langfristiger Beteiligungsfinanzierungsverträge zwischen Kapitalnehmern und Kapitalgebern dient. Die Funktionsfähigkeit dieses Subsystems wird sowohl von den Interdependenzen mit dem Aktiensekundärmarkt als auch von den institutionellen und organisatorischen Rahmenbedingungen determiniert.[466] Will man die Funktionsweise von Märkten überprüfen, muß man wissen, welche Aufgaben Marktprozesse grundsätzlich erfüllen sollen. „Dies bedeutet, daß man zwei Arten von Vorstellungen haben muß: Vorstellungen davon, welche Ziele erreicht werden sollen, und Vorstellungen davon, wie der modus operandi beschaffen ist, mit dem Marktprozesse im Normalfall eine Zielrealisation herbeiführen."[467]

Trotz der Tatsache, daß sich die moderne Kapitalmarkttheorie intensiv mit dem Idealbild funktionsfähiger Kapitalmärkte auseinandergesetzt hat, konnte sich bislang weder ein einheitliches Gliederungsschema noch eine allgemein anerkannte Terminologie gesamtwirtschaftlicher Kapitalmarktfunktionen und Effizienzkriterien durchsetzen.[468] Die nachfolgenden Ausführungen sollen Aktienmarktfunktionen, die in der finanzierungstheoretischen Literatur diskutiert werden, im Kontext darstellen.

Die primäre Aufgabe des Kapitalmarktes wird in der effizienten Allokation[469] der gesamtwirtschaftlichen Ersparnisbildung gesehen (Allokationsfunktion).[470] Alle weiteren Funktionen des Kapitalmarktes und seiner Subsysteme dienen der Erfüllung dieser Hauptaufgabe. Auch

---

466 Vgl. Rapp 1996, S. 47.

467 Grossekettler 1995, S. 2.

468 Vgl. beispielhaft die unterschiedlichen Ausführungen und Funktionsgliederungen bei Stephan 2000, S. 672 f.; Knips 2000, S. 219, Kramer 2000, S. 89 f.; Kress 1996, S. 33; vgl. auch Bienert 1996, S. 13 sowie die Diskussion zu den terminologischen Problemen der Markteffizienzhypothese der modernen Kapitalmarkttheorie bei Rapp 1996, S. 19 ff.; auch Bruns 1994, S. 6 ff. sowie oben Abschnitt 2.6.2 dieser Arbeit. Unabhängig von den Schwierigkeiten, die Effizienz der realen Kapitalmärkte empirisch zweifelsfrei zu überprüfen, bietet die moderne Kapitalmarkttheorie darüber hinaus wenig Hilfestellung für die gezielte Verbesserung bestehender Kapitalmarktinstitutionen, da sie deren Existenz und Funktionsweisen nicht erklären kann. „Diese Institutionen stellen aber den Einflußfaktor dar, über den die Funktion des Marktes insgesamt beeinflußt werden kann." (Bienert 1996, S. 7)

469 In diesem Zusammenhang wird auf den Effizienzbegriff der paretianischen Wohlfahrtsökonomie rekurriert. Innerhalb dieses Theoriengebäudes dient die Effizienz als Maßstab zur Beurteilung der Qualität, mit der wettbewerbsgesteuerte Märkte die Aufgabe der Allokation von Produktionsfaktoren und Realgütern erfüllen. Den Idealzustand repräsentiert dabei das Pareto-Optimum, in dem kein Individuum besser gestellt werden kann, ohne die Nutzenposition eines anderen Individuums zu verschlechtern. Effiziente Märkte führen nach dieser Theorie eine Pareto-optimale Ressourcenallokation herbei und haben damit gleichzeitig die Wohlfahrtsmaximierung aller Individuen einer Volkswirtschaft zur Folge. Das paretianische Effizienz-Kriterium ermöglicht die getrennte theoretische Behandlung von Allokations- und Verteilungsfragen; vgl. Fritsch/ Wein/ Ewers 2001 S. 31 ff.

470 „The primary role of the capital market is the allocation of ownership of the economy's capital stock." (Fama 1970, S. 383) oder „Aufgabe eines gut funktionierenden Kapitalmarktes muß es also sein, die vorhandenen Mittel ihren optimalen Verwendungsmöglichkeiten zuzuführen" (Gerke 1972, S. 19). Vgl. auch Mül-

die Funktionen des organisierten Aktienmarktes als ein Subsystem des Kapitalmarktes haben sich dementsprechend an dem Oberziel der effizienten Kapitalallokation auszurichten.[471] Die Finanzierungsfunktion des Aktienprimärmarktes und die Zirkulations- bzw. Substitutionsfunktion des Aktiensekundärmarktes werden in der Literatur als wichtige Grundfunktionen betrachtet.[472] Gemäß der Zirkulations- bzw. Substitutionsfunktion muß ein funktionsfähiger Aktiensekundärmarkt die jederzeitige problemlose Kapitalumschichtung und Liquidierbarkeit von Aktienengagements gewährleisten (Anlegersubstitution). Der Begriff der Finanzierungsfunktion beinhaltet wiederum die zentralisierte und koordinierte Mobilisierung gesamtwirtschaftlicher Ersparnisse zur Finanzierung risikoreicher Investitionsprojekte.[473] Diese Funktionen kann der Aktienmarkt jedoch nur dann voll und ganz ausfüllen, wenn er auch weiteren Anforderungen entspricht. Eine wichtige Anforderung, sowohl an den Aktienprimär- als auch -sekundärmarkt, stellt die Aufgabe dar, das Zusammentreffen von Angebot und Nachfrage nach Unternehmensanteilen zu organisieren und in Übereinstimmung zu bringen (Marktfunktion). So erschließt die Existenz funktionsfähiger organisierter Aktienmärkte jungen, wachstumsstarken Unternehmen neue Finanzierungsspielräume, ohne die kapitalintensive, erfolgversprechende Investitionen regelmäßig nicht durchgeführt werden könnten. Die Transformations- und Standardisierungsfunktionen des Aktienmarktes können als nachgelagerte Aufgaben der Marktfunktion verstanden werden. Die Transformationsfunktion soll dabei unterschiedliche Investitions- und Finanzierungsvorhaben in Bezug auf Risikopräferenzen, Losgrößen und Zeitpunkte miteinander in Einklang bringen. Standardisierung und Homogenisierung verbriefter Eigentums- und Verfügungsrechte haben wiederum eine verbesserte Fungibilität von Finanzierungstiteln zum Ziel, da Transaktionskosten und Vertragsabschlußhemmnisse reduziert werden.[474]

In engem Zusammenhang mit der Marktfunktion steht eine weitere grundlegende Funktion des Aktienmarktes: die Preisbildungs- und Bewertungsfunktion. Der markträumende Ausgleich von Angebot und Nachfrage erfolgt auf wettbewerbsgesteuerten Märkten grundsätzlich über die Bewertung der Handelsobjekte. Die Markträumungspreise an den Aktienmärkten bilden somit zugleich einen Maßstab für die marktgerechte Bewertung vergleichbarer, nicht börsennotierter Unternehmen. Auf diese Weise hat die Preisbildungs- und Bewertungsfunktion auch einen entscheidenden Einfluß auf die Auswahl der am Aktienprimärmarkt finanzierten Projekte und damit auf die effiziente Kapitalallokation. „Sowohl die Finanzierungs-

ler 2001, S. 836 f. sowie Abschnitt 2.4 dieser Arbeit.
471 Vgl. Knips 2000, S. 219.
472 Vgl. diesbezüglich auch Schulte 1992, S. 12.
473 Vgl. Rapp 1996, S. 48; Schulte 1992, S. 12.
474 Vgl. Knips 2000, S. 222 f.

als auch die Zirkulationsfunktion des Aktienmarktes können nur dann erfüllt werden, wenn Markt- und Preisfindungsfunktion gewährleistet sind. Nur wo Kapitalangebot und Kapitalnachfrage bei einer funktionierenden Preisbildung aufeinandertreffen, können Unternehmen in effizienter Weise Kapital aufnehmen, und nur dort sind Investoren bereit, als Kapitalgeber am Handel mit Unternehmensanteilen teilzunehmen."[475]

Die Fähigkeit von Aktienmärkten, die skizzierten Funktionen unter Berücksichtigung der besonderen Probleme, die sich aus dem Handel mit Aktien junger innovativer Wachstumsunternehmen ergeben, zu erfüllen,[476] wird zu einem großen Teil durch ihre organisatorische und institutionelle Ausgestaltung determiniert.[477] Einen Schwerpunkt der finanzierungstheoretischen Forschung muß folglich die Untersuchung bilden, welchen Einfluß die Gestaltung eines Marktes auf die Erfüllung seiner Funktionen hat, und wie Gestaltungsempfehlungen zur Verbesserung der Funktionsfähigkeit zu bewerten sind. Derartige Untersuchungen konfrontieren die finanzierungstheoretische Forschung jedoch mit dem grundsätzlichen Problem, allgemein anerkannte, empirisch überprüfbare Kriterien für die Funktionsfähigkeitsbeurteilung von Aktienmärkten herzuleiten.

5.3 Konzepte und Probleme der Effizienzbeurteilung von Aktienmärkten

5.3.1 Allokationseffizienz

Eine grundsätzliche Koordinationsaufgabe von Märkten besteht in der Lenkung der Produktionsfaktoren in ihre jeweils produktivste Verwendungsmöglichkeit.[478] Auf einem allokationseffizienten Markt nach dem Verständnis der paretianischen Wohlfahrtsökonomie werden sämtliche vorteilhaften Tauschmöglichkeiten von den Marktteilnehmern ausgeschöpft. Der Grad der Allokationseffizienz eines Marktes läßt sich somit theoretisch direkt durch den Anteil der realisierten vorteilhaften Tauschmöglichkeiten messen. Eine solche Messung ermöglicht jedoch lediglich die experimentelle Forschung. Da auf einem experimentellen Markt alle benötigten Daten kontrolliert werden, kann der Grad der Allokationseffizienz als Quotient aus

---

[475] Knips 2000, S. 221. Um die Allokationsaufgabe des Kapitalmarktes effizient zu erfüllen, müssen die Marktpreise von Aktien alle verfügbaren bewertungsrelevanten Angebots- und Nachfragedeterminanten reflektieren. Nur dann können Marktpreise als Indikator für die Knappheitssituation am Kapitalmarkt gelten. Den Maßstab für die Erfüllung der Preisbildungs- und Bewertungsfunktion bildet mithin die Informations- bzw. Bewertungseffizienz. Der Begriff der Bewertungseffizienz, d.h. der Fähigkeit eines Marktes, neue bewertungsrelevante Informationen entsprechend ihrem ökonomischen Gehalt korrekt zu verarbeiten und in konsistente Preise zu transformieren (vgl. Kress 1996, S. 37), ist mit dem Begriff der Informationseffizienz dann identisch, wenn die Informationseffizienzhypothese Famas dahingehend interpretiert wird, daß Aktienkurse jederzeit die bestmögliche Schätzung ihrer diskontierten zukünftigen Ausschüttungen darstellen.

[476] „Effizienz liegt immer dann vor, wenn eine Aktion die ihr zugedachte Funktion erfüllt." (Stephan 2000, S. 672)

[477] Vgl. Gerke/ Bank 1999, S. 15; Rapp 1996, S. 48.

[478] Vgl. auch oben Abschnitt 2.4.

dem realisierten Gewinn der Marktteilnehmer und dem vom Experiment vorgesehenen maximal möglichen Gewinn bestimmt werden.[479]

Auf realen Märkten hingegen besteht die Problematik, die Allokationseffizienz ohne Kenntnis der im Idealfall realisierbaren Allokation beurteilen zu müssen. Die Koordinationsaufgabe der Märkte wird zudem regelmäßig dadurch erschwert, daß lediglich unvollkommene Informationen über die Einsatzmöglichkeiten der vorhandenen Ressourcen vorliegen. Die Beschaffung der erforderlichen Informationen erfordert wiederum selbst den Einsatz von knappen Ressourcen. Die Allokationseffizienz wird daher durch den Nettoeffekt aus einer verbesserten Ressourcenverwendung und dem Ressourcenaufwand für die Informationsbeschaffung determiniert. Ein allokationseffizienter Kapitalmarkt setzt dementsprechend nicht voraus, daß sämtliche Informationen über die vorhandenen Investitionsalternativen offengelegt und bekannt sein müssen. Vielmehr muß auch der Aufwand für die Beschaffung dieser Informationen mit ins Kalkül einbezogen werden. Die Verwirklichung eines Investitionsprojekts hängt nicht mehr einzig und allein vom Zahlungsstrom des Investitionsprojekts ab, sondern vielmehr auch von der Zugänglichkeit und Zuverlässigkeit der Informationen über diesen Zahlungsstrom. Fehlende Informationen über einen Zahlungsstrom stellen einen Unsicherheitsfaktor dar, der in das individuelle Nutzenkalkül der Marktteilnehmer einfließt. Aus der Einbeziehung von Informationsunsicherheit in die Nutzenbewertung resultiert für die Messung der Allokationseffizienz von Kapitalmärkten das Problem, daß der Nutzen zu einem informationsabhängigem Konzept wird. Für eine umfassende empirische Beurteilung der Allokationseffizienz realer Aktienmärkte müßten daher neben einem geeigneten Nutzenkonzept auch sämtliche individuellen Präferenzen der Marktteilnehmer, sämtliche Investitionsmöglichkeiten sowie die Struktur der verfügbaren Informationen bekannt sein. Lediglich in diesem Falle könnte untersucht werden, „...whether the outcomes are the best obtainable with the information that was available at the time the decisions were made or that could have been made available at that time."[480] In realiter erscheint es jedoch unmöglich, diese bestmöglichen Ergebnisse zu ermitteln. Dies hat auch Konsequenzen für die empirische Beurteilung der Bewertungseffizienz von Aktienmärkten: Sofern die Allokationseffizienz eines Marktes empirisch kaum zu beurteilen ist, kann auch nicht überprüft werden, ob die realisierten Marktpreise mit den fundamental gerechtfertigten Werten identisch sind.[481]

---

[479] Vgl. hierzu sowie zu den nachfolgenden Ausführungen ausführlich Bienert 1996, S. 33 ff.
[480] Friend 1972, S. 213.
[481] Vgl. Bienert 1996, S. 35.

5.3.2 Informationseffizienz

Die Finanzierungstheorie sieht sich daher gezwungen, auf Hilfsindikatoren zurückzugreifen, um die Allokationseffizienz von Aktienmärkten zumindest auf indirektem Wege zu beurteilen. 1969 verwendeten Fama et al. im Rahmen ihrer empirischen Untersuchung des US-Aktienmarktes den Begriff der Kapitalmarkteffizienz erstmalig in Bezug auf die Reaktionsgeschwindigkeit, mit der sich der Markt an neue Informationen anpaßt.[482] Dem im Folgejahr von Fama publizierten Modell der Informationseffizienz als Gradmesser für die Beurteilung der Funktionsfähigkeit realer Kapitalmärkte liegt der Gedanke zugrunde, daß der Kapitalmarkt seine Hauptaufgabe, die effiziente Allokation des Faktors Kapital in einer Volkswirtschaft zu gewährleisten, nur dann erfüllen kann, wenn die Kurse sämtlicher Wertpapiere das Ertragspotential der Unternehmen allen Marktteilnehmern jederzeit korrekt signalisieren (Bewertungseffizienz).[483] Eine notwendige Bedingung hierfür ist, daß sämtliche bewertungsrelevanten Informationen jederzeit vollständig in den Kursen enthalten sind (Informationseffizienz). Eine systematische Verletzung der Informationseffizienz beeinträchtigt dementsprechend auch die Bewertungseffizienz und damit die Allokationseffizienz des Kapitalmarktes.

Aufgrund der großen konzeptionellen Probleme sind die empirischen Tests zur Informationseffizienz von Aktienmärkten heftig umstritten. So schließt beispielsweise der empirische Nachweis, daß Kursveränderungen nicht prognostizierbar sind, keineswegs große Diskrepanzen zwischen den Marktpreisen und dem „fundamental richtigen" Wert einer Aktie aus. Für die Bewertungseffizienz von Aktienmärkten kommt es vielmehr darauf an, ob sämtliche *bewertungsrelevanten* Informationen in ihrer Bedeutung für die zukünftigen Erträge und Risiken einer Aktie *ökonomisch korrekt* in den Kursen reflektiert werden.[484] Das Informationseffizienzkonzept sieht sich somit dem Vorwurf ausgesetzt, ein „nirvana approach" darzustellen, da tatsächlich erreichte Marktpreise mit den Preisen in einer Idealwelt verglichen werden müßten, die nicht bekannt sind. Trotz der vorhandenen Schwächen hat sich die Efficient-market-Hypothese und ihre Operationalisierung durch Fama als Standardmodell zur empirischen Effizienzbeurteilung von Kapitalmärkten etabliert.[485]

---

[482] Vgl. Fama et al. 1969.
[483] Vgl. Fama 1970.
[484] Vgl. Bienert 1996, S. 32.
[485] Vgl auch noch einmal ausführlich die Diskussion oben in Abschnitt 2.6.2.

5.3.3 Institutionelle und operationale Effizienz

Die Schwächen des Modells führten jedoch dazu, daß sich neben dem ursprünglichen wohlfahrtstheoretischen Effizienzbegriff und dem Famaschen Effizienzbegriff im Laufe der Zeit sowohl Modifikationen des Famaschen Effizienzkonzepts[486] als auch alternative Kapitalmarkteffizienzkonzepte etablierten. So hat die Erforschung der institutionellen und operationalen Effizienz beispielsweise in den letzten Jahren zunehmend größere Beachtung erfahren.[487] Während im Mittelpunkt der Arbeiten zur Informationseffizienz die Fragestellung steht, welche spezifischen Informationsniveaus in den Börsenkursen realisiert sind, wird im Rahmen des institutionellen und operationalen Effizienzkonzeptes hinterfragt, inwieweit Wertpapiertransaktionen, die als Transformatoren neuer Informationen für die Kursbildung fungieren, durch bestehende Marktstrukturen und -mechanismen positiv oder negativ beeinflußt werden.[488]

Ausgangspunkt für diesen Ansatz ist die Überlegung, daß alle verfügbaren Informationen nur dann zu jedem Zeitpunkt in den Kursen berücksichtigt werden können, wenn neue Informationen unverzüglich neue Transaktionen hervorrufen, und keine Bedingungen vorliegen, die den Abschluß dieser Transaktionen hemmen. Anderenfalls können Kapitalfehlleitungen aufgrund einer allokationsverzerrenden Transaktionskostenstruktur zur Folge haben, daß Investitionen (nicht) durchgeführt werden, obwohl die erwartete Rendite (oberhalb) unterhalb der unternehmerischen Kapitalkosten liegt. Eine allokationsverzerrende Transaktionskostenstruktur hat somit auch wettbewerbsverzerrende Rückwirkungen auf den Realgütermarkt zur Folge.[489] Die institutionelle und operationale Effizienz stellt mithin eine notwendige Bedingung für die Informations- und Allokationseffizienz von Aktienmärkten dar. Forschungsarbeiten zur institutionellen und operationalen Effizienz können daher als Untersuchungen darüber interpretiert werden, welchen Einfluß die Marktorganisation auf den Grad der Funktionserfüllung eines Aktienmarktes hat, und wie Gestaltungsempfehlungen für eine verbesserte Funktionserfüllung zu bewerten sind.[490]

Unter dem Begriff der institutionellen und operationalen Effizienz sollen die Grundvoraussetzungen für einen funktionierenden Marktmechanismus subsummiert werden. Im Mittel-

[486] Vgl. hierzu beispielsweise die kurze Übersicht in Rapp 1996, S. 22 ff.
[487] Für einen ausführlichen Überblick über den aktuellen Stand der theoretischen, empirischen und experimentellen Marktmikrostruktur-Forschung vgl. Madhavan 2000. Analog zum Begriff der operationalen Effizienz wird in der Literatur auch der Begriff der operativen Effizienz benutzt; vgl. Bienert 1996, S. 14 sowie zum Begriffsinhalt Bienert 1996, S. 28 ff.
[488] Vgl. Knips 2000, S. 218.
[489] Vgl. Knips 2000, S. 221.
[490] Vgl. Schulte 1992, S. 22.

punkt der institutionellen Effizienzforschung von Aktienprimärmärkten stehen in erster Linie marktstrukturelle Aspekte. In Hinblick auf den Aktienprimärmarkt sind dies beispielsweise die rechtlichen Rahmenbedingungen des Emissionsvorgangs, die Arten emittierbarer Beteiligungstitel sowie die Marktzugangsregeln für Kapitalanbieter, -nachfrager und Finanzintermediäre. Das operationale Effizienzkonzept ist demgegenüber prozeßorientiert ausgerichtet.[491] In Bezug auf die Neuemission von Aktien bildet der Emissionsprozeß sowie die damit verbundenen Kosten den Untersuchungsgegenstand der operationalen Effizienzforschung. Primärer Untersuchungsgegenstand der institutionellen und operationalen Effizienzforschung sind die Transaktionskosten, die bei der Inanspruchnahme von Börsenleistungen anfallen. Grundsätzlich können dabei verschiedene Kostenblöcke unterschieden werden: einerseits die expliziten Kosten der Inanspruchnahme von Börsenzugangsintermediären, wie Provisionen und Courtagen; andererseits jedoch auch implizite Kosten für die Bereitstellung einer sofortigen Transaktionsmöglichkeit, die in der Differenz von An- und Verkaufskursen zum Ausdruck kommen.[492] In einem weiteren Verständnis können die impliziten Kosten auch als Abweichung der realisierten Kurse von den fiktiven Marktpreisen ohne Marktfriktionen interpretiert werden.[493] Diese Kosten sind eng mit der Marktliquidität verbunden. Das Merkmal der Liquidität beschreibt die Fähigkeit eines Marktes, auftretende Orderungleichgewichte möglichst schnell und unter geringer Schwankung der Marktpreise zu absorbieren.[494] Ein Mangel an Liquidität erhöht die Transaktionskosten und senkt damit die Effizienz und Attraktivität eines Marktes.[495]

Zusätzlich zu diesen Kosten fallen auch transaktionsbedingte Informations- und Entscheidungskosten sowie Kosten der Absicherung gegen Transaktionsrisiken an. Unter diese Risiken fallen beispielsweise das Risiko, eine Investitionsentscheidung auf Grundlage unzulänglicher Informationen zu treffen, bzw. das Realisationsrisiko durch Manipulationen anderer Marktteilnehmer.[496] Größtmögliche Transaktionssicherheit ist somit ein wesentlicher Erfolgsfaktor und zugleich implizite Voraussetzung funktionsfähiger organisierter Kapitalmärkte. In

[491] Vgl. Kress 1996, S. 43 f.
[492] Vgl. Heitzer/ Sohn 1999, S. 402.
[493] Vgl. Bienert 1996, S. 29.
[494] Vgl. Heitzer/ Sohn 1999, S. 400. Zur Markttiefe, -breite, Erneuerungskraft und Sofortigkeit als bestimmende Faktoren der Liquidität vgl. Slomka 1999, S. 86 ff.
[495] Amihud/ Mendelson zeigen 1986 erstmalig in einer empirischen Untersuchung der realisierten Aktienrenditen an der NYSE/ AMEX in Abhängigkeit von den Bid-Ask Spreads, daß die Rendite eines Wertpapiers in einer inversen Beziehung zur Liquidität steht. Da in der Folgezeit auch weitere empirische Studien zu dieser Schlußfolgerung kamen, wächst in der Finanzierungstheorie die Unterstützung für die These, daß die Rendite eines Wertpapiers auch eine Kompensation für mangelnde Liquidität und daraus resultierenden höheren Transaktionskosten beinhalten muß. Vgl. zu den bisherigen Forschungsergebnissen hinsichtlich der Marktliquidität Madhavan 2000, S. 41 ff.
[496] Vgl. zu den Transaktionskosten z.B. Slomka 1999, S. 78 ff.; Bienert 1996, S. 29 f.; Röhrl 1996, S. 32 ff.

diesem Zusammenhang kennzeichnet die Transaktionsgeschwindigkeit die Schnelligkeit, mit der Marktteilnehmer ihre geplanten Dispositionen auch tatsächlich in Transaktionen umsetzen können. Eine hohe Transaktionsgeschwindigkeit reduziert die Unsicherheit und Bestandhaltekosten bei den Marktteilnehmern und verringert somit die impliziten Transaktionskosten. Grundsätzlich gilt, je höher die gesamten mit einer Transaktion verbundenen Kosten, desto geringer die operationale Effizienz des betreffenden Marktes. Institutionelle und operationale Effizienz bilden eine interdependente, teilweise auch ambivalente Einheit.[497] Diagnostizierte institutionelle bzw. operationale Ineffizienzen dürfen daher erst dann kritisiert werden, wenn von der beobachteten Ineffizienz keine überkompensierende Wirkung auf die jeweils andere Effizienzform ausgeht. Dementsprechend sind auch Gestaltungsempfehlungen lediglich dann sinnvoll, wenn der auf beide Effizienzformen bezogene Nettogrenznutzen der vorgeschlagenen Maßnahmen positiv ist.[498]

Dem erstmaligen Gang eines Unternehmens an die Börse wird sowohl in der Öffentlichkeit als auch in der Finanzierungsliteratur große Beachtung entgegengebracht. Es muß jedoch konstatiert werden, daß sich ein Großteil der Forschungsarbeiten vor dem Hintergrund der Informationseffizienzhypothese lediglich auf die empirische Untersuchung und theoretische Erklärung von drei im Zusammenhang mit dem Börsengang von Unternehmen beobachteten Phänomenen - dem Underpricing, der Long-run Underperformance und der Hot Issue-Anomalie – sowie auf die empirische Validierung bzw. Falsifizierung der aufgestellten Erklärungshypothesen konzentriert.[499] Arbeiten der jüngsten Vergangenheit beschränken sich wiederum auf einige ausgewählte institutionelle und prozessuale Aspekte von Neuemissionen. Bis heute existiert hingegen kein umfassender systematischer Ansatz zur Funktionsfähigkeitsanalyse von Aktienprimärmärkten und gezielten Verbesserung der bestehenden Prozesse und Institutionen.

Im folgenden Abschnitt sollen die im Zusammenhang mit Aktienneuemissionen zu beobachtenden empirischen Phänomene im Rahmen einer kurzen, übersichtsartigen Darstellung in einen effizienztheoretischen Kontext zueinander gesetzt und um eine „Sentiment“-Erklärungshypothese ergänzt werden. Im Anschluß daran wird ein theoretischer Denkansatz

---

[497] In Hinblick auf die institutionelle Effizienz ist z.B. die Einführung von Emissionsgenehmigungen oder die Verschärfung von Publizitätsvorschriften aufgrund des damit verbundenen besseren Anlegerschutzes und der Erhöhung der Markttransparenz uneingeschränkt positiv zu bewerten. Die Wirkung dieser Maßnahmen auf die operationale Effizienz ist jedoch zwiespältig. Einerseits werden die Risikokosten gesenkt. Auf der anderen Seite jedoch wird die Flexibilität der emittierenden Unternehmen eingeschränkt und die direkten Emissionskosten erhöht.

[498] Vgl. zu den Ausführungen Schulte 1992, S. 23 ff.

[499] Vgl. hierzu ausführlich den nachfolgenden Abschnitt 5.4.

zur systematischen empirischen Überprüfung der Funktionsfähigkeit von Aktienprimärmärkten zur Diskussion gestellt und damit ein erster Schritt unternommen, die bestehende finanzierungstheoretische Lücke in Bezug auf Aktienneuemissionen zu schließen.

5.4 Untersuchungsansätze zur Aktienprimärmarkteffizienz

5.4.1 Underpricing

Das bekannteste empirische Phänomen im Zusammenhang mit der Neuemission von Aktien sind die weltweit zu beobachtenden positiven Zeichnungsrenditen:[500] „On average, the closing market price on the first day of trading of an IPO is higher than the offer price."[501] Das Underpricing-Phänomen zeichnet sich durch die Existenz zweier *ungleicher* Preise zum (fast) *gleichen* Zeitpunkt auf *unterschiedlichen* Segmenten des Kapitalmarktes (Primär- und Sekundärmarkt) aus. In einer ex post Sichtweise werden die negativen Abweichungen der Primärmarktpreise von den ersten Sekundärmarktkursen als Underpricing bezeichnet.[502] Die Ex ante-Definition betrachtet als Underpricing wiederum die negative Abweichung des Emissionspreises vom erwarteten Kurs am ersten Handelstag.[503] Gemäß Jensen sind Märkte dann als informationseffizient einzustufen, wenn keine Renditen erzielbar sind, die systematisch positiv von der risikoadjustierten Marktrendite abweichen.[504] Liegen informationseffiziente Kapitalmärkte vor, kann aufgrund der komplexen Bewertungsproblematik von Neuemissionen zwar erwartet werden, daß die Preise mehr oder weniger stark von ihren Fundamentalwerten abweichen. Diese Abweichungen sollten jedoch zufällig verteilt und im Durchschnitt gleich null sein.[505] Grundsätzlich kann daher konstatiert werden, daß auf vollständigen und vollkommenen kompetativen Märkten, auf denen alle kursrelevanten Informationen kostenlos zur Verfügung stehen und homogene Erwartungen hinsichtlich der Kursentwicklung bei den

---

[500] Zu den weltweiten empirischen Underpricing-Studien vgl. die ausführliche Übersicht in Ritter 2001, S. 25. Diese Übersicht wird ständig im Internet aktualisiert; vgl. http://bear.cba.ufl.edu/ritter/interntl.htm. Unter http://bear.cba.ufl.edu/ritter/ipoall.htm findet sich eine aktuelle Aufstellung über die Anzahl der monatlichen US-IPOs und die durchschnittlichen monatlichen Emissionsrenditen bis zurück zum Jahr 1960.

[501] Ritter 2001, S. 22. So verzeichnete beispielsweise nur jedes elfte US-IPO im Zeitraum 1990-1996 eine negative Emissionsrendite. Jedes sechste schloß am ersten Handelstag genau zum Emissionspreis. Jede hundertste Emission konnte sich gegenüber dem Emissionspreis am ersten Handelstag verdoppeln; vgl. Ritter 1998, S. 8. Die Emissionsrenditen am Neuen Markt im Zeitraum März 1997 - Dezember 2000 wiesen ebenfalls eine stark rechtsschiefe Verteilung auf. So betrug die durchschnittliche Emissionsrendite in diesem Zeitraum über 50 %! Der Median hingegen lag „lediglich" bei ca. 19 %. Nur wenige Neuemissionen verzeichneten negative Emissionsrenditen (ca. 9 %). Die Anzahl der Emissionen mit einer Zeichnungsrendite von unter 1 % war hingegen mit knapp 21 % relativ hoch. Diese Kennziffern lassen auf einige wenige statistische Ausreißer mit besonders hohen Emissionsrenditen schließen; vgl. Kiss 2001, S. 525. Bereits 1975 wies Ibbotson auf die starke Rechtsschiefe von Emissionsrenditen hin; vgl. Ibbotson 1975. Für eine langfristige empirische Studie des Underpricing-Phänomens am deutschen Kapitalmarkt vgl. Stehle/ Ehrhard 1999.

[502] Vgl. Serfling/ Pape/ Kressin 1999, S. 294.

[503] Vgl. Neus 1996, S. 428.

[504] Vgl. Jensen 1978, S. 96 f. Jensen unterstellt für seine Überlegungen die halbstrenge Form der Informationseffizienz.

[505] Vgl. Stehle/ Ehrhardt 1999, S. 1400.

Marktteilnehmern hervorrufen, *im Mittel* keine statistisch signifikanten Abweichungen der Primärmarktpreise von den ersten Sekundärmarktkursen zu erwarten sind.[506] Das Underpricing-Phänomen muß daher in der Verletzung einer oder mehrerer Annahmen der Modellwelt vollkommener, vollständiger, bewertungs- und informationseffizienter Kapitalmärkte begründet liegen.

Die Finanzierungstheorie hat eine Reihe von Hypothesen zur Erklärung des Underpricings hervorgebracht, die sich auf verschiedene Aspekte des Beziehungsgeflechts zwischen Investoren, Emittenten und Finanzintermediären fokussieren.[507] Die überwiegende Zahl der Erklärungsmodelle erklärt das Phänomen als bewußtes Underpricing infolge der herrschenden Informationsunsicherheit. Zum Teil gehen diese Modelle sogar so weit, ein bewußtes Underpricing als Voraussetzung für die erfolgreiche Börseneinführung eines Unternehmens zu betrachten.[508] Das zentrale Problem jeder Emissionspreisfindung wäre dann die Bestimmung der optimalen Underpricinghöhe mit der daraus abgeleiteten Emissionspreisfestsetzung. Eine weitere Theorie basiert darauf, daß die im Durchschnitt zu verzeichnenden positiven Emissionsrenditen als Folge von Kurspflegemaßnahmen am Sekundärmarkt erklärt werden. Das heißt, die ersten Sekundärmarktkurse wären systematisch zu hoch.[509] Einige Modelle betrachten das Underpricing als Folge institutioneller Rahmenbedingen, wie z.B. der Beziehungsstruktur zwischen Emittent und Konsortialbank[510] oder der Prospekthaftung[511]. All diesen Erklärungsansätzen ist gemein, daß die Ursache für positive Emissionsrenditen im Kontext rational agierender Marktteilnehmer in der Verletzung einer oder mehrerer Prämissen der Modellwelt informationseffizienter Kapitalmärkte gesehen wird. Die Erklärungsmodelle stehen somit in der Tradition der neoklassischen Kapitalmarkttheorie. Im Gegensatz zu dieser Kategorie von Hypothesen stehen solche Theorien, die das Underpricing-Phänomen auf Irrationalitäten und Manipulationen an den Kapitalmärkten zurückführen.[512]

Die Erklärungshypothesen zum Underpricing lassen sich somit in vier Gruppen unterteilen:[513]

---

506 Vgl. Serfling/ Pape/ Kressin 1999, S. 294.

507 Eine eingehende Vorstellung dieser Hypothesen würde den Rahmen dieser Arbeit sprengen. Der interessierte Leser sei daher neben den Originalbeiträgen auf die ausführliche Darstellung der verschiedenen Underpricing-Theorien in Jenkinson/ Ljungqvist 2001 verwiesen. Für eine kurze, übersichtsartige Darstellung vgl. auch Ritter 2001.

508 Vgl. z.B. Benveniste/ Spindt 1989; Allen/ Faulhaber 1989; Welch 1989; Chemmanur 1993.

509 Vgl. Ruud 1993; vgl. die Studie von Aggarwal 2000 für eine empirische Bestätigung der Hypothese.

510 Vgl. z.B. Baron 1982; Michaely/ Womack 1999; Loughran/ Ritter 1999; Chen/ Ritter 2000.

511 Vgl. z.B. Tinic 1988; Hughes/ Thakor 1991.

512 Vgl. hierzu die Literaturangaben in den Abschnitten 5.4.2 sowie 5.4.3 zur Long-run underperformance von IPOs und Hot Issue-Anomalie.

513 Vgl. Ehrhardt 1997, S. 110.

1. *Emissionspreise werden fehlerhaft, das heißt, unabsichtlich zu niedrig angesetzt.*
2. *Emissionspreise werden absichtlich niedriger als die voraussichtlichen wahren Werte am ersten Börsentag festgelegt.*
3. *Underpricing beruht auf Kurspflegemaßnahmen der Emissionsbanken in den ersten Handelstagen auf dem Sekundärmarkt.*
4. *Anleger überschätzen systematisch den Wert von IPOs.*

Interessanterweise haben sich empirische Underpricing-Muster der achtziger Jahre in den neunziger Jahren teilweise ins Gegenteil verkehrt. Einige theoretische Underpricing-Hypothesen sind dadurch ins Wanken gekommen. So wiesen beispielsweise größere US-Unternehmen in den neunziger Jahren genauso ein überdurchschnittliches Underpricing auf, wie US-IPOs, die von reputationsstarken Banken an die Börse gebracht wurden, und US-IPOs, die vorher durch Venture Capital-Geber finanziert wurden. Darüber hinaus hat sich das durchschnittliche Underpricing-Ausmaß sämtlicher IPOs deutlich erhöht.[514] Eine befriedigende Erklärung für diese neuen Entwicklungen konnte die Finanzierungstheorie bisher nicht geben.

5.4.2 Long-run Underperformance

Die weltweit zu verzeichnenden positiven abnormalen Emissionsrenditen geben Anlaß zur Schlußfolgerung, daß Aktienprimärmärkte nicht informations- und bewertungseffizient sind. Dieser Schluß erscheint jedoch voreilig, da das Underpricing-Phänomen grundsätzlich auch auf einem ineffizienten Sekundärmarkt beruhen kann. Ein Urteil darüber, ob die Emissionskurse informations- und bewertungseffizient sind, setzt dementsprechend auch eine genaue Analyse der Sekundärmarktkurse voraus.[515] Zur empirischen Überprüfung der Frage, ob die ersten Kurse am Sekundärmarkt bewertungseffizient sind, kann auf die Bedingung zurückgegriffen werden, daß auf einem bewertungseffizienten Markt gleichartige Investitionen gleich bewertet werden und daher die selbe Rendite erwirtschaften müssen.[516] Als Indikatoren für eine ex post Analyse der Bewertungseffizienz des Aktiensekundärmarktes bieten sich daher Unterschiede in den realisierten Renditen an, die sich nicht durch Unterschiede der betreffenden Titel erklären lassen.[517]

Auf einem bewertungseffizienten Markt sollten Informationsunvollkommenheiten und andere Friktionen durch ein höchstmögliches Maß an Koordination auf ein Minimum reduziert und

[514] Vgl. die Übersicht in Ritter 2001, S. 23.
[515] Vgl. Döhrmann 1990, S. 299.
[516] Vgl. Friend 1972, S. 213.
[517] Vgl. Bienert 1996, S. 36.

Renditedifferenzen gering gehalten werden. Sollten Erstemissionen nach Aufnahme des Sekundärmarkthandels systematisch negative Überrenditen im Vergleich zu einer börsennotierten Peergroup erzielen, würde dementsprechend der Schluß an Plausibilität gewinnen, daß die ersten Sekundärmarktkurse zu hoch sind. Auf besondere wissenschaftliche Beachtung stießen daher Untersuchungen von Aggarwal/ Rivoli (1990) und Ritter (1991), die für große Stichproben und längere Betrachtungszeiträume übereinstimmend eine langfristige Underperformance von IPOs am US-amerikanischen Kapitalmarkt konstatierten.[518] Das Phänomen negativer Überrenditen trat vornehmlich bei Unternehmen auf, die in Jahren mit hohen Emissionsvolumina an die Börse gingen, sowie bei jüngeren und kleineren Unternehmen. Des weiteren schien die Long-run Underperformance besonders bei IPOs ohne vorherige Venture Capital-Finanzierung und ohne Emissionsbegleiter mit hoher Reputation ausgeprägt zu sein. Für etabliertere Unternehmen, die den Gang an die Börse wagten, Reverse LBOs[519] sowie für Neuemissionen in Cold Issue-Phasen[520] war das Long-run Underperformance-Phänomen hingegen nicht nachweisbar.[521] Stehle/ Ehrhardt 1999 weisen zudem darauf hin, daß die durchschnittliche Renditeentwicklung von Börsenneulingen in den ersten drei Jahren nach dem Börsengang international höchst unterschiedlich ausfällt. In einigen Ländern waren die langfristigen Überrenditen nahezu neutral oder sogar positiv.[522] Während frühere Untersuchungen für den deutschen Kapitalmarkt ebenfalls auf eine langfristige Underperformance von IPOs hinwiesen, konnten Stehle/ Ehrhardt in ihrer Untersuchung eine langfristige Underperformance deutscher IPOs hingegen nicht bestätigen.[523]

Die unterschiedlichen Untersuchungsergebnisse könnten eine Indikation dafür sein, daß das Long-run Underperformance-Phänomen zumindest teilweise auf die Problematik zurückgeführt werden kann, Überrenditen empirisch adäquat zu messen.[524] So stellt Ritter beispielsweise in seiner jüngsten Untersuchung von US-Börsengängen der Jahre 1970-1998 fest, daß IPOs im Vergleich zu anderen Unternehmen gleicher Größe (Marktkapitalisierung) in den ersten fünf Jahren nach dem Börsengang im Durchschnitt zwar eine negative Überrendite von

[518] Vgl. Aggarwal/Rivoli 1990, S. 45 ff.; Ritter 1991, S. 3 ff.; des weiteren Loughran/ Ritter 1995 sowie die Aktualisierung ihrer Ergebnisse in Ritter 1998. Für eine Übersicht der Ergebnisse internationaler Long-run Performance-Studien von IPOs vgl. die Übersichten in Ritter 1998, S. 15 und Ehrhardt 1997, S. 171 und S. 175.

[519] „Reverse LBOs are companies going public that previously had been involved in a leveraged buyout." (Ritter 1998, S. 12)

[520] Vgl. oben Abschnitt 5.4.3.

[521] Vgl. Ritter 1998, S. 12 ff.

[522] Vgl. Stehle/ Ehrhardt 1999, S. 1409 f.

[523] Zu möglichen Gründen für die unterschiedlichen empirischen Ergebnisse für den deutschen Kapitalmarkt vgl. die Diskussion bei Stehle/ Ehrhardt 1999, S. 1410 ff.

[524] So zeigen beispielsweise Brav/ Gompers 1997 mit einem nahezu identischen Datensample, daß die von Loughran/ Ritter 1995 nachgewiesenen negativen Überrenditen von IPOs hauptsächlich auf Unternehmen mit geringer Marktkapitalisierung und geringem Book-to-market Ratio zurückzuführen sind.

3,4 % p. a. aufwiesen. Wurde jedoch als Vergleichsmaßstab ein „style sample" herangezogen, das heißt, Unternehmen mit vergleichbarer Marktkapitalisierung *und* Book-to-market ratio, konnten keine negativen Überrenditen mehr nachgewiesen werden.[525] Dieses Ergebnis ist im Kontext mit anderen US-Studien zu sehen. Sie kommen zu dem Ergebnis, daß die empirisch ermittelte durchschnittliche Underperformance US-amerikanischer IPOs vornehmlich durch sehr kleine Wachstumsunternehmen hervorgerufen wird, da die meisten US-IPOs in diese Unternehmenskategorie fallen:[526] „Whether or not they issue, firms in this style category have had extremely low returns for the last several decades."[527]

Zur Erklärung des Phänomens der long-run Underperformance von IPOs haben sich in der finanzierungstheoretischen Literatur drei Haupttheorien herauskristallisiert: die „divergence of opinion"-Hypothese, die „impresario"-Hypothese sowie die „window of opportunity"-Hypothese. Diese Erklärungsansätze sehen in den negativen langfristigen Überrenditen von IPOs Hinweise auf ein irrationales Anlegerverhalten. Die langfristige Underperformance wird als Ergebnis von Kurskorrekturen infolge einer Überbewertung in den ersten Handelstagen auf dem Sekundärmarkt erklärt.[528] Die Unterschiede der einzelnen Erklärungstheorien beruhen zum einen auf dem Ansatz, ob eine Unterscheidung der Marktteilnehmer hinsichtlich ihrer Erwartungen implizit unterstellt wird, und andererseits darauf, ob eine Kombination aus bewußtem Underpricing und zu hohen ersten Sekundärmarktkursen besteht oder nicht.[529]

Eine theoretische Grundlage zur Erklärung der Long-run Underperformance-Anomalie wurde 1977 von Edward Miller gelegt.[530] Miller erklärt die hohen Emissionsrenditen und die langfristige Underperformance von IPOs mit heterogenen und sich im Zeitablauf verändernden subjektiven Erwartungen der Marktteilnehmer unter Unsicherheit („divergence of opinion"-Hypothese). Da für Neuemissionen Restriktionen bei Leerverkäufen bestehen, argumentiert Miller, daß die ersten Börsenkurse hauptsächlich von einer kleinen Minderheit von Investoren, die sich von der Aufnahme dieser Wertpapiere in ihr Portfolio einen besonders hohen

525 Vgl. Ritter 2001, S. 36 ff.
526 Vgl. Brav/ Geczy/ Gompers 2000; Brav/ Gompers 1997.
527 Ritter 2001; S. 36. Diese Beobachtung wirft jedoch die Frage auf, warum sehr kleine börsennotierte Wachstumsunternehmen im Durchschnitt so schlecht performen. Ritter vermutet Marktmanipulationen als eine mögliche Ursache. Er verweist darauf, daß gerade die kleinsten Unternehmen oftmals von Emissionshäusern an den Markt gebracht werden, die Aufsichtsproblemen unterliegen. Darüber hinaus wurden diese Unternehmen regelmäßig auch nicht von Venture Kapitalgebern betreut; vgl. Ritter 2001, S. 39. Die Manipulationsthese wird durch die empirische Untersuchung von Teoh/ Welch/ Wong 1998 unterstützt. Die Autoren zeigen, daß IPOs, die im Vorfeld des Börsengangs in größerem Umfang Bilanzmaßnahmen durchführten und „window dressing" betrieben, in den ersten drei Jahren nach der Börseneinführung eine durchschnittliche negative Überrendite von 25 % erzielten.
528 Vgl. zur Übersicht Ibbotson/ Ritter 1995, S. 1003 ff.
529 Vgl. Ehrhardt 1997, S. 176 ff.
530 Vgl. zu diesem Absatz grundlegend Miller 1977; auch Morris 1996.

Ertrag erhoffen, geprägt werden. Je höher die Unterschiede in den subjektiven Erwartungen der Anleger ausfallen, desto stärker sind die zu erwartenden positiven Abweichungen der ersten Marktpreise von ihrem „wahren“ Wert. Werden im Laufe der Zeit mehr Informationen über das Unternehmen verfügbar, reduzieren sich die Unterschiede in den subjektiven Erwartungen der Marktteilnehmer. Der Überoptimismus, der sich in den zu hohen Sekundärmarktkursen reflektiert, wird weiter reduziert, sofern der Free Float[531] der Aktien im Zeitablauf ansteigt, und damit der Einfluß der überoptimistischen Aktionäre auf den Marktpreis abnimmt. Die Kurse reflektieren zunehmend den „wahren“ Unternehmenswert. „This story is consistent with the patterns in the 1999 - 2000 internet bubble, where there were extreme differences of opinion, costly short-selling, and small public floats on many IPOs.”[532]

Aufgrund von Anlegerbefragungen weist Shiller 1990 auf Differenzierungen im Nachfrageverhalten im Zeitablauf und innerhalb spekulativer Märkte hin. Er führt an, daß das Zeichnungsverhalten der Anleger in einem engen Zusammenhang mit der Reputation der Emissionsbank steht. Ein von den Konsortialbanken bewußt zu tief angesetzter Emissionspreis („impresario“-Hypothese) kann danach zu einem überoptimistischen Anlegerverhalten, das heißt, zu Fads führen.[533] Die „window of opportunity“-Hypothese geht auf die Arbeiten von Ritter 1991 und Loughran/ Ritter 1995 zurück. Die Autoren argumentieren, daß sich die Unternehmen sogenannte „windows of opportunity“ zunutze machen und überteuerte Aktien emittieren. Dieses Modell kann als eine dynamische Version von Myers statischem Pecking Order-Modell betrachtet werden. Während externes Eigenkapital in Myers Pecking Order-Modell immer die teuerste Finanzierungsalternative darstellt, existieren in dem dynamischen „window of opportunity“-Modell Phasen, in denen externes Beteiligungskapital die günstigste Finanzierungsform darstellt: „IPOs apparently do not underperform relative to a style benchmark..., but firms apparently display some ability to time their IPOs for periods when future returns on small growth firms are low.“[534] Eine Indikation für die Richtigkeit dieser These stellt die Beobachtung dar, daß die Emissionsvolumina in der Nähe von Indexhöchstständen, an denen Aktien generell sehr hoch bewertet sind, überdurchschnittlich groß sind.[535] Auch

[531] Als Free Float wird der Aktienanteil eines börsennotierten Unternehmens bezeichnet, der nicht in festen Händen liegt, und damit frei handelbar ist.
[532] Ritter 2001, S. 39. Für eine empirische Bestätigung der Miller-Hypothese vgl. auch die Untersuchung von Houge et al. 2001.
[533] Vgl. zu den Ausführungen ausführlich Shiller 1990.
[534] Ritter 2001, S. 39 oder auch: „...sometimes a firm can issue overvalued equity.“ (Ibbotson/ Ritter 1995, S. 1007)
[535] Vgl. Baker/ Wurgler 2000 zur Emissionstätigkeit und den US-Aktienrenditen von 1928 - 1997.

wächst der Gewinn pro Aktie von IPOs typischerweise überproportional in den Jahren vor dem Börsengang, nimmt hingegen in den ersten Jahren nach dem Börsengang ab.[536]

Das Ausnutzen von Swings im Investorensentiment durch eine erhöhte bzw. verminderte Aktienemissionstätigkeit könnte auch eine Erklärung für das dritte empirische Phänomen im Zusammenhang mit Börsengängen darstellen: die hohe Zyklik des Emissionsgeschäfts.

5.4.3 Hot Issue-Märkte

Ibbotson/ Jaffe 1975 stellten in ihrer Studie eine signifikante Autokorrelation der IPO-Volumina und Zeichnungsrenditen fest.[537] Die Ergebnisse der daraufhin einsetzenden empirischen Forschungstätigkeit deuten darauf hin, daß Perioden mit überdurchschnittlich hohen Emissionsrenditen bzw. hohen Sekundärmarktrenditen, in denen Aktien eine hohe Prämie zum Buchwert aufweisen, von tendenziell steigenden IPO Volumina begleitet werden.[538] Es existieren ausgeprägte Zyklen, sowohl in Bezug auf die Emissionsvolumina als auch in Bezug auf die durchschnittlichen Emissionsrenditen. Phasen mit hohen Emissionsrenditen und steigenden Emissionsvolumina werden als Hot Issue-Märkte bezeichnet. Cold Issue-Märkte sind hingegen durch eine unterdurchschnittliche Emissionstätigkeit und geringe Zeichnungsrenditen charakterisiert.[539] „Of course, due to normal business cycle activity, one would expect to see some variation through time in the volume of IPOs. The large swings in volume...however, seems difficult to explain as merely normal business cycle activity."[540]

In der Literatur wird als Erklärung für die Zyklik der Zeichnungsrenditen unter anderem angeführt, daß sich die Art und Qualität der Unternehmen, die an die Börse gehen, verändern. Wie verschiedene Arbeiten zeigen, weisen risikoreichere IPOs ein höheres Underpricing auf. Entsprechend der „information spillover"-Theorie von Benveniste/ Busaba/ Wilhelm 2001 kann es zu Branchen-Clustern von Neuemissionen, wie beispielsweise der IPO-Welle von TMT-Unternehmen Ende der neunziger Jahre, kommen. Eine zeitliche Häufung und Branchen-Clusterung von IPOs läßt sich auch aus dem ausführlich in Abschnitt 5.1 diskutierten IPO-Timing-Modell von Maksimovic/ Pichler ableiten. In diesem Fall wäre ein Herdenverhalten von Unternehmen in jungen Branchen für den Effekt verantwortlich. Es erscheint hingegen fraglich, ob diese Hypothesen angesichts der Hypersensitivität des Aktienprimär-

---

536 Vgl. Ritter 1998, S. 13.

537 Vgl. ebenfalls Loughran/ Ritter 2001, die einen hohe Autokorrelation der Emissionsrenditen auch für die neunziger Jahre nachweisen.

538 Vgl. z.B. Lowry 2000; Lowry/ Schwert 2000.

539 Vgl. Ahrens 2000, S. 7.

540 Ritter 1998, S. 16.

marktes vollständig befriedigen können. Ritter kommt zu dem Schluß: „Although there is some evidence that the hot issue periods are characterized by riskier issues, the amplitude of the cycles in average initial returns is far larger than can be accounted for by changing risk composition hypothesis."[541]

Angesichts der wenig befriedigenden Erklärungsansätze für die Hot Issue-Anomalie sollen im folgenden verschiedene Erklärungsansätze für die im Zusammenhang mit Neuemissionen beobachteten empirischen Phänomene zu einer Hypothese zusammengefaßt werden, die als „Sentiment"-Hypothese bezeichnet werden soll. Wie die Ereignisse an den Aktienmärkten Ende der neunziger Jahre und zum Anfang des neuen Jahrtausends gezeigt haben, scheinen psychodynamische bzw. behavioristische Faktoren einen wesentlich stärkeren Einfluß auf Wertpapiere auszuüben, als dies in den Modellen der modernen Kapitalmarkttheorie zum Ausdruck kommt. Verschiedenste Forschungsarbeiten der letzten Jahre legen den Schluß nahe, daß auf spekulativen Märkten mit heterogenen Marktteilnehmern charakteristische zyklische, weitgehend endogen bedingte Marktdynamikphänomene zu erwarten sind. Marktpreise auf Aktienmärkten könnten somit zumindest temporär signifikant von ihren fundamentalen Werten abweichen.[542] Der Aktienmarkt wäre in diesem Fall nicht mehr bewertungseffizient. Die in der Literatur am häufigsten diskutierten verhaltenstheoretischen Modelle zur Erklärung dieses Phänomens umfassen die „fads"-Hypothese, die „speculative bubble"-Hypothese, die „market overreaction"-Hypothese, die „mean reversion"-Hypothese, die „noise"-Hypothese, die „Informationskaskaden-Hypothese" sowie die „positive feedback"-Hypothese.[543]

Entsprechend der „window of opportunity"-Hypothese streben Unternehmen insbesondere dann an die Börse, wenn Investoren überoptimistisch in Bezug auf das Zukunftspotential dieser Unternehmen sind.[544] Der Überoptimismus kann von Emittenten und Emissionsbegleitern durch eine opportunistische Informations-, Underpricing- und Plazierungspolitik bewußt geschürt werden.[545] Ein solches Gemisch aus opportunistischem Verhalten von Emittent und Emissionsbegleitern einerseits und überoptimistischem Investorensentiment andererseits würde auch die teilweise explosionsartige Entwicklung der Emissionsrenditen im Zeitablauf

541 Ritter 1997, S. 9. In Lowry 2000 findet sich zur Erklärung der Hot Issue-Märkte auch eine „capital demand"-Hypothese und eine „information asymmetry"-Hypothese.

542 Vgl. Rapp 1996, S. 355. Für eine kurze Übersicht der grundlegenden Arbeiten zu Wahrnehmungs- und Entscheidungsanomalien vgl. Rapp 1996, S. 326 ff.

543 Vgl. grundlegend Shiller 1981 und 1989; De Bondt/ Thaler 1985 und 1987; Black 1986; De Long et al. 1990 und 1991; Welch 1992.

544 Diese These wird durch die Studien von Helwege/ Liang 1996b; Rajan/Servaes 1997; Pagano/Panetta/ Zingales 1998 und Lowry 2000 empirisch untermauert.

545 Vgl. hierzu oben Abschnitt 5.4.1 zum Underpricing sowie die dortigen Literaturangaben.

plausibel erklären.[546] In Phasen positiver oder gar euphorischer Börsenstimmung liegen die erzielbaren Emissionspreise im Einklang mit der „divergence of opinion"-Theorie *über* dem wahren Fundamentalwert einer Aktie.[547] Je höher die erzielbaren Bewertungen desto mehr Unternehmen werden den Gang an die Börse wagen.[548] Die hohe Risikoneigung der Investoren und die hohen Emissionserlöse locken darüber hinaus in zunehmendem Maße risikoreichere Unternehmen und Emittenten schlechterer Qualität an den Aktienprimärmarkt.[549] Kapitalsuchende Unternehmen und Emissionsbanken nutzen somit systematisch Irrationalitäten der Anleger aus, um Aktien am Markt zu plazieren, wenn ihr Chancen-Risiko-Profil überschätzt wird, und die Eigenkapitalkosten besonders gering sind.[550]

In Börsenphasen wiederum, in denen die Marktteilnehmer in Bezug auf die ökonomischen Zukunftsperspektiven sehr pessimistisch sind und die Aktienrenditen gering oder gar negativ, schätzen nur wenige Investoren das fundamentale Potential einer Neuemission korrekt oder gar zu positiv ein. „Positive feedback"-Trading sowie „Informations-Kaskaden" können die positiven bzw. negativen Sentimenteffekte noch verstärken. Entsprechend dem von De-Long et al. 1990 erstmals diskutierten „positive feedback phenomenon" rufen steigende bzw. fallende Kurse ein positives Feedback-Trading sogenannter „Noise-Trader" hervor, die eine positive Autokorrelation der Aktienkurse vermuten. Gemäß der „Informationskaskaden"-Hypothese berücksichtigen Anleger bei ihrer Investitionsentscheidung nicht nur ihre eigenen Fundamentalinformationen über eine Neuemission, sondern auch das Nachfrageverhalten der

546 Eine empirische Indikation für diese Hypothese ergibt sich aus der Studie von Steib/ Mohan 1997 über den deutschen Aktienprimärmarkt vor und nach der Wiedervereinigung. Danach wurden die höchsten Emissionsrenditen in der Phase der „Wiedervereinigungseuphorie" und die geringsten in der „Desillusionierungsphase" erzielt. Rajan/ Servaes 1997 untersuchten den Einfluß von Analystenschätzungen und kamen zu dem interessanten Schluß, daß sich die Zukunftsprognosen der Analysehäuser für IPOs um so optimistischer gestalten, je höher das Underpricing ausfällt. Analysten überschätzen dann systematisch die zukünftigen Unternehmensgewinne. Als weiteres Ergebnis der Untersuchungen wird eine positive Korrelation der IPO-Anzahl mit den Wachstumsprognosen und Gewinn-Prognosefehlern der Analysten nachgewiesen.

547 Bereits 1991 schlußfolgert Ritter, daß viele Unternehmen in Phasen branchenspezifischer Fads an die Börse gehen; vgl. Ritter 1991, S. 23. Vgl. auch Ritter 2001, S. 40. Lamont/ Thaler 2000 zeigen in ihrem sehr lesenswerten Beitrag, daß die „Bewertungsexzesse" von Internet Aktien auf dem Sekundärmarkt Ende der neunziger Jahre soweit führten, daß einige „equity carveouts", an denen die Muttergesellschaft weiterhin den Großteil der Aktien hielt, eine höhere Marktkapitalisierung aufwiesen als die gesamte Muttergesellschaft! Potentielle Leerverkäufer hatten aufgrund des geringen „free floats" jedoch Probleme, Aktien von diesen Gesellschaften am Markt zu leihen.

548 Lowry kommt in ihrer empirischen Studie zu der Schlußfolgerung: „It seems that firms successfully go public when they and also other similar firms are valued especially high by the market. In particular, the finding that periods of high IPO volume are followed by especially low market returns suggests a trading rule and thus is not consistent with efficient markets." (Lowry 2000, S. 24)

549 Die empirischen Ergebnisse von Steib/ Mohan 1997 unterstreichen diese These.

550 Investoren scheinen die Wahrscheinlichkeit, einen „big winner" zu finden, systematisch falsch einzuschätzen: „For IPOs, the prior rapid growth of many of the young companies makes it easy to justify high valuations by investors who want to believe that they have identified the next Microsoft." (Loughran/Ritter 1995, S. 46) Von den 4222 US-IPOs zwischen 1990 und 1998 wurden jedoch im Jahr 2000 ein Drittel überhaupt nicht mehr und ein weiteres Drittel unter ihrem Emissionspreis gehandelt; vgl. Levy 2000, S. 35. Ibbotson/ Ritter führen an: „...that there is survey evidence that many investors are periodically overoptimistic

anderen Marktteilnehmer. Müssen sie feststellen, daß die Nachfrage nach einer Neuemission sehr gering ist, kann dies dazu führen, daß sie trotz positiver eigener fundamentaler Einschätzung die Emission nicht zeichnen.[551]

Ist jedoch die Anzahl der Investoren nicht hoch genug, um bei einem Emissionspreis, der dem Fundamentalwert der Aktie entspricht, die vollständige Plazierung eines IPOs zu gewährleisten, liegt der markträumende Emissionspreis unter dem Fundamentalwert. Es kommt zum Phänomen der Cold Issue-Märkte. In derartigen Marktphasen sind neben negativen Korrekturen bereits avisierter Emissionspreise oftmals auch Verschiebungen oder gar Absagen bereits angekündigter Börsengänge zu verzeichnen. Unternehmen, die den Börsengang bereits geplant, ihre Absicht jedoch noch nicht öffentlich gemacht haben, verschieben aufgrund der geringen Marktbewertung ihr IPO, sofern sie nicht dringend auf den externen Kapitalzufluß angewiesen sind. Unternehmen, die trotzdem den Schritt an die Börse unternehmen, müssen in dieser Phase regelmäßig akzeptieren, daß der Emissionskurs unterhalb des Fundamentalwertes der Aktie liegt (vgl. *Abbildung 10*).[552]

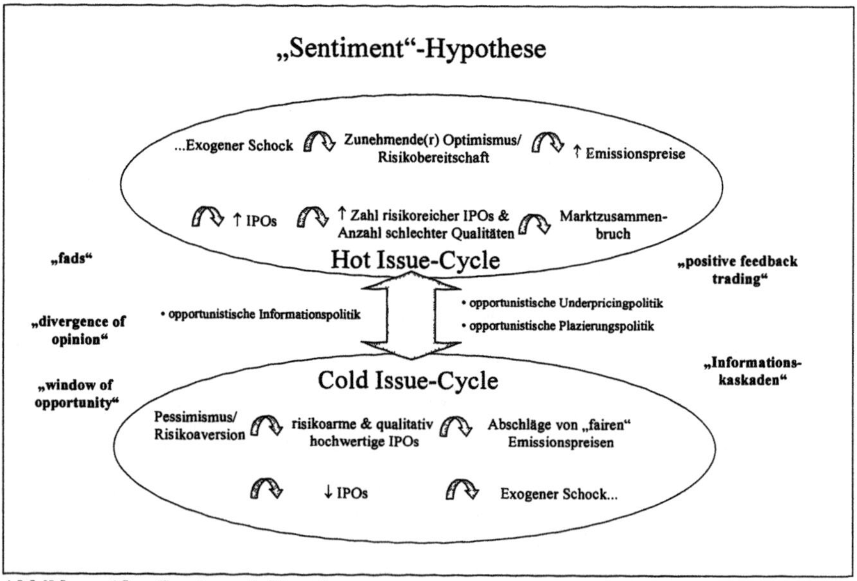

Abbildung 10: *„Sentiment"-Hypothese*

about the earnings potential of young growth companies." (Ibbotson/ Ritter 1995, S. 1006)

[551] Die umgekehrte Argumentation gilt für die Beobachtung einer starken Nachfrage. Vgl. zu dem Modell ausführlich Welch 1992.

[552] Die empirische Studie von Lerner/ Tsai 2000 zu Biotechnologieunternehmen bestärkt die These, daß es potentiellen IPOs in Cold Issue-Phasen nicht möglich ist, den Aktienmarkt zu günstigen Konditionen in Anspruch zu nehmen.

Die skizzierte „Sentiment"-Hypothese sollte empirisch dadurch reflektiert werden, daß Emissionen der Hot Issue-Phasen eine geringere langfristige Rendite erwirtschaften als das langjährige Mittel eines für die Volkswirtschaft repräsentativen Aktienindexes.

5.4.4 Aktuelle Entwicklungen in der empirischen IPO-Forschung

Abschließend ist zu konstatieren, daß sich der Schwerpunkt der IPO-Studien in jüngster Zeit verlagert. In den Mittelpunkt des Interesses rücken zunehmend die Preisbildungs- und Zuteilungsmechanismen. Loughran/ Ritter/ Rydqvist 1994 und Chowdhry/ Sherman 1996 wiesen erstmals empirisch einen systematischen Einfluß der Preisbildungs- und Distributionsmechanismen auf das Underpricingausmaß nach. Zudem können die höchsten Zeichnungsrenditen in Ländern beobachtet werden, wo der Gesetzgeber fixe, auf buchhalterische Kennziffern beruhende Formeln zur Ermittlung des Emissionspreises vorschreibt.[553] Den Anlaß für die intensiven jüngsten Forschungen bilden hingegen zwei Studien von Chen/ Ritter 2000 und Loughran/ Ritter 1999. Chen/ Ritter 2000 vertreten die These, die Fixkosten von US-IPOs „...for most of the deals above $30 million are above competitive levels..."[554] Loughran/ Ritter 1999 vermuten wiederum, daß die Erträge der emissionsbegleitenden Banken höher ausfallen, wenn ihre Gesamtkompensation weniger transparent ist. Als eine intransparente zusätzliche Kompensation betrachten sie das bewußte Underpricing. „This is because issuers treat the opportunity cost of leaving money on the table as less important than direct fees."[555] Da die Allokation von Neuemissionen durch die Emissionsbanken in den USA ausschließlich diskretionär erfolgt, könnten sie insbesondere die Aktien sogenannter „Hot IPOs", bei denen sehr hohe Emissionsrenditen erwartet werden, bevorzugt institutionellen Kunden zuteilen, um dadurch zusätzliches Provisionsgeschäft zu generieren.[556] Die Ereignisse von 1999 und 2000, als sowohl das IPO-Volumen als auch das Underpricing und die Überzeichnungen von Neuemissionen ein exzessives Ausmaß annahmen, und die Kritik am gesamten IPO-Prozeß immer lauter wurde, führten dazu, daß sich nunmehr auch die Aufsichtsbehörden und Gerichte mit den Zuteilungspraktiken und Manipulationsvorwürfen von IPOs befassen.[557]

Die obenstehenden Ausführungen des Abschnitts 5.4 haben deutlich gemacht, daß an Aktienprimärmärkten zumindest temporär Phänomene zu verzeichnen sind, die im Konflikt mit gut

---

[553] Vgl. Ibbotson/ Ritter 1995, S. 999.

[554] Chen/ Ritter 2000, S. 1. Kritisch zu diesem Beitrag: Ljungqvist/ Wilhelm 1999; Ljungqvist/ Jenkinson/ Wilhelm 2000a und 2000b.

[555] Loughran/ Ritter 1999, S. 4.

[556] Die Bevorzugung institutioneller Kunden wird von Aggarwal/ Prabhala/ Puri 2001 für die USA empirisch bestätigt.

[557] Vgl. Leefeldt 2000; Levy 2000 und 2001; Baker-Said 2001; Gasparino 2001; Chaffin 2001.

funktionierenden Märkten zu stehen scheinen. Um die bestehenden Prozesse und Institutionen gezielt zu verbessern, weiterzuentwickeln und notwendigenfalls auch mittels staatlicher Regulierungsmaßnahmen in den freien Marktprozeß einzugreifen, ist es demnach dringend geboten, einen systematischen Ansatz zu entwickeln, mit dem das Marktverhalten auf Aktienprimärmärkten objektiv und vorurteilsfrei überprüft werden kann. Ein derartiges systematisches Effizienzkonzept soll im folgenden erarbeitet werden.

5.5 Konzept zur empirischen Diagnose von Aktienprimärmarktfehlfunktionen

5.5.1 Das Koordinationsmängel-Diagnosekonzept

5.5.1.1 Theoretische und methodische Grundlagen

Gemäß dem neoklassischen Gedankengut findet an wettbewerblich organisierten Märkten kein Handel zu Ungleichgewichtspreisen statt. Exogene Störungen von Gleichgewichtszuständen führen umgehend zu neuen Gleichgewichten, so daß sich eine Volkswirtschaft stets in der Nähe ihres Pareto-Optimums befindet. Die Erfahrungskonformität der neoklassischen Modellvorstellungen mit der Realität wird jedoch von verschiedenen Forschungsrichtungen angezweifelt. Ökonomen der „New Austrians"-Schule kritisieren, daß der Übergang von einem Gleichgewichtszustand zum nächsten nicht immer problemlos und ohne Verzögerung erfolgt, sondern mitunter zeitaufwendige und störanfällige Suchprozesse erfordert.[558] Diese Kritik wird durch Erkenntnisse der Neoinstitutionen-Theorie und der experimentellen Forschung untermauert, die insbesondere auf die große Bedeutung der Aufbau- und Ablauforganisation für die Ergebnisse von Marktprozessen verweisen.[559] Die neoklassischen Gleichgewichtsmodelle blenden hingegen den dynamischen Aspekt wettbewerblicher Anpassungsprozesse vollkommen aus. Statt dessen wird mit dem Bild des fiktiven Walrasianischen Auktionators argumentiert - der Marktprozeß selbst wird zu einer Black Box.[560]

Die Vernachlässigung der Dynamik von Marktprozessen reflektiert sich in den Annahmegebäuden der Gleichgewichtsmodelle. Laut Hayek weisen wettbewerblich organisierte Systeme beispielsweise gerade den unüberschätzbaren Vorteil auf, sowohl unternehmerische Hellsichtigkeit und Anpassungsbereitschaft zu belohnen, als auch *heterogenes Wissen* zu aggregieren und auszuwerten.[561] Die Annahme, daß alle Marktteilnehmer über vollständiges Wis-

---

[558] „Daß der Übergangsprozeß von einem Marktgleichgewicht zu einem anderen reibungslos verläuft, können nur Optimisten glauben. Zweifelhaft ist auch, ob man stets im neuen Gleichgewicht landet." (Schmidtchen 1995, S. 619)

[559] Vgl. auch oben die Abschnitte 2.7 sowie 5.3.3.

[560] Vgl. für den Kapitalmarkt auch Madhavan 2000, S. 7 f.

[561] Hayek erörtert 1945 ausführlich, daß der Preismechanismus auf Wettbewerbsmärkten nicht nur Angebot und Nachfrage steuert, sondern auch partielle Informationssignale der Marktteilnehmer zu einem gesamtgültigen Marktpreis aggregiert, der wiederum als öffentliches Informationssignal für alle Marktteilnehmer dient; vgl.

sen verfügen, wäre demnach ein Kardinalfehler der neoklassischen Gleichgewichtsmodelle. Allen Skeptikern der neoklassischen Gleichgewichtsmodelle ist gemein, daß sie - von der Vorstellung eines allgemeinen Gleichgewichts ausgehend - nicht nur argumentieren, daß es aufgrund von externen Effekten, Unteilbarkeiten, Informationsmängeln, Anpassungsmängeln und Nichtrationalitäten zu verzerrten und damit im paretianischen Sinn ineffizienten Gleichgewichts*zuständen* kommen kann.[562] Vielmehr drohen auch erhebliche Wohlfahrtsverluste auf dem Weg des Koordiniert*werdens*, die dadurch zustande kommen, daß Gleichgewichtszustände nicht erreicht werden, bzw. Anpassungsprozesse zu lange dauern.[563]

Die Frage, ob reale Marktprozesse dynamisch stabil verlaufen, spaltet die Wissenschaft zumindest in zwei Lager, wie den beiden folgenden Hypothesenpaaren zu entnehmen ist:[564]

- Marktprozesse verlaufen auf den meisten oder gar allen Märkten partiell stabil bzw. (*Gegenhypothese*) *nicht stabil.*
- Die Gesamtheit aller Marktprozesse bildet ein System partiell stabiler (*bzw. instabiler*) Prozesse, das auch insgesamt stabil (*bzw. instabil*) ist.

Die Analyse, welche Marktprozesse und damit auch welche dynamischen Gleichgewichtszustände zu unterscheiden sind, sowie die Frage, wie man die Stabilität dieser Prozesse empirisch testen kann, können in ihrer Bedeutung nicht hoch genug eingeschätzt werden, haben die Ergebnisse dieser Überprüfungen doch entscheidenden Einfluß auf unser gesamtes gesellschaftliches Normen- und Wertesystem.

Funktionsfähigkeitsprüfungen, die auf der Beurteilung realwirtschaftlicher Ergebnisse basieren, zielen auf die sogenannte „güterwirtschaftliche Effizienz" von Marktprozessen. Darunter werden vor allem die Struktur von Preisen, Gewinnen und Qualitäten, die räumliche und zeitliche Verteilung von Gütern und das Ausmaß des technischen Fortschritts verstanden. Gegen alle Prüfansätze, die ex- oder implizit auf diesem güterwirtschaftlichen Effizienzbegriff basieren, läßt sich hingegen noch einmal die These Hayeks anführen, daß der Wettbewerb ein spontanes (das heißt, von Niemandem als Ganzes geplantes) Entdeckungsverfahren ist, dessen Ergebnis ex ante nicht prognostiziert werden kann. Die Koordination durch den Markt erfolgt ohne jede zentrale Steuerung über eine Vielzahl individueller Anpassungsprozesse. Entdeckt wird dabei nicht nur der jeweils beste statische Gleichgewichtszustand für das Gemeinwohl, sondern vielmehr auch die technisch-organisatorischen Möglichkeiten, diesen Zustand weiter

Hayek 1945, S. 524 ff.
562 Vgl. ausführlich Fritsch/ Wein/ Ewers 2001.
563 Vgl. Grossekettler 1999, S. 3.
564 Vgl. Grossekettler 1999, S. 4, Fußnote 6.

zu verbessern. Eine solche Sicht des Wettbewerbs als Such- und Lernprozeß betont den dynamischen Charakter von Marktprozessen.[565] Wenn die optimalen Marktergebnisse jedoch mangels höherer Einsicht nicht bekannt sind, und der Wettbewerb das *einzige* Verfahren ist, sich diesen unbekannten Optima zu nähern, lassen sich auch nicht die Unterschiede zwischen den optimalen und den tatsächlich realisierten Ergebnissen von Wettbewerbsprozessen abschätzen. Ob sich reale Märkte daher tatsächlich ständig in der Nähe ihrer Pareto-Optima befinden, entzieht sich der direkten empirischen Überprüfbarkeit.[566] Es lassen sich allenfalls Muster-Voraussagen darüber anstellen, wie gut spezielle Marktfunktionen unter alternativen Bedingungen erfüllt werden.

Grossekettler fordert daher, Marktfunktionen so zu definieren, daß sie nicht nur ein wünschenswertes Ergebnis, wie z.B. „informationseffiziente Preissignale", beschreiben. Vielmehr muß eine geeignete Zielsetzung auch mit einem beobachtbaren Prozeß verknüpft sein, dessen Funktionalität empirisch überprüft werden kann.[567] Eine entsprechende Möglichkeit bietet die direkte Messung der Koordinationseffizienz von Marktprozessen. Die Koordinationseffizienz kennzeichnet die Lenkungsqualität, die ein Markt mit der jeweils realisierten Verteilung von Entscheidungskompetenzen (Handlungs- und Verfügungsrechten), Informationen und Anreizen als Koordinationsinstrument aufweist. Die Lenkungsqualität eines Marktes reflektiert sich darin, wie gut unerwünschte Erscheinungen wie Warteschlangen, unabsetzbare Güterhalden, Kapazitätsengpässe bzw. Überkapazitäten usw. vermieden werden.[568] Nach Grossekettler weist ein solches Koordinationseffizienzkonzept den entscheidenden Vorteil auf, daß die Koordinationsaufgaben, die im Zuge der dynamischen Entwicklung von Marktprozessen zu lösen sind, nicht im eigentlichen Sinn „entdeckt" werden müssen, sondern bereits zur „Grundidee" der Marktwirtschaft gehören und daher lediglich zweckmäßig zu formulieren sind.[569]

Die in *Abbildung 11* dargestellten logisch voneinander unabhängigen Marktfunktionen bilden ein notwendiges und hinreichendes System dynamischer Koordinationsaufgaben. Die Ziele sind dabei so formuliert, daß sie sich mit der statischen Vorstellung eines Pareto-Optimums vertragen, nicht jedoch die ständige Realisation dieses (nicht beobachtbaren) Optimums fordern, sondern lediglich eine befriedigende Lösung der dazugehörigen Koordinationsaufgaben. Das Funktionssystem enthält zudem alle Anforderungen, die von Ökonomen

565 Vgl. Fritsch/ Wein/ Ewers 2001, S. 7.
566 Vgl. Hayek 1969, S. 250. Vgl. auch oben Abschnitt 5.3.
567 Vgl. Grossekettler 1999, S. 4.
568 Vgl. Grossekettler 1991, S. 28.
569 Vgl. Grossekettler 1991, S. 4.

speziell in Bezug auf die Dynamik von Marktprozessen erhoben werden. Keine dieser Forderungen kann gestrichen werden, ohne damit die Eigenschaft, einer hinreichenden dynamischen Marktkoordination aufzugeben. Darüber hinaus können begrifflich überschneidungsfreie und getrennt simulierbare Prozesse der Funktionserfüllung definiert und diese Prozesse auch empirisch getrennt voneinander beobachtet werden.[570]

Aufgaben von Marktprozessen
Marktprozesse sollen dafür sorgen, daß es folgende systematische Tendenzen gibt:
♦ eine Tendenz zum Ausgleich von Angebots- und Nachfragemengen, die eine Verschwendung von Produktionsfaktoren verhindert, welche sich z.B. in der Form der Produktion unabsetzbarer Güter oder in kostspieligen Wartezeiten oder überflüssigen Suchaktivitäten äußern könnte *(Markträumungsfunktion);*
♦ eine Tendenz zum Abbau von Über- und Unterrenditen und damit korrespondierenden Überkapazitäten oder Kapazitätsengpässen dadurch, daß Sach- und Humankapital zum Ort der höchsten Ergiebigkeit wandert und dort für eine Normalisierung der Renditen sowie der Kapazitäten und damit auch für eine Tendenz zur leistungsgerechten Einkommensverteilung sorgt *(Renditenormalisierungsfunktion);*
♦ eine Tendenz zur Aushöhlung von Übermachtspositionen von Anbietern oder Nachfragern, d.h. dazu, daß niemand über die Fähigkeit verfügt, Marktprozesse – auch solche auf vor- und nachgelagerten Märkten – dauerhaft so zu beeinflussen, daß an die Stelle des normalen Ablaufs eine Entwicklung tritt, die ihm zu Monopol- und/oder politischen Verteilungskampfrenten verhilft *(Übermachterosionsfunktion);*
♦ eine Tendenz zum Abbau von Produktfortschrittsrückständen im Vergleich zu Märkten, auf denen weltweit als "Produkt- und Qualitätsführer" anerkannte Best-product-Unternehmen tätig sind, damit die heimischen Anbieter wettbewerbsfähig bleiben und die heimischen Nachfrager über ein möglichst großes Potential an Wahlmöglichkeiten verfügen *(Produktfortschrittsfunktion);*
♦ eine Tendenz zum Abbau von Verfahrensfortschrittsrückständen im Vergleich zu Märkten, auf denen weltweit als "Kostenführer" anerkannte Best-practice-Unternehmen tätig sind, damit die heimischen Anbieter wettbewerbsfähig bleiben und die heimischen Nachfrager von möglichst günstigen Preis-Leistungs-Verhältnissen profitieren können *(Verfahrensfortschrittsfunktion).*

Abbildung 11: *Aufgaben von Marktprozessen*
(Quelle: Grossekettler 1999, S. 4a)

Aufbauend auf diesen Überlegungen hat Grossekettler mit dem sogenannten „Koordinationsmängel-Diagnosekonzept“ (KMK) einen Ansatz zur empirischen Überprüfung der Funktionsfähigkeit von Realgütermärkten entwickelt.[571] Dieser Ansatz setzt sich aus einem positiven Modell der dynamischen Funktionsweise von Marktprozessen und einem normativen Konzept zur Beurteilung der Koordinationsergebnisse, die auf konkreten Märkten erzielt werden, zusammen. Im folgenden soll vornehmlich auf den normativen Teil dieses Konzepts Bezug genommen werden: die Methodik zur Aufdeckung von Koordinationsmängeln auf konkreten Märkten.

[570] Vgl. Grossekettler 1991, S. 5; Grossekettler 1995, S. 4 ff.
[571] Vgl. ausführlich Grossekettler 1985, 1987, 1988, 1989, 1991, 1995, 1997 und 1999.

5.5.1.2 Marktprozesse als Regelkreise

5.5.1.2.1 Grundidee

Das KMK unterscheidet fünf Marktprozesse, die als ein System vermaschter Regelkreise begriffen werden. Grossekettler vergleicht die Funktionsweise realer Marktprozesse mit der Funktionslogik von Regelkreismodellen.[572] Die Idee einer solchen Darstellung von Marktprozessen als Regelkreis läßt sich bis auf Adam Smith zurückverfolgen. Regelkreise sind stets so konstruiert, daß durch exogene Störungen hervorgerufene Sollwert-Abweichungen der Regelgröße endogene Reaktionen der Stellgröße provozieren, die auf eine Reduktion dieser Gleichgewichtsstörungen gerichtet sind. Durch derartige „negative Rückkopplungen" sollen die Regelabweichungen in ihrer Tendenz wieder beseitigt werden. Dauerhafte Regelabweichungen können jedoch nur dann verhindert werden, wenn die Stellgröße einen Einfluß ausüben kann, der groß genug ist, den Einfluß der exogenen Störungen zu überkompensieren. Grossekettler verknüpft die Variablen (Regel- und Stellgrößen) derartiger Regelkreismodelle über Operationaldefinitionen mit beobachtbaren Sachverhalten von Marktprozessen und formuliert diesbezüglich (partielle) Stabilitätsbedingungen. „Ein Marktprozeß wird als stabil betrachtet, wenn das empirisch festgestellte Entwicklungsmuster seiner Regelgröße qualitativ einem Entwicklungsmuster gleicht, das man bei einer Computersimulation erzeugen könnte, bei der die verwendeten Differenzen- und/ oder Differentialgleichungen nach einem (einmaligen) exogenen Schock für eine Konvergenz der Regelgröße gegen den Sollwert Null sorgen."[573] Die Formalmodelle der einzelnen Marktprozesse erhalten auf diese Weise den Charakter falsifizierbarer Theorien.

Von der Funktionsweise der einzelnen Regelkreise hängt es ab, wie gut ein Markt die jeweiligen Koordinationsaufgaben lösen kann, und ob dieser Markt in seiner Rolle als Koordinationsinstrument insgesamt als „(befriedigend) funktionsfähig" oder „nicht funktionsfähig" einzustufen ist.[574]

---

[572] Vgl. hierzu ausführlich Grossekettler 1989 und Grossekettler 1991.
[573] Grossekettler 1999, S. 8.
[574] Vgl. Grossekettler 1999, S. 6.

Marktprozesse als Regelkreise: Regel- und Stellgrößen			
Prozeß	*Regelgröße (Zielvariable)*	*Sollwert (Gleichgewichtswert)*	*Stellwert (Instrumentvariable)*
Markträumungsprozeß (M-Prozeß)	Differenzmenge $x^D = x^N - x^A$	$x^D = 0$	Preisvariationen Δ p
Renditenormalisierungsprozeß (Ü-Prozeß)	Differenzrendite $r^D = r^U - r^V$	$r^D = 0$	Variationen der Kapazitätswachstumsrate Δ w
Übermachterosionsprozeß (Ü-Prozeß)	Machtdifferenz $m^D = m^A - m^N$	$\lvert m^D \rvert \leq 0{,}1$	Endogene Strukturvariationen $\Delta\, m^D{}_e$
Produktfortschrittsprozeß (P-Prozeß)	Produktfortschrittsrückstände $q^{DP} = q^P{}_U - q^P{}_V$	$q^{DP} = 0$	Endogene Intensivierung von Such- und Imitationsprozessen $\Delta\, q^{DP}{}_e$
Verfahrensfortschrittsprozeß (V-Prozeß)	Verfahrensfortschrittsrückstände $q^{DV} = q^V{}_U - q^V{}_V$	$q^{DV} = 0$	Endogene Intensivierung von Such- und Imitationsprozessen $\Delta\, q^{DV}{}_e$

Legende: x^N = Nachfragemenge, x^A = Angebotsmenge, r^U = Rendite auf dem Untersuchungsmarkt, r^V = Rendite auf einem Vergleichsmarkt mit Normalverzinsung, m^A = Maß der Anbietermacht, m^N = Maß der Nachfragermacht, $q^P{}_U$ = Marktanteil neuer Produkte auf dem Untersuchungsmarkt, $q^P{}_V$ = Marktanteil neuer Produkte auf einem führenden Vergleichsmarkt, $q^V{}_U$ = Produktionsanteil neuer Verfahren auf dem Untersuchungsmarkt, $q^V{}_V$ = Produktionsanteil neuer Verfahren auf einem führenden Vergleichsmarkt. Tiefindex e = endogen.

Abbildung 12: *Marktprozesse als Regelkreise: Regel- und Stellgrößen*
(Quelle: Grossekettler 1999, S. 6a)

In der obigen *Abbildung 12* sind die von Grossekettler unterschiedenen fünf Marktprozeß-Regelkreise, die der Realisation der Marktfunktionen aus *Abbildung 10* dienen, mit ihren jeweiligen Regel- und Stellgrößen sowie mit ihren als Differenzgrößen formulierten Sollwerten übersichtsartig dargestellt.

5.5.1.2.2 Der Markträumungsprozeß[575]

Im Hinblick auf selbstregulierende Marktprozesse lassen sich zwei grundverschiedene Arten von „Prozeßstörungen" unterscheiden: *Gleichgewichtsstörungen und Funktionsstörungen.* Gleichgewichtsstörungen sind exogene Schocks, deren automatische Ausregulierung Aufgabe von Selbstregulierungsprozessen ist. Im Falle eines stabilen Markträumungsprozesses muß sich der Staat um Gleichgewichtsstörungen somit nicht kümmern, sondern kann (und *muß*) die Ausregulierung des exogenen Schocks durch den Markt abwarten. Funktionsstörungen hingegen sind Sachverhalte, die zu einer Verletzung der Stabilitätsbedingung von Marktprozessen und damit zu einem Schwinden der Fähigkeit von Märkten führen, exogene Gleichgewichtsstörungen selbständig auszuregulieren. Beim Markträumungsprozeß stellt

[575] Vgl. zu den nachfolgenden Ausführungen ausführlich Grossekettler 1991, 1995 und 1999.

beispielsweise eine Preisfixierung durch den Staat oder durch Kartelle eine solche Funktionsstörung dar. Treten auf einem Markt Funktionsstörungen auf, deren dauerhafte Existenz theoretisch plausibel begründet werden kann, muß in den Marktprozeß eingegriffen werden, da derartige Funktionsstörungen Fehler bei der Koordination des Verhaltens der Marktteilnehmer und damit Wohlfahrtsverluste bewirken. Grossekettler definiert solche Funktionsstörungen als *„Koordinationsmängel"*.[576]

Die Differenz x^D zwischen der Nachfrage- und Angebotsmenge stellt die Regelgröße im Markträumungsprozeß dar. Den Regler bilden die preissetzenden Stellen, das heißt, je nach Art des Marktes Anbieter, Makler, Auktionatoren oder auch Verhandlungsgruppen. Die Stellgröße ist der Preis, der bei einem funktionierenden Marktprozeß zumindest dann reagieren müßte, wenn die Markträumung nicht mit anderen Mitteln herbeigeführt werden kann. Bei der Funktionsfähigkeitsprüfung des Markträumungsprozesses sind somit Preis- und Übernachfrageentwicklungen im Zeitablauf daraufhin zu überprüfen, ob sie der Bewegungsrichtung nach für eine stabile negative Rückkopplung sprechen (Richtungsbedingung). Darüber hinaus muß auch geprüft werden, ob diese Rückkopplung stark genug ist, daß die Regelgröße dauerhaft um die Nullachse pendelt, und der Erwartungswert von x^D somit Null beträgt (Effektivitätsbedingung). In diesem Fall ist der Regelkreis Markträumungsprozeß als stabil zu betrachten. Eine Realisation von $x^D = 0$ entspräche dabei dem kurzfristigen Gleichgewicht der neoklassischen Preistheorie.

Die Forderung nach einer hinreichend stark ausgeprägten Tendenz zum Markträumungsgleichgewicht drückt aus, daß Märkte, die durch systematische Angebots- bzw. Nachfrageüberschüsse gekennzeichnet sind, grundlegende Funktionen (wenn überhaupt) lediglich eingeschränkt erfüllen. So repräsentiert ein Brachliegen von Produktionsfaktoren im Falle eines Überangebots keine produktive Ressourcenverwendung und widerspricht daher der Funktion von Märkten, Produktionsfaktoren in ihre produktivste Verwendungsmöglichkeit zu lenken. Eine unbefriedigte Nachfrage zu einem von den Konsumenten grundsätzlich akzeptierten Preis (Warteschlangen) widerspricht wiederum dem Prinzip der Konsumentensouveränität.[577] Werden daher auf einem Markt Festpreise vorgeschrieben, geht dies über kurz oder lang zwangsläufig mit einer Verletzung der Stabilitätsbedingung des Markträumungsprozesses und dementsprechend mit einer Funktionseinschränkung einher, da Veränderungen im Nachfrageverhalten keine Preisreaktionen hervorrufen können, und der Rückkopplungszusammenhang dadurch durchbrochen wird. Jedoch können auch explosive bzw. übermäßig starke

[576] Vgl. Grossekettler 1995, S. 10.
[577] Vgl. Fritsch/ Wein/ Ewers 2001, S. 22.

Preisschwankungen die Koordinationsleistung des Marktes negativ beeinflussen, indem sie dynamische Fehlanpassungen und/ oder Aufwendungen zur Absicherung gegen diese Preisschwankungen induzieren. Insbesondere spekulative, das heißt, nicht auf ‚fundamentalen' Gegebenheiten beruhende Preisschwankungen („speculative bubbles“) sind daher unerwünscht.[578] In diesen Fällen besteht nämlich die große Gefahr, daß es zu dynamischen Fehlallokationen kommt, da Marktpreise die tatsächlichen Knappheitsrelationen nicht mehr zuverlässig reflektieren.

5.5.1.2.3 Der Renditenormalisierungsprozeß

Der Renditenormalisierungsprozeß läßt sich als Konkretisierung der Funktion von Märkten interpretieren, Markteinkommen entsprechend der Marktleistung zu verteilen. Überdurchschnittliche risikobereinigte Renditen sind lediglich zur Belohnung von Innovationsanstrengungen in Form von kurzfristigen Pioniergewinnen für die dynamische Effizienz des Wettbewerbs erwünscht. Derartige Vorsprungsgewinne können und *sollen auf* funktionierenden Märkten durch Kapazitätsveränderungen im Laufe der Zeit beseitigt werden. Dauerhaft zu beobachtende Überrenditen hingegen schüren den Verdacht, daß sie unverdient sind, weil sie beispielsweise auf der Ausnutzung von Marktmacht beruhen. So ist bei mobilen Produktionsfaktoren zu erwarten, daß überdurchschnittlich hohe risikobereinigte Renditen neue Anbieter mit neuen Kapazitäten auf den Markt locken. Aufgrund der damit verbundenen Angebotsausdehnung werden im Gefolge die erzielbaren Renditen auf diesem Markt sinken. Dauerhafte Überrenditen deuten daher darauf hin, daß auf einem Markt wesentliche Markteintrittsbarrieren bestehen, die den Renditenormalisierungsprozeß verzögern oder gar verhindern.[579]

Regelgröße beim Renditenormalisierungsprozeß ist die Differenz zwischen den Renditen, die auf dem Untersuchungsmarkt und einem Vergleichsmarkt mit Normalverzinsung erzielt werden (aus dem Kapazitätseinheiten am ehesten immigrieren und in den sie am leichtesten emigrieren können.) Im Falle eines stabilen Renditenormalisierungsprozesses müssen Kapazitätswachstumsrate[580] (Stellgröße) und Überrendite (Regelgröße) so aufeinander reagieren, daß bestehende Renditeunterschiede über die negative Rückkopplung mit dem Regler solch korrigierende Veränderungen der Kapazitätswachstumsrate provozieren, daß die Überrenditen

---

578 Vgl. Fritsch/ Wein/ Ewers 2001, S. 23 f.

579 Vgl. Fritsch/ Wein/ Ewers 2001, S. 24.

580 Im Unterschied zu den komparativ-statischen Modellen der Neoklassik folgt das Produktionspotential einer Volkswirtschaft normalerweise einem stetigen Wachstumspfad. Die Ausregulierung von Kapazitätsengpässen und Überkapazitäten über die dazu korrespondierenden jeweiligen Über- bzw. Unterrenditen erfolgt daher regelmäßig über Beschleunigungen oder Verzögerungen des Produktionspotentialwachstums. Jedoch kann es auch zum absoluten Abbau von Kapazitäten kommen.

im Zeitablauf stabil um die Nullachse pendeln („Gummibandeffekt"). Zu einer Verletzung der Stabilitätsbedingung kommt es beispielsweise im Falle staatlicher Investitionsverbote, da der Reaktionskoeffizient der Kapazitätswachstumsrate in diesem Fall den Wert Null annimmt. Auch der durch die Landwirtschaft bekannt gewordene „Schweinezyklus" stellt eine Beispiel für einen nicht funktionierenden Renditenormalisierungsprozeß dar. Aufgrund von Investitionsgleichschritten kommt es hier zu explosiven Schwingungen der Überrenditen.

5.5.1.2.4 Der Übermachterosionsprozeß

Der Übermachterosionsprozeß ist darauf ausgerichtet, asymmetrische Machtkonstellationen und damit die Fähigkeit einer Marktseite zu beseitigen, Marktprozesse im Sinne eigener Partikularziele und entgegen dem Allgemeinwohl zu verzerren. Dieser Marktprozeß dürfte für die Erfüllung sämtlicher Wettbewerbsfunktionen förderlich sein, so daß ihm ein instrumentaler Charakter zur Sicherung bzw. Verbesserung der Funktionsfähigkeit von Märkten zukommt. Eine Übermachtsituation wird ermittelt, indem man die Differenz des Herfindahlindex für die Konzentration beider Marktseiten bildet und dabei über Befragungen zu ermittelnde Korrekturfaktoren für Marktein-/ und -austrittshemmnisse sowie vertikale Bindungen berücksichtigt. Die Stellgröße beim Übermachterosionsprozeß ist eine endogene, das heißt, durch die Übermacht einer Marktseite (Regelgröße) ausgelöste Strukturveränderung. Sofern der Strukturvariationskoeffizient den Wert Null annimmt, z.B. weil Hemmnisse den Markteintritt auf der stärkeren Marktseite nicht lohnend erscheinen lassen, und Abwehrmaßnahmen auf der schwächeren Marktseite nicht durchführbar oder verboten sind, ist die Stabilitätsbedingung des Übermachterosionsprozesses verletzt. Können marktstarke Unternehmen Eintrittshemmnisse errichten und dadurch ihren Markt befestigen, kommt es zu einem Machtauf- statt -abbau.

5.5.1.2.5 Der Produktfortschrittsprozeß

Eine weitere wesentliche Aufgabe funktionsfähiger Märkte beinhaltet die Förderung des technischen Fortschritts von Produkten und Produktionsmethoden. Der Produktfortschrittsprozeß soll gewährleisten, daß sich Produkte ständig erneuern und qualitativ verbessern. Dies verlangt grundsätzlich, daß viele neue Produkte versuchsweise am Markt angeboten werden. Potentielle Pioniergewinne bilden hierfür den Anreiz. Ein Produktfortschritt realisiert sich jedoch erst in dem Moment, in dem die Konsumenten die Produktvorschläge annehmen. Neue Produktvarianten sollten daher grundsätzlich auf jedem Markt einen hohen Anteil aufweisen. Die Stellgröße beim Produktfortschrittsprozeß sind durch Fortschrittsrückstände (Regelgröße) ausgelöste endogene Aufholanstrengungen, die durch Imitationsmöglichkeiten erleichtert werden. Der Produktfortschrittsprozeß ist als stabil zu betrachten, wenn die Differenz zwischen den Marktanteilen neuer oder qualitativ stark veränderter Produkte auf einem vorbildlichen Vergleichsmarkt einerseits und auf dem Untersuchungsmarkt andererseits über die negative Rückkopplung eines Imitationsregelkreises Aufholanstrengungen auslöst, die diese Differenz wieder beseitigen. Sperrpatente und Lizenzverweigerungen behindern den Imitationsregelkreis und damit gleichzeitig die Stabilität des Produktfortschrittsprozesses.

Die Identifikation von Fortschrittsrückständen ist regelmäßig mit großen Problemen verbunden, da ein Referenzmaßstab benötigt wird, anhand dessen man die Diffusionsgeschwindigkeit der Innovationen auf dem Untersuchungsmarkt beurteilen kann. Grundsätzlich könnte hierzu beispielsweise die Meinung von Experten eingeholt werden, wer die weltweiten Produkt- und Qualitätsführer sind, und wie groß ihr zeitlicher Vorsprung zu den Anbietern auf dem jeweiligen Untersuchungsmarkt ist. Laut Grossekettler sollte man auf solche Fragen zwar keine einheitlichen, jedoch sehr ähnliche Antworten erhalten. Eine weitere Möglichkeit bildet eine vergleichende Betrachtung der Altersverteilung der Produkte auf dem weltweit führenden Markt („benchmark-market of technological innovations" bzw. „best product market") mit der Altersverteilung der Produkte auf dem jeweiligen Untersuchungsmarkt. „Enthält die Verteilungsmasse des führenden Marktes mehr Weltneuheiten, ist die Häufigkeitsverteilung in Richtung der Zeitachse rechtsschief. Die Differenz der Schiefemaße (oder von analog interpretierbaren Entropiemaßen) zwischen dem führenden und dem heimischen Markt stellt dann ein Maß für den Fortschrittsrückstand dar."[581]

5.5.1.2.6 Der Verfahrensfortschrittsprozeß

Der Verfahrensfortschrittsprozeß kann auch als Produktfortschrittsprozeß einer vorgelagerten Erfinderindustrie gedeutet werden und verläuft daher analog zu diesem Prozeß. Es ließe sich dementsprechend prinzipiell ein ähnliches Stabilitätsmaß wie beim Produktfortschrittsprozeß verwenden. Grossekettler nennt beispielhaft den Umsatzanteil von Produkten, die mit Verfahren hergestellt werden, die nicht älter als 5 Jahre sind. Mangels einschlägiger Statistiken für die Bundesrepublik Deutschland verwendet Grossekettler jedoch als Regelgröße den Unterschied zwischen der Arbeitsproduktivität eines „best-practice-Marktes" mit globalen Kostenführern und der Arbeitsproduktivität auf dem Untersuchungsmarkt. Er begründet dieses Vorgehen damit, daß Unterschiede in der Arbeitsproduktivität für die wichtigsten Kostenunterschiede im weltweiten Konkurrenzkampf verantwortlich zeichnen. Stellgröße sind erneut durch Fortschrittsrückstände verursachte Aufholanstrengungen. Ein Beispiel für die Verlet-

581 Grossekettler 1995, S. 12.

zung der Stabilität des Verfahrensfortschrittsprozesses bilden Rationalisierungsschutzabkommen, da sie die Einführung neuer Verfahrenstechnologien blockieren.

5.5.1.3 Vorgehensschema bei der Diagnose von Fehlfunktionen realer Märkte

Funktionsdefekte manifestieren sich im Verlust der Fähigkeit eine Marktes, Gleichgewichtsstörungen auszuregulieren und erwünschte Gleichgewichte zu stabilisieren. Grundsätzlich lassen sich zwei Arten von Funktionsdefekten unterscheiden: *Stabilitäts- und Niveaudefekte*. Stabilitätsdefekte sind dadurch gekennzeichnet, daß der untersuchte Marktprozeß nicht dafür sorgt, daß Gleichgewichtsstörungen immer wieder befriedigend ausreguliert werden, die Dynamik der Marktprozesse somit systematisch gestört wird. *Niveaudefekte* sind durch falsche staatliche Rahmenbedingungen gekennzeichnet, die zu verzerrten Gleichgewichten führen. Der Wettbewerbsprozeß verläuft dann systematisch auf einem falschen Niveau, das heißt, die realisierten Gleichgewichte bei Produktionsmengen, Kapazitäten, Konzentrationsgraden, Produktqualitäten und Verfahrenstechniken sind entweder zu hoch oder zu niedrig.

Das neoklassische Standardmodell vollständiger Konkurrenz basiert auf der impliziten Annahme, daß reale Marktprozesse keine Stabilitätsdefekte aufweisen, Märkte sich demnach ständig im Gleichgewicht befinden. Ökonomische Effizienzanalysen sollten sich daher auf die Aufdeckung von Niveaudefekten, das heißt, auf wohlstandsmindernde Gleichgewichte aufgrund von falschen Rahmenbedingungen, konzentrieren. Grossekettler hält jedoch das Modell einer reibungslosen, informationseffizienten Arrow-Debreu-Welt nicht nur für eine Idealvorstellung, sondern auch für ein teilweise qualitativ falsches und wirtschaftspolitisch irreführendes Abbild der Realität. Das Modell vermittelt die Vorstellung, daß man sich dem Ideal einer vollkommenen Koordination allein durch die Beseitigung von Gründen für Niveauverzerrungen nähern kann, da Stabilitätsdefekte sowie lang andauernde Ungleichgewichtssituationen nicht existieren. Die Realität zeigt hingegen, daß Stabilitätsdefekte durchaus vorkommen und Marktprozesse sehr viel langsamer ablaufen als es dem neoklassischen Standardmodell entspricht. Märkte befinden sich de facto selten (und wenn, nur kurzzeitig) in einem Zustand des Gleichgewichts.[582] „Muß man nun aber damit rechnen, daß Stabilitätsdefekte in der Erfahrungswelt auftreten können, erhebt sich die Frage, wie man solche Defekte aufdecken kann."[583]

Die Diagnose von Koordinationsmängeln nach dem KMK basiert auf einer standardisierten Funktionsfähigkeitsprüfung. Im Anhang ist eine von Grossekettler diesbezüglich erstellte Mu-

582 Vgl. Fritsch/ Wein/ Ewers 2001, S. 23.
583 Grossekettler 1999, S. 24.

stergliederung abgebildet.[584] Das Prüfschema unterteilt sich einerseits in eine Beschreibung der Struktur des jeweiligen Untersuchungsmarktes in Bezug auf Produkte, Anbieter, Nachfrager und Institutionen und des weiteren in die Beschreibung der Entwicklung der fünf Marktprozesse innerhalb der gegebenen Marktstruktur *(Funktionsfähigkeitsprüfung i.e.S.)*. Bei der Funktionsfähigkeitsprüfung i.e.S. wird für jeden Marktprozeß nach dem gleichen Prüfschema vorgegangen: Aufgabenstellung und Indikatorwahl, Prüfung der Prozeßmuster auf Stabilitätsdefekte, Plausibilitätsprüfung der Prozeßmusterentwicklung, Prüfung auf Niveaudefekte und zusammenfassende Prozeßbeurteilung. Die standardisierte Untersuchung der einzelnen Marktprozesse ist auf die Wiederlegung der Basishypothese ausgerichtet, daß Marktprozesse grundsätzlich funktionieren. Werden im Rahmen einer solchen Untersuchung Koordinationsmängel festgestellt, sollte im Anschluß eine Interventionsanalyse stattfinden, um aufzuzeigen, wie die diagnostizierten Mängel am besten beseitigt werden können. Die Diagnose von Funktionsdefekten erfolgt durch die Beantwortung der in *Abbildung 13* dargestellten Fragen für alle fünf Marktprozesse.

Im Mittelpunkt des KMK steht die *Prozeßmusterprüfung*. Hier wird nach empirischen Anhaltspunkten gesucht, die dafür sprechen, daß auf dem jeweiligen Untersuchungsmarkt systematische Funktionsdefekte vorliegen. Das hieße, daß die Fähigkeit dieses Marktes, Gleichgewichtsstörungen dynamisch auszuregulieren, dauerhaft geschwunden wäre (Stabilitätsdefekte) und/ oder die erreichten Prozeßgleichgewichte dauerhaft auf einem gemeinwohlschädlichen Niveau lägen (Niveaudefekte). Unter einer systematischen bzw. dauerhaften Störung versteht Grossekettler, daß die Störungsgründe ohne korrigierende staatliche Eingriffe nicht wieder verschwinden würden. Im Anschluß an die empirische Prozeßmusterprüfung sind daher unabhängig vom Testergebnis auch stets theoretische Überlegungen anzustellen, ob es plausible Gründe dafür gibt, daß es auf dem Untersuchungsmarkt zu dauerhaften Stabilitätsdefekten kommt *(Plausibilitätsprüfung)*. „Da Plausibilitätsprüfungen Akte einer kreativen Anwendung der ökonomischen Theorie darstellen, ist ihr Ablauf nicht formalisierbar."[585] Reale Märkte weisen laut Grossekettler dann einen Koordinationsmangel auf, wenn sowohl theoretische als auch empirische Überprüfungen darauf schließen lassen, daß Stabilitäts- und Niveaudefekte vorliegen und nicht davon ausgegangen werden kann, daß diese Defekte lediglich temporärer Natur sind.

---

[584] Vgl. unten den Anhang.
[585] Grossekettler 1995, S. 23.

Sprechen empirische Anhalts-punkte für Funktions-defekte?	Lassen theoretische Überlegungen dauerhafte Funktionsdefekte bei einer Prüfung auf Stabilitätsdefekte plausibel erscheinen?		Lassen theoretische Überlegungen dauerhafte Funktionsdefekte bei einer Prüfung auf Niveaudefekte plausibel erscheinen?	
	Nein	Ja	Nein	Ja
Nein	Dynamische Stabilität	Schwachstelle in der Prozeß-dynamik	Verzerrungs-freiheit	Schwachstelle beim Prozeßniveau
Ja	Schwachstelle in der Prozeßdynamik	Koordinations-mangel bei der Prozeßdynamik	Schwachstelle beim Prozeßniveau	Koordinations-mangel beim Prozeßniveau

Abbildung 13: *Arten von Funktionsdefekten*
(Quelle: Grossekettler 1999, S. 14a)

Als ein Schwachpunkt des Koordinationsmängel-Diagnosekonzepts von Grossekettler ist die Tatsache zu bewerten, daß sich lediglich Störungen in der Dynamik der fünf Marktprozesse und damit Stabilitätsdefekte *empirisch* identifizieren lassen. Für die Aufdeckung von Niveaudefekten hält das KMK hingegen keine adäquate statistische Prüfmethode bereit. Sofern Niveaudefekte die Abläufe von Marktprozessen unberührt lassen, können sie mit den von Grossekettler beschriebenen Prozeßmustern nicht erfaßt werden. Grossekettler propagiert diesbezüglich eine *Indizienprüfung*. So soll die fachliche Sicht eines Ökonomen klären, ob Indizien für das Vorliegen falscher Rahmenbedingungen sprechen, die das Marktergebnis systematisch verzerren. An die Stelle der Plausibilitätsprüfung tritt eine Relevanzprüfung, bei der die zuständigen Behörden widerlegen sollen, daß die vermuteten Niveauverzerrungen ein relevantes Ausmaß erreichen. Da diese Argumente erneut auf ihre theoretische Plausibilität geprüft werden müssen, beruht die Identifikation von Niveaudefekten im KMK somit letztlich auf der traditionellen Analyse möglicher Ursachen für ein Marktversagen auf Basis des kritisierten statischen ökonomischen Standardmodells vollständiger Konkurrenz.

5.5.1.4 Indikatorproblematik

Die Funktionsfähigkeitsdiagnose für einen Untersuchungsmarkt auf Basis des KMK beruht vornehmlich auf der empirischen Untersuchung seiner bisherigen Funktionsweise (Prozeßmusterprüfung). Es soll ermittelt werden, ob die Regel- und Stellgrößen der fünf Marktprozesse (z.B. Übernachfrage und Preis im Markträumungsprozeß) in der Vergangenheit stabile Rückkopplungen aufwiesen. Um jedoch beispielsweise die Stabilität des Markträumungsprozesses statistisch testen zu können, muß zunächst geklärt werden, was auf dem jeweiligen Untersuchungsmarkt überhaupt unter dem Begriff der „Übernachfrageausregulierung" zu verstehen ist, und wie die Übernachfrage sowie der Marktpreis gemessen werden können. Es stellt sich das Problem der Indikatorwahl.

In diesem Zusammenhang müssen drei miteinander verbundene Operationalisierungsprobleme gelöst werden: die Konkretisierung von Idealindikatoren, die Auswahl von Hilfsindikatoren und die Überprüfung der Validität der letztlich verwandten Indikatoren. Idealindikatoren repräsentieren das empirisch wahrnehmbare Äquivalent des theoretischen Effizienzkonzepts und müssen im Wege einer zweckmäßigen Konvention festgelegt werden.[586] Aufgrund dieser Konvention messen Idealindikatoren das, was gemessen werden soll, so exakt, daß etwaige verbleibende Unschärfen (Meßfehler) im Hinblick auf den Zweck der Messung als unerheblich und damit tolerierbar betrachtet werden können.[587] In der Ökonomie finden sich allgemein anerkannte Idealindikatoren allerdings äußerst selten. Dies hat zur Folge, daß derjenige, der einen Markt untersucht, ohne einen Verstoß gegen die Konventionen einen Quasi-Idealindikator festlegen kann und muß, sofern keine allgemein anerkannte Indikatorkonvention existiert.[588] Da solche Festlegungen auch für die Anerkennung der Untersuchungsergebnisse von Bedeutung sind, sollten die Entscheidungsgründe dokumentiert werden. Sind derartige Idealindikatoren für einen bestimmten Untersuchungsbereich nicht verfügbar, muß nach Hilfsindikatoren gesucht werden. Hilfsindikatoren sollten derart beschaffen sein, daß die Meßergebnisse eine möglichst hohe Korrelation zu den Ergebnissen des Idealindikators aufweisen. Im Rahmen einer Validitätsprüfung muß ferner abgeschätzt werden, in welchen Situationen Unterschiede zwischen den Ergebnissen der Messung mit dem Hilfsindikator und den Ergebnissen des Idealindikators auftreten können. Auch die Auswahl der Hilfsindikatoren sollte dementsprechend ausführlich begründet werden.

---

586 Vgl. Schulte 1992, S. 34.

587 Vgl. Grossekettler 1995, S. 17 f. Grossekettler führt auf S. 18 auch ein ausführliches Beispiel für einen Idealindikator anhand des „Urmeters" an.

588 Der Begriff „Quasi-Idealindikator" soll andeuten, daß dieser Indikator noch nicht allgemein anerkannt ist; vgl. Grossekettler 1995, S. 19.

5.5.2 Übertragung des Koordinationsmängel-Diagnosekonzepts auf den Aktienprimärmarkt

5.5.2.1 Theoretische Vorüberlegungen

Das Koordinationsmängel-Diagnosekonzept wurde von Grossekettler entwickelt, um aus dynamischer Sicht Fehlfunktionen von realen Marktprozessen empirisch offenlegen zu können. Da Standardindikatoren zur Diagnose von Fehlfunktionen bisher jedoch lediglich für Branchen des Verarbeitenden Gewerbes entwickelt wurden, betrachtet es Grossekettler als wichtige Aufgabe, auch für andere Wirtschaftssektoren, wie den Dienstleistungs- und Arbeitsmärkten, derartige Standardindikatoren herzuleiten. Diese Forderung dient dem Autor als Anregung, einen Schritt weiter zu gehen und die Eignung des Effizienzkonzepts zur Überprüfung der Funktionsweise von Aktienprimärmärkten zu diskutieren.

Als Teil des gesamten Marktsystems einer Volkswirtschaft sollten grundsätzlich auch die Marktprozesse auf Aktienprimärmärkten dafür sorgen, daß die in *Abbildung 10* dargestellten fünf dynamischen Koordinationsaufgaben kompetativer Märkte erfüllt werden. Ein Effizienzkonzept, das auf die Koordinationsfähigkeit von Märkten abzielt, stellt dementsprechend auch ein geeignetes theoretisches Konstrukt zur Beurteilung und Verbesserung der Funktionserfüllung von Aktienprimärmärkten dar. Das Koordinationsmängel-Diagnosekonzept birgt zudem den bereits von Grossekettler für Realgütermärkte skizzierten Vorteil, daß im Gegensatz zu den statischen Effizienzansätzen der modernen Kapitalmarkttheorie nicht die ständige Realisation eines (nicht beobachtbaren) Optimums verlangt wird, sondern lediglich die Lösung der zugehörigen Lenkungsaufgaben. Dieses dynamische Effizienzkonzept sieht sich somit nicht dem Vorwurf ausgesetzt, eine „nirvana approach"-Aufgabe darzustellen. Problematischer erscheint hingegen die Aufgabe, die Intention der fünf für einen funktionierenden Realgütermarkt zu überprüfenden Marktfunktionen adäquat auf den Aktienprimärmarkt zu übertragen und geeignete Indikatoren für die Prozeßmusterprüfungen herzuleiten. Diesbezügliche Überlegungen sollen daher im Mittelpunkt der nachfolgenden Ausführungen stehen. Hieran ist zugleich die Hoffnung geknüpft, daß künftige Arbeiten diese Diskussionsgrundlage aufnehmen, und sich im Zuge einer fruchtbaren wissenschaftlichen Diskussion Standardindikatoren für die empirische Überprüfung der Koordinationseffizienz von Aktienprimärmärkten herauskristallisieren.

5.5.2.2 Markträumungsfunktion

„Der Markträumungsprozeß hat die Aufgabe, anderweitig nicht ausregulierbare Ungleichgewichte zwischen Nachfrage- und Angebotsmengen mit Hilfe von Preisvariationen auszuregulieren."[589] Für einen funktionsfähigen Aktienprimärmarkt ist dementsprechend die Forderung zu erheben, daß der Markträumungsprozeß dafür sorgt, daß anderweitig nicht ausregulierbare Differenzen zwischen Aktienangebot und Aktiennachfrage mit Hilfe von Veränderungen des Emissionspreises miteinander in Übereinstimmung gebracht werden.

Die Angebotsseite auf Aktienprimärmärkten verkörpern kapitalsuchende Unternehmen, welche potentiellen Investoren die entgeltliche Übertragung von verbrieften Eigentums- und Verfügungsrechten in Form von materiellen Beteiligungen an ihrem Aktienkapital anbieten. Das primäre Unternehmensinteresse liegt dabei in der Minimierung der Eigenkapitalkosten. Da die Eigenkapitalkosten durch den Marktwert der Aktien determiniert werden, ist die Zielstellung der Eigenkapitalkostenminimierung identisch mit dem Ziel, den Markt- und damit den Emissionspreis der neuen Aktien zu maximieren.[590] Je mehr auf dem Aktienprimärmarkt für eine Aktie erzielt werden kann, desto weniger verbriefte Eigentums- und Verfügungsrechte müssen bei gegebenem Kapitalbedarf vom Unternehmen veräußert werden. Im Gegensatz dazu verfolgen die potentiellen Nachfrager von Aktienneuemissionen das Ziel, ihre Renditeerwartungen bei gegebenem Risiko zu maximieren. Sie sind daher grundsätzlich an einem möglichst geringen Emissionspreis pro Unternehmensanteil interessiert.[591]

Die Aufgabe des Markträumungsprozesses, exogene Störungen von Markträumungsgleichgewichten stets so auszuregulieren, daß der Erwartungswert der Übernachfrage bei Null liegt, steht in unmittelbarem Zusammenhang zur Forderung der ökonomischen Theorie an einen funktionsfähigen Wettbewerb, *kurzfristige Gleichgewichte* herauszubilden.[592] Die Funktion des Markträumungsprozesses am Aktienprimärmarkt besteht dementsprechend darin, kurzfristige exogene Störungen der Angebots-Nachfrage-Relation von Neuemissionen auszuregulieren. Es ist die Frage zu stellen, ob die auf dem jeweiligen Untersuchungsmarkt zum Einsatz kommenden Emissionsverfahren flexibel genug sind, etwaige Nachfrageungleichgewichte nach einer Neuemission befriedigend auszuregulieren. Im Unterschied zu den von Grossekettler untersuchten stetigen Marktprozessen auf Realgütermärkten, wo Angebots- und Nachfragekurven nicht beobachtbar sind, und daher lediglich der Erwartungswert der Übernachfrage den Wert Null anzunehmen hat, sind Aktienerstemissionen diskontinuierliche Marktprozesse. Am Aktienprimärmarkt werden für jede Neuemission individuelle Preis- und Mengengebote abgegeben. Aus den Geboten kann eine aggregierte Nachfragekurve abgeleitet

589 Grossekettler 1999, S. 17.
590 Vgl. oben Abschnitt 2.5.1.
591 Vgl. Rapp 1996, S. 59.
592 Vgl. Grossekettler 1995, S. 5.

und der markträumende Emissionspreis für die angebotenen Aktien exakt ermittelt werden. Nach dem Verständnis des Autors kann die befriedigende Ausregulierung von Markträumungsungleichgewichten auf dem Aktienprimärmarkt daher grundsätzlich nur bedeuten, daß *grundsätzlich keine Übernachfrageerscheinungen* im Rahmen von Aktienneuemissionen zu beobachten sein dürften. Der Markt muß vielmehr bei jeder Neuemission vollständig geräumt werden.

Dieser allgemeine Grundsatz bedarf jedoch einer Erläuterung, da der Markträumungsprozeß auf dem Aktienprimärmarkt wichtige Besonderheiten im Vergleich zu den Realgütermärkten aufweist, die es bei der Übertragung des Koordinationsmängel-Diagnosekonzepts adäquat zu berücksichtigen gilt. So kann die Regelgröße „Übernachfrage" nach einer Neuemission am Aktienprimärmarkt sowohl durch die Stellgröße „Emissionspreisvariation" als auch durch die Stellgröße „Variation der angebotenen Aktienmenge" ausreguliert werden. Dieses Ergebnis ist auf den engen Zusammenhang von Investitions- und Finanzierungsvorgängen zurückzuführen. Die aus dem markträumenden Emissionspreis resultierenden Kapitalkosten der Aktienfinanzierung können für ein Unternehmen unter Umständen prohibitiv hoch sein. Übersteigen die Kapitalkosten die erwarteten Investitionsrenditen, muß auf die Durchführung der geplanten Projekte verzichtet werden. Der Börsengang wird in diesem Fall obsolet. Die Finanzierung über den Aktienprimärmarkt konkurriert jedoch mit einer Vielzahl weiterer möglicher Finanzierungsalternativen. Erlaubt der markträumende Emissionspreis einer geplanten Aktienfinanzierung nicht die Durchführung der avisierten Investitionsprojekte, ist es für den Emittenten sinnvoll zu prüfen, ob der Anteil der Aktienfinanzierung am Gesamtfinanzierungsvolumen zu Gunsten anderer Finanzierungsalternativen verringert werden kann. Solange die gewichteten Kapitalkosten der zur Verfügung stehender Finanzierungsfazilitäten unterhalb der erwarteten Investitionsrenditen liegen, kann dann auf die negative Übernachfrage zum avisierten Emissionspreis mit einer dazu korrespondierenden Verringerung der angebotenen Aktienanzahl reagiert werden. Der Aktienprimärmarkt ist in diesem Fall erneut geräumt. Empirische Beobachtungen dergestalt, daß die ursprünglich angebotene Aktienanzahl zum Emissionspreis lediglich teilweise bei den Anlegern plaziert und das Emissionsvolumen daher verringert wird, bzw. daß Neuemissionen vollständig abgesagt werden, sind daher mit einem funktionierenden Markträumungsprozeß am Aktienprimärmarkt durchaus vereinbar.[593] Die ebenfalls häufig zu beobachtenden vielfachen Überzeichnungen von Aktienneuemissionen sind demgegenüber Ausdruck dafür, daß die positiven Variationen des Emissionspreises

[593] Vgl. auch unten den Abschnitt 5.5.2.5.

und/ oder des Emissionsvolumens zu gering waren, um das bestehende Ungleichgewicht zwischen Aktienangebots- und -nachfragemenge befriedigend auszuregulieren.

Im Rahmen eines funktionierenden Markträumungsprozesses sollten des weiteren keine explosiven bzw. übermäßig starken Preisschwankungen von Neuemissionen zu beobachten sein. Eine hohe Volatilität kann sowohl Ursache als auch Folge einer nicht hinreichend stark ausgeprägten Tendenz zum erwünschten Markträumungsgleichgewicht sein. Starke Preisschwankungen von Neuemissionen sind daher grundsätzlich unerwünscht. Sie können beispielsweise dynamische Fehlanpassungen der Marktteilnehmer und hohe Absicherungskosten gegen die Preisschwankungen zur Folge haben.[594] Als Indikator für die empirische Überprüfung dieser Forderung an einen funktionierenden Markträumungsprozeß auf Aktienprimärmärkten bietet sich die Differenz der ersten Sekundärmarktkurse vom Emissionspreis (Underpricing) an. Die Verwendung des ex post Underpricing-Ausmaßes als Indikator für die Preisschwankungen von Neuemissionen kann damit begründet werden, daß die Zeitspanne zwischen der Feststellung des Emissionspreises und dem ersten Sekundärmarktkurs sehr gering ist. In dieser Zeit sollten regelmäßig keine neuen fundamentalen Nachrichten eintreffen, die große Preisveränderungen von Neuemissionen rechtfertigen. Ein hohes Underpricing-Ausmaß deutet daher auf größtenteils spekulative Preisschwankungen und/ oder einen fehlerhaften Preisfindungs- und Aktienzuteilungsmechanismus im Rahmen des Emissionsprozesses hin. Die Koordinationsleistung des Aktienmarktes wird in beiden Fällen negativ beeinflußt, da die Marktpreise tatsächliche realwirtschaftliche Knappheitsrelationen nicht mehr zuverlässig reflektieren.

Zusammengefaßt ist somit im Rahmen der Prozeßmusterprüfung anhand der aggregierten Nachfragekurve jeder Neuemission zu prüfen, ob der Markt zum festgesetzten Emissionspreis vollständig geräumt war, oder ob Übernachfrageerscheinungen auftraten. Während eine Teilplazierung der *ursprünglich avisierten* Aktienanzahl sowie Absagen von Börsengängen nach Erachten des Autors mit einem funktionsfähigen Markträumungsprozeß am Aktienprimärmarkt durchaus vereinbar sind, gilt dies nicht für positive Übernachfrageerscheinungen (Überzeichnungen). Überzeichnungen weisen auf einen Funktionsdefekt des Markträumungsprozesses auf dem untersuchten Aktienprimärmarkt hin. Lassen theoretische Überlegungen zu den verwendeten Emissionsverfahren dauerhafte Übernachfrageerscheinungen am Aktienprimärmarkt plausibel erscheinen, ist von einem Koordinationsmangel bei der Dynamik des Markträumungsprozesses auszugehen. In diesem Fall sind korrigierende Interventions-

[594] Vgl. Fritsch/ Wein/ Ewers 2001, S. 23 f.

maßnahmen in Bezug auf den Emissionspreisfindungs- und Zuteilungsprozeß zu prüfen. Im Rahmen der Prüfung des Markträumungsprozesses ist ferner für alle Neuemissionen die Differenz der ersten Sekundärmarktkurse von den Emissionspreisen zu ermitteln. Sollte das Underpricing dauerhaft außerhalb eines von Experten als tolerabel eingestuften Bandes liegen, müssen ebenfalls korrigierende Interventionsmaßnahmen in Bezug auf den Emissionsprozeß geprüft werden.

5.5.2.3 Renditenormalisierungsfunktion

Im Unterschied zur Markträumungsfunktion soll die Renditenormalisierungsfunktion der Herausbildung *langfristiger Marktgleichgewichte* dienen. Regelgröße ist die Renditedifferenz zwischen dem Untersuchungsmarkt und einem übergeordneten Wirtschaftsbereich (aus dem Kapazitätseinheiten am ehesten immigrieren und in den sie am ehesten emigrieren können). Überträgt man diesen Leitgedanken auf den Kapitalmarkt, kann die Renditenormalisierungsfunktion hier dahingehend interpretiert werden, daß durch einen exogenen Schock bedingte vergleichsweise günstige Kapitalbeschaffungskonditionen an einem Segment des Kapitalmarktes (überdurchschnittlich hohe Preise für die jeweiligen Finanzierungstitel) zu einer verstärkten relativen Inanspruchnahme der entsprechenden Finanzierungstitel durch den Unternehmenssektor führen sollten. Der Finanzierungsanteil des Kapitalmarktsegments am Gesamtfinanzierungsvolumen der Volkswirtschaft steigt. Eine derartige Preiselastizität und Dynamik des Wertpapierangebots wird von der modernen Kapitalmarkttheorie vollkommen vernachlässigt: „Diese Konzeption ist inhärent asymmetrisch, da lediglich preisrelevante Faktoren auf der Nachfrageseite des Marktes – etwa unterschiedliche Präferenzen, Risikoneigungen oder Anlagealternativen der Investoren – in die Modellbildung eingehen."[595]

Im Falle eines funktionierenden Renditenormalisierungsprozesses auf einem Aktienprimärmarkt führen überdurchschnittlich hohe Emissionspreise als Folge positiver exogener Schocks dementsprechend zu einer sukzessiven Ausdehnung des Aktienangebots im Verhältnis zu anderen Finanzierungsfazilitäten. Die relativ hohe Emissionstätigkeit sollte so lange anhalten, bis die risikoadjustierten Eigenkapitalkosten wieder ein Normalmaß erreicht haben. Exogene Faktoren als Auslöser für vergleichsweise geringe Eigenkapitalkosten der Aktienanbieter auf dem Primärmarkt können beispielsweise Technologiesprünge, eine expansive Geld- bzw. Fiskalpolitik und sich abzeichnende Konjunkturaufschwünge darstellen. Die Übertragung der Renditenormalisierungsfunktion auf den Aktienprimärmarkt läßt auch eines der drei vieldiskutierten Phänomene im Zusammenhang mit Aktienneuemissionen in einem anderen

[595] Rapp 1996, S. 378.

Licht erscheinen. So könnte sich die sogenannte Hot Issue-Anomalie als Reflexion eines funktionierenden dynamischen Renditenormalisierungsprozesses am Aktienprimärmarkt erweisen.[596] Während geringe Eigenkapitalkosten (hohe Aktienbewertungen) eine Ausdehnung der Emissionstätigkeit an diesem Kapitalmarktsegment zur Folge haben, bedingen hohe Eigenkapitalkosten (geringe Aktienbewertungen) ein Ausweichen der Unternehmen auf andere Finanzierungsfazilitäten und damit eine geringe Aktienemissionstätigkeit.

Als sinnvolle Idealindikatoren für eine Prozeßmusterüberprüfung des Renditenormalisierungsprozesses an einem Aktienprimärmarkt bieten sich für die Stellgröße „Variationen des realen Neumissionsvolumens“[597] die Veränderung des Anteils neuer Aktienemissionen am gesamten realen Finanzierungsvolumen der Volkswirtschaft und für die Regelgröße „Abweichung der risikoadjustierten realen Eigenkapitalkosten von ihrem Normalwert“ die dazu korrespondierenden risikoadjustierten realen Eigenkapitalkosten von Aktienneuemissionen im Vergleich zum historischen Normalmaß an. Je geringer die von den Anlegern geforderte Risikoprämie ausfällt, desto attraktiver wird die Aktie als Finanzierungsinstrument für den Unternehmenssektor. Bei einem funktionierenden Renditenormalisierungsprozeß am Aktienprimärmarkt sollte eine stabile Ausregulierung vergleichsweise geringer bzw. hoher Eigenkapitalkosten durch Variationen des Aktienemissionsvolumens dergestalt zu beobachten sein, daß die risikoadjustierten realen Eigenkapitalkosten im Zeitablauf um einen Normalwert pendeln.

Eine Vereinfachung zur empirischen Messung der Variationen des realen Neumissionsvolumens bedeutet die ausschließliche Berücksichtigung der Anzahl bzw. des Volumens von Aktienneuemissionen im Zeitablauf. Dieser Hilfsindikator ist jedoch von geringerer Aussagekraft als der Idealindikator, da nicht ersichtlich wird, wie sich das Aktienangebot in Relation zu den anderen Finanzierungsfazilitäten entwickelt hat. Hilfsindikatoren zur empirischen Beurteilung der Eigenkapitalkosten lassen sich aus Aktienbewertungskennziffern ableiten. Beispielhaft sei der Quotient aus der Rendite von Bundesanleihen zum reziproken Kurs/ Gewinn-Verhältnis (KGV) bzw. zur Dividendenrendite der Neuemissionen angeführt. Dieser Quotient soll den „Renditevorteil“ von Anleihen gegenüber Aktien reflektieren und kann als Maßstab für die relative Preiswürdigkeit von Aktien gegenüber festverzinslichen Wertpapieren interpretiert werden.[598] Je größer der Wert des Quotienten ist, desto „teurer“ sind Aktien im Vergleich zu Anleihen und desto attraktiver wird ihr Einsatz als Instrument

---

596 Vgl. oben Abschnitt 5.4.3.

597 Unter realen Kennziffern seien im folgenden stets inflationsbereinigte Kennziffern verstanden.

598 Zur Problematik der teilweisen KGV-Interpretation als Kehrwert des unternehmensspezifischen Kapitalisierungszinssatzes vgl. Serfling/ Pape/ Kressin 1999, S. 292.

zur Kapitalbeschaffung.[599] Eine weitere Vereinfachung würde die ausschließliche Verwendung des KGVs von Neuemissionen als Indikator zur Beurteilung der relativen Eigenkapitalkosten repräsentieren. Die aktuellen KGVs werden mit den historischen Durchschnitts-KGVs von Neuemissionen verglichen. Diese Hilfsindikatoren sollten eine hohe Korrelation zu den Eigenkapitalkosten der Unternehmen aufweisen. Kritisch ist hingegen neben der mangelnden finanzierungstheoretischen Fundierung einzelner Kennziffern vor allem die mangelnde bzw. gänzlich fehlende Risikoadjustierung zu sehen.

Die Renditenormalisierungsfunktion des Aktienprimärmarktes läßt sich jedoch noch in einer weiteren Hinsicht deuten. So hat der Renditenormalisierungsprozeß grundsätzlich zur Aufgabe, Produktionsfaktoren auf Realgütermärkte zu locken, wo aufgrund von Kapazitätsengpässen Überrenditen erzielt werden, und Produktionsfaktoren zur Emigration von Märkten zu bewegen, wo sich aufgrund von Überkapazitäten lediglich Unterrenditen erzielen lassen. Im Rahmen der Funktionsfähigkeitsprüfung von Aktienprimärmärkten könnte dementsprechend auch geprüft werden, inwieweit der betreffende Aktienprimärmarkt seiner Aufgabe gerecht wird, den Produktionsfaktor „Kapital“ auf Realgütermärkte mit Überrenditen und damit in die „produktivste Verwendung“ zu locken. Erfüllt der Aktienprimärmarkt die ihm anvertraute Funktion, sollten Aktienneuemissionen im Durchschnitt risikobereinigte Überrenditen erwirtschaften.

5.5.2.4 Übermachterosionsfunktion

Diese Funktion von Märkten ist darauf ausgerichtet, asymmetrische Machtkonstellationen und damit die Fähigkeit einer Marktseite zu beseitigen, Marktprozesse im Sinne eigener Partikularziele und entgegen dem Allgemeinwohl zu verzerren.[600] Machtunterschiede zwischen Anbietern und Nachfragern provozieren bei einem stabilen Übermachterosionsprozeß korrigierende Marktstrukturvariationen, beispielsweise in Form von neuen Markteintritten. In Bezug auf die Funktionsfähigkeit von Aktienprimärmärkten kann diese Aufgabe nach Erachten des Autors grundsätzlich als erfüllt betrachtet werden. Sowohl die Anzahl potentieller Anbieter und Nachfrager neuer Aktien als auch die Anzahl alternativer Finanzierungsfazilitäten bzw. Investitionsobjekte ist so hoch, daß die Gefahr der Ausbeutung einer Marktseite am Aktienprimärmarkt nicht gegeben erscheint.

Die Übermachterosionsfunktion lenkt die Aufmerksamkeit jedoch auf einen Aspekt der Emissionstätigkeit, der gerade in jüngster Zeit Gegenstand heftiger Diskussionen ist - die Rolle der

[599] Vgl. Rapp 1996, S. 382 f.
[600] Vgl. Grossekettler 1999, S. 7.

Finanzintermediäre. Die Börsenzulassung eines neuen Unternehmens erfordert grundsätzlich die Hinzuziehung eines Kreditinstituts oder eines anderen Unternehmens mit entsprechender fachlicher Eignung und Zuverlässigkeit. Für diese Dienstleistung bezahlen die Emissionsunternehmen einen bestimmten Prozentsatz des Emissionsvolumens („gross spread") als Kommissionsgebühr an den Finanzintermediär. Als allgemein akzeptiert gilt der Umstand, daß Aktienemissionen Fixkosten beinhalten und daher mit Economies of Scale verbunden sind.[601] Chen/ Ritter 2000 dokumentieren jedoch, daß in den späten neunziger Jahren nahezu alle US-IPOs zwischen 20 und 80 Mio. $ Emissionsvolumen eine fixe Kommissionsgebühr von exakt 7 % bezahlten. Außerhalb der USA ist diese Gebühr regelmäßig lediglich halb so hoch. Chen/ Ritter 2000 argumentieren daher, daß US-Emissionsbanken unter Ausnutzung von Marktmacht Überrenditen im IPO-Geschäft erzielen.[602]

Der Beitrag von Chen/ Ritter hat eine umfangreiche akademische Debatte ausgelöst, die jedoch zu keiner einheitlichen Schlußfolgerung gelangt.[603] Für die Lösung der Frage, ob in den USA Investmentbanken tatsächlich über die Marktmacht verfügen, dauerhaft Überrenditen zu realisieren, und der Wettbewerb im US-IPO Geschäft damit ernsthaften Funktionsstörungen unterliegt, scheint die Anwendung des Koordinationsmängel-Diagnosekonzepts prädestiniert. Sofern auf dem US-Markt für Aktienemissionsdienstleistungen ein geheimes bzw. implizites Preiskartell der Anbieter existiert, und darüber hinaus Markteintrittsbarrieren bestehen, die den Zutritt potentieller Wettbewerber verhindern oder zumindest stark erschweren, müßte dies auch die Stabilität der Koordinationsprozesse beeinträchtigen und sich daher mit dem Koordinationsmängeldiagnose-Konzept diagnostizieren lassen. Die Lösung dieser komplexen Aufgabe führt an dieser Stelle jedoch zu weit und soll daher künftigen Arbeiten vorbehalten bleiben.

5.5.2.5 Fortschrittsfinanzierungsfunktion

Die Produkt- und Verfahrensfortschrittsfunktionen verlangen von einem funktionierenden Realgütermarkt, daß durch exogene Schocks bedingte Fortschrittsrückstände im Vergleich zu weltweit anerkannten Produkt- und Qualitätsführern wieder beseitigt werden. Technischer Fortschritt ist grundsätzlich mit einem biologischen Evolutionsprozeß vergleichbar. An die Stelle biologischer Arten treten jedoch Preis-Leistungs-Kombinationen (PLK). Der technische Fortschritt als sozialer Lern- und Evolutionsprozeß umfaßt drei Teilprozesse: den Expe-

601 Vgl. Ritter 2001, S. 33.
602 Vgl. ausführlich Chen/ Ritter 2000.
603 Für eine kurze Übersicht der relevante Beiträge vgl. Ritter 2001, S. 33 f.

rimentier-, Selektions- und Imitationsprozeß.[604] Das Ausscheiden von rückständigen Produkten bzw. Produktionsverfahren ist dabei ein notwendiger Fortschrittsbestandteil: „Ohne ein verschwenderisch breites Angebot von PLK würde man niemals erfahren, was die Nachfrager wirklich wollen, denn diese wissen es ja häufig selbst nicht, sondern entdecken und formieren ihre manifesten Bedürfnisse beim Betrachten des Angebots (Schlüssel-Schloß-Effekt).“[605] Fortschritt verlangt dementsprechend, daß auf einem Markt versuchsweise viele neue Produkte angeboten werden, die Nachfrager neue Produktvorschläge akzeptieren, und neue Produktvarianten damit im Durchschnitt einen hohen Marktanteil aufweisen.[606] Die Überlebenschancen von Unternehmen sind unmittelbar an diesen Evolutionsprozeß gekoppelt. Sofern Unternehmen mit rückständigen Produkten oder Produktionsverfahren nicht zumindest die Innovationserfolge anderer Anbieter imitieren, werden sie vom Markt verdrängt.

Für die Funktionsfähigkeitsprüfung des Aktienprimärmarktes lassen sich aus diesen Erkenntnissen wichtige Schlüsse ziehen. So ist die reibungslose Kapitalerhältlichkeit eine notwendige Bedingung für die Stabilität des Produkt- und Verfahrensfortschrittsprozesses auf Realgütermärkten. Für die Kapitalbereitstellung zeichnet die finanzielle Infrastruktur einer Landes verantwortlich. Wird diese Aufgabe nur ungenügend ausgeübt, läuft eine Volkswirtschaft Gefahr, den Anschluß an wichtige Technologiesprünge und damit über kurz oder lang ihre internationale Wettbewerbsfähigkeit zu verlieren. Eine wichtige Koordinationsfunktion des Aktienprimärmarktes ist somit die *Fortschrittsfinanzierung*. Der entsprechende Marktprozeß soll daher in Abgrenzung zum Produkt- und Verfahrensfortschrittsprozeß auf Realgütermärkten als *„Fortschrittsfinanzierungsprozeß“* bezeichnet werden.

Im Rahmen der Funktionsfähigkeitsüberprüfung des Fortschrittsfinanzierungsprozesses auf einem Aktienprimärmarkt ist zu analysieren, ob Fortschrittsfinanzierungsrückstände im Vergleich zu einem weltweit als Vorbild anerkannten Aktienprimärmarkt (Regelgröße) eine entsprechende Intensivierung von Such- und Imitationsprozessen auf dem Untersuchungsmarkt (Stellgröße) zur Folge haben, die diese Rückstände wieder beseitigen. Nach Ansicht des Autors repräsentiert das Verhältnis der Marktkapitalisierung von Neuemissionen, die sich durch Produkt- bzw. Prozeßinnovationen von anderen Unternehmen der gleichen Branche abheben oder aus jungen Branchen stammen, zur Marktkapitalisierung sämtlicher am organisierten Kapitalmarkt einer Volkswirtschaft gehandelter Aktien einen sinnvollen Idealindikator

[604] Vgl. zu den einzelnen Prozessen ausführlich Grossekettler 1995, S. 13.

[605] Grossekettler 1995, S. 13 sowie Grossekettler 1978, S. 620 ff.

[606] Vgl. Grossekettler 1995, S. 12. Wie bereits oben in Abschnitt 5.5.1.2.6 angeführt, kann der Verfahrensfortschrittsprozeß auch als Produktfortschrittsprozeß einer vorgelagerten Erfinderindustrie verstanden werden. Unter neuen Produkten sind daher auch neue Verfahren zu verstehen.

zur empirischen Funktionsfähigkeitsprüfung des Fortschrittsfinanzierungsprozesses auf einem Aktienprimärmarkt. Dieser Indikator reflektiert zum einen, wie viele Emittenten mit innovativen Unternehmensprofilen Zugang zum Aktienmarkt dieser Volkswirtschaft erhalten, und zum anderen, wie stark die damit verbundene Ausweitung und Differenzierung der am Aktienmarkt verfügbaren Zahlungsstromverteilungen ist. Ein Aktienprimärmarkt wäre demnach daraufhin zu untersuchen, ob Rückstände in den Marktanteilen von innovativen Aktienneuemissionen im Vergleich zu einem Aktienprimärmarkt mit weltweiter Qualitätsführung (Idealindikator für die Regelgröße) endogene Aufholanstrengungen provozieren. Diese Anstrengungen sollten sich in verstärkten Börsengängen neuartiger Unternehmensprofile niederschlagen, so daß etwaige Marktanteilsrückstände innovativer Neuemissionen im Zeitablauf wieder beseitigt werden.

Im Rahmen der empirischen Prozeßmusterprüfung sollten die Neuemissionen unterschiedliche Gewichte erhalten. So weisen aktuelle IPOs einen höheren Neuigkeitswert auf als weiter zurückliegende Neuemissionen. Ein Gewichtungsfaktor sollte sich daher auf den Emissionszeitpunkt eines IPOs beziehen. Analog zum Standardisierungsvorschlag der OECD für neue Produkte auf Realgütermärkten schlägt der Autor vor, im Rahmen der Untersuchung lediglich den Marktanteil von Neuemissionen zu berücksichtigen, die nicht älter als 3 bis 5 Jahre sind.[607] Ein weiterer Gewichtungsfaktor sollte sich darüber hinaus auf das Branchenalter bzw. den Innovationscharakter der Neuemissionen beziehen, um den Innovationsgehalt der neuen Unternehmensprofile adäquat zu berücksichtigen. Welcher internationale Aktienprimärmarkt schließlich die „Qualitäts"-Benchmark bilden soll, muß durch Umfragen unter Kapitalmarktexperten erhoben werden. Es ist jedoch davon auszugehen, daß die überwiegende Mehrheit den US-amerikanischen Aktienprimärmarkt als weltweiten Qualitätsführer bezeichnen wird.[608]

Statistisch diagnostizierte Fortschrittsfinanzierungsrückstände lassen auf einen Stabilitätsdefekt des Fortschrittsfinanzierungsprozesses auf dem untersuchten Aktienprimärmarkt schließen. Im Rahmen der Plausibilitätsprüfung ist anschließend zu fragen, ob theoretische Analysen die Ergebnisse der statistischen Tests unterstützen und damit dauerhafte Fortschrittsfinanzierungsrückstände dieses Aktienprimärmarktes wahrscheinlich sind. In diesem Fall handelt es sich um einen Koordinationsmangel bei der Prozeßdynamik. Es müssen korrigierende Interventionsmaßnahmen eingeleitet werden.

---

607 Vgl. zum Standardisierungsvorschlag der OECD Grossekettler 1999, S. 7.

608 Vgl. beispielsweise die Aussage von Müller: „Vielmehr dient der amerikanische Markt insgesamt als

Nach Ansicht des Autors ist die Funktionsfähigkeitsüberprüfung des Fortschrittsfinanzierungsprozesses auch ein geeignetes Instrument, um gesamtwirtschaftliche Fehlentwicklungen bei der Innovationsfinanzierung frühzeitig aufzudecken. Dauerhaft bestehende Fortschrittsfinanzierungsrückstände des Aktienprimärmarktes einer Volkswirtschaft bilden in dieser Hinsicht eine erste wichtige Indikation. Da jedoch die finanzielle Infrastruktur des betreffenden Landes so gestaltet sein kann, daß andere Institutionen bzw. Segmente des Kapitalmarktes etwaige Fortschrittsfinanzierungsrückstände des Aktienprimärmarktes (über)kompensieren, müssen sämtliche Kapitalmarktsegmente und Finanzierungsinstitutionen einer Volkswirtschaft analog zur Vorgehensweise auf dem Aktienprimärmarkt in Bezug auf die Funktionsfähigkeit des Fortschrittsfinanzierungsprozesses untersucht werden. Im Anschluß kann dann eine objektive Gesamteinschätzung über die Situation der Innovationsfinanzierung in der jeweiligen Volkswirtschaft erfolgen.

Der Grad der Erfüllung der Fortschrittsfinanzierungsfunktion des Aktienprimärmarktes hat gleichzeitig Auswirkungen auf die Annäherung des Kapitalmarktes an die Arrowsche Idealvorstellung vollständiger Märkte. Aus Sicht der Kapitalanleger repräsentiert zwar grundsätzlich jedes IPO einen neuartigen Finanzierungstitel mit einem spezifischen Rendite-Risiko-Profil. Neuartige, bisher am organisierten Kapitalmarkt nicht verfügbare Unternehmensprofile werden für den Investor jedoch hauptsächlich bei Börsengängen von Unternehmen aus jungen Branchen bzw. bei Börsengängen von Unternehmen, die sich durch Produkt- bzw. Verfahrensinnovationen von anderen Unternehmen ihrer Branche abheben, verfügbar. Ein weiterer Effekt der Fortschrittsfinanzierungsfunktion ist dementsprechend die bereits angedeutete Ausweitung und Differenzierung der am organisierten Kapitalmarkt verfügbaren Zahlungsstromverteilungen. In der Idealvorstellung von Arrow ist die Anzahl der gehandelten Wertpapiere identisch mit der Anzahl aller denkbaren Umweltzustände. Jeder Umweltzustand schlägt sich folglich in der spezifischen Cash-flow-Verteilung eines Wertpapiers nieder. Diese Zustandssensitivität eines Wertpapiers wird als „spanning“-Eigenschaft bezeichnet, der Titel selbst als „state contingent claim“. Ein Investor kann durch den Erwerb geeigneter Finanzierungstitel die Auswirkungen beliebiger Umweltzustände auf seine zukünftigen Cash-flows vollständig kontrollieren. Er erhält damit die Möglichkeit, seine Zahlungsströme exakt auf die von ihm erwarteten Umweltzustände abzustimmen.[609]

Benchmark, um die Effizienz eines jeden – also auch unseres – Kapitalmarkts zu beurteilen.“ (Müller 2001, S. 836)

609 Vgl. zu diesem Absatz ausführlich Arrow 1964.

Eine Annäherung der Realität an diese Modellvorstellung ist wünschenswert, da auf diese Weise die Fähigkeit der Investoren gestärkt wird, zustandsabhängige Cash-flow-Verteilungen zu realisieren. Dem Aktienprimärmarkt kommt in diesem Zusammenhang eine wichtige Funktion zu, da die Neuemission von Aktien eine der wenigen Möglichkeiten darstellt, neue Wertpapiere und folglich neue „spanning"-Profile an den Kapitalmarkt heranzuführen. Aufgrund der individuellen unternehmensspezifischen Besonderheiten weist grundsätzlich jede neue Aktie eine spezifische Cash-flow-Sensitivität in Bezug auf bestimmte Umweltzustände auf (Faktorsensitivität).[610] Insbesondere IPOs junger innovativer Wachstumsunternehmen sind jedoch durch eine starke Konzentration auf einzelne Produkte oder Tätigkeitsbereiche geprägt. Der daraus resultierende geringe leistungswirtschaftliche Diversifikationsgrad induziert eine starke Korrelation der unternehmensspezifischen Cash-flows zu individuellen Produktlebenszyklen, Branchenkonjunkturen oder anderen isolierbaren Faktoren des ökonomischen Gesamtsystems. Die Faktorsensitivität dieser Aktien ist daher regelmäßig stärker ausgeprägt als bei größeren breit diversifizierten Unternehmen.

Die IPOs junger innovativer Wachstumsunternehmen nähern sich daher der Arrowschen Vorstellung von „state contingent claims". Ist die Faktorsensitivität einer Neuemission mit Hilfe der bereits vorhandenen Wertpapiere nicht bzw. nur eingeschränkt replizierbar, weist sie ein neues faktorspezifisches „spanning"-Profil auf. Da grundsätzlich erst im Zuge von Neuemissionen neuartige, bisher am organisierten Kapitalmarkt nicht verfügbare „spanning"-Profile und Faktorsensitivitäten für den Investor verfügbar werden, kann der Aktienprimärmarkt auch als Markt für „spanning"-Profile interpretiert werden. Die Nachfrager geben dabei Angebote für die von ihnen präferierten Faktorsensitivitäten und Rendite-Risikokombinationen ab. Die Erwartungen der einzelnen Investoren über zukünftige Umweltzustände und die Präferenzen in Bezug auf bestimmte „spanning"-Eigenschaften sind dabei regelmäßig heterogen. Intersubjektiv unterschiedliche Einschätzungen über die Grenzpreise neuemittierter Aktien sind daher wahrscheinlich.[611]

Die heterogenen Einschätzungen können daher dazu führen, daß der markträumende Emissionspreis für ein neues „spanning"-Profil so gering ausfällt, daß die Eigenkapitalkosten des kapitalsuchenden Unternehmens zu hoch sind, um die geplanten Investitionen betriebswirtschaftlich sinnvoll erscheinen zu lassen. Börsengänge müssen daher teilweise abgesagt bzw. in die Zukunft verschoben werden.[612] Dies steht jedoch nach Ansicht des Autors völlig im

610 Vgl. zum Konzept der Faktorsensitivität ausführlich Rosenberg/ Rudd 1982 sowie Chen/ Roll/ Ross 1986.
611 Vgl. zu diesen Ausführungen auch Rapp 1996, S. 69 f.
612 Vgl. auch oben Abschnitt 5.5.2.2.

Einklang mit dem Fortschrittsgedanken, daß dem Nachfrager mannigfaltige neue Produkte angeboten werden müssen, so daß sie sich für die von ihnen präferierten Preis-Leistungs-Kombinationen entscheiden können. Bewerten die Investoren den Preis für einen neuen Zahlungsstrom dergestalt, daß der markträumende Preis für die zu emittierenden Aktien nicht den Mindestvorstellungen des Unternehmens entspricht, hat der Marktprozeß auf dem Aktienprimärmarkt in diesem Fall dafür gesorgt, daß eine bestimmte Preis-Leistungs-Kombination von den Nachfragern abgelehnt wurde. Die Absage einzelner Aktienneuemissionen steht somit grundsätzlich im Einklang mit den Forderungen der Nationalökonomie nach Konsumentensouveränität und Lenkung der gesamtwirtschaftlichen Kapitalbildung in die produktivsten Verwendungsmöglichkeiten.

5.5.2.6 Verfahrensfortschrittsfunktion

Die Übertragung der Verfahrensfortschrittsfunktion auf den Aktienprimärmarkt erlaubt eine weitere Interpretationsmöglichkeit. So kann diese Marktfunktion auch dahingehend gedeutet werden, die Leistungsfähigkeit und Qualität eines Aktienprimärmarktes ständig zu verbessern. Der Verfahrensfortschrittsprozeß wäre demgemäß dann als stabil zu betrachten, wenn eine positive Differenz zwischen den Marktanteilen neuer bzw. qualitativ stark veränderter Verfahren auf einem vorbildlichen Vergleichsmarkt einerseits und dem Untersuchungsmarkt andererseits (Idealindikator für die Regelgröße „Verfahrensfortschrittsrückstände") über negative Rückkopplungen im Rahmen eines Imitationsregelkreises Aufholanstrengungen auslöst, die diese Differenz wieder beseitigen. Als Verfahren sollen in diesem Zusammenhang sämtliche Teilprozesse und Rahmenbedingungen verstanden werden, die den Zugang neuer Unternehmen zum organisierten Kapitalmarkt sowie die Bewertung und Plazierung von Neuemissionen tangieren. Diese Interpretation des Verfahrensfortschrittsprozesses zielt somit auf die institutionelle und operationale Effizienz von Aktienprimärmärkten.[613]

Zum Verständnis dieser Interpretation des Verfahrensfortschrittsprozesses soll ein kurzes Beispiel angeführt werden: Ein wesentliches Problem von Aktienprimärmärkten besteht in der Kumulation von Marktunvollkommenheiten, wie z.B. Informationsmängeln. So sind zum Zeitpunkt der Emission regelmäßig nicht alle relevanten Aspekte der Unternehmenstätigkeit und sämtliche Risikofaktoren eines Emittenten in der Öffentlichkeit bekannt. Dies gilt speziell für kleinere und jüngere Unternehmen. Die systematische Veröffentlichung von Informationen beginnt oftmals erst mit dem Gang an die Börse und geht zunächst nahezu vollständig vom Emittenten sowie von den Research-Abteilungen der emissionsbegleitenden Banken aus.

---

613 Vgl. hierzu auch oben Abschnitt 5.3.3.

Die überwiegende Mehrheit der potentiellen Investoren ist zum Zeitpunkt der Emission aufgrund der zeitlichen Restriktionen des Emissionsprozesses und des begrenzten Zugangs zu originären Informationsquellen des Emittenten kaum in der Lage, die veröffentlichten Informationen zu validieren. Diese ineffiziente Informationsstruktur stellt die Funktionsfähigkeit des Aktienprimärmarktes vor erhebliche Probleme.[614]

Die Möglichkeit junger innovativer Unternehmen, sich über den organisierten Aktienmarkt zu finanzieren, wird daher unter anderem stark von der Bereitschaft und der Fähigkeit von Finanzintermediären beeinflußt, eine objektive und qualitativ hochwertige Vorselektion potentieller Emittenten herbeizuführen. Jedes neue Verfahren, das die Qualität dieser Vorselektion verbessert, stärkt ceteris paribus auch die Leistungsfähigkeit des Aktienprimärmarktes in Bezug auf die Risikokapitalaufbringung. Kommen hingegen trotz verbesserter neuer Techniken weiterhin überholte Vorselektionsverfahrens zur Anwendung, steigt auf diesem Primärmarkt die Gefahr eines sich selbstverstärkenden adversen Selektionsprozesses. Dies ist darauf zurückzuführen, daß die mangelhafte Qualitätsprüfung Emittenten mit schlechter Qualität anlocken wird. Potentielle Investoren werden daraufhin eine erhöhte Risikoprämie als Ausgleich für die marktendogenen Preis- und Transaktionsrisiken fordern. Aufgrund der gestiegenen Kapitalkosten werden sukzessive mehr und mehr potentielle Emittenten diesem Markt fernbleiben. Der Aktienprimärmarkt trocknet aus.

Ein funktionsfähiger Verfahrensfortschrittsprozeß kann somit als elementare Voraussetzung dafür betrachtet werden, daß am Aktienprimärmarkt Informationsunvollkommenheiten und andere Marktfriktionen durch ein höchstmögliches Maß an Koordination auf ein Minimum reduziert werden. Eine derartige Koordination vermindert die erforderlichen Risikoabschläge bei der Aktienbewertung durch potentielle Investoren und schafft damit letztlich die Voraussetzung, daß ein Aktienprimärmarkt auf Dauer erfolgreich bestehen kann.

5.5.3 Zusammenfassende Konzeptübersicht

Ausgangspunkt für die Erarbeitung des Koordinationsmängel-Diagnosekonzepts für den Aktienprimärmarkt war die Überzeugung des Autors, daß es dringend geboten erscheint, einen systematischen Ansatz zu entwickeln, mit dem das Marktverhalten auf Aktienprimärmärkten objektiv überprüft werden kann. Ein solcher Ansatz sollte sich zudem nicht auf restriktive Annahmen über die Verhaltensweise oder die Informiertheit der Marktteilnehmer stützen, sondern vielmehr auf direkt beobachtbare Entwicklungsmuster von Marktprozessen.

---

[614] Vgl. Rapp 1996, S. 88 f.

Der Rückgriff auf das von Grossekettler entwickelte Koordinationsmängel-Diagnosekonzepts zur Funktionsfähigkeitsprüfung von Aktienprimärmärkten basiert auf dem Gedanken, daß die grundlegenden Funktionen, die Märkte in ihrer Eigenschaft als marktwirtschaftliche Koordinationsinstrumente erfüllen sollten, identisch sind. Auf Realgütermärkten erfolgt die Lösung dieser Koordinationsaufgaben durch die Prozesse der Markträumung, Renditenormalisierung, Übermachterosion sowie durch den Produkt- und Verfahrensfortschrittsprozeß. Die Entwicklungsmuster der Regel- und Stellgrößen dieser Regelkreise sind empirisch beobachtbar, so daß die Funktionsfähigkeit der Koordinationsprozesse für jeden Realgütermarkt statistisch überprüft werden kann. Koordinationsmängel sind eine besondere Form von Funktionsstörungen: „Das sind Stabilitätsdefekte, die empirisch nachgewiesen und ökonomisch plausibel sind und sich ohne zweckmäßige wirtschaftspolitische Gegenmaßnahmen als dauerhaft erweisen würden, oder Niveauverzerrungen, die durch mangelhafte Rahmenbedingungen dauerhafter Natur zustande gekommen sind, welche sich nicht ernsthaft legitimieren lassen.“[615] Es sind daher zweckmäßige Maßnahmen zu ihrer Beseitigung zu ergreifen.

Die vom Autor vorgenommene Übertragung dieses Konzepts zur empirischen Untersuchung der Funktionsfähigkeit von Aktienprimärmärkten ist in nachfolgender *Abbildung 14* noch einmal übersichtsartig dargestellt. Neben den abgebildeten empirischen Prozeßmusterprüfungen zur Aufdeckung von Stabilitätsdefekten ist zudem grundsätzlich für alle Marktprozesse nach Indizien zu suchen, ob die staatlich beeinflußbaren Rahmenbedingungen so beschaffen sind, daß „falsche“ Mengen, Kapazitäten, Qualitäten oder Verfahren auf dem untersuchten Aktienprimärmarkt realisiert bzw. stabilisiert werden. Ursachen für derartige Niveaudefekte können unter anderem internalisierungsbedürftige externe Effekte sowie ungerechtfertigte staatliche Begünstigungen oder Benachteiligungen, z.B. in Form von staatlichen Regulierungsauflagen und Handelsbeschränkungen, darstellen.[616] Im Rahmen der Niveauverzerrungsprüfung kann jedoch anstelle der statistischen Tests lediglich eine Indizienprüfung erfolgen. Stellungnahmen von Regierung und Verwaltungen müssen die Rolle der Plausibilitätsprüfung übernehmen.[617] Der Objektivitätsgehalt und die Aussagekraft der Untersuchungsergebnisse wird dadurch erheblich eingeschränkt.

---

[615] Grossekettler 1995, S. 45.
[616] Vgl. Grossekettler 1995, S. 21.
[617] Vgl. Grossekettler 1995, S. 26.

Marktprozeß	***Regelgröße***	***Stellgröße(n)***	***Funktionsfähigkeitsprüfung***
Markträumungsprozeß	○ **Übernachfrage** *Idealindikator:* ➢ Differenz von Aktienangebot und –nachfrage zum realisierten Emissionspreis ➢ Underpricing	○ **Emissionspreisvariationen** ○ **Variationen der angebotenen Aktienmenge**	➢ Entsprechen die Emissionspreise markträumenden Preisen, oder sind Übernachfrageerscheinungen zu beobachten? ➢ Sind im Rahmen von Neuemissionen übermäßige Preisschwankungen zu beobachten?
Renditenormalisierungsprozeß	○ **Abweichung der risikoadjustierten realen Eigenkapitalkosten von ihrem Normalwert** *Idealindikator:* ➢ Risikoadjustierte reale Eigenkapitalkosten von Aktienneuemissionen *Hilfsindikatoren:* ➢ Aktienbewertungskennziffern	○ **Variationen des realen Neumissionsvolumens** *Idealindikator:* ➢ Veränderung des Anteils von Aktienneuemissionen am gesamten realen Finanzierungsvolumen einer Volkswirtschaft *Hilfsindikator:* ➢ Veränderungen des realen Aktienneuemissionsvolumens im Zeitablauf	➢ Pendeln die risikoadjustierten realen Eigenkapitalkosten um einen Normalwert?
	Weiteres Konzept: Inwieweit wird der untersuchte Aktienprimärmarkt seiner Aufgabe gerecht, den Produktionsfaktor „Kapital" auf Realgütermärkte mit Überrenditen und damit in die „produktivste Verwendung" zu locken? *Funktionsfähigkeitsprüfung:* Aktienneuemissionen sollten im Durchschnitt risikobereinigte Überrenditen erwirtschaften.		
Fortschrittsfinanzierungsprozeß	○ **Fortschrittsfinanzierungsrückstände** *Idealindikator:* ➢ Rückstände in den Marktanteilen innovativer Neuemissionen	○ **endogene Intensivierung von Such- und Imitationsprozessen**	➢ Haben Fortschrittsfinanzierungsrückstände im Vergleich zu einem weltweit als Vorbild anerkannten Aktienprimärmarkt eine Intensivierung von Such- und Imitationsprozessen zur Folge, die diese Rückstände wieder beseitigen?
Verfahrensfortschrittsprozeß	○ **Verfahrensfortschrittsrückstände** *Idealindikator:* ➢ Rückstände in den Marktanteilen neuer bzw. qualitativ stark veränderter Verfahren	○ **endogene Intensivierung von Such- und Imitationsprozessen**	➢ Lösen Verfahrensfortschrittsrückstände im Vergleich zu einem weltweit als Vorbild anerkannten Aktienprimärmarkt eine Intensivierung von Such- und Imitationsprozessen aus, die diese Rückstände wieder beseitigen?

Abbildung 14: *Das Koordinationsmängel-Diagnosekonzept für den Aktienprimärmarkt*

Die obenstehenden Erörterungen sollten die Grundidee des Konzepts zur Diagnose von Koordinationsmängeln eines Aktienprimärmarktes hinreichend skizziert haben. Der zukünftigen Forschung muß es vorbehalten bleiben, dieses Effizienzkonzept zu vervollkommnen und die bestehenden nationalen Aktienprimärmärkte in Bezug auf ihre Koordinationseffizienz empirisch zu untersuchen.

6 Würdigende Zusammenfassung in Hinblick auf eine verbesserte Finanzierung von TOU am deutschen Kapitalmarkt

6.1 Grundlegende Ursachen für einen potentiellen Kapitalmangel von TOU

Die gesamtwirtschaftliche Innovationsfähigkeit ist eine Hauptdeterminante für die internationale Wettbewerbsfähigkeit einer Volkswirtschaft und damit für die Generierung von Wachstum, Beschäftigung und Wohlstand. Im Verlaufe dieser Arbeit konnte herausgearbeitet werden, daß den lange Zeit von Wissenschaft und Wirtschaftspolitik vernachlässigten Markteintritten innovativer Unternehmen elementare Bedeutung im Prozeß des strukturellen und technologischen Wandels zuteil wird. Für einen reibungslosen Ablauf der dynamischen gesamtwirtschaftlichen Veränderungsprozesse ist der ungehinderte und kostengünstige Zugang zu externem Risikokapital eine essentielle Voraussetzung. Empirische Studien zeigen jedoch, daß gerade junge Technologieunternehmen die Kapitalbeschaffung als großes Hemmnis für eine erfolgreiche Unternehmensentwicklung erachten.

Unstrittig ist ferner, daß Kapitalmangel und Finanzierungsprobleme häufig die Ursachen für die Entstehung von Unternehmenskrisen und für das Scheitern junger Technologieunternehmen bilden.[618] Andererseits scheint jedoch ein ausreichendes Potential an anlagesuchendem Risikokapital in Deutschland vorhanden zu sein. Der Autor hat daher die These vertreten, daß die wesentlichen Ursachen für den beklagten Kapitalmangel von JTU in Hemmnissen bzw. Problemen beim Ausgleich von Angebot und Nachfrage am Risikokapitalmarkt für innovative junge Unternehmen zu suchen sind: „Such-, Bewertungs- und Vertragsgestaltungsprobleme zwischen Anbietern und Nachfragern lassen sich als *strukturelle Defekte* von Märkten verstehen: Ihnen fehlen definitionsgemäß diejenigen *Institutionen*, welche potentielle Marktpartner zusammenführen, Regeln für einen effizienten Handel und den Vertragsabschluß aufstellen und damit die Transaktionskosten aller Beteiligten erheblich zu senken vermögen."[619]

Junge, technologieorientierte Unternehmen weisen prinzipiell einen ausgeprägten Risikocharakter auf, der mit steigendem Neuigkeitsgrad ihrer Innovationen zunimmt. Da der Erfolg der Innovationsanstrengungen oftmals erst zu einem weit in der Zukunft liegenden Zeitpunkt realisiert werden kann, verfügen diese Unternehmen in der Regel auf absehbare Zeit über keinerlei Einnahmen, und ihre Wirtschaftlichkeits- und Ertragsprognosen sind mit großer Unsicherheit behaftet. Das Kapital potentieller Investoren ist vergleichsweise lange im Unter-

[618] Vgl. Sabisch/ Groß 1999, S. 136.
[619] Schirmeister/ Wippler 1999, S. 208.

nehmen gebunden und äußerst schwer fungibel. Eine frühzeitige Beendigung der Finanzierungsbeziehung ist für sie daher – sofern überhaupt möglich – mit hohen Ausstiegskosten verbunden. Die Kapitalgeber werden jedoch mit weiteren Problemen konfrontiert. Aufgrund der stark ausgeprägten Informationsasymmetrie sind ihnen die wahren Fähigkeiten und Verhaltensweisen der jungen Unternehmer genauso wenig bekannt, wie das wahre Potential der Innovationen. Das aufgrund dieser Charakteristika natürlicherweise hohe Informationsbedürfnis der Kapitalgeber stellt andererseits wiederum die kapitalsuchenden Innovatoren und Unternehmensgründer vor erhebliche Probleme. Ihr technologischer Wissensvorsprung ist für die Erarbeitung und Ausnutzung von Wettbewerbsvorsprüngen und damit letztendlich für den Unternehmenserfolg entscheidend. Innovationsrenten geraten jedoch in Gefahr, wenn aufgrund von Finanzierungsvorgängen wettbewerbsrelevante Informationen ungewollt in die falschen Hände gelangen. Ein derartiger negativer externer Finanzierungseffekt impliziert, daß der Art der Finanzierung auch bei Außerachtlassung von Interessenkonflikten zwischen Management und Unternehmenseignern eine erhebliche Relevanz für den Erfolg und die Rentabilität von unternehmerischen Investitionsentscheidungen zukommt.

Die bisherigen Ausführungen verdeutlichen die enorme Problematik, die in der Finanzierung von TOU steckt. Die Funktionsfähigkeit des Risikokapitalmarktes wird dadurch auf nachhaltige Art und Weise beeinträchtigt. Statische Finanzierungs- bzw. Kooperationsdesigns erweisen sich beispielsweise lediglich partiell in der Lage, die durch asymmetrische Informationsverteilungen hervorgerufenen Selektions- und Anreizprobleme zu lösen. So hat der klassische Standardkreditvertrag zwar regelmäßig einen positiven Einfluß auf die Projektauswahl und die wahrheitsgemäße Informationsübertragung durch innovative Unternehmer. Trotzdem werden sich Fremdkapitalgeber kaum bereit erklären, innovativen jungen Unternehmen Kredite in größerem Umfang zur Verfügung zu stellen. Als Gläubiger dieser Unternehmen tragen sie nämlich die hohen Ausfallrisiken der Innovationsfinanzierung in voller Höhe und sehen sich bei steigendem Verschuldungsgrad zusätzlich dem Risikoanreizproblem („Spiel der Eigentümer mit den Fremdkapitalgebern“) ausgesetzt. Auf der anderen Seite besteht für sie keine Möglichkeit, in entsprechendem Maße auch an den hohen Marktchancen von TOU zu partizipieren. Da die Unternehmensaktiva von TOU wiederum vornehmlich aus immateriellen Ideen, Patenten bzw. Prototypen bestehen, ist auch die Stellung von Realsicherheiten regelmäßig als mögliches weiteres Kooperationsdesign nicht möglich. Die häufig geäußerte Kritik eines mangelnden Risikobewußtseins deutscher Kreditinstitute als Ursache für die Finanzierungsprobleme TOU erscheint dementsprechend verfehlt.

Die Beteiligungsfinanzierung hingegen ist in der Lage, das Problem der Risikoallokation weitgehend zu eliminieren. Als Nachteil dieser Kooperationsform erweist sich jedoch, daß sie mit erheblichen Meß- und Bewertungsproblemen verbunden ist. So weisen TOU zwar grundsätzlich deutlich höhere Renditeerwartungen als andere Existenzgründungen auf. Das Erkennen der strategischen Optionen und Potentiale dieser Unternehmen und deren richtige Bewertung setzen jedoch ein enormes fachliches Know-how, langjährige Erfahrung und einen hohen Prüfaufwand der externen Gutachter voraus. Auch müssen potentielle Eigenkapitalgeber aufgrund der asymmetrischen Informationsverteilung vermuten, daß die kapitalsuchenden Unternehmen aus subjektiv rationalen Erwägungen bemüht sind, das Innovationsobjekt im speziellen sowie das Unternehmen insgesamt als wenig risikoreiche, jedoch hohe Gewinnchancen verheißende Investition erscheinen zu lassen. Auf diese Weise sollen Investoren zu einer positiven Finanzierungsentscheidung bewogen und die Kapitalkosten möglichst gering gehalten werden. Kapitalsuchende innovative Unternehmen stehen damit grundsätzlich vor einem Glaubwürdigkeitsproblem, das den Konflikt zwischen der Notwendigkeit, externe Kapitalgeber ausführlich über die Innovationsvorhaben zu informieren und dem Schutz der untrennbar mit dem Unternehmenserfolg verbundenen Geschäftsidee weiter verschärft.

Im Rahmen ausgiebiger Präsentationen und Beteiligungsverhandlungen müssen sich Investoren sowohl ein präzises Bild von der Persönlichkeitsstruktur und den Fähigkeiten der Unternehmensgründer machen, als auch die von den Unternehmern vermittelten Informationen eingehend auf ihre Glaubwürdigkeit überprüfen. Überaus wichtige Prüfkriterien bilden dabei die fachlichen und kaufmännischen Fähigkeiten sowie die Führungsfähigkeiten der Unternehmerperson. In diesem Zusammenhang kann die Bedeutung des Eindrucks, den die Investoren von der Verläßlichkeit und Glaubhaftigkeit des Gründers gewinnen, nicht hoch genug eingeschätzt werden. Da sich in der Beteiligungsfinanzierung junger innovativer Unternehmen die gesamte Principal-Agent-Problematik reflektiert, ist ein stabiles Vertrauensverhältnis zwischen Kapitalgeber und -nehmer für die Vergabe von Beteiligungskapital eine notwendige - jedoch nicht hinreichende - Voraussetzung. Zur Eindämmung des in der Person des Innovators und Unternehmers begründeten Moral Hazard-Risikos ist vielmehr auch eine Konzentration der Kapitalanteile in den Händen weniger Kapitalgeber erforderlich, die darauf spezialisiert sind, über die Qualitätsprüfung hinaus die Geschäftsführung und -politik kontinuierlich zu überwachen. Für die Finanzierung innovativer Unternehmensgründungen kommen daher nahezu ausschließlich professionelle und hochspezialisierte Investoren in Frage, so daß das grundsätzlich breite Risikokapitalangebot bereits von vornherein drastisch eingeschränkt wird. Die gezielte Ansprache einiger weniger, auf die Finanzierung derartiger Unternehmen spezialisierter professioneller Investoren, unter Umgehung des anonymen Kapitalmarktes, sowie die damit verbundene Konzentration von Beteiligungskapital in wenigen ausgewählten Händen weist darüber hinaus einen weiteren entscheidenden Vorteil auf: Die Gefahr, daß der technologische Wissensvorsprung eines innovativen Kapitalnachfragers ungewollt in die Hände (potentieller) Konkurrenten fällt, wird entscheidend vermindert.

Jedoch kommt auch dem Management der kapitalsuchenden Unternehmen eine große Bedeutung für den Ausgleich von Angebot und Nachfrage am Risikokapitalmarkt zu. Durch die sorgfältige Auswahl und Anwendung geeigneter Analyse- und Prognosetechniken sowie durch kompetente Managementmethoden kann die Planungssicherheit und Risikoeinschätzung der Investoren deutlich verbessert werden. In der Praxis mangelt es innovativen Jungunternehmern neben dem Eigenkapital häufig an diesem Wissen. Auch ist zu konstatieren, daß nur wenige TOU wirklich ambitionierte Wachstumsabsichten haben, und von diesen wiederum lediglich ein geringer Teil die hohen Erwartungen auch erfüllen kann. Kapitalgeber junger innovativer Unternehmen sollten dementsprechend in der Lage sein, durch eine aktive Unterstützung der häufig noch unerfahrenen Gründer einen Value-added zu schaffen, und darüber hinaus eine indirekte, aber permanente Managementkontrolle auszuüben. Während Fremdkapitalgeber wenig Interesse an einer derart aktiven Rolle zeigen werden, da sie einzig und allein daran interessiert sind, Unternehmensverluste, die auf ihr Engagement durchschlagen, zu verhindern, partizipieren Beteiligungskapitalgeber unmittelbar am geschaffenen Value-added. Potentielle Kapitalgeber junger Technologieunternehmen zeichnen sich somit idealerweise dadurch aus, daß sie (1) dank einschlägiger Erfahrungen in der jeweiligen Branche bzw. auf dem entsprechenden Technologiegebiet eine aktive Managementunterstützung gewähren können, (2) ausreichend Eigenkapital, gegebenenfalls auch in mehreren Finanzierungsrunden bereitstellen und weitere Wege zur Kapitalbeschaffung eröffnen können, (3) über geeignete Netzwerke verfügen, (4) der Managementstil zum Unternehmen paßt, und (5) die Renditeerwartungen mit der Unternehmenskonzeption und geplanten Umsatzentwicklung des Unternehmens übereinstimmen.[620]

Der Mangel an qualifizierten, professionellen Marktteilnehmern - sowohl auf der Angebots- als auch auf der Nachfrageseite des Risikokapitalmarktes - könnte somit eine wichtige Erklärungsgrundlage für die zu beobachtenden Finanzierungsengpässe bilden. Darüber hinaus ist erkennbar geworden, daß der Kreis potentieller Kapitalgeber von TOU durch eine Vielzahl spezifischer Anforderungen stark eingegrenzt wird. Es sollten daher Institutionen existieren,

620 Vgl. Pleschak/ Stummer 1999, S. 328; Pleschak 1999, S. 6 ff.

die einen Teil der skizzierten Aufgaben übernehmen und den unterschiedlichen Interessen von Kapitalgebern und -nehmern gleichermaßen Rechnung tragen. Neben einer mangelnden Professionalität der beteiligten Akteure kann der Risikokapitalmarkt daher auch durch eine unzureichende Institutionenstruktur in seiner Funktionsfähigkeit beeinträchtigt werden.

6.2 Aktuelle Entwicklungen am deutschen Risikokapitalmarkt

Obwohl die erste Kapitalbeteiligungsgesellschaft bereits 1965 gegründet wurde, konnte der institutionalisierte Risikokapitalmarkt in Deutschland nach einer langen Phase der Stagnation erst in den letzten Jahren einen rapiden Aufschwung verzeichnen, als sich die Rahmenbedingungen für Venture Capital nachhaltig verbesserten.[621] So verdoppelte sich allein von 1997-1999 die Zahl der deutschen Beteiligungsgesellschaften. Der Anteil des Beteiligungsvolumens am Bruttoinlandsprodukt stieg auf 0,4 % (knapp 14 Mrd. DM) - das anlagebereite Fondsvolumen hingegen auf fast 27 Mrd. DM. Der vergleichsweise hohe Bestand an nicht investierten Fondsmitteln scheint daraufhin zu deuten, daß unter betriebswirtschaftlichen Gesichtspunkten bisher lediglich ein begrenztes Reservoir an lohnenden Investitionsobjekten in Deutschland existiert. Dies scheint insbesondere für die risikoreichen Frühphasenfinanzierungen zuzutreffen, da diese Engagements trotz ihrer großen Bedeutung als Motor für Innovationen und Strukturwandel nach wie vor eher im Hintergrund stehen. Doch auch hier sind Besserungstendenzen erkennbar. So hat der Anteil der Frühphasenfinanzierungen - sicherlich auch bedingt durch die öffentlichen Förderungsprogramme BTU und FUTOUR - in den letzten Jahren deutlich zugenommen. Im Jahr 1999 konnte ein weiterer Anstieg der Frühfinanzierungen am Gesamtportfolio auf nunmehr 23 % verzeichnet werden (1998: 17 %). Auch die Beteiligungsgesellschaften investierten 1999 verstärkt in kleine Unternehmen. Die Hälfte der neu ins Portfolio genommenen Unternehmen hatte weniger als 20 Beschäftigte. Weiterhin ist auch eine Veränderung der Branchenstruktur der Venture Capital-Investitionen hin zu innovativen Hochtechnologien zu verzeichnen. Von 1997 - 1999 nahmen die Investitionen in die bedeutenden Technologiebereiche Kommunikation, Biotechnologie und Informationstechnologie sprunghaft von 18 % auf 39 % der Gesamtinvestitionen zu, wodurch sich ihr Anteil am Gesamtportfolio auf 26 % erhöhte. Im internationalen Vergleich machen die deutschen Bruttoinvestitionen gemessen am Investitionsvolumen der gesamten Risikokapitalmärkte in Europa in den letzten Jahren ca. 13 % aus. Unter den europäischen Ländern hatte Deutschland damit nach Großbritannien das zweithöchste Gewicht. Beim Zuwachs der Bruttoinvestitionen blieb Deutschland allerdings mit 61 % sogar leicht hinter dem europäischen

[621] Einen kurzen Überblick über die historische Entwicklung des deutschen Beteiligungsmarktes geben Lessat et al. 1999, S. 117 ff.

Durchschnitt und stark hinter dem US-amerikanischen Zuwachs von 152 % zurück. Zudem ist die gesamtwirtschaftliche Bedeutung der deutschen Risikokapitalinvestitionen mit 3 Mrd. EUR im Vergleich zu den USA mit 48 Mrd. US $ immer noch ausgesprochen gering.[622]

Die zu verzeichnende Belebung des deutschen Beteiligungsmarktes scheint zum einen auf die sich nun auch in der Wirtschaftspolitik der Bundesrepublik Deutschland durchsetzende Erkenntnis zurückzuführen zu sein, daß risikoreiche innovative Unternehmensgründungen einen maßgeblichen Beitrag zum Aufbau des gesamtwirtschaftlichen Innovationspotentials leisten und eine überaus wichtige Rolle im Prozeß des Strukturwandels spielen. Angesichts der Tatsache, daß Finanzierungsprobleme diese jungen innovativen Wachstumsunternehmen sehr stark in ihrer Entwicklung behindern und sogar existentiell gefährden, stellt die öffentliche Hand nunmehr erhebliche finanzielle Mittel zur frühzeitigen Unterstützung innovativer Gründer bereit. Unter anderem wurden Gründerzentren, Technologieparks und Innovationsberatungsstellen aus der Taufe gehoben. Darüber hinaus implementierten Bund und Länder in den neunziger Jahren umfangreiche Programme an öffentlichen Finanzierungshilfen für junge Wachstumsunternehmen, die auch das Angebot von Beteiligungskapital durch private Quellen in Deutschland deutlich stimulieren konnten. Kritisch ist in diesem Zusammenhang jedoch die mittlerweile recht unübersichtliche Vielzahl an einzelnen Fördermaßnahmen zu sehen. So werden auf der Bundesebene umfangreiche Finanzierungshilfen aus Mitteln des ERP-Sondervermögens, des Bundeshaushaltes, der KfW und der DtA vergeben sowie günstige Sicherheits- und Gewährleistungen bereitgestellt. Insgesamt sind in der Förderdatenbank des BMWi momentan 43 Programme im Bereich Venture Capital sowie 88 Existenzgründungsprogramme enthalten.[623] Daneben existieren noch zahlreiche weitere Programme der einzelnen Bundesländer sowie der EU. Kapitalsuchenden jungen Unternehmen und ihren Beratern fällt es dementsprechend ungemein schwer, die Förderprogramme bzw. Kombinationen an Förderprogrammen zu finden, die für ihre Situation am geeignetsten sind. In der Folge entstehen hohe Such- und Informationskosten, die grundsätzlich vermieden werden könnten. Eine „Entschlackung" der umfangreichen Förderkataloge sowie eine vereinfachende Systematik und bessere Strukturierung, insbesondere auch in Hinsicht auf die besonderen Bedürfnisse von TOU, erscheinen daher angebracht.

Da sowohl in den USA als auch in anderen europäischen Ländern die Beteiligungsmärkte in den letzten Jahren „boomten", liegt zudem der Schluß nahe, daß zum starken Wachstum des deutschen Risikokapitalmarktes auch die vielfältigen neuen Marktchancen beitrugen, die sich

[622] Vgl. zu den Zahlen ausführlich Deutsche Bundesbank 2000.
[623] Vgl. Knips 2000, S. 38.

aus der Deregulierung wichtiger Marktsegmente (als wichtigstes Beispiel sei an dieser Stelle die Telekommunikationsbranche genannt), der anziehenden Weltkonjunktur sowie aus den vielfältigen neuen technologischen Entwicklungen in den neunziger Jahren eröffneten.[624] Darüber hinaus kann die Bedeutung der Gründung des Neuen Marktes im März 1997 als neues Kapitalmarktsegment speziell für junge Wachstumsunternehmen an der Frankfurter Wertpapierbörse sowie die bis zum März 2000 andauernde weltweite Hausse der „High-tech"-Aktien nicht hoch genug für das rasante Wachstum des deutschen Risikokapitalmarktes eingeschätzt werden, stellten sie doch (potentiellen) Risikokapitalgebern innovativer junger Unternehmen hochprofitable Exitmöglichkeiten in nennenswertem Umfang nun auch über die deutsche Börse in Aussicht.

Langjährige Erfahrungen in den USA zeigen, daß die Entwicklung des VC-Marktes stark von der Existenz eines entsprechenden dynamischen Aktienprimärmarktes abhängig ist. So verlief die Entwicklung des VC-Marktes in der Vergangenheit weitgehend synchron zur Entwicklung der Aktienprimärmärkte:[625]

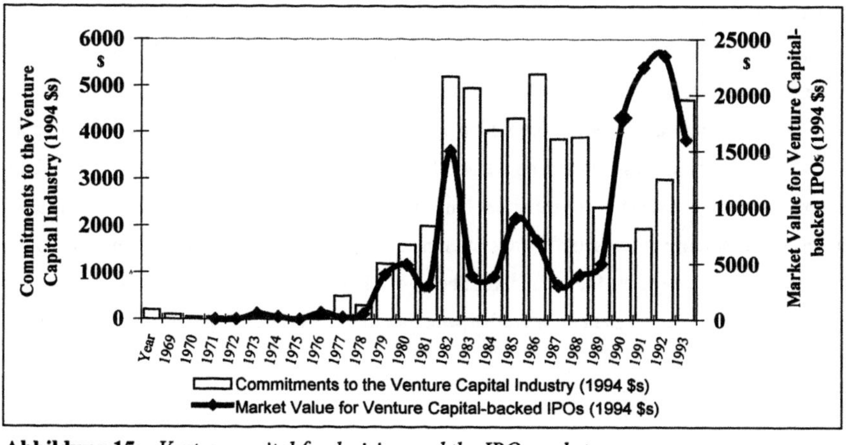

Abbildung 15: *Venture capital fundraising and the IPO market*
(Quelle: Gompers 1998, S. 1094)

624 Vgl. zum Einfluß makroökonomischer und wirtschaftspolitischer Rahmenbedingungen auch die empirischen Untersuchungen für die USA durch Gompers/ Lerner 1997a; Jeng/ Wells 1997; für den deutschen Markt vgl. Kulicke 1999b, S. 17 ff.

625 Vgl. hierzu ausführlich Black/ Gilson 1998 sowie die Studie von Jeng/ Wells 1997, die empirisch Einflußfaktoren auf den Mittelzufluß von VC-Gesellschaften in 21 Ländern untersuchen, ferner FhG-ISI/ ZEW 1998, S. 28 sowie Gompers/ Lerner 1997a. Die Studie von Gompers/ Lerner 1997b bestärkt zudem die Vermutung, daß verstärkte Mittelzuflüsse der VC-Gesellschaften wiederum höhere Bewertungen von VC-Neuengagements nach sich ziehen. Dieser Zusammenhang erscheint unter dem Gesichtspunkt eines funktionierenden Beteiligungsmarktes auch konsistent, da ein verstärktes Kapitalangebot bei konstanter Kapitalnachfrage des Unternehmenssektors c.p. zu fallenden Kapitalkosten bzw. steigenden Beteiligungspreisen führen muß.

In *Abbildung 15* ist einerseits das jährliche Neumittelaufkommen der US-VC-Branche sowie der jährliche Marktwert der IPOs dargestellt, die durch VC-Gesellschaften betreut wurden. Wie zu ersehen, lagen in den siebziger Jahren sowohl der IPO- als auch der Beteiligungsmarkt danieder. Das starke Wachstum der VC-Branche Anfang der achtziger vollzog sich wiederum spiegelbildlich zum Wachstum des IPO-Marktes, während dem Rückgang des Beteiligungsgeschäfts Ende der achtziger Jahre ein starker Einbruch des Aktienprimärmarktes vorausging. Auch dem starken Wachstum der VC-Branche in den neunziger Jahren ging erneut eine verstärkte IPO-Aktivität voraus.[626] Diese Zusammenhänge unterstreichen die im Verlaufe dieser Arbeit festgestellte Komplementarität des VC-Marktes und des Aktienprimärmarktes. Zugleich lassen sie jedoch die Investitionspolitik von Pensionsfonds fraglich erscheinen, die VC-Allokation in den Portfolios unter der Annahme zu erhöhen, daß sich dieses Kapitalmarktsegment größtenteils unkorreliert zu den Entwicklungen an den Aktienmärkten verhält.[627] Die Vernachlässigung des positiven Zusammenhangs zwischen dem VC-Markt und der Entwicklung der Aktienmärkte könnte dementsprechend für einzelne Pensionsfonds in der Zukunft große Probleme heraufbeschwören. Auch lassen die beobachteten Zusammenhänge und Erkenntnisse dieser Arbeit einen weiteren Schluß zu: Eine nachhaltige Baisse an den Aktienmärkten könnte für die Finanzierung junger technologieorientierter Wachstumsunternehmen einen fatalen „vicious cycle“ auslösen, in dessen Verlauf sowohl der IPO-Markt als auch der VC-Markt austrocknet. Eine derartige Entwicklung würde auch die Wirtschaftspolitik vor eine enorme Herausforderung stellen. In Bezug auf die aktuelle Entwicklung des deutschen VC-Marktes läßt sich aufgrund der empirisch festgestellten starken Zyklik des US-amerikanischen Beteiligungsgeschäfts konstatieren, daß erst das erfolgreiche Durchlaufen eines kompletten Börsenzyklus Gewißheit darüber verschaffen kann, wie dauerhaft der in den neunziger Jahren zu verzeichnende Aufschwung am deutschen Beteiligungsmarkt wirklich ist.

[626] Erste Indizien deuten darauf hin, daß die empirische Beobachtung einer ausgeprägten Zyklik des Beteiligungsgeschäfts im Einklang mit der Entwicklung an den Aktienmärkten auch aktuell Gültigkeit hat. Nachdem sich Technologieaktien seit März 2000 weltweit in einer ausgeprägten Baissephase befinden, ist auch die Anzahl der IPOs stark rückläufig. Aktuelle Erhebungen zeigen zudem, daß die US-VC-Investitionen im vierten Quartal 2000 um 18 % zurückgegangen sind und damit im dritten Quartal in Folge ein Minuswachstum aufwiesen. Besondere Beachtung in Hinblick auf die Finanzierung von JTU verdient der Umstand, daß am Ende eines Beteiligungsbooms kaum noch Kapital in neue Ventures fließt, da der Kapitalbedarf der bestehenden Portfoliounternehmen regelmäßig höher ist, als zunächst prognostiziert; vgl. Serrar 2001, S. 3.

[627] Vgl. Gompers 1998, S. 1094 f.

6.3 Ausgewählte Problembereiche des deutschen Risikokapitalmarktes

6.3.1 Technologieorientierte Unternehmensgründungen

Um die Situation des deutschen Risikokapitalmarktes grundsätzlich und nachhaltig zu verbessern, ist vor allem ein innovatives Umfeld erforderlich, in dem sich Hochtechnologien erfolgreich entwickeln können. Der Gesetzgeber kann hierfür durch innovations- und investitionsfreundliche Gesetze, Verordnungen und Erlasse einen wichtigen Beitrag leisten. Eine Neuausrichtung des Bildungswesens, insbesondere in Richtung einer stärkeren „Entrepreneurship"-Fokussierung an Universitäten und Oberstufen der Schulen, sowie der Abbau bürokratischer Hürden im Rahmen von Deregulierungsmaßnahmen, um nur einige Punkte zu nennen, sind wichtige Bestandteile einer investitionsfreundlichen Wirtschaftspolitik. Ferner sollten Forschungsaktivitäten unterstützt und gefördert werden, die über einzelwirtschaftliche Interessen hinausgehen und daher ein gesamtwirtschaftliches bzw. gesamtgesellschaftliches Engagement erfordern. Eine leistungsfähige Forschungsinfrastruktur, verstärkte Technologietransfers zwischen den Forschungseinrichtungen der Hochschulen/ Universitäten und der Industrie sowie ein investitionsfreundliches gesamtwirtschaftliches Umfeld könnten den Nährboden für eine neue „Gründerkultur" in Deutschland bilden.

Probleme auf Seiten der bereits existierenden kapitalsuchenden jungen Unternehmen für eine breitere Durchsetzung der Beteiligungsfinanzierung erwachsen zum einen daraus, daß sich TOU in ihren Wachstumszielen teilweise zu stark zurückhalten bzw. nur „risikomindernd" wachsen wollen. Viele KMU zeigen darüber hinaus wenig Interesse, überhaupt Beteiligungskapital aufzunehmen. Vielmehr sind die Gründer vor allem daran interessiert, ihr „eigenes" Unternehmen aufzubauen und ihre Unabhängigkeit und Selbständigkeit zu bewahren. Zu weiteren Vorbehalten gegenüber der Beteiligungsfinanzierung führt die Furcht, von externen Kapitalgebern „über den Tisch gezogen zu werden". Trotz der großen Bedeutung der Finanzierung für den Innovations- und Unternehmenserfolg muß zudem festgestellt werden, daß Finanzierungsfragen in jungen Unternehmen oftmals vernachlässigt werden. Die Finanzierung ist jedoch ein wesentlicher Bestandteil des Innovationsmanagements und unmittelbar mit anderen Aufgabenkomplexen, insbesondere der Projektplanung und -kontrolle sowie der Bewertung und Wirtschaftlichkeitsrechnung verbunden. Finanzierungsfragen müssen daher in ein strategisches, ganzheitliches Unternehmenskonzept eingebunden werden.[628] Oft beginnt die Kapitalsuche jedoch erst, wenn Finanzierungsengpässe deutlich zu Tage treten. TOU fin-

[628] Vgl. Sabisch/ Groß 1999, S. 157.

den sich in diesem Fall sehr schnell in einer ungünstigen Verhandlungsposition wieder und werden für potentielle Kapitalgeber unattraktiv.[629]

In einem Gutachten der FhG-ISI/ ZEW für das Bundesministerium für Wirtschaft vom Dezember 1998 sind diesbezüglich jedoch Besserungstendenzen erkennbar. So wird beispielsweise ein wachsendes Interesse junger Wachstumsunternehmen an Beteiligungskapital konstatiert. Das Gutachten der FhG-ISI/ ZEW geht zudem davon aus, daß die Akzeptanz von Beteiligungskapital bei TOU aufgrund von Lerneffekten mit zunehmender Größe und wachsendem Bekanntheitsgrad des Beteiligungsmarktes in Zukunft deutlich ansteigen sollte. Innovative Unternehmensgründer müssen jedoch noch früher mit diesem Finanzierungsinstrument vertraut gemacht und befähigt werden, die Beteiligungsfinanzierung als Weg zur Erhöhung des unternehmerischen Finanzierungsspielraums zu erkennen und im Interesse des Unternehmenswachstum zu nutzen. In dieser Hinsicht haben die Erfahrungen mit dem FUTOUR-Förderprogramm beispielsweise gezeigt, daß die Bereitschaft der Gründer, direkte Beteiligungen einzuwerben, durch ein frühzeitiges Einbinden von stillen Beteiligungen in die Finanzierungskonzepte deutlich erhöht wird. Durch die Kombination von staatlichen Zuschüssen und stiller Beteiligung werden die Gründer von Beginn an gezwungen, sich mit dem Wesen von Beteiligungen und ihren wirtschaftlichen Wirkungen auseinander zusetzen und daraufhin die verschiedenen Wege der Kapitalbedarfsdeckung gegeneinander abzuwägen.[630]

Die Bemühungen, die Gründungsneigung in Deutschland zu stimulieren, insbesondere die Förderung der unternehmerischen Qualifikation, beispielsweise durch „Business Plan-Wettbewerbe“, sollten zukünftig nicht nur die Anzahl, sondern auch die Qualität und das Wachstumspotential der TOU positiv beeinflussen, die Attraktivität von Frühphaseninvestitionen erhöhen und damit letztendlich auch zu einer effizienteren Nutzung des bestehenden Kapitalangebots beitragen. Durch eine bessere Qualifikation der Gründer würde sich zugleich der Bedarf an externer Managementunterstützung reduzieren und die Betreuungsintensität abnehmen. Dies ermöglicht wiederum renditeorientierten VC-Gesellschaften ihre Risikoprämien zurückzuschrauben und mehr Unternehmen als bisher in einem Beteiligungsportfolio zu betreuen. Gleichzeitig würde sich auch der Kreis an geeigneten Beteiligungskapitalgebern erweitern, da nunmehr auch solche Kapitalgeber für die Finanzierung JTU in Frage kämen,

[629] Vgl. Pleschak/ Stummer 1999, S. 328 f.
[630] Vgl. Pleschak 1999, S. 10; FhG-ISI/ ZEW 1998, S. 29 f. sowie S. 34 f.

die nicht in der Lage bzw. gewillt sind, ein Beteiligungsunternehmen über den Einsatz ihres Kapitals hinaus zu unterstützen.[631]

6.3.2 Der informelle Beteiligungsmarkt

6.3.2.1 Bestandsaufnahme und Entwicklungspotential

Probleme für die Herausbildung eines funktionierenden und effizienten Risikokapitalmarktes in Deutschland erwachsen jedoch nicht nur auf Seiten der Unternehmen. So befindet sich der informelle Kapitalmarkt mit ca. 9,5 - 12,5 Mrd. DM investiertem Kapital und etwa 27.000 aktiven sowie 220.000 - 250.000 potentiellen Business Angels im Vergleich zu den USA, wo dieses Marktsegment auf bis zu drei Millionen Angels und eine Kapitalisierung von 80 - 240 Mrd. EUR geschätzt wird, in einem „rudimentären" Entwicklungsstadium.[632] Auch wenn das durchschnittliche Investitionsvolumen einer Business Angel-Beteiligung verhältnismäßig gering ausfällt, kann deren Bedeutung für die weitere Entwicklung von technologieorientierten Unternehmensgründungen nicht hoch genug eingeschätzt werden. Im Verlauf dieser Arbeit wurde gezeigt, daß Business Angels eine wichtige Komplementärfunktion zum formellen Venture Capital-Markt erfüllen. Sie investieren vornehmlich in jüngere Unternehmen, die für VC-Gesellschaften aufgrund des geringen Investitionsvolumens, des hohen Betreuungsaufwands und der hohen Risiken (noch) nicht interessant sind. Die Beteiligungsfinanzierung durch Business Angels zeitigt darüber hinaus auch positive Signalwirkungen für Geschäftspartner und andere potentielle Investoren. Der auf diese Weise initiierte finanzielle Leverage-Effekt einer Business Angel-Investition wird auf ein Verhältnis von 1:1 geschätzt. Das heißt, auf jede Geldeinheit, die ein Business Angel in ein junges Unternehmen investiert, entfällt eine zusätzliche von anderen Investoren bereitgestellte Geldeinheit.[633] Die Weiterentwicklung und Verbesserung des informellen Kapitalmarktsegments birgt somit ein erhebliches, bisher weitgehend ungenutztes Finanzierungspotential für TOU in Deutschland. Aufgrund der Erfahrungen in den Vereinigten Staaten kann davon ausgegangen werden, daß durch die Mobilisierung potentieller Business Angels jährlich zusätzlich zwischen 9,5 und 12,5 Mrd. DM für die Finanzierung innovativer Unternehmensgründungen aufgebracht werden könnten. Vergleicht man diese Schätzung mit den aktuellen deutschen Risikokapitalinvestitionen von jährlich ca. 6 Mrd. DM, zeigt sich, welch einen erheblichen Mehrbeitrag zur

[631] Vgl. FhG-ISI/ ZEW 1998, S. 29 f. sowie S. 34 f.
[632] Vgl. Deutsche Bundesbank 2000; Lessat et al. 1999, S. 165; von Boehm-Bezing, 1999, S. 599 f.
[633] Vgl. Nittka 2000, S. 254.

Deckung der Nachfrage nach risikotragenden Finanzierungsmitteln Business Angels zu leisten im Stande wären. Eine Aktivierung dieses Potential erscheint daher dringend geboten.[634]

Verschiedene Studien lassen erkennen, daß insbesondere vier Faktoren für die Aktivierung von potentiellen Business Angels ausschlaggebend sind:[635]

1) *steuerliche Rahmenbedingungen,*
2) *Intermediation durch vertrauenswürdige Kontaktpersonen oder -institutionen,*
3) *persönliche Kenntnis des Managements von Beteiligungsunternehmen,*
4) *Syndizierungsmöglichkeiten.*

6.3.2.2 Möglichkeiten zur Verbesserung der steuerlichen Rahmenbedingungen

Grundsätzlich ist es zu begrüßen, daß die im Jahr 2000 vom deutschen Bundestag verabschiedete Steuerreform Kapitalbeteiligungsgesellschaften die steuerfreie Realisierung von Gewinnen aus Beteiligungsverkäufen, unabhängig von der Höhe der jeweiligen Beteiligung und ungeachtet der Tatsache, ob es sich um inländische oder ausländische Beteiligungen handelt, ab dem Jahr 2002 eröffnet, sofern eine einjährige Mindesthaltedauer eingehalten wird. Unter dem Aspekt der großen Probleme gerade im Bereich der Frühphasenfinanzierung erscheint es jedoch um so tragischer und zudem höchst inkonsequent, Personengesellschaften und Einzelpersonen von dieser steuerlichen Regelung auszunehmen. Nach dem nunmehr geltenden Halbeinkünfteverfahren müssen natürliche Personen Dividenden und Veräußerungsgewinne im Gegensatz zu Kapitalgesellschaften zur Hälfte mit ihrem persönlichen Steuersatz versteuern.[636] Damit wird die einzige Investorengruppe, die sich neben dem Staat, Familienangehörigen und Freunden in den frühsten und risikoreichsten Phasen neugegründeter Unternehmen finanziell engagiert – nämlich private Business Angels – im Vergleich zu Beteiligungsgesellschaften in der Rechtsform einer Kapitalgesellschaft erheblich benachteiligt. Die erfolgreiche Mobilisierung privater Risikokapitalgeber ist für einen gesunden Bestand an jungen innovativen Wachstumsunternehmen jedoch eine elementare Voraussetzung. Wie gezeigt, liegt gerade hier eine entscheidende Schwachstelle des deutschen Kapitalmarktes. Um die Finanzierungsbedingungen technologieorientierter Unternehmensgründungen nachhaltig zu verbessern, sollte der Gesetzgeber daher schnellstmöglich die Bedeutung des informellen Beteiligungsmarktes für die Frühphasenfinanzierung innovativer Unternehmen stärker berücksichtigen.

[634] Vgl. auch Engelmann/ Heitzer 1999, S. 457.
[635] Vgl. Pleschiutschnig 1999, S. 187.
[636] Vgl. Mundorf 2001, S. 6.

Zwar wird die steuerliche Freistellung von Veräußerungsgewinnen bei Kapitalgesellschaften auch von Industrieverbänden als „logische Konsequenz“ des neuen Halbeinkünfteverfahrens bei der Körperschaftssteuer und daher als steuersystematisch richtig betrachtet.[637] Jedoch entspricht dies nur der halben Wahrheit. Sofern die von Kapitalgesellschaften erzielten Veräußerungsgewinne nämlich reinvestiert werden, profitieren deren Anteilseigner in vollem Umfang von der Steuerbefreiung. Zumindest für jene Fälle, in denen natürliche Personen ihre Veräußerungsgewinne aus Unternehmensbeteiligungen ebenfalls reinvestieren, hätte der Gesetzgeber somit (entsprechend dem britischen Vorbild) eine Regelung analog der für Kapitalgesellschaften geltenden Richtlinien erlassen müssen.[638]

Direkte staatliche monetäre Anreize für die Finanzierung von TOU werden bisher ausschließlich über spezielle Beteiligungs-Förderprogramme gesetzt.[639] Durch eine verbesserte Ausstattung junger Unternehmen mit staatlich gefördertem haftendem Eigenkapital soll eine Risikoentlastung innovativer Neugründungen erreicht werden. Das Problem mangelnder Sicherheiten wird entschärft und potentielle Investoren zu einer Anschlußfinanzierung ermutigt. Nach Erachten des Autors sollte jedoch einen Schritt weiter gegangen und nicht nur darüber nachgedacht werden, finanzielle Engagements von Privatpersonen in den Frühphasen junger innovativer Unternehmen von der Steuer zu befreien, sondern darüber hinaus auch steuerliche Anreize für derartige Engagements zu schaffen. Hierbei ist insbesondere an eine Flankierung der Einkommensteuerbefreiung durch eine (un-) beschränkte Abzugsfähigkeit von Verlusten aus Beteiligungen an technologieorientierten Neugründungen und/ oder deren Anrechenbarkeit auf andere Einkunftsarten zu denken. Alternativ dazu könnte den Investoren innerhalb bestimmter Grenzen und innerhalb eines festgelegten Förderungszeitraums auch ermöglicht werden, einen gewissen Prozentsatz ihrer Beteiligungen direkt von der persönlichen Steuerschuld abzuziehen.[640]

Aufgrund der großen Gefahr, daß es bei der Finanzierung in den frühen Entwicklungsphasen innovativer Unternehmen zu einem Marktversagen kommt, könnte aus gesamtwirtschaftlicher Perspektive eine derartige teilweise Umverteilung der Investitionsrisiken von privaten Investoren auf den Staat langfristig weniger Allgemeinkosten verursachen als die Illiquidität und damit der Marktaustritt von innovativen Neugründungen bzw. der Umstand, daß aufgrund absehbarer Finanzierungsprobleme eine Unternehmensgründung gar nicht erst vorge-

---

637 Vgl. Mundorf 2001, S. 6.

638 Ein entsprechender Gesetzentwurf wurde mittlerweile von der Bundesregierung vorgelegt, bis zum Redaktionsschluß dieser Arbeit vom Bundestag jedoch noch nicht verabschiedet.

639 Für einen Überblick über die verschiedenen Förderprogramme vgl. Haller 1999b, S. 269 ff.

640 Diesen Weg beschritt ein im Juni 1998 vorgelegter Gesetzesentwurf, der allerdings nicht weiterverfolgt

nommen wird. Es darf jedoch auch nicht übersehen werden, daß der Staat durch diese Eingriffe in den freien Marktprozeß Gefahr läuft, zum „naiven" Kapitalgeber zu werden, durch dessen Unterstützung Überinvestitionen und Mitnahmeeffekte finanziert werden, die zu einer Fehlallokation von Kapital führen.[641]

6.3.2.3 Möglichkeiten zur Reduzierung von Informationskosten und -asymmetrien

Aufgrund ausgeprägter Informationsasymmetrien stellen die hohen Informationskosten zur Beurteilung von Beteiligungsengagements ein zentrales Problem für den gesamten Risikokapitalmarkt dar. Insbesondere das informelle Segment des deutschen Kapitalmarktes ist bislang äußerst ineffizient. Zum einen fehlen weitgehend geregelte Mechanismen und Marktplätze. Zum anderen ist vielen Akteuren die Existenz eines informellen Kapitalmarktsegments völlig unbekannt.[642] Ein weiteres spezifisches Problem des informellen deutschen Beteiligungsmarktes scheint der Mangel an technologischem Know-how und unternehmerischer Berufserfahrung (potentieller) Business Angels darzustellen.[643] Da die Gefahr eines Versagens der Frühphasenfinanzierung innovativer Unternehmen unter diesen Bedingungen besonders ausgeprägt ist, sind konkrete Schritte in Richtung einer stärkeren Institutionalisierung und Organisation des informellen deutschen Kapitalmarktes sowie verstärkte Informationsaktivitäten erforderlich.

Sofern externe Kapitalgeber nicht über die notwendigen Kenntnisse und Fähigkeiten verfügen, die für eine Investition in TOU erforderlichen Informationen zu beschaffen und auszuwerten, sollte diese Aufgabe unabhängigen Institutionen übertragen werden, die auf die Erfolgsbeurteilung innovativer Investitionsprojekte spezialisiert sind. Finanzintermediäre könnten wichtige technologische Informationen filtern und in kapitalmarktrelevante Informationen transformieren. Im Vergleich zum individuellen Such- und Selektionsverhalten einzelner Investoren könnten durch eine derartige Institutionalisierung Such- und Bewertungskosten in erheblichem Umfang eingespart werden. Darüber hinaus würde sich für innovative kapitalsuchende Unternehmen die Gefahr reduzieren, daß ihr technologischer Wissensvorsprung ungewollt diffundiert, und die Innovationsrenten sowie der Geschäftserfolg insgesamt gefährdet werden. Wie beschrieben, ist gerade die Prüfung der Vertrauenswürdigkeit kapitalmarktrelevanter Informationen für innovative Unternehmen mit großen Gefahren und für den einzelnen Investor mit hohen Kosten verbunden. Spezialisierte Finanzintermediäre könnten

wurde; vgl. BT-Drucksache 13/10990.

641 Vgl. auch Engelmann/ Heitzer 1999, S. 461.

642 Vgl. Bell 1999, S. 54; Engelmann/ Heitzer 1999, S. 458.

643 Vgl. z.B. Mackewitz & Partner Management Consultants 1998, S. 64 f.

diese Informationskosten aufgrund von Economies of Scale und transaktionskostensenkenden Lernkurveneffekten reduzieren. Die Informationsschwelle hinsichtlich der technologischen Daten zwischen Finanzintermediär und innovativen Unternehmen auf der einen Seite sowie dem Kapitalmarkt und dem restlichen Unternehmenssektor auf der anderen Seite muß jedoch auf jeden Fall bestehen bleiben. Nur so wird gewährleistet, daß kapitalsuchende Unternehmen den Finanzintermediären technologische Informationen gezielt signalisieren können, ohne Gefahr zu laufen, daß diese ungewollt in die Hände Dritter fallen. TOU könnten in diesem Fall Kapital zu marktgerechten Konditionen erhalten. Gleichzeitig wird verhindert, daß projektspezifische Wettbewerbsvorteile verloren gehen. Informationsvorsprünge blieben temporär geschützt. Das potentielle Kapitalangebot für die Innovationsfinanzierung im allgemeinen und die Finanzierung junger Technologieunternehmen im speziellen nähme zu.

Prinzipiell könnten beispielsweise spezialisierte Ratingagenturen die Rolle eines solchen Finanzintermediärs übernehmen. Ein adäquates Rating sollte dabei insbesondere die Einschätzung des Wachstums- bzw. Chancen-/ Risikopotentials eines jungen kapitalsuchenden Unternehmens beinhalten und sich über die Bereiche Markt, Branche, Management, Organisation sowie Produkt und Innovation erstrecken. Hierzu bietet sich eine Aufspaltung der Einzelurteile an, so daß potentielle Kapitalgeber einzelne Problembereiche deutlich erkennen können. Ferner ist trotz der hohen Planungs- und Prognoserisiken auch eine quantitative Unternehmensbewertung unter Einbeziehung von Szenarioanalysen und Sensitivitäts- bzw. Risikoanalysen vorzunehmen. Schätzen die Marktteilnehmer die Ratings als zuverlässig ein, können sie den Umfang ihrer Informationsbeschaffungsaktivitäten einschränken. Die Komplexität und Kosten des finanziellen Engagements an TOU werden dadurch reduziert. Die erhöhte Transparenz hat ein erhöhtes Kapitalangebot, eine erhöhte Fungibilität der Beteiligungs- und Gläubigertitel und dementsprechend positive Auswirkungen auf die Kapitalkosten junger innovativer Unternehmen zur Folge.

Alternative bzw. komplementäre Möglichkeiten zur praktischen Umsetzung der oben angestellten theoretischen Überlegungen und damit zur effizienteren Gestaltung des deutschen Kapitalmarktes bilden die Einrichtung von Informationsbörsen und Informationsplattformen unter expliziter Einbeziehung der Möglichkeiten, die sich aus dem Internet ergeben, sowie der Aufbau sogenannter „Business Angel Netzwerke" (BAN). Informationsbörsen sind institutionalisierte Treffpunkte, die sowohl kapitalsuchenden Unternehmen als auch Investoren die Möglichkeit geben, sich vor einem größeren Publikum zu präsentieren.[644] Von den Investoren

[644] Vgl. Schirmeister/ Wippler 1999, S. 211.

werden Profile hinsichtlich ihrer Renditeerwartungen und Risikoneigungen sowie anderer wichtiger qualitativer und quantitativer Kriterien erstellt. Die kapitalsuchenden Unternehmen wiederum werden analysiert und bewertet und die Einzelergebnisse in einem Ratingmodell verdichtet. Als Ergebnis werden die Unternehmen in unterschiedliche Risikoklassen eingeordnet. Durch diese Standardisierung der verfügbaren Informationen erleichtern Informationsbörsen die vergleichende Auswahl und Überprüfung von Beteiligungsunternehmen bzw. Beteiligungskapitalgebern und reduzieren dadurch ebenfalls die Suchkosten. Die Tätigkeit von Informationsbörsen bleibt grundsätzlich auf Vermittlungsleistungen und den Transfer bzw. die Qualitätsbeurteilung von kapitalmarktrelevanten Informationen beschränkt. Sie endet mit dem Zusammenkommen und der Aufnahme der Beteiligungsverhandlungen von Kapitalanbietern und -nachfragern.[645]

Ein BAN hingegen stellt eine innovationsunterstützende Dienstleistung dar, die Instrumente zur gegenseitigen Vermittlung von Privatinvestoren und kapitalsuchenden Unternehmen unter Wahrung der Diskretion anbietet.[646] Neben der reinen Vermittlungstätigkeit können derartige Netzwerke auch unterstützend bei der Gestaltung von Beteiligungsverträgen tätig werden bzw. bei Bedarf externe Berater an die Vertragsparteien vermitteln.[647] Die meisten praktischen Erfahrungen mit BANs konnten bisher in den USA und Großbritannien gesammelt werden. In Großbritannien existieren mittlerweile ca. 45 Netzwerke unterschiedlicher Art und mit unterschiedlicher Trägerschaft.[648] Vornehmliche Zielgruppe dieser Netzwerke sind die sogenannten „Virgin Angels“, d.h. potentielle Business Angels, die hier erste wichtige Kontakte knüpfen können, um erfolgreich aktiv zu werden. Erfahrene Business Angels hingegen suchen ihre Beteiligungsunternehmen regelmäßig ohne ein BAN.[649] Mitunter sind jedoch auch sie zu einer derartigen Vermittlung bereit, sofern ein bestimmtes Netzwerk die Reputation genießt, besonders interessante Technologie-Beteiligungen anzubieten.[650]

Aus den Erfahrungen der angelsächsischen BANs lassen sich bereits einige Schlußfolgerungen ableiten: (1) Aufgrund der Vermittlung von zusätzlichen Beteiligungen haben BANs einen direkten gesamtwirtschaftlichen Finanzierungseffekt. (2) Durch eine breite Palette an Beratungs-, Schulungs-, Ausbildungs- und Vermittlungstätigkeiten kreieren BANs zudem einen Value-added. (3) Aufgrund der Tatsache, daß Business Angels lediglich in ihrer nahen

[645] Vgl. hierzu Anhuef 1998, S. 124.
[646] Vgl. Rudolph/ Fischer 2000, S. 54.
[647] Vgl. Engelmann/ Heitzer 1999, S. 459.
[648] Vgl. Nittka 2000, S. 257.
[649] Vgl. Hemer 1999b, S. 196.
[650] Vgl. Boehm-Bezing 1999, S. 600.

Umgebung agieren, müssen BANs einen regionalen Bezug haben und daher dezentral verteilt sein. Um eine kritische Masse an Teilnehmern zu erreichen, ist eine enge Koppelung der regionalen BANs unerläßlich. (4) Die Errichtung eines BANs ist ein kosteneffizienter Ansatz zur Überwindung der hohen Informationskosten auf dem informellen Kapitalmarkt sowie zur Reduzierung von Finanzierungs- und Managementproblemen von TOU.[651] Die Einbindung von Beratung, Rating und Vermittlung in ein institutionelles Gesamtsystem kann zu einem deutlichen Abbau von Informationsasymmetrien, einer Reduzierung der Gefahr der ungewollten Wissensdiffusion und damit letztlich zu einer Reduzierung der Informationsunsicherheit am deutschen Risikokapitalmarkt beitragen. Auf diese Weise wird dem Kapitalmarkt insgesamt zu mehr Transparenz sowie zur Etablierung gewisser Mindeststandards verholfen.[652]

Entscheidend für den Erfolg der neu geschaffenen Institutionen ist jedoch letztlich die Akzeptanz bei den Marktteilnehmern. Die Marktakzeptanz und Effizienz hängt entscheidend von der Glaubwürdigkeit der Finanzintermediäre ab. Neben der Forderung nach Unabhängigkeit dieser Institutionen kommt dem dynamischen Kooperationsdesign der Reputation damit eine entscheidende Bedeutung für die Funktionsfähigkeit der skizzierten Konzepte zu. Da es sich bei dem informellen Markt für Beteiligungskapital um ein höchst *informationsineffizientes* Segment des Kapitalmarktes handelt, und die Beteiligungsfinanzierung von TOU eine individuelle und sehr spezielle Dienstleistung darstellt, müssen Institutionen in ihrer Rolle als Vermittler und Informationsproduzenten einen großen Aufwand betreiben und hohe Qualitätsansprüche an ihre Teilnehmer stellen, um eine entsprechende Reputation und einen hohen Bekanntheitsgrad am Markt aufzubauen. Der für die Marktakzeptanz unabdingbare Reputationsaufbau könnte durch entsprechende Sanktionsmaßnahmen bei Verstößen gegen eine unabhängige und sorgfältige Intermediation unterstützt werden.

Darüber hinaus kann die Forderung nach unbedingter Diskretionswahrung nicht oft genug wiederholt werden. Investoren und Unternehmen müssen sich darauf verlassen können, daß ihre Daten streng vertraulich behandelt werden, und Innovationsdetails nicht in unberechtigte

[651] Vgl. zu den einzelnen Punkten FhG-ISI/ ZEW 1998, S. 26. Im Sommer 1998 initiierte die KfW parallel zu ihrer Finanzierungstätigkeit gemeinsam mit der Deutschen Börse AG das erste überregionale „Business Angels-Netzwerk Deutschland – Initiative für innovative und technologieorientierte Gründer e.V." (BAND). Es umfaßt derzeit ca. 30 lokale Netzwerke und Gründerforen, in denen Gründer mit Business Angels Kontakt aufnehmen können. BAND soll insbesondere die private Finanzierung von TOU in der Seed- und Start-up - Phase fördern. Erfahrene Praktiker, Berater bzw. Coaches (auch „Mentoren" genannt) sollen bereits so früh wie möglich an Hilfe suchende junge Technologieunternehmen vermittelt werden. Da britische BANs mehr Spät- als Frühphasengeschäfte vermitteln, muß jedoch abgewartet werden, ob das besondere Design von BAND einen signifikanten Beitrag für die Versorgung JTU mit Beteiligungskapital erbringen kann.

[652] Vgl. auch Berger/ Udell 1998, S. 631; Butzmann 1999, S. 17.

Hände fallen. In dieser Hinsicht könnte beispielsweise auch darüber nachgedacht werden, Institutionen mit spezieller Ausrichtung auf Finanzintermediationsleistungen für innovative Unternehmen unter die Obhut einer allseits respektierten, nicht auf Gewinnerzielung bedachten und nicht am Zustandekommen einzelner Investitionen interessierten Partei zu stellen, so daß sich hier insbesondere eine öffentliche Trägerschaft anbietet.[653]

6.3.3 Corporate Venture Capital

Neben der Mobilisierung von Business Angels erscheint vor allem das verstärkte Engagement etablierter Industrieunternehmen als ein vielversprechender Ansatzpunkt, die dargestellten Finanzierungs- und Managementprobleme in den Frühphasen innovativer Unternehmen auf privatwirtschaftliche bzw. marktbezogene Weise zu lösen. Corporate Venture-Kapitalgeber befinden sich in einer vergleichsweise guten Informationssituation. Einerseits verfügen sie über das erforderliche betriebswirtschaftliche Know-how zur Beurteilung und Überwachung ihrer Beteiligungsengagements. Zum anderen können sie auf ein umfangreiches Kontaktnetzwerk zurückgreifen, das ihren Deal-flow, d.h. das Auffinden von Beteiligungsangeboten und deren Bewertung, erheblich erleichtert. Derartige Kontaktnetzwerke ermöglichen darüber hinaus auch den Know-how-Austausch unter den Investoren sowie die Syndizierung von Beteiligungen („Co-Venturing"). Die Netzwerke übernehmen so Funktionen der Informationssammlung, -verbreitung und -auswertung sowie der Risikostreuung.[654] Etablierte Großunternehmen verfügen damit sowohl über ausreichende finanzielle Mittel und geeignete Netzwerke als auch über das notwendige Marktwissen und fachliche Know-how, um TOU zu finanzieren und ihnen adäquate Unterstützungsleistungen zukommen zu lassen.

Anhand der oben in Abschnitt 3 herausgearbeiteten Erfolgsfaktoren und Probleme junger technologieorientierter Unternehmen ist zudem deutlich geworden, daß sowohl kleine als auch große Unternehmen spezifische Vor- und Nachteile im Innovationswettbewerb aufweisen. Durch eine Zusammenarbeit dieser Unternehmen können sich daher positive Komplementärwirkungen ergeben. Unter diesem Aspekt scheint die CVC-Finanzierung eine geradezu ideale Form der Finanzierung für TOU darzustellen. Corporate Venture-Kapitalgeber können jungen Unternehmen nicht nur in Hinsicht auf die Ressourcenausstattung, sondern auch in Bezug auf die Erfahrungsbasis und die Markt- und Kostenposition von großem Nutzen sein. Aus Sicht der Industrieunternehmen wiederum entsprechen die Stärken JTU, wie z.B. die hohe Motivation, Kreativität und Flexibilität sowie das große F&E-Potential oftmals den ei-

---

[653] Vgl. auch Nittka 2000, S. 257.
[654] Vgl. Schirmeister/ Wippler 1999, S. 207 und S. 211.

genen Schwächen. Eine Kooperation kann daher auch bei ihnen Synergiepotentiale freisetzen und einen wichtigen Beitrag zur Stärkung der Innovationskompetenz sowie zur Verbesserung der technologischen Wettbewerbsposition leisten.

In Bezug auf die Qualität des Beteiligungsmanagements sehen sich Industrieunternehmen für ein technologieorientiertes Frühphasenengagement gut gerüstet. Sie verfügen über wichtige Detailkenntnisse der relevanten Technologien und Märkte und haben zudem im Laufe der Zeit große Erfahrungen in Bezug auf verschiedenste strategische und operative Fragestellungen akkumulieren können. Die Einwerbung von CVC eröffnet für JTU daher die Möglichkeit, in den unterschiedlichsten Unternehmensbereichen, wie z.B. Beschaffung, Absatz und Vertrieb, EDV, Controlling etc. konkrete Hilfeleistungen und Kooperationen zu vereinbaren.[655] Nicht zuletzt profitieren junge Unternehmen darüber hinaus von der Reputation und dem Image des Industrieunternehmens. So können beispielsweise etwaige aus dem Image als Marktneuling hervorgehenden Markteintrittsbarrieren sehr viel leichter überwunden werden.[656]

In seiner Bedeutung für die Frühphasenfinanzierung von TOU nicht hoch genug eingeschätzt werden kann ferner der Umstand, daß rein finanziell motivierte CV-Beteiligungen in der Praxis höchst selten anzutreffen sind. Corporate Venture-Kapitalgeber streben vielmehr nach Synergien und Know-how-Transfers und wollen von der unternehmerischen Dynamik der Ventures profitieren, die im eigenen Unternehmen in gleicher Weise nicht erzeugt werden kann. Diese Zielsetzungen führen dazu, daß die strategische Dimension zum erstrangigen Entscheidungskriterium und damit zu einer notwendigen Investitionsbedingung wird. Der finanziellen Dimension eines Beteiligungsengagements kommt hingegen lediglich eine hinreichende Bedingung zu. CV-Kapitalgeber sind daher grundsätzlich bereit, auch geringere Investitionsrenditen als ausschließlich renditeorientierte institutionelle Venture-Kapitalgeber in Kauf zu nehmen, sofern die Beteiligung aus strategischer Sicht interessant erscheint. Im Gegensatz zu den renditeorientierten Beteiligungsgesellschaften haben zudem sowohl die zeitliche Befristung als auch die profitable Exitmöglichkeit aus einem Beteiligungsengage-

---

655 Als in diesem Sinne vorbildlich kann die Art und Weise der Finanzierung durch die first photonics capital Beteiligungs GmbH angesehen werden. Die Beteiligungsgesellschaft begreift sich als unternehmerischer Partner und will ihren Portfoliounternehmen jeweils einen erfahrenen Unternehmer sowie einen wissenschaftlichen Experten zur Seite stellen. Hat ein junges Start-up Unternehmen beispielsweise Schwächen im Vertrieb, kann es den Rat eines erfahrenen Vertriebsvorstands in Anspruch nehmen. Der wissenschaftliche Experte soll wiederum die technologische Seite abdecken und warnen, „wenn irgendwo auf dem Globus eine konkurrierende Technologie aufkommt." (o.V. 2001b, S. 8)

656 Vgl. auch Lessat et al. 1999, S. 148; Wippler 1998, S. 241; Schween 1996, S. 60 f.

ment eher untergeordnete Bedeutungen, stellt doch auch die vollständige Akquisition und Integration des Ventures eine realistische Exitoption für große Industrieunternehmen dar.

Aus dem vornehmlichen Interesse an Synergieeffekten und Know-how-Transfers resultiert jedoch gleichzeitig ein entscheidender Malus von Corporate Venture-Capital für die Finanzierung junger innovativer Unternehmen, stellt sich doch hier das Problem der ungewollten Wissensdiffusion in voller Schärfe. Der Sachverhalt, daß Wissen nur sehr beschränkt exklusiv nutzbar und daher oftmals leicht zu kopieren ist, beinhaltet ein enormes Trittbrettfahrerpotential.[657] Die Exklusivität der Nutzung wird grundsätzlich durch die Art eines Gutes sowie durch die Rechtsordnung einer Volkswirtschaft determiniert. Um die Innovationsanstrengungen, respektive die Innovationsfähigkeit einer Volkswirtschaft, zu schützen, greift der Staat oftmals mit dem Patentrecht in den freien Wettbewerb an den Gütermärkten ein. Sofern Produkt- bzw. Verfahrensinnovationen genau spezifizierbar und damit eindeutig von Konkurrenz- und Folgeinnovationen abgrenzbar sind, repräsentiert dieser staatliche Eingriff regelmäßig einen wirksamen Schutz vor der unentgeltlichen Imitation technologischer Innovationen und dient damit dem temporären Erhalt von Innovationsvorsprüngen. Derjenige, der ein Patent anmeldet, erhält qua Gesetz für einen bestimmten Zeitraum die exklusiven Nutzungsrechte an seiner Innovation. Dieser Patentschutz sollte sich um so wirksamer erweisen, je stärker die technologischen Alleinstellungsmerkmale einer Innovation ausgeprägt sind. Wird hingegen durch die Veröffentlichungspflicht eines patentierten Verfahrens bzw. Produkts anderen Marktteilnehmern der technologische Zugang zu dieser Innovation erleichtert oder gar erst ermöglicht, so daß sie auf Basis einer (leicht) abgeänderten Herstellung Substitutionsprodukte bzw. -verfahren patentgebührenfrei auf den Markt bringen können, erweist sich der staatliche Innovationsschutz weitestgehend als unwirksam.[658] Das innovierende Unternehmen wird aufgrund des Signalcharakters einer Patentanmeldung sogar zusätzlich in Gefahr gebracht, da sich die Zeit zum Abschöpfen von Innovationsrenten drastisch verkürzen kann. Innovative Dienstleistungen sowie Ideen für technologische Neuerungen sind wiederum grundsätzlich nicht patentierbar. Sofern für die erfolgreiche Durchführung von Innovationsprojekten externe Finanzierungsmaßnahmen und damit die Übermittlung innovationsspezifischer Informationen erforderlich sind, kommt es zum bereits bekannten Konflikt zwischen der

[657] Vgl. auch Kim/ Mauborgne 2000, S. 7.

[658] Beispielhaft seien hier Innovationen im Softwarebereich angeführt. Zwar lassen sich neue Programme grundsätzlich patentieren, jedoch können deren Funktionen regelmäßig unentgeltlich kopiert werden, da die Patentierung äußerst schwierig ist. Dies bedeutet im Endeffekt, daß auch jedes erfolgreiche Programm kopiert werden kann; vgl. Kim/ Mauborgne 2000, S. 8.

Notwendigkeit einer externen Kapitalzufuhr und der Wahrung unternehmensspezifischer Innovationsvorsprünge.

TOU müssen sich somit bewußt sein, daß ihre innovative Geschäftsidee und damit die Grundlage ihrer unternehmerischen Eigenständigkeit durch die Kontaktaufnahme mit Corporate Venture-Kapitalgebern in die Hände von (potentiellen) Konkurrenten gelangt. Sofern möglich, sollten sie ihre Innovationen daher zuvor stets patentieren lassen. Ist dieser Weg hingegen nicht begehbar, erweist sich der Reputationsmechanismus nach Erachten des Autors als einziger wirksamer Innovationsschutz. Wird nämlich publik, daß sich ein CV-Kapitalgeber wiederholt die Innovationen kapitalsuchender Unternehmen unentgeltlich selbst aneignet, wird dies sukzessive dazu führen, daß dieser „Kapitalanbieter" vom Kapitalmarkt verschwindet, da er von den Kapitalnachfragern „geächtet" wird. Kein innovatives Unternehmen wird mehr bereit sein, mit einem derartigen „Kapitalanbieter" Beteiligungsverhandlungen zu führen. Darüber hinaus wird die negative Publicity, „junge innovative Unternehmer über den Tisch zu ziehen", mit großer Wahrscheinlichkeit auch negative Rückwirkungen auf die übrige Geschäftstätigkeit des industriellen Kapitalanbieters zeitigen.

Die CVC-Finanzierung birgt eine weitere potentielle Gefahr für junge innovative Unternehmen. So werden diese Unternehmen regelmäßig dann an industrielle Kapitalgeber herantreten, wenn die Entwicklung des innovativen Produkts bzw. Verfahrens bis zur Marktreife mit einem hohen finanziellen Aufwand verbunden ist, der aus eigener Kraft nicht bewältigt werden kann. Sofern die Innovation darüber hinaus mit einer sehr hohen Erfolgsunsicherheit (z.B. im Rahmen der Entwicklung eines neuen medizinischen Wirkstoffes) und/ oder einer sehr komplexen, unter Umständen sogar „revolutionären" Technologie verbunden ist, könnten aufgrund der extremen Bewertungsprobleme weniger fachlich versierte Kapitalanbieter für eine Finanzierung nicht zur Verfügung stehen. In diesen Fällen kann sich für das betroffene Unternehmen die Gefahr einer finanziellen Abhängigkeitssituation und damit der Erpreßbarkeit durch einen CVC-Anbieter ergeben. Steht der kapitalsuchende Unternehmer nämlich vor dem Problem, anderwärtig keine Finanzierungsmittel zu erhalten und damit sein Innovationsprojekt abbrechen zu müssen, wird er unter rationalen Erwägungen jede noch so kleine vom Kapitalanbieter gewährte Erfolgsbeteiligung am Innovationserfolg akzeptieren, da er nur auf diese Weise einen Nutzen aus der Innovation ziehen kann. Der Kapitalanbieter kann dem kapitalsuchenden Unternehmen somit die Finanzierungsbedingungen diktieren. Um diese Gefahr so weit wie möglich einzuschränken, sollte ein innovatives Unternehmen daher mit mehreren CV-Kapitalgebern parallel über eine Beteiligung verhandeln. Je mehr spezialisierte CV-

Kapitalanbieter am Kapitalmarkt aktiv sind, und je hochwertiger eine Innovation ist, desto stärker wird der Bieterwettbewerb um die Beteiligung ausfallen.

Aufgrund der skizzierten Charakteristika innovativer Unternehmensgründer ist auch die Situation denkbar, daß es einem Innovator vornehmlich darum geht, eine technologische Neuerung erfolgreich umzusetzen. Neben dem hierfür notwendigen Kapital fehlt es ihm jedoch häufig an kaufmännischem Wissen. In diesem Fall scheint die CV-Finanzierung ein optimales Kooperationsdesign darzustellen. Es ermöglicht, daß ein junges Unternehmen als „outgesourcte“ F&E-Abteilung eines industriellen Beteiligungsgebers agieren kann. Der Innovator kann sich hauptsächlich seiner technologischen Neuerung widmen, während ein Großteil der Managementaufgaben vom Beteiligungsgeber mit übernommen wird.

Bei einer zusammenfassenden Betrachtung der oben diskutierten Gesichtspunkte sollte die Bedeutung von CVC für die Finanzierung junger Technologieunternehmen in Deutschland künftig weiter anwachsen und damit ebenfalls einen wesentlichen Beitrag zur Lösung der konstatierten Finanzierungsprobleme dieser Unternehmen leisten können. Trotz der Tatsache, daß über Volumen und Relevanz von CVC für TOU in Deutschland bislang nur wenige verläßliche empirische Daten vorliegen, deutet eine empirische Untersuchung von Schween drauf hin, welches Finanzierungspotential für junge Technologieunternehmen in diesem Kooperationsdesign „schlummert“. Von 136 befragten deutschen Industrieunternehmen unterhielten lediglich 12 (9 %!) systematische CVC-Aktivitäten. Weitere 14 Unternehmen hielten vereinzelte CVC-Aktivitäten für denkbar. 78 Unternehmen war CVC zwar bekannt, wurde hingegen nicht eingesetzt. 32 Unternehmen der Stichprobe war der „CVC“-Begriff sogar gänzlich unbekannt.[659]

Business Angels und Corporate Venture Capital bilden somit ein in Deutschland bisher kaum genutztes Kapitalreservoir für TOU. Vorrangige Aufgabe muß es daher sein, dieses Kapital zukünftig verstärkt zu aktivieren. Finanzintermediären kommt dabei die überaus wichtige Aufgabe zu, die Informationskosten am Risikokapitalmarkt zu reduzieren und dadurch mehr Transparenz und Planbarkeit zu schaffen. Die Einrichtung spezieller, auf die Beurteilung junger innovativer Unternehmen spezialisierter Rating-Agenturen könnte einen wichtigen Beitrag zur Lösung dieser Aufgabe leisten, würden sie doch die aus den konstatierten Marktde-

[659] Vgl. Schween 1996, S. 171 ff. Mittlerweile scheint der CV-Finanzierung eine größere Bedeutung zuteil geworden zu sein. Gemäß der Studie von Bain & Company „One Economy II“ verfügen beispielsweise 18 der 30 DAX-Unternehmen nunmehr über eigene CV-Aktivitäten. Viele dieser CV-Gesellschaften sind dabei erst in den letzten Jahren gegründet worden. Trotzdem somit konstatiert werden kann, daß die deutsche CVC-Landschaft seit kurzem deutlich an Dynamik gewonnen hat, wird der aktuelle Entwicklungsstand immer noch mit dem Niveau der USA vor 10-15 Jahren verglichen; vgl. o.V. 2001b, S. 6.

fekten resultierenden Such-, Bewertungs- und Kontrollprobleme sowie das Problem der ungewollten Diffusion wettbewerbsrelevanter Informationen entscheidend vermindern.

6.3.4 Der formelle Beteiligungsmarkt für Venture Capital

6.3.4.1 Qualität der Kapitalanbieter

Als ein mögliches Manko des deutschen Risikokapitalmarktes wurde im Verlauf der Arbeit die Qualität der Beteiligungsgesellschaften eingestuft. Sowohl deutsche als auch internationale VC-Manager bewerten die allgemeine Qualität der deutschen VC-Manager lediglich als befriedigend.[660] Auch in einer jüngst von der RWB AG, Baumgartner & Partner sowie den VDI Nachrichten in Auftrag gegebenen Studie treten Schwächen deutscher Beteiligungsgesellschaften deutlich zutage.[661] Lange Zeit scheint beispielsweise nicht erkannt worden zu sein, welche Wettbewerbsvorteile sich aus der Spezialisierung auf bestimmte Branchen und Finanzierungsphasen für die gezielte Identifikation chancenreicher Beteiligungen und die Bewertung von innovativen Technologieunternehmen ergeben. Da einzelne VC-Gesellschaften normalerweise weder über die zeitlichen noch die finanziellen und personellen Kapazitäten verfügen, viele Projekte gleichzeitig zu unterstützen, bleibt ihnen eine effiziente Portfoliodiversifizierung auch bei einer Diversifizierungsstrategie versagt. Hingegen kann durch unternehmensübergreifende Diversifizierungsstrategien, wie z.B. dem Co-Venturing, trotz einer Spezialisierungsstrategie eine Risikodiversifizierung des Beteiligungsportefeuilles erzielt werden.

Im Rahmen des Co-Venturings werden andere, ebenfalls spezialisierte Venture-Financiers an den Investitionen einer VC-Gesellschaft beteiligt. Dadurch verringert sich sowohl der erwartete Ertrag als auch das Finanzierungsrisiko der einzelnen Beteiligung („risk sharing"). Da die Gesellschaften jedoch wechselseitige Beteiligungen an ihren Portfoliounternehmen eingehen, steigt durch eine derartige Strategie die Anzahl der Einzelinvestitionen mit unabhängigen Ertragsrisiken und damit der erwartete Ertrag in jedem Portfolio wieder an, ohne das vorher verringerte Finanzierungsrisiko wieder zu erhöhen. Auf Basis des Co-Venturings können VC-Netzwerke entstehen, die sich aus einer Vielzahl von Beteiligungskapitalgebern zusammensetzen. Diese Netzwerke erleichtern nicht nur den Aufbau von Portfolios, sondern verbessern darüber hinaus sowohl die Auswahl, als auch die laufende Betreuung von Portfoliounternehmen und damit das aktive Risikomanagement. Durch das Co-Venturing kann sowohl die Qualität der Beteiligungen als auch die Betreuungsqualität verbessert werden, da sich jeder

[660] Vgl. Schween 1996, S. 45; auch Lessat et al. 1999, S. 88 und S. 139.
[661] Vgl. o.V. 2002, S. 20 f.

Investor des Konsortiums auf spezifische Branchen bzw. Technologien spezialisiert. Diese Spezialisierung ermöglicht sowohl die Erstellung von höherwertigen Analysen und Prognosen als auch eine verbesserte Risikobegrenzung. Gleichzeitig vermindert sich der Aufwand pro Beteiligungs-Projekt, da die zeitintensive Beratung und Unterstützung des Portfoliounternehmens einzig vom Lead-Investor wahrgenommen wird, der in Bezug auf die jeweilige Technologie bzw. Branche besondere Kenntnisse aufweist und dadurch die entsprechenden Spezialisierungsvorteile realisieren kann. Spezialkenntnisse einzelner Investoren kreieren somit einen Value-added für den gesamten Venturing-Pool. Kritisch sind an dieser Strategie die „free rider"-Problematik sowie die Probleme, die grundsätzlich aus Verträgen asymmetrischer Informationsverteilung erwachsen, zu sehen. Dynamische, anreizkompatible Kooperationsdesigns helfen jedoch, diese Probleme einzuschränken.[662]

Schween sieht eine weitere Ursache für die Qualitätsprobleme deutscher VC-Manager darin begründet, daß viele Kapitalbeteiligungsgesellschaften Töchter großer Banken und Versicherungen sind. Da letztlich die Geschäftsführung bzw. der Vorstand der Muttergesellschaft über das maximale Risiko des Portefeuilles ihrer Kapitalbeteiligungsgesellschaften entscheidet, ist es durchaus vorstellbar, daß in der Vergangenheit eine tendenzielle Risikoaversion auf Seiten der Muttergesellschaften ein wichtiger Grund für die geringe Risikoneigung und den Universalcharakter der deutschen Beteiligungsgesellschaften gewesen ist. Seit einiger Zeit ist jedoch auch die deutsche Bankenlandschaft in einem starken Wandel begriffen. In dem Maße, wie der Investmentbanking-Bereich amerikanischer Prägung das Kreditgeschäft in seiner Bedeutung für die Betriebsergebnisse der Banken zunehmend hinter sich läßt, dürfte sich auch das Denken in den Führungsetagen deutscher Banken in Bezug auf die Investitionen ihrer Beteiligungstöchter wandeln. Schween ist grundsätzlich in seiner Analyse zuzustimmen, daß ein erfolgreiches Venture Management die bewußte Abkehr von kreditwirtschaftlichem Denken voraussetzt. Das Denken in dinglichen Kreditsicherheiten und vergangenheitsorientierten Unternehmensanalysen muß vielmehr durch zukunftsgerichtete quantitative und qualitative Analysemethoden der Unternehmensbewertung abgelöst werden. Venture Capital-Geber müssen die Rolle von Mitunternehmern, die Chancen und Risiken der Unternehmensentwicklung gleichermaßen mittragen, übernehmen.[663] Es fällt jedoch schwer nachzuvollziehen, warum Schween den Mitarbeitern von Kapitalbeteiligungsgesellschaften, nur weil es sich um

[662] Vgl. zum Co-Venturing ausführlich Jud/ Kremshofer 1999, S. 180 f.; Posner 1996, S. 86 f. An dieser Stelle sei darauf hingewiesen, daß die Syndizierungsstrategie insbesondere auch für das Engagement von Business Angels große Vorteile verspricht. Hervorzuheben sind in diesem Zusammenhang insbesondere die Losgrößen-Transformation, der positive Risiko-Aspekt sowie der Institutionalisierungs-Effekt.

[663] Vgl. Schween 1996, S. 45.

Tochtergesellschaften von Banken handelt, eine derartige Arbeitsweise grundsätzlich abspricht.

Ende der neunziger Jahre sah sich die deutsche Venture Capital-Industrie mit dem Problem konfrontiert, daß ein eklatanter Mangel an „Professionals" herrschte. Die begrenzten Personalkapazitäten stellten in zunehmendem Maße einen Engpaßfaktor für das Beteiligungsgeschäft dar. Neben gegenseitigem erfahrenem Personal wurden daher in zunehmendem Maße auch ausländische Beteiligungsmanager – vor allem aus dem angelsächsischen Raum – angeworben. Einen positiven Nebeneffekt dieser Entwicklung stellte die Diffusion von zusätzlichem Fachwissen sowie von wichtigen praktischen Erfahrungen durch die ausländischen Fachkräfte dar. Nur wenige deutsche Venture Capital-Gesellschaften verfügen in dieser Hinsicht über einen größeren Erfahrungsschatz, da die Mehrheit der deutschen Beteiligungsgesellschaften noch sehr jung ist.[664] Eine langjährige Tätigkeit in der Industrie sowie im Private Equity-Bereich bildet jedoch neben der Spezialisierung auf bestimmte Branchen und Finanzierungsphasen einen entscheidenden Erfolgsfaktor im Beteiligungsgeschäft.[665] Aufgrund ihrer mangelnden praktischen Erfahrung müssen viele institutionelle Kapitalgeber daher erst noch den Nachweis für eine dauerhafte erfolgreiche Beteiligungsauswahl, -betreuung und Exitstrategie erbringen.

6.3.4.2 Pensionsfonds

Die Rahmenbedingungen am formellen Beteiligungsmarkt in Deutschland könnten sich weiter verbessern, wenn auch hier Pensionsfonds nach angelsächsischem Vorbild zugelassen werden, die VC-Beteiligungen erwerben dürfen. In den USA wurden die Rahmenbedingungen für Wagniskapitalinvestitionen durch verschiedene Gesetzesinitiativen zur Deregulierung der Pensionskassen in den letzten Jahrzehnten kontinuierlich verbessert. So ist es den US-Pensionskassen seit der Revision des „Employment Retirement Income Security Act" (ERISA) durch die „Prudent Man-Rule" im Jahre 1979 gestattet, auch in risikoreichere Anlagen, wie Venture Capital zu investieren.[666] Mit der „Safe Harbor"-Verordnung im Jahre 1980 wurden die Bestimmungen des ERISA erneut gelockert. Venture Capital-Fondsmanager wurden nun nicht mehr als „Fiduciaries" der Pensionskassenvermögen betrachtet und konnten daher ohne Haftungsrisiko auch Kapital von Pensionskassen annehmen.[667]

---

664 55 % der deutschen VC-Gesellschaften wurden 1997 oder später gegründet; vgl. o.V. 2002, S. 20.
665 Vgl. o.V. 2002, S. 20.
666 Die „Prudent Man Rule" erlaubt grundsätzlich eine vollständige Aktienanlage durch den Fondsverwalter nach dem Prinzip des ordentlichen Kaufmanns, sofern hierdurch nicht die übliche Sorgfaltspflicht eines treuhänderisch tätigen Vermögensverwalters verletzt wird; vgl. FhG-ISI/ ZEW 1998, S. 32.
667 Vgl. Minuz 1999, S. 147.

Pensionskassen haben im deutschen Altersvorsorgesystem bisher lediglich eine untergeordnete Bedeutung, und ihr Anlageverhalten ist durch eine extrem hohe Risikoaversion geprägt. Zur Zeit werden jedoch große Anstrengungen unternommen, das System der privaten und betrieblichen Altersvorsorge in Deutschland grundlegend zu reformieren („Riester Rente"). Welch ein Potential ähnliche gesetzliche Rahmenbedingungen wie in den USA für den Beteiligungsmarkt in Deutschland eröffnen würden, läßt sich daran ersehen, daß Pensionsfonds in den USA mit einem Marktanteil von über 50 % (!) die mit Abstand größte Investorengruppe am Private Equity Markt repräsentieren.[668] In den USA sind 90 % der Venture Capitalists unabhängig und haben damit keine institutionalisierte Verbindung zu Banken und Versicherungen.[669] Die dominierenden Investoren am deutschen Beteiligungsmarkt sind hingegen nach wie vor Kreditinstitute und Versicherungen, die zusammen über einen Marktanteil von ca. 57 % verfügen. Diese Dominanz stellt eine erhebliche Belastung für die Entwicklung eines breit aufgestellten deutschen Risikokapitalmarktes dar.[670] Die Einführung von Pensionsfonds mit einem typischerweise hohen Investitionsbedarf bei gleichzeitig hohen Renditeforderungen sollte jedoch auch in Deutschland zu einer signifikanten Zunahme unabhängiger Venture Capital-Gesellschaften und damit zu mehr Wettbewerb unter den Risikokapitalanbietern führen.

6.4 Berücksichtigung dynamischer, phasenübergreifender Kooperationsdesigns

Die Ausführungen dieser Arbeit haben deutlich gemacht, daß junge innovative Wachstumsunternehmen mit klassischen Finanzierungsmaßnahmen kaum Mehrwerte schaffen können. Dynamische phasenübergreifende Kooperationsdesigns können demgegenüber dazu beitragen, bestehende Informationslücken zu verringern sowie Anreizmechanismen so zu gestalten, daß die am Finanzierungsprozeß beteiligten Akteure aktiv an der Maximierung des Unternehmenswertes mitwirken. Durch eine derart gezielte Gestaltung von Finanzierungsbeziehungen lassen sich sowohl die unternehmensspezifischen Kapitalkosten als auch die generelle Erhältlichkeit von Kapital positiv beeinflussen und damit die langfristigen Erfolgsaussichten junger innovativer Unternehmen nachhaltig verbessern.

Praktische Erfahrungen mit der Finanzierung junger innovativer Unternehmen zeigen, daß dem partnerschaftlichen Verhältnis zwischen Investor und Gründer große Bedeutung für das Gelingen von Innovationsprojekten beizumessen ist. Der Umstand, daß sich die Finanzierungsparteien im Verlauf des Financial Growth Cycle in der Regel wiederholt gegenüberste-

---

[668] Vgl. Treptow 1998, S. 516.
[669] Vgl. Treptow 1998, S. 519 und 521.
[670] Vgl. auch Anhuef 1998, S. 106.

hen, spielt in diesem Zusammenhang eine herausragende Rolle. Sowohl Investor als auch Gründer verfügen in diesem Fall mit dem informellen Kooperationsdesign der Reputation über ein wichtiges, leicht durchsetzbares Sanktionsinstrument. Aufgrund der hohen zukünftigen Finanzierungserfordernisse stellt die Reputation für TOU ein wertvolles immaterielles Vermögensgut dar, in das es frühzeitig zu investieren gilt, und das durch ein entsprechendes Verhalten im Verlauf des Lebenszyklus unbedingt zu schützen ist. Junge wachstumsorientierte Unternehmen werden dementsprechend alles daransetzen, den Aufbau einer positiven Reputation bei den Kapitalgebern nicht zu gefährden. Potentielle Kapitalgeber können die Reputation daher nicht nur als Qualitätssignal, sondern auch als Signal für ein vertragskonformes und kooperatives Verhalten nutzen. Für innovative kapitalsuchende Unternehmen sollte wiederum die Tatsache, daß auch Kapitalgeber auf ihre Reputation achten müssen, einen wirksamen Schutz gegen die ungewollte und unentgeltliche Diffusion technologischer Wissensvorsprünge darstellen und die Gefahr, bei Finanzierungsverhandlungen „über den Tisch gezogen zu werden", eindämmen. Der Reputationsmechanismus erweist sich daher in der Lage, eine grundlegende Vertrauensbasis für die Finanzierung junger kapitalsuchender Unternehmen zu schaffen.

Eine positive Reputation bei den Investoren kann sich ein junges Unternehmen dadurch erwerben, daß vertragliche Verpflichtungen und abgegebene Versprechen anstandslos eingehalten werden. Aus einer dynamischen Finanzierungsperspektive ist daher der Schluß zu ziehen, daß die Zielvorgaben und Planzahlen der Business Pläne von wachstumsorientierten Technologiegründungen stets realistisch und möglichst auch bei Eintritt negativer Szenarien erreichbar sein sollten. Im Zweifelsfall sind Planzahlen eher zu konservativ als zu aggressiv anzusetzen, da Kapitalgeber positive Überraschungen weitaus mehr schätzen als negative. Des weiteren trägt auch eine gute Investor Relations-Arbeit junger Unternehmen zum Aufbau einer positiven Reputation bei Investoren bei. Unter dem Gesichtspunkt des Reputationsaufbaus erscheint es zudem - trotz der herausragenden Bedeutung der Beteiligungsfinanzierung - für junge innovative Wachstumsunternehmen sehr wichtig, so früh wie möglich die Möglichkeit zu prüfen, Bankkredite in geringem Umfang in Anspruch zu nehmen. Auf diese Weise wird gewährleistet, daß das Unternehmen bereits frühzeitig von einer kreditgewährenden Bank beobachtet und überwacht wird und damit eine tadellose Kreditverbindung über einen längeren Zeitraum aufbauen kann. Bei einer umfangreicheren Inanspruchnahme von Fremdkapital in späteren Phasen der Unternehmensentwicklung kann dieses Unternehmen dann infolge der langfristig bestehenden Finanzierungsbeziehung von der besseren Risikoeinstufung der Bank und den daraus resultierenden geringeren Fremdkapitalkosten profitieren.

Die Finanzierung von TOU wird ferner dadurch geprägt, daß diese Unternehmen im Verlauf des Unternehmenslebenszyklus über eine Vielzahl von Wahlmöglichkeiten zur Anpassung ihrer Investitionsentscheidungen an veränderte Umweltbedingungen verfügen. Die Existenz solcher strategischer Handlungsoptionen muß von potentiellen Kapitalgebern explizit in die Vorteilhaftigkeitsanalyse miteinbezogen werden. Anderenfalls wird der tatsächliche Marktwert von Investitionen in junge innovative Unternehmen systematisch unterschätzt, was zu folgenschweren Fehlentscheidungen führen kann. Einzelne Aspekte der Finanzierung von JTU, wie die hohe Cash-flow-Volatilität, werden bei rein statischer Betrachtung sowie im Rahmen der herkömmlichen Unternehmensbewertungsverfahren beispielsweise einseitig negativ bewertet. Im Rahmen einer dynamischen Analyse unter expliziter Berücksichtigung von Realoptionen erhalten sie hingegen einen positiven strategischen Wert. Die Vernachlässigung der Bewertung solcher Realoptionen durch potentielle Investoren könnte einen weiteren wichtigen, bisher noch unbeachteten Grund für die zu konstatierenden Finanzierungsprobleme technologieorientierter junger Wachstumsunternehmen darstellen.

Angesichts der Unsicherheiten von Frühphasenfinanzierungen lassen sich Investoren in der Praxis von ihren jungen Beteiligungsunternehmen regelmäßig auch vertragliche Optionsrechte einräumen. Die Gewährung einer Ausstiegsoption im Rahmen des „Stage Financing“ schafft beispielsweise zwischen Kapitalgeber und -nehmer auf künstliche Art eine mehrperiodige Vertragsbeziehung. Durch die Zerlegung des unternehmerischen Entwicklungsprozesses in einzelne, individuelle Finanzierungsrunden und die Möglichkeit zur wiederholten Anpassung der Finanzierungskonditionen wird den Kapitalgebern ein erhebliches Drohpotential eingeräumt. Vom Instrument des „Stage Financing“ gehen daher für Beteiligungsunternehmen sowohl zusätzliche Leistungsanreize als auch Anreize zur strikten Einhaltung der in den Finanzierungsverträgen getroffenen Vereinbarungen aus. Dieses Kooperationsdesign eröffnet Kapitalgebern damit eine zusätzliche Möglichkeit zur Überwachung der Kapitalnehmer und ermöglicht darüber hinaus den Aufbau von Kapitalsicherheiten, so daß das Finanzierungsrisiko reduziert werden kann.

Da sämtliche Handlungen der Finanzierungspartner direkte Auswirkungen auf die Verhandlungen der nächsten Finanzierungsrunde haben, ermöglicht das „Stage Financing“-Konzept neben den unmittelbaren Anreizeffekten auch Lerneffekte. Die mit jeder neuen Finanzierungsrunde einhergehende Möglichkeit für Bewertungskorrekturen von ex post festgestellten Unter- bzw. Überbewertungen entschärft darüber hinaus auch die adverse Selektionsproblematik. Für die Kapitalgeber JTU stellen Ausstiegsoptionen somit reale Werte dar, welche die Vorteilhaftigkeit eines finanziellen Frühphasenengagements nachhaltig erhöhen. Das dynamische Kooperationsdesign „Stage Financing“ ist daher hervorragend dafür geeignet, die von jungen innovativen Unternehmen geforderte Risikoprämie zu senken und die Kapitalbeschaffungsprobleme zu reduzieren.

Mit der Wandelschuldverschreibung existiert ein weiteres dynamisches, anreizkompatibles Finanzierungsdesign, das externen Kapitalgebern den Zugang zu den Wachstumsoptionen junger Unternehmen vertraglich garantiert. Das Finanzierungsinstrument „Wandelanleihe“ weist gegenüber der reinen Eigen- bzw. Fremdfinanzierung den Vorteil auf, effiziente Leistungsanreize zu setzen. Verhaltensrisiken werden minimiert und die Motivation zur Maximierung des Unternehmenswertes deutlich gesteigert. Bei potentiellen Kapitalgebern zeitigt der Einsatz von Wandelschuldverschreibungen positive Signalwirkungen und erleichtert damit die Vorselektion qualitativ hochwertiger Unternehmen. Mit Hilfe der Wandeloption können somit entscheidende Hinderungsgründe für die Kapitalvergabe an risikoreiche Unternehmen beseitigt werden.

Für junge Wachstumsunternehmen ist die Wandelanleihe jedoch auch aus einem anderen Grund als Finanzierungsinstrument von großem Interesse. So muß es Ziel eines jeden jungen Unternehmens sein, im Zuge der Kapitalbeschaffung sowohl die Informationsasymmetrien so weit wie möglich zu reduzieren, als auch die zur Ausübung der Wachstumsoptionen erforderliche Flexibilität zu wahren. Wandelanleihen stellen unter diesem Aspekt ein hervorragendes Instrument zur Minimierung der unternehmerischen Kapitalkosten dar. Schätzt der Kapitalmarkt aufgrund der bestehenden Informationsasymmetrie das Risiko eines jungen Technologieunternehmens höher ein, als es der Realität entspricht, werden potentielle Investoren zwar den Wert der Anleihe unterbewerten und daher einen höheren als den wahren Kapitalkosten entsprechenden Zinssatz fordern. Jedoch werden sie gleichzeitig auch den Wert der Optionskomponente der Wandelanleihe überbewerten, wodurch die Kapitalkosten für das Unternehmen zumindest teilweise wieder reduziert werden. Wandelanleihen sind daher geeignet, die Auswirkungen unterschiedlicher Unternehmenseinschätzungen auf die Finanzierungskosten JTU zu reduzieren.

6.5 Die ungewollte Diffusion von Informationen als strategische Entscheidungsvariable für einen Börsengang

Die ausführliche Diskussion um die Problematik der ungewollten Wissensdiffusion hat eine neue Sicht auf den Financial Growth Cycle innovativer Unternehmensgründungen ermöglicht. Es ist deutlich geworden, daß eine verstärkte finanzierungstheoretische Auseinandersetzung mit den potentiellen negativen externen Effekten von Finanzierungsvorgängen elementare

Voraussetzung für die Ableitung einer allgemeingültigen Theorie über das Finanzierungsverhalten junger innovativer Unternehmen darstellt. Die herausragende Bedeutung des informellen und formellen Beteiligungsmarktes für die Frühphasenfinanzierung dieser Unternehmen wurde im Rahmen dieser Arbeit nicht mehr ausschließlich mit Unteilbarkeiten, Informationsmängeln und dem durch Investoren geschaffenen Value-added begründet. Vielmehr wurden auch die aus einer möglichen Diffusion wettbewerbsrelevanter Informationen resultierenden Wettbewerbsnachteile als inhärenter Kapitalkostenbestandteil von Finanzierungsmaßnahmen begriffen.

Die gezielte Ansprache einiger weniger, auf die Finanzierung innovativer junger Unternehmen spezialisierter Investoren und die damit einhergehende Konzentration von Beteiligungskapital in ausgewählten Händen vermindert die Gefahr, daß technologische Wissensvorsprünge kapitalsuchender Pioniere bereits frühzeitig im Unternehmenslebenszyklus in die Hände von (potentiellen) Konkurrenten fallen. Werden die Kosten dieses negativen externen Finanzierungseffekts explizit in die strategische Wahl des Finanzierungsinstruments einbezogen, könnte sich die Finanzierung über den Private Equity-Markt im Vergleich zum anonymen Aktienmarkt regelmäßig als die günstigere Alternative im frühen Lebenszyklus innovativer Unternehmens erweisen. Entsprechend den Modellimplikationen von Maksimovic/ Pichler sollte sich ein Börsengang für ein junges, innovatives Unternehmen um so geeigneter erweisen, je besser die Zukunftsaussichten der jeweiligen Branche von der Öffentlichkeit eingeschätzt werden, je geringer die Markteintrittskosten ausfallen und je geringer der relative Anteil der Markteintrittskosten am Gesamtinvestitionsaufwand ist.

6.6 Weiterentwicklung des organisierten Aktienmarktes

6.6.1 Problemlage

Die skizzierten Finanzierungsprobleme junger innovativer Wachstumsunternehmen kumulieren letztmalig zum Zeitpunkt des Börsengangs. Probleme bereiten zum einen die fixen Kosten für den Börsengang, die Errichtung eines Sekundärmarktes und die fortwährende Informationsbereitstellung. Aufgrund von Economies of Scale sind die Kosten eines IPOs für kleinere Unternehmen vergleichsweise hoch. Ihr geringes Emissionsvolumen erschwert zudem die Schaffung eines liquiden Sekundärmarktes. Die Sekundärmarktliquidität ist jedoch eine entscheidende Determinante für die Zahlungsbereitschaft der Investoren für Neuemissionen und damit für die Eigenkapitalkosten der Emittenten.[671] Illiquidität verursacht hohe Transaktions-

[671] „There is growing support for the idea that expected returns must reflect a compensation for illiquidity." (Madhavan 2000, S. 42)

kosten für die Marktteilnehmer und verringert daher ihre Transaktionsbereitschaft. Die Folge ist eine zunehmende Ausdünnung des Handels und damit eine Verstärkung der bestehenden Marktineffizienzen. Wenn die Fungibilität und Preisqualität am Sekundärmarkt in Frage gestellt wird, nimmt auch die Aktiennachfrage am Primärmarkt ab. Diejenigen Investoren, die trotzdem zu Engagements bereit sind, fordern wiederum als Ausgleich für die marktendogenen Preis- und Transaktionsrisiken hohe Risikoprämien. Sind die Renditeforderungen entsprechend hoch, kann der daraus resultierende Kapitalkostennachteil für Emittenten prohibitiv sein, so daß sie in zunehmendem Maße dem Aktienprimärmarkt fernbleiben. Die Interdependenz von Aktienprimär- und -sekundärmärkten bildet somit ein dynamisches, rückgekoppeltes System. Bereits bei geringfügigen negativen Abweichungen vom jeweiligen Systemgleichgewicht besteht die Gefahr einer selbstverstärkenden Eigendynamik bis hin zum Zusammenbruch des Gesamtmarktes.[672]

Den zweiten großen Problembereich bilden Informationsmängel zum Zeitpunkt des Börsengangs, die ebenfalls zu einer eingeschränkten Funktionsfähigkeit oder gar zu einem vollständigen Marktversagen führen können. Informationsmängel verringern das Vertrauen und damit die Transaktionsbereitschaft von Investoren. Es kommt erneut zu Problemen der Illiquidität und hoher Risikoprämien. Für die Funktionsfähigkeit von Aktienmärkten sind die Begriffe „Liquidität" und „Transparenz" in ihrer Bedeutung daher kaum voneinander zu trennen.

6.6.2 Sekundärmarktausgestaltung

Der enge systemdynamische Zusammenhang zwischen der Funktionsfähigkeit von Aktienprimär- und -sekundärmärkten hat zur Folge, daß die Frage nach einer Verbesserung der Leistungsfähigkeit von Aktienprimärmärkten in Bezug auf die Finanzierung junger innovativer Wachstumsunternehmen auch eine Auseinandersetzung mit den Anforderungen an einen funktionsfähigen Sekundärmarkt für diese Aktien bedingt. So muß sich die institutionelle und operationale Sekundärmarktausgestaltung daran orientieren, die in Abschnitt 5.2 skizzierten Aktienmarktfunktionen möglichst effizient zu erfüllen. Entscheidende Faktoren sind in diesem Zusammenhang die Voraussetzungen für die Zulassung neuer Aktien zum Börsenhandel. Organisierte Kapitalmärkte tragen nämlich nicht nur durch Zentralisierung und Standardisierung zu einer erleichterten Informationsverarbeitung am Kapitalmarkt bei. Durch die Beschränkung der Zulassung von Börsenteilnehmern und Wertpapieren und die damit verbundene Vorselektion verarbeiten sie darüber hinaus auch selbst Informationen und verleihen der Börsenzulassung eine Signalwirkung. Zulassungsbeschränkungen sind einerseits erforderlich,

[672] Vgl. Fischer 1999, S. 81 f.; Rapp 1996, S. 91 ff.

um den Aktienhandel unabhängig von Bonitätsrisiken rationell organisieren zu können und einen Mißbrauch der Informationsfunktion der Börse zu verhindern. Die Selektion birgt andererseits jedoch die Gefahr einer Diskriminierung in sich, die sich negativ auf die generelle Effizienz des Kapitalmarktes auswirken kann.[673] Börsenzulassungsanforderungen sollten daher so gestaltet sein, daß Anleger zwar ausreichend vor Betrugsrisiken geschützt werden, kapitalsuchende Unternehmen jedoch nicht durch unüberwindbare Markteintrittsbarrieren von einem Börsengang abgehalten werden. Diese Forderung bedingt eine strenge und klare *Segmentierung* organisierter Aktienmärkte.

Ein gewichtiges Hemmnis für die Risikokapitalversorgung junger innovativer Unternehmen über die Börse kann daher in einer mangelnden Segmentierung nach Märkten, Handelsusancen und Zulassungsvoraussetzungen entsprechend den unterschiedlichen Anforderungen verschiedener Unternehmenstypen gesehen werden. So bildete das Fehlen klarer Marktabgrenzungsstrategien bzw. das Aufweichen ehemals strikter Abgrenzungen eine wesentliche Ursache für das Scheitern von verschiedenen europäischen Börseninitiativen der achtziger Jahre, den Zugang kleiner und mittlerer Unternehmen zum Aktienmarkt zu verbessern.[674] Die Ende der neunziger Jahre eingeschlagene Strategie der Deutschen Börse AG, zielgruppenorientierte Themensegmente einzuführen, läßt jedoch hoffen, daß die Problematik von den Verantwortlichen nunmehr erkannt ist und verstärkt angegangen wird.

Bei der Ausgestaltung von Börsensegmenten, die überwiegend Titel mit geringer Marktkapitalisierung beinhalten, ist vor allem die Liquiditätsproblematik zu lösen. Als ein entscheidender Fortschritt in dieser Hinsicht ist das sogenannte „Designated Sponsor"-Konzept der Deutschen Börse AG für das im März 1997 ins Leben gerufene Marktsegment für junge innovative Wachstumsunternehmen „Neuer Markt" zu betrachten. Grundsätzlich ist der Neue Markt zwar als „order driven" Markt organisiert.[675] Nach dem Regelwerk des Neuen Marktes ist der Emittent jedoch verpflichtet, mindestens zwei Designated Sponsors zu benennen. Diese Funktion wird regelmäßig von den konsortialführenden Banken übernommen. Designated Sponsors sind verpflichtet, verbindliche Preislimits für den An- und Verkauf von Aktien ins Orderbuch zu stellen. Die „Geld-Brief"-Spanne darf dabei 4 % nicht überschreiten und muß für ein Mindestvolumen von DM 40.000 gut sein.[676] Der Neue Markt stellt damit ein hybrides

[673] Vgl. Bienert 1996, S. 23.
[674] Vgl. hierzu Grünbichler/ Henke 1998, S. 186.
[675] An einem „order driven" Aktienmarkt gehen Kauf- und Verkaufsaufträge für eine Aktie in das Orderbuch eines Maklers oder Computersystems ein und werden im Rahmen einer Auktion so zusammengeführt, daß unter Berücksichtigung der Orderlage ein größtmöglicher Umsatz zustande kommt; vgl. Knips 2000, S. 243.
[676] Vgl. Gerke 1999, S. 206.

Marktmodell dar. Die Funktion des Designated Sponsors garantiert Investoren die jederzeitige Verfügbarkeit eines Kontrahenten. Die erhöhte Marktliquidität führt dazu, daß Liquiditätsrisikoabschläge verringert und im Idealfall sogar gänzlich vermieden werden. Die Aufgaben der Designated Sponsors werden durch weitere Dienstleistungen ergänzt. So sollen sie die von ihnen betreuten Aktien auch regelmäßig analysieren und aktiv vermarkten. Je mehr Analysten eine Aktie „covern", desto mehr bewertungsrelevante Informationen sind über dieses Unternehmen öffentlich erhältlich. Die Analysetätigkeit der Designated Sponsors wirkt daher ebenfalls liquiditätsfördernd. Des weiteren können weitere Dienstleistungen für Emittenten, wie z.B. die Beratung und Unterstützung bei Investor Relations-Maßnahmen, bei der Ad-hoc-Publizität und bei der fortlaufenden Berichterstattung erbracht werden.

Erst jüngst ist die Finanzierungstheorie auf die mögliche positive Bedeutung einer engen Beziehung zwischen Market Maker und Emittent für die Funktionsfähigkeit von Aktiensekundärmärkten aufmerksam geworden. So ist das US-amerikanische Börsensegment für Wachstumsunternehmen, NASDAQ, nach dem „Dealership"-Modus mit zahlreichen Market Makern organisiert. Mehrere konkurrierende Market Maker bieten ihre Transaktionsbereitschaft für die Aktien eines Emittenten an. Die Entlohnung der Market Maker erfolgt anders als am Neuen Markt, wo der Designated Sponsor eine feste Vergütung vom Emittenten erhält, ausschließlich über die Handelsspannen (Bid-ask-spreads) und somit durch die Gesamtheit der Marktteilnehmer. In einer empirischen Untersuchung über die Rolle der Emissionsbanken beim Handel neuer Aktien am Sekundärmarkt beobachten Ellis/ Michaely/ O'Hara 2000, daß die führenden Market Maker in einer Aktie nahezu ausschließlich die konsortialführenden Emissionsbanken sind. Madhavan führt diese Beobachtung auf Informationsvorteile, die ein Emissionsführer im Zuge der engen Zusammenarbeit in der Zeit des Börsengangs über den Emittenten gewinnt, zurück. Nach Madhavan ist die konsortialführende Emissionsbank dadurch in der Lage, engere Spreads als andere Market Maker zu stellen, da jene immer das Informationsasymmetrie-Risiko in ihre Spread-Kalkulationen miteinbeziehen müssen.[677] Die Überlegungen von Madhavan hätten erhebliche Implikationen für die Ausgestaltung von Sekundärmärkten für junge innovative Unternehmen. Eine möglichst enge Beziehung zwischen Market Makern und neuemittierten, risikoreichen Aktiengesellschaften - ähnlich dem Hausbankprinzip - würde demnach zu einer Reduzierung der indirekten Transaktionskosten („bid-ask spreads) und damit zu einer erhöhten operationalen Effizienz des Aktiensekundärmarktes für junge innovative Unternehmen führen. Ausschließlich anonym organisierte „order driven"-Auktionsmärkte bzw. „market maker"-Märkte ohne

[677] Vgl. Madhavan 2000, S. 44 ff.; Copeland/ Galai 1983; Jaffe/ Winkler 1976.

Emittentenbindung wären im Vergleich zu derartigen „relationship"-Märkten als suboptimal zu betrachten.

Aufgrund der stark ausgeprägten Risikocharakteristika junger innovativer Unternehmen müssen an die speziell für sie kreierten Aktienmarktsegmente *strengere Publizitätsanforderungen* gestellt werden als an andere Börsensegmente, um die Probleme der adversen Selektion so weit wie möglich einzuschränken. Es ist darüber hinaus darauf zu achten, daß Börsenaspiranten auch dem spezifischen Marktprofil entsprechen, so daß es nicht zu einer Aufweichung der strengen Segmentierungskriterien kommt. Die klare Segmentierung ermöglicht den Investoren eine bessere Einordnung der spezifischen Unternehmens- und Transaktionsrisiken und darüber hinaus eine gezieltere Vermarktung der Börsensegmente und Aktien in der Öffentlichkeit. Neben der Ausgestaltung der Marktzutritts- und Handelsbedingungen für die jeweiligen Handelssegmente kann die Institution „Börse" somit gezielt weitere Aktivitäten entfalten, um die Informations- und Liquiditätssituation ihrer Marktsegmente nachhaltig zu verbessern. Durch die aktive zentrale Informationsbereitstellung und Vermarktung des Neuen Marktes von Seiten der Deutschen Börse AG erhalten die dort gelisteten Unternehmen beispielsweise eine Publizität, die im Rahmen der eigenen Investor Relations-Budgets nicht erreichbar wäre.

Während die Voraussetzungen für eine Börsennotierung junger innovativer Wachstumsunternehmen in Bezug auf statische quantitative Unternehmensdaten (z.B. Umsatz und Größe zum Zeitpunkt des Börsengangs) und das Emissionsvolumen möglichst gering anzusetzen sind, steigen die Anforderungen an dynamische quantitative Unternehmensdaten (z.B. Umsatzsteigerungen, Marktpotential, Marktanteilsausweitung etc.) sowie an ein qualitativ hochwertiges Berichtswesen. Dieser Aspekt der „Börsenfähigkeit" junger innovativer Unternehmen wird in folgendem Zitat auf den Punkt gebracht: „Es gibt hierfür Faustregeln in bezug auf Höhe des Umsatzes, des Gewinns und des Eigenkapitals. Ich glaube aber, dass unter dem Stichwort »Verantwortung gegenüber den neuen Aktionären« der natürlich durch Fakten untermauerte, aber letztlich doch irrationale Glaube des Unternehmers stehen muss, dass seine Firma eine interessante Zukunft vor sich hat. Wenn er dann offen informiert, ist es an den *Kapitalgebern* zu entscheiden, ob die Firma kapitalmarktfähig sei."[678]

Transparenz wird durch umfangreiche Informationspflichten der Emittenten geschaffen. Darunter sind sowohl die Informationspflichten im Rahmen des Börsengangs (z.B. Anforde-

[678] Stoffel 1989, S. 29.

rungen an den Emissionsprospekt), als auch Publizitätsanforderungen, die aus der anschließenden Sekundärmarktnotierung erwachsen (z.B. Quartalsberichte, Analysten-Veranstaltungen, Segmentberichterstattungen etc.), zu verstehen. Diese transparenzfördernden Anforderungen an die Emittenten sollten sich an den Standards eines als vorbildlich erachteten internationalen Börsensegments für junge innovative Wachstumsunternehmen orientieren. Eine verbesserte Transparenz erhöht die Erwartungssicherheit der Investoren und ermöglicht auf diese Weise eine bessere Einschätzung des Risiko-Ertragsverhältnisses verschiedener Anlagealternativen. Dies ist eine entscheidende Voraussetzung dafür, daß sich Investoren entsprechend ihrer „wahren" Risiko-/ Ertrags-Präferenzen am Aktienmarkt agieren. Strenge Publizitätsanforderungen haben darüber hinaus den Effekt, daß es zu einer positiven Selbstselektion der Emittenten kommt, da der Börsengang für schlechte Qualitäten stark an Attraktivität verliert. Der in Abschnitt 3.6.1 dargestellte Sachverhalt, daß junge innovative Unternehmen aus Investorensicht grundsätzlich schwer zu beurteilen sind, und potentielle Kapitalgeber einen schlechteren Informationsstand über die Erfolgsaussichten der Investitionsprojekte des Emittenten haben, führte in der Vergangenheit häufig zu Betrugsfällen. Für eine umgehende, wahrheitsgemäße Informationspolitik der Emittenten sind daher neben strengen Publizitätsanforderungen auch *strenge Sanktionsmechanismen* notwendig. Nach Erachten des Autors kann Betrugsversuchen sowohl am Aktienprimär- als auch am -sekundärmarkt lediglich mit scharfen *persönlichen Haftungsregeln* ein wirksamer Riegel vorgeschoben werden, die neben zivilrechtlichen Schadensersatzansprüchen der Aktionäre auch eine strafrechtliche Verfolgung der verantwortlichen Personen beinhalten.[679]

Zusammenfassend ist festzuhalten, daß die Entscheidung eines jungen innovativen Unternehmens für einen Börsengang unter Publizitäts- und Kostengesichtspunkten genau abzuwägen ist. Gerade in frühen Phasen der Unternehmensentwicklung sollte sich die Private Equity-Finanzierung oftmals als günstigere Finanzierungsalternative erweisen.

6.6.3 Ausgestaltung des Emissionsprozesses

6.6.3.1 Schwächenanalyse

Die Marktprozesse an Aktienprimärmärkten weisen momentan erhebliche Funktionsschwächen auf. Die oftmals zigfachen Überzeichnungen machten die Zeichnung von Neuemissionen Ende der neunziger Jahre zu einer Art „Lotteriespiel" für Aktienanleger. Die Vorkommnisse in diesem Zusammenhang verstärken den Eindruck, daß Emittenten und Emissionsbanken den IPO-Prozeß junger innovativer Wachstumsunternehmen teilweise bewußt

[679] Vgl. auch Müller 2001, S. 840.

manipulierten. Wie dabei vorgegangen wurde, schildert Levy: „Securities firms sold a small share, typically less than 20 percent, of a company's stock at prices well below what investors were willing to pay. The double ploy of restricted supply and low price made it all but certain that the shares would soar in their first trading day. Wall Street firms then doled out the restricted number of shares in undervalued stock to the plugged-in money managers, powerful institutions or executives they wanted to do more business with down the road."[680] "While low IPO prices mean that companies going public aren't raising as much money as they might, they and their executives can make up any lost ground later. If the stock remains at a high level, there can be additional stock offerings, often within months of the IPO."[681]

Ein diskretionärer Preisfindungs- und Zuteilungsprozeß erlaubt Emittenten und Emissionsbanken, den Emissionsprozeß zu kontrollieren und gegebenenfalls zugunsten eigener Ziele bewußt zu manipulieren. Übernachfragen können auf diese Weise gezielt induziert und gesteuert werden. In diesem Zusammenhang widersprechen die lange Zeit am Markt vorherrschenden Festpreisverfahren grundsätzlich der Vorstellung einer marktgesteuerten Preisbildung und Allokation und verstoßen gegen die oben in Abschnitt 5.5.1.2.2 diskutierte Markträumungsfunktion von Aktienprimärmärkten: „...efficient price discovery in IPOs requires some adjustment of prices to demand. Consequently, fixed price selling methods are inefficient."[682] Festpreisverfahren schließen den Markt de facto von der Preisfindung aus. Die Stabilität des Markträumungsprozesses an Aktienprimärmärkten muß daher nachhaltig bezweifelt werden. Auch ist davon auszugehen, daß Festpreisverfahren Niveaudefekte zur Folge haben, so daß die Emissionspreise systematisch vom wahren Marktwert neuer Aktien abweichen.

Die Substitution von Marktprozessen durch diskretionäre Bewertungs-, Ausgleichs- und Zuteilungsmechanismen ist mit einem erheblichen Transparenzverlust und hohen Moral Hazard-Risiken verbunden. So kann die aus einer gezielt erzeugten Übernachfrage resultierende Rationierung von Neuemissionen beispielweise von den Emissionsbanken dazu mißbraucht werden, die Zuteilung heißbegehrter Neuemissionen als Akquisitionsmittel einzusetzen. Bestimmte Marktteilnehmer würden dann bei der Aktienvergabe gezielt besser gestellt bzw. diskriminiert.[683] Von einem bewußten Underpricing und einer künstlichen Angebotsver-

680 Levy 2001, S. 48.
681 Levy 2000, S. 28.
682 Biais/ Faugeron-Crouzet 2002, S. 12.
683 „'True, we tend to give more shares to our better clients, and part of that is based on trading volume...Is it a crime?'" Zitat von Bob Glenn, Executive Vice President and Head of Robinson-Humphrey Co., in: Levy 2000, S. 28. Ähnliche Praktiken wurden bereits 1991 in Japan bekannt und lösten einen öffentlichen Skandal aus. Wichtige Kunden der Brokerhäuser wurden dabei für erlittene Kursverluste bei anderen Akti-

knappung können jedoch auch junge, kapitalhungrige Emittenten profitieren. So bedingen Emissionspreise, die offensichtlich zu gering sind, eine hohe Übernachfrage nach den neuen Aktien, da risikolos Überrenditen erzielbar sind. Oftmals wird das Angebot an neuen Aktien zusätzlich künstlich verknappt und nur ein Bruchteil der Aktien des Unternehmens an der Börse plaziert. Die Verbindung aus geringem Emissionsvolumen und geringem Emissionspreis führt in der Folge zu teilweise extremen Angebots-/ Nachfrage-Ungleichgewichten, die sich am Sekundärmarkt in explosionsartigen Kurssteigerungen entladen. Die Emissionsbanken reduzieren das potentielle Aktienangebot am Sekundärmarkt in den ersten Handelswochen regelmäßig noch einmal zusätzlich dadurch, daß einem Teil der Investoren, die Aktien zugeteilt bekommen haben, eine Mindesthaltepflicht auferlegt wird: „Further squeezing the neck on the bottle by limiting flipping helps trigger the price explosion in shares on the first day of trading."[684]

Aufgrund der künstlichen Angebotsverknappung und stark eingeschränkter Leerverkaufsmöglichkeiten kommt es zu einem „Überschießen" der Sekundärmarktkurse.[685] Die Aktienkurse am Sekundärmarkt reflektieren nicht mehr den Unternehmenswert, sondern vielmehr eine künstlich herbeigeführte Knappheitssituation. Plaziert der Emittent auf diesem Kursniveau im Zuge eines Secondary offerings nunmehr erneut Aktien, können die Opportunitätskosten der entgangenen Emissionseinnahmen aus dem IPO mehr als ausgeglichen werden. Die bisherigen Anteilseigner profitieren jedoch auch ohne ein Secondary offering. Da sich der Mammutanteil der Aktien nach dem IPO weiterhin in ihren Händen befindet, können sie im Falle eines Overshootings der Aktienkurse am Sekundärmarkt einen außerordentlichen Vermögenszuwachs erzielen, der bei einer regulären Aktienpreisbildung ohne die skizzierten Manipulationen nicht auftreten würde. Das überhöhte Kursniveau am Sekundärmarkt kann dann sukzessive genutzt werden, um sich von weiteren Aktien zu trennen und die hohen Buchgewinne zu monetisieren.

Die vorstehenden Ausführungen sollten deutlicht machen, daß intransparente, diskretionäre Preisbildungs- und Zuteilungsprozesse an Aktienprimärmärkten mit den Regeln funktionierender Marktprozesse nicht vereinbar sind und daher einer Veränderung bedürfen.

einvestments durch eine bevorzugte Zuteilung von Aktienneuemissionen entschädigt; vgl. Rapp 1996, S. 183, Fußnote 177.

684 Leefeld 2000, S. 38.

685 Vgl. hierzu auch ausführlich die Ausführungen oben in Abschnitt 5.4

6.6.3.2 Auktionen als problemgerechter Lösungsansatz

6.6.3.2.1 Grundprinzip

Einen problemgerechten und effizienten Mechanismus zur Überwindung der zu konstatierenden Funktionsprobleme von Preisbildungs- und Allokationsprozessen an Aktienprimärmärkten verkörpert das Auktionsprinzip. Im Rahmen von kompetativen Marktprozessen ist das Auktionsprinzip grundsätzlich in der Lage, eine größtmögliche Transparenz, Fairneß und Allokationseffizienz zu gewährleisten: „The rules for competition, if well designed, can ensure that a market produces an allocation that is close to efficient even with traders who are incapable of calculating what is in their interest..."[686] Auktionen werden als nichtkooperative Spiele bei unvollständiger Information modelliert. Bewertungsunterschiede können zum einen auf unterschiedlichen Informationen und Einschätzungen der Teilnehmer über den objektiven Wert eines Objekts („common value"-Auktionen) und zum anderen auf unterschiedlichen subjektiven Nutzen des Versteigerungsobjekts beruhen („private value"-Auktionen). Das Bietverhalten basiert somit stets auf einer Entscheidung unter Unsicherheit, die im Falle von „common value"-Auktionen neben dem Bietverhalten der anderen Marktteilnehmer auch den objektiven Wert des zu ersteigernden Gutes betrifft (Qualitätsunsicherheit). Bei Entscheidungen unter Unsicherheit verfolgen risikoneutrale Bieter die Zielsetzung, ihren Gewinn zu maximieren. Risikoaverse Bieter maximieren demgegenüber ihren Erwartungsnutzen.[687]

Für „private value"-Auktionen einzelner Objekte führt Vickrey mit seinem grundlegenden „revenue equivalence"-Theorem den Nachweis, daß im Falle risikoneutraler, symmetrischer Bieter[688] der Erwartungswert des Verkäufers für die nachfolgenden vier Standardauktionsmechanismen im Nash-Gleichgewicht identisch ist, sofern keine Absprachen unter den Bietern stattfinden.[689] Im Rahmen von *„ascending-bid"-Auktionen (Englische Auktionen)* werden in einem offenen Bietwettbewerb so lange höhere Gebote abgegeben, bis nur noch ein Bieter übrig bleibt, der den Zuschlag zum Preis seines letzten Gebots erhält. Die Bieter sind im Verlauf dieser Auktion stets über das aktuell höchste Gebot informiert. Im Rahmen von *„descending-bid"-Auktionen (Holländische Auktionen)* wird ein vom Verkäufer zu Beginn festgesetzter Preis, der über der Zahlungsbereitschaft der Bieter liegt, so lange gesenkt, bis der erste Bieter den aktuellen Auktionspreis akzeptiert und das Objekt zu diesem Preis erhält. Bei einer

---

686 McAfee/ McMillan 1998, S. 10.
687 Vgl. Grimm/ Schmidt 1999, S. 671.
688 Hierunter wird verstanden, daß keine systematischen Unterschiede zwischen den einzelnen Bietern bestehen, so daß sie symmetrische Strategien verfolgen; vgl. Grimm/ Schmidt 1999, S. 671; Ausubel/ Cramton 1998c, S. 2 .
689 Vgl. ausführlich Vickrey 1961.

„first-price sealed-bid"-Auktion (Höchstpreisauktion) geben die Bieter jeweils ein verdecktes Gebot ab. Das höchste Gebot erhält den Zuschlag. Die *„second-price sealed-bid"-Auktion (Vickrey-Auktion)* unterscheidet sich von der „first-price sealed-bid"-Auktion einzig dadurch, daß der Kaufpreis nicht mehr dem höchsten Gebot, sondern dem zweithöchsten, das heißt, dem ersten abgewiesenen Gebot entspricht.[690]

Wertpapiere sind hingegen typische „common value"-Objekte. Im Gegensatz zu „private value"-Objekten sind Wertpapiere für alle Auktionsteilnehmer grundsätzlich von identischer Werthaltigkeit, unabhängig davon, wer sie ersteigert.[691] Der objektive Wert entspricht den Sekundärmarktkursen im Anschluß an die Primärmarktauktion.[692] Dieser „wahre" bzw. objektive Wert ist vor Beginn der Auktion jedoch nicht bekannt. Jeder Bieter ermittelt vielmehr seinen eigenen, subjektiven Schätzwert, der jedoch anfällig für Fehler ist. Die Teilnehmer an „common value"-Auktionen sehen sich daher mit dem Risiko des „winner's curse" konfrontiert: „The winner is likely to be the bidder who has most overestimated the item's value. There is a tendency, therefore, for the winning bidder to overbid."[693] Das potentielle Ausmaß des „winner's curse" steigt mit der Qualitätsunsicherheit der Auktionsteilnehmer. Ignorieren die Auktionsteilnehmer dieses Risiko, zahlen die „Gewinner" regelmäßig zu viel für das ersteigerte Objekt und erleiden entsprechende Verluste. Rationale Bieter werden diesen Umstand antizipieren und ihre individuellen subjektiven Einschätzungen über den wahren Wert des Auktionsgegenstands diskontieren, um sich vor Verlusten zu schützen.

Im Rahmen von „private value"-Auktionen einzelner Objekte stellt die Offenbarung der subjektiven Wertschätzung für jeden Teilnehmer eine dominante Bietstrategie dar. Auch im Auktionsmodell bei Qualitätsunsicherheit („common value"-Auktionen) signalisieren die Bieter ihre wahren Schätzungen des Versteigerungsgegenstandswertes. Jedoch basieren ihre Kalkulationen auf der Antizipation des „winner's curse" und sind daher geringer als die unbedingten subjektiven Werteinschätzungen.[694] Bei „common value"-Auktionen liegt das höchste Gebot daher im Durchschnitt unter dem wahren Wert des versteigerten Objekts. Wilson und Milgrom können für den Fall symmetrisch verteilter Informationen jedoch nachweisen, daß der markträumende Auktionspreis bei Verwendung von „ascending-bid"-Auktionen um so stärker gegen den wahren Wert des Versteigerungsobjekts konvergieren wird, je mehr Bieter

---

[690] Vgl. Grimm/ Schmidt 1999, S. 670; Skiera/ Revenstorff 1999, S. 225 f.
[691] Wie in der Kapitalmarkttheorie üblich, wird hier ausschließlich auf Finanzinvestitionen abgestellt.
[692] Vgl. Bjønnes 2001, S. 9.
[693] McAfee/ McMillan 1998, S. 3, vgl. auch Bjønnes 2001, S. 9.
[694] Vgl. Grimm/ Schmidt 1999, S. 673.

sich an der Auktion beteiligen - bei unendlich großer Teilnehmeranzahl sind beide Werte theoretisch sogar identisch.[695]

Dies ist ein bemerkenswertes Resultat. Obwohl ex ante niemand den wahren Wert des Versteigerungsobjekts kennt, und die individuellen Schätzungen höchstgradig imperfekt sein können, führt der kompetative Gebotsprozeß von „ascending-bid"-Auktionen dazu, daß die einzelnen Partikularinformationen der Marktteilnehmer effizient in eine objektivierte aggregierte Information – den markträumenden Auktionspreis – transformiert werden.[696] Da auch an Aktienprimärmärkten der zukünftige Marktwert einer Neuemission ex ante nicht genau bekannt ist, verspricht die Einführung des Auktionsprinzips bei einer anreizkompatiblen Ausgestaltung daher sowohl eine transparentere Zuteilung ohne Rationierungserscheinungen als auch einen Informationseffizienzgewinn: „The auction by which the unseasoned shares are sold can therefore play an important role in elicitating information from the market participants about their valuation of the stock."[697]

6.6.3.2.2 Theoretische Erkenntnisse in Bezug auf die Auktion von Wertpapieren

In der Kapitalmarktpraxis werden Auktionen bisher nahezu ausschließlich zur Emission von Staatsanleihen eingesetzt. Die bisherige Emissionspraxis hat dabei zwei grundlegende Auktionsdesigns hervorgebracht: die *diskriminierende Auktion* („pay-your-bid" Auktion) sowie die *Einheitspreisauktion* („Holländische" Auktion). Im Rahmen dieser Verfahren kann jeder Bieter eine Vielzahl an Preis-Mengen-Geboten abgeben. Die Bestimmung des Gleichgewichtspreises und die Allokation der Wertpapiere erfolgt bei beiden Verfahren auf identische Art und Weise. Der Emissionspreis und die Zuteilung einer Anleiheemission werden dergestalt bestimmt, daß retrograd von den höchsten Preisgeboten ausgehend so viele Gebote in das Zuteilungsverfahren miteinbezogen werden, bis die Neuemission vollständig plaziert, der Markt mithin geräumt ist. Im Unterschied zur herrschenden Aktienemissionspraxis werden Anleihen somit grundsätzlich bei den Investoren mit den höchsten Gebotspreisen plaziert. Der Emissionspreis entspricht dabei entweder der Höhe des höchsten abgewiesenen Preisgebots oder der Höhe des kleinsten noch akzeptierten Preises. Die diskriminierende Auktion repräsentiert das bestimmende Auktionsdesign in der Anleihenemissionspraxis. Während die erfolgreichen Bieter bei der Einheitspreisauktion für jede zugeteilte Mengeneinheit den ein-

695 Vgl. hierzu ausführlich Wilson 1979 sowie Milgrom 1979.
696 Vgl. McAfee/ McMillan 1998, S. 3 f.
697 Biais/ Faugeron-Crouzet 2002, S. 9.

heitlichen Emissionspreis entrichten, ist bei diesem Auktionsdesign für jede gewonnene Mengeneinheit der individuelle Gebotspreis zu zahlen.[698]

Seitdem sich Milton Friedman bei einer Anhörung vor dem Joint Economic Committee des US-Kongresses für die Einführung der Einheitspreisauktion einsetzte, herrscht eine rege wissenschaftliche Debatte, welche Auktionsform der anderen überlegen ist. Im Zuge dieser Auseinandersetzung werden die theoretischen Erkenntnisse über die Auktion einzelner Objekte auf Wertpapierauktionen („multiple-item"-Auktionen) übertragen. Viele Wissenschaftler betrachten die diskriminierende Auktion als multiple Erweiterung der „first-price sealed-bid"-Auktion und die Einheitspreisauktion als multiple Erweiterung der „second-price sealed-bid"-Auktion. Teilweise wird sogar der Schluß gezogen, daß Einheitspreisauktionen die gleichen effizienten Ergebnisse zeitigen wie die „second-price sealed-bid"-Auktion eines einzelnen Objekts, da die Anreize zur Offenlegung der wahren Zahlungsbereitschaft identisch seien. Die Analogien zur „first-price sealed-bid"-Auktion bzw. zur „second-price sealed-bid"-Auktion sind jedoch nicht perfekt.[699] Ausubel/ Cramton 1998a weisen nach, daß sich „multiple-item"-Auktionen essentiell von den Auktionen einzelner Güter unterscheiden.

Zwar läßt sich für die Auktion von Wertpapieren der theoretische Nachweis führen, daß die Einheitspreisauktion der diskriminierenden Auktion grundsätzlich überlegen und daher vorzuziehen ist.[700] Dieses Ergebnis ist darauf zurückzuführen, daß die Zuteilungspreise bei diskriminierenden Auktionen genau der Zahlungsbereitschaft der höchsten Gebote entsprechen. Da die Gewinner somit das gesamte Ausmaß ihrer individuellen Bewertungsfehler zu tragen haben („winner's curse"), werden die Auktionsteilnehmer vergleichsweise hohe Sicherheitsabschläge von ihren subjektiven Wertpapierbewertungen vornehmen. Der identische Preis für alle erfolgreichen Gebote im Rahmen von Einheitspreisauktionen bewirkt hingegen, daß der von den Gewinnern zu zahlende Preis zu einem gewissen Maß die Wertschätzung der anderen Marktteilnehmer reflektiert. Da auf diese Weise das „winner's curse"-Risiko reduziert wird, sind die Anreize für ein aggressiveres Bietverhalten größer als bei der diskriminierenden Auktion.

Ein fundamentales Ergebnis der theoretischen Untersuchungen von Ausubel/ Cramton 1998a bildet jedoch die Tatsache, daß der Anreiz für die Teilnehmer einer „second-price sealed-bid"-Auktion, ihre wahre Zahlungsbereitschaft zu signalisieren, im Rahmen von Einheits-

---

698 Vgl Chatterjea/ Jarrow 1998, S. 255, Fußnote 1; Bartolini/ Cottarelli 1997, S. 1 f.
699 Vgl. zu diesem Absatz ausführlich Ausubel/ Cramton 1998c, S. 2 ff.
700 Vgl. ausführlich Ausubel/ Cramton 1998b.

preisauktionen nicht gegeben ist. Im Gegensatz zur „second-price sealed-bid“-Auktion beeinflussen hier die Gebote eines Bieters den Auktionspreis nämlich mit einer positiven Wahrscheinlichkeit. Für die Bieter besteht daher der Anreiz für ein strategisches Bietverhalten. Das heißt, für zunehmende Quantitäten wird sukzessive eine geringere Zahlungsbereitschaft signalisiert. Einzig und allein das Preisgebot für die erste Mengeneinheit entspricht der wahren Zahlungsbereitschaft. Für alle weiteren Einheiten weichen die gebotenen Preise in zunehmendem Maße von der wahren Zahlungsbereitschaft ab: „The intuition is simply that the consequences of a bid beeing pivotal become increasingly great, the more units that the bidder wins.“[701] Die aggregierte Nachfragekurve (alle Preis-Mengen-Kombinationen) eines Bieters liegt damit streng unterhalb seiner wahren Bewertungskurve, wobei die Preisdifferenz mit zunehmenden Quantitäten ansteigt.[702] Die Einfachheit und Effizienz der Einheitsauktion wird durch dieses strategische Bietverhalten unterminiert. Die Einführung von Einheitspreisauktionen läßt daher an Aktienprimärmärkten nach wie vor eine positive Differenz zwischen den ersten Sekundärmarktkursen und dem Emissionspreis erwarten (Underpricing). Diese Abweichung wird um so größer sein, je stärker die Auktion von wenigen Bietern bestimmt wird. Diese Gefahr ist an Aktienprimärmärkten besonders in Hinblick auf institutionelle Investoren beachtenswert. So zeigen Aggarwal/ Prabhala/ Puri in einer jüngst publizierten empirischen Studie über die Rolle institutioneller Investoren am US-IPO Markt, daß im Median rund 75 % aller neuen Aktien bei institutionellen Marktteilnehmern allociiert werden.[703]

In Hinblick auf die Verwendung von Auktionen als Preisbildungs- und Allokationsmechanismus an Aktienprimärmärkten ist daher an die Auktionstheorie die Forderung zu richten, verstärkt nach alternativen anreizkompatiblen Auktionsdesigns für „multi-unit“-Objekte zu forschen. Aufgrund von asymmetrisch verteilten Informationen und des „winner's curse“-Effekts wird der Emissionspreis in der Praxis zwar auch bei Verwendung vollkommen anreizkompatibler Auktionsdesigns unterhalb des wahren Aktienwertes liegen. Je mehr Investoren sich jedoch an den Aktienprimärmarktauktionen beteiligen, und je mehr bewertungsrelevante Informationen ihnen dabei zur Verfügung stehen (je geringer mithin die Qualitätsunsicherheit aufgrund von Informationsasymmetrien), desto stärker wird der Emissionspreis gegen den wahren Wert konvergieren.

701 Ausubel/ Cramton 1998a, S. 6.
702 Vgl. Ausubel/ Cramton 1998a, S. 6.
703 Vgl. Aggarwal/ Prabhala/ Puri 2001 S. 3. Ljungqvist/ Wilhelm 2001 weisen ähnlich hohe Anteile für Frankreich (76 %) und Großbritannien (73 %) nach. In Deutschland erhalten institutionelle Investoren 58 % des durchschnittlichen Emissionsvolumens.

Den Arbeiten von Ausubel 1997 sowie Ausubel/ Cramton 1998a und 1998b können zwei Auktionsdesigns entnommen werden, die den bisher an Wertpapierprimärmärkten zum Einsatz kommenden Preisfindungs- und Allokationsmechanismen theoretisch überlegen sind: die „multi-unit sealed-bid"-Auktion sowie die „alternative ascending-bid"-Auktion. In Hinblick auf die Suche nach anreizkompatiblen Auktionsdesigns für Aktienprimärmärkte erscheint ihre Skizzierung von besonderem Interesse.[704]

6.6.3.2.3 „Multi-unit sealed-bid"-Auktionen

Die konstatierten praktischen und theoretischen Probleme von „multi-unit"-Auktionen beruhen laut Ausubel/ Cramton darauf, daß die Analogie zum Grundmodell der „second-price sealed-bid"-Auktion einzelner Objekte bisher nur unzureichend hergestellt wurde. Demgegenüber kann die „multi-unit sealed-bid"-Auktion für Situationen, in denen die Bieter mehr als eine Einheit des gesamten Auktionsvolumens erwerben wollen, als eine korrekte Erweiterung des Grundmodells betrachtet werden.[705] Die Abgabe der geheimen Gebote, die Emissionspreisfindung und die Titelallokation erfolgen dabei analog zu den bekannten diskriminierenden bzw. Einheitspreisauktionen. Der entscheidende Unterschied besteht jedoch in der Zahlungsregel: Jeder erfolgreiche Bieter zahlt für seine gewonnenen Mengeneinheiten die dazu korrespondierenden Opportunitätskosten. Darunter sind die Preise zu verstehen, die für jede ersteigerte Einheit dieses Bieters gezahlt würden, hätte er nicht an der Versteigerung teilgenommen: „Thus, each participant's payment (conditional upon winning a given quantity) is independent of her own bids, circumventing any incentive for demand reduction."[706]

„Multi-unit sealed-bid"-Auktionen weisen somit theoretisch die selben wünschenswerten Eigenschaften wie „second-price sealed-bid"-Auktionen auf. Unter der Annahme einer symmetrischen Informationsverteilung besteht zwar auch bei Durchführung von Einheitspreis- und diskriminierenden Auktionen eine positive Wahrscheinlichkeit, daß die Auktionserlöse dem Erwartungswert („wahrer" Wert) der angebotenen Wertpapiere entsprechen. Dieses Gleichgewicht ist jedoch nicht dominant. Es existieren vielmehr auch andere Gleichgewichtsmöglichkeiten mit deutlich geringeren Erlösen. „Multi-unit sealed-bid"-Auktionen führen hingegen bei symmetrischen Informationen stets zu einem dominanten Gleichgewicht, in dem die Auktionserlöse dergestalt maximiert werden, daß sie genau dem Erwartungswert der Wertpapiere entsprechen.[707] Für den Fall asymmetrisch verteilter Informationen existiert hin-

[704] Die Ausführungen der beiden nachfolgenden Abschnitte basieren auf den zitierten Arbeiten.
[705] Vgl. Ausubel/ Cramton 1998a, S. 4.
[706] Ausubel/ Cramton 1998a, S. 29. Vgl. zu dieser Preisregel ausführlich Ausubel/ Cramton 1998a, S. 6 und Ausubel/ Cramton 1998a, S. 28 f.
[707] Vgl. Ausubel/ Cramton 1998b, S. 9 f.

gegen eine Vielzahl weiterer möglicher Gleichgewichtszustände. Die jeweiligen Erlöse erreichen maximal den theoretischen Wert, der sich aus den idealen Auktionsgrundmodellen für einzelne Objekte ermitteln läßt. Regelmäßig sind jedoch Erlöse unterhalb des wahren Wertes der Wertpapiere zu erwarten, wobei die Erwartungswerte stets höher sind als bei diskriminierenden Auktionen.[708]

Im Falle einer asymmetrischen Informationsverteilung besteht die Möglichkeit, daß ein Emittent durch Verwendung der Einheitspreisauktion höhere Erlöse erzielen kann als mit der „multi-unit sealed-bid"-Auktion. Dies ist darauf zurückzuführen, daß die Einheitspreisauktion für schwächere Bieter mit geringer Nachfrage ex ante vorteilhafter ist: „Participation by small bidders is encouraged, since they win larger quantities due to the demand reduction by the stronger bidders."[709] Eine stärkere Teilnahme kleinerer Bieter führt zur Verschärfung des Wettbewerbs und damit zu höheren Erlösen. Es ist somit zu konstatieren, daß die theoretische Überlegenheit der „multi-unit sealed-bid"-Auktion in der Emissionspraxis nicht mehr grundsätzlich gegeben ist. Insbesondere beim Börsengang junger innovativer Unternehmen, wo die Gefahr asymmetrischer Informationen stark ausgeprägt ist, könnte sich das traditionelle Einheitspreis-Auktionsdesign gegenüber der „multi-unit sealed-bid"-Auktion als überlegen erweisen.

6.6.3.2.4 „Alternative ascending-bid"-Auktionen

Die „alternative ascending-bid"-Auktion von Ausubel kann als dynamische Version der „multi-unit sealed-bid"-Auktion aufgefaßt werden. Zu Beginn jeder Versteigerungsrunde signalisieren die Teilnehmer dem Auktionator die Quantität, die sie zum aktuellen Preis erwerben wollen. Ist die Gesamtnachfrage größer als das Emissionsvolumen, wird der Auktionspreis weiter erhöht. Eine neue Runde mit identischem Ablauf beginnt. Die Aktivitätsregel für die Teilnehmer besteht darin, daß die Nachfragemenge der ersten Runde im weiteren Verlauf der Auktion nicht mehr erhöht sondern lediglich verringert werden darf. Die Auktionspreise werden in diesem als „ascending clock"-Auktion bezeichneten Verfahren so lange angehoben bis die Gesamtnachfrage und die angebotene Menge in einer Runde einander genau entsprechen, bzw. die Nachfrage das Angebot erstmalig unterschreitet. Den Emissionspreis bildet dann entweder der Auktionspreis der Runde, in der die Nachfrage erstmals geringer als das Angebot ist, oder der Preis der vorherigen Runde. Jeder erfolgreiche Bieter erhält die Quantität zugeteilt, die er in derjenigen Runde nachgefragt hat, in der die Nachfragemenge genau mit dem Angebot übereinstimmte, bzw. in der das Angebot letztmalig größer

[708] Bei dieser Aussage wird stets ein nichtkooperatives Spiel unterstellt.

war. In letzterem Fall werden die Wertpapiere für diejenigen Bieter rationiert, die ihre Nachfragemenge in der darauffolgenden Runde reduzierten.[710]

Bei der „standard ascending-bid"-Auktion wird für jedes erfolgreiche Gebot einheitlich der Emissionspreis gezahlt. Demgegenüber zahlt jeder erfolgreiche Bieter pro ersteigerter Mengeneinheit bei der „alternative ascending-bid"-Auktion von Ausubel lediglich den Preis derjenigen Auktionsrunde, in der es für ihn mathematisch unmöglich wurde, die entsprechende Mengeneinheit nicht zu ersteigern. Um diesen Preis zu bestimmen, subtrahiert der Auktionator in jeder Auktionsrunde die nachgefragte Menge aller übrigen Bieter von der Angebotsmenge. Ist die Differenz in einer Runde erstmalig positiv, „clinched" der erfolgreiche Bieter diese Differenzmenge zum Auktionspreis der entsprechenden Runde. Das Gesamtangebot und die individuelle Nachfragemenge des Bieters werden anschließend um die gewonnenen Mengeneinheiten reduziert. Diese Prozedur wird so lange wiederholt, bis für sämtliche versteigerten Mengeneinheiten der jeweilige „clinch"-Preis ermittelt ist.[711]

In einer Modellwelt vollkommen symmetrischer Informationen ist das Auktionsergebnis der „alternative ascending-bid"-Auktion identisch mit dem Ergebnis der „multi-unit sealed-bid"-Auktion. Es existiert ein dominantes Strategiegleichgewicht, in dem der markträumende Auktionspreis dem wahren Wert der neuemittierten Wertpapiere entspricht. Voraussetzung hierfür ist jedoch, daß den Auktionsteilnehmern keine Informationen über die Mengengebote der übrigen Auktionsteilnehmer zur Verfügung gestellt werden. Nach Beendigung jeder Runde wird lediglich bekanntgegeben, ob die Auktion ihren endgültigen Preis erreicht hat oder nicht.[712] Das „alternative ascending-bid"-Auktionsdesign weist jedoch gegenüber der „multi-unit sealed-bid"-Auktion entscheidende Vorteile bei asymmetrisch verteilten Informationen auf. Milgrom/ Weber zeigen bereits 1982 für einzelne „common value"-Objekte, daß der offene Bietwettbewerb von „ascending-bid"-Auktionen eine wichtige Informationsquelle für alle Auktionsteilnehmer darstellt, die bei „sealed-bid"-Auktionen nicht zur Verfügung steht. So repräsentiert jede Erhöhung der Gebote für die Auktionsteilnehmer ein positives Signal über die unbekannten Werteinschätzungen der anderen Bieter. Das Ausmaß der Qualitätsunsicherheit und damit auch der „winner's curse"-Effekt wird dadurch verringert. Die bedingten Erwartungswerte der Auktionsteilnehmer können nach oben revidiert werden:

[709] Ausubel/ Cramton 1998a, S. 32.
[710] Vgl. Cramton 1998, S. 755.
[711] Vgl. hierzu auch ausführlich das numerische Beispiel bei Ausubel 1997, S. 7 ff.
[712] Vgl. Ausubel/ Cramton 1998b, S. 10.

„Bidders can safely bid more aggressively, increasing revenues to the seller."[713] Ausubel/ Cramton zeigen nun auch für „multi-unit common value"-Objekte, daß die maximal zu erwartenden Auktionserlöse der „alternative ascending-bid"-Auktion die Erlöse sämtlicher anderer bekannter Auktionsdesigns übertreffen.[714] Einschränkend muß jedoch gesagt werden, daß die Maximalerlöse ein Modellgleichgewicht dergestalt bedingen, daß ein einziger Gewinner die gesamte Emission absorbiert. Dies kann jedoch bei der Auktion von Wertpapieren nicht erwünscht sein, sofern ein liquider Sekundärmarkthandel gewährleistet werden soll. Ein identisches Erlösmaximum läßt sich theoretisch auch unter der Bedingung erreichen, daß alle Bieter die gleichen Mengen erwerben wollen. Der Quotient aus der Gesamtangebotsmenge und der einheitlichen Nachfragemenge muß darüber hinaus eine natürliche Zahl ergeben. Ob sich eine solche Restriktion in der Emissionspraxis durchsetzen läßt, erscheint zumindest fraglich.

Es läßt sich somit konstatieren, daß sowohl die „multi-unit sealed-bid"-Auktion als auch die „alternative ascending-bid"-Auktion bei symmetrisch verteilten Informationen und einer ausreichend hohen Teilnehmerzahl grundsätzlich in der Lage sind, das bei Aktienneuemissionen zu beobachtende Underpricing-Phänomen vollständig zu eliminieren. Im Falle von asymmetrisch verteilten Informationen wird das Underpricing-Ausmaß zumindest reduziert und eine marktgerechte Allokation herbeigeführt.[715] Aufgrund ihrer herausgehobenen Anreizkompatibilität bei asymmetrisch verteilten Informationen ist die „alternative ascending-bid"-Auktion der „multi-unit sealed-bid"-Auktion in der Emissionspraxis jedoch grundsätzlich vorzuziehen. Für dieses Auktionsdesign spricht auch die leichtere Verständlichkeit: „The problem is that if people do not understand the payment rules of the auction then we do not have any confidence that the result will be efficient."[716]

713 Cramton 1998, S. 748.
714 Vgl. Ausubel/ Cramton 1998b, S. 12. Diese Ergebnisse sind immer vor dem Hintergrund zu sehen, daß keine wettbewerbsverzerrenden Absprachen unter den Bietern stattfinden.
715 Vgl. Ausubel/ Cramton 1998a, S. 13.
716 Nalebuff/ Bulow 1993, S. 29.

7 Schlußbemerkungen und Ausblick

Das Ziel dieser Arbeit bestand in einer dynamischen, lebenszyklusorientierten Darstellung grundlegender Determinanten, Probleme und Mechanismen des Finanzierungsverhaltens von technologie- und wachstumsorientierten Unternehmensgründungen. Besondere Aufmerksamkeit widmete der Autor den mannigfaltigen Marktunvollkommenheiten sowie der Suche nach möglichen Lösungsansätzen zur Linderung ihrer negativen Auswirkungen auf den Geschäftserfolg junger innovativer Unternehmen.

Im Mittelpunkt der bisherigen finanzwirtschaftlichen Forschung stehen Probleme, die sich aus Sicht potentieller Kapitalgeber ergeben - und hier vor allem Unsicherheiten, die aus asymmetrischen Informationsverteilungen erwachsen. Die Unternehmenssicht wird demgegenüber vernachlässigt. Die Ausführungen dieser Arbeit haben jedoch deutlich gemacht, daß von Finanzierungsvorgängen zum Teil erhebliche negative Effekte für ein Unternehmen ausgehen können. Durch die ungewollte Diffusion wettbewerbsrelevanter Informationen können beispielsweise Innovationsrenten in hohem Maße gefährdet werden. Es ist daher zu schlußfolgern, daß der Art der Finanzierung auch bei außer acht lassen von potentiellen Interessenkonflikten zwischen Kapitalnehmern und Kapitalgebern eine erhebliche Relevanz für den Unternehmenserfolg zukommt. Für ein besseres Verständnis des Finanzierungsverhaltens von technologieorientierten Unternehmensgründungen im Verlauf ihres Lebenszyklus sowie zur Herleitung einer allgemeingültigen Finanzierungstheorie erscheint es nach Erachten des Autors daher unausweichlich, daß sich die Finanzierungstheorie intensiver mit den potentiellen Problemen beschäftigen muß, die aus Finanzierungsvorgängen für die Kapitalnehmerseite erwachsen können.

Die ausführliche Diskussion um die Problematik der ungewollten Wissensdiffusion gestattete dem Autor eine neue Sicht auf den Financial Growth Cycle innovativer Unternehmensgründungen. So wurde die herausragende Bedeutung des informellen und formellen Beteiligungsmarktes für die Frühphasenfinanzierung nicht mehr ausschließlich mit Unteilbarkeiten, Informationsmängeln sowie dem durch die Investoren geschaffenen Value-added begründet. Vielmehr fand auch die Gefahr, daß wettbewerbsrelevante Informationen aufgrund von Finanzierungsvorgängen ungewollt in die Hände von (potentiellen) Konkurrenten fallen, ausdrückliche Berücksichtigung. Die Segmentierung des Kapitalmarktes in verschiedene spezifische Teilmärkte kommt sowohl den unterschiedlichen Präferenzen der Kapitalgeber als auch den unterschiedlichen Bedürfnissen kapitalsuchender Unternehmen entgegen. Während in der Anfangsphase eines Unternehmens neben dem Startkapital und dem Wissenstransfer zu den in betriebswirtschaftlichen Fragen häufig noch unerfahrenen innovativen Gründern auch der Schutz ihres spezifischen Wettbewerbsvorsprungs eine entscheidende Rolle spielt, steht in den späteren Entwicklungsphasen zunehmend der stark ansteigende Bedarf nach risikotragendem Kapital sowie die Finanzierungskosten im Vordergrund. Die höchstmögliche Effizienz der einzelnen Kapitalmarktsegmente sowie deren reibungsloses Ineinanderübergreifen bilden nach Erachten des Autors daher entscheidende Erfolgsfaktoren für die Finanzierungschancen wachstumsorientierter junger Technologieunternehmen und damit gleichzeitig für die Innovations- und Wettbewerbsfähigkeit einer Volkswirtschaft. Zur Verbesserung der Rahmenbedingungen für technologieorientierte Unternehmensgründungen gilt es hier für Theorie und Praxis verstärkt anzusetzen.

Eine entscheidende Schnittstelle zwischen „Risiko"- und „regulärem" Kapitalmarkt bildet die erstmalige Emission von Anteilen eines Unternehmens am Aktienprimärmarkt. Die Möglichkeit und Bereitschaft, den organisierten Aktienmarkt als Kapitalquelle in Anspruch zu nehmen, wird entscheidend durch die Funktionsfähigkeit der Aktienprimärmärkte determiniert. An Aktienprimärmärkten sind jedoch zumindest temporär gravierende Preisbildungs- und Allokationsprobleme zu beobachten, die durch hohe Überzeichnungen und teilweise extreme Abweichungen der ersten Sekundärmarktkurse von den Emissionspreisen (Underpricing-Phänomen) charakterisiert sind. Gleichzeitig ist zu konstatieren, daß die bisher übliche Emissionspraxis, Marktprozesse an Aktienprimärmärkten durch diskretionäre Bewertungs-, Ausgleichs- und Zuteilungsmechanismen zu substituieren, mit einem erheblichen Transparenzverlust und hohen Moral Hazard-Risiken verbunden ist. Emittenten und Emissionsbanken werden so in die Lage versetzt, den Emissionsprozeß zugunsten eigener Ziele bewußt zu manipulieren.

Hinsichtlich der Fragestellung nach einem effizienteren Preisbildungs- und Allokationsdesign an Aktienprimärmärkten richtete der Autor seine Aufmerksamkeit insbesondere auf die Erkenntnisse der auktionstheoretischen Forschung, da Auktionen im Rahmen von kompetativen Marktprozessen grundsätzlich in der Lage sein sollten, eine größtmögliche Transparenz, Fairneß und Allokationseffizienz zu gewährleisten. Voraussetzung hierfür ist jedoch, daß die den markträumenden Auktionspreis determinierenden Gebote möglichst genau die wahre Zahlungsbereitschaft der Bieter reflektieren. Taktisches Bietverhalten muß daher so weit wie möglich ausgeschlossen werden. Ein anreizkompatibles Auktionsdesign sollte zum einen so strukturiert sein, daß die von den Gewinnern zu zahlenden Preise so unabhängig wie irgend möglich von den eigenen Bietstrategien sind. Idealerweise werden die von den erfolgreichen Bietern zu zahlenden Preise ausschließlich durch die Konkurrenzgebote determiniert. Einzig und allein auf diese Weise hat jeder Auktionsteilnehmer einen Anreiz, seine wahre Zahlungsbereitschaft vollständig zu offenbaren.[717] Darüber hinaus sollte eine Auktion als *offener Bietwettbewerb*, der die verfügbaren Informationen eines jeden Teilnehmers zum Zeitpunkt seiner Gebotsabgabe maximiert, ausgestaltet werden.[718]

Die im Rahmen dieser Arbeit vorgestellten „multi-unit sealed-bid"-Auktionen und „alternative ascending-bid"-Auktionen eliminieren bei symmetrischen Informationen jegliches Underpricing von Aktienneuemissionen. In der Emissionspraxis ist von den bisher bekannten Auktionsdesigns jedoch insbesondere der Einsatz von „alternative ascending-bid"-Auktionen zu empfehlen. Das Underpricing-Phänomen von Neuemissionen läßt sich aufgrund des „winner's curse"-Effekts zwar auch mit diesem Auktionsdesign nicht vollständig eliminieren, zumindest jedoch eindämmen. Für eine weitere Effizienzsteigerung an Aktienprimärmärkten muß verstärkt nach alternativen Auktionsdesigns geforscht werden, die speziell auf die Auktion von „multi unit common value"-Objekten bei asymmetrischer Informationsverteilung zugeschnitten sind.

Um die bestehenden Prozesse und Institutionen an Aktienprimärmärkten in ihrer Gesamtheit gezielt zu verbessern, weiterzuentwickeln und notwendigenfalls auch mittels staatlicher Regulierungsmaßnahmen in den freien Marktprozeß einzugreifen, bedarf es grundsätzlich eines systematischen Ansatzes zur objektiven Überprüfung der Funktionsfähigkeit von Aktienprimärmärkten. Bislang ist es der Finanzierungstheorie jedoch nicht gelungen, ein geeignetes Instrumentarium für die systematische empirische Funktionsfähigkeitsüberprüfung von Aktienprimärmärkten hervorzubringen. Das vom Autor zur Diskussion gestellte „Koordinationsmängel-Diagnosekonzept" soll die bestehende Lücke in der Finanzierungstheorie schließen. Dieses dynamische Effizienzkonzept verlangt im Gegensatz zu den Effizienzansätzen der modernen Kapitalmarkttheorie nicht die ständige Realisation eines nicht beobachtbaren Optimums, sondern zielt vielmehr auf die Lösung der grundsätzlichen Koordinationsaufgaben von Kapitalmärkten. Der Autor hofft, mit der Vorstellung des „Koordinationsmängel-Diagnosekonzepts" eine verstärkte wissenschaftliche Auseinandersetzung mit der systematischen empirischen Funktionsfähigkeitsüberprüfung von Aktienprimärmärkten in Gang zu setzen. Künftige Arbeiten sollten die Übertragung des von Grossekettler für die empirische Funktionsfähigkeitsprüfung von Realgütermärkten entwickelten „Koordinationsmängel-Diagnosekonzepts" auf den Kapitalmarkt als Diskussionsgrundlage aufnehmen, so daß sich im Zuge einer

[717] Vgl. Vickrey 1961.
[718] Vgl. Milgrom/ Weber 1982.

fruchtbaren wissenschaftlichen Debatte Standardindikatoren für die empirische Überprüfung der Funktionsfähigkeit von Aktienprimärmärkten herauskristallisieren können.

Anhang

Mustergliederung einer Funktionsfähigkeitsanalyse

1. Problemstellung und Überblick

2. Beschreibung der Marktstruktur

2.1 Produktorientierte Marktbeschreibung
2.1.1 Das prototypische Produkt, seine Verwendung sowie enge und weite Substitutionsprodukte
2.1.2 Sachliche, räumliche und zeitliche Marktabgrenzung
2.1.3 Segmentierung des Marktes nach Verwendungszwecken und Vertragstypen
2.1.4 Segmentierung nach Vertriebsformen und Präsentationsarten
2.1.5 Entwicklungsphase des Marktes

2.2 Nachfrageorientierte Marktbeschreibung
2.2.1 Aktuelle Nachfrage: Zusammensetzung und Marktanteile
2.2.2 Volks- und weltwirtschaftliche Bedeutung großer Nachfrager; vertikale Verflechtungen
2.2.3 Hauptbestimmungsfaktoren der Nachfrage und Konjunkturabhängigkeit

2.3 Anbieterorientierte Marktbeschreibung
2.3.1 Aktuelle Anbieter: Zusammensetzung, Marktanteile, Produktionstechnik und Kostenstruktur
2.3.2 Potentielle Anbieter: Herkunftsbereiche und Eintrittshemmnisse
2.3.3 Potentielle Nachfrager: Angebotsumstellungsflexibilität der Anbieter
2.3.4 Vertikale Verflechtung der Anbieter
2.3.5 Bedeutung der Anbieter als Arbeitgeber, Nachfrager in- und ausländischer Vorprodukte sowie Vorlieferanten und Exporteure

2.4 Institutionenorientierte Marktbeschreibung
2.4.1 Die Ordnung des Marktes: Rechtsvorschriften, Usancen, Institutionen
2.4.2 Mit dem Markt verbundene Interessengruppen
2.4.3 Kapitalmarkteinflüsse

2.5 Marktstruktur und Funktionsweise: zusammenfassende Beschreibung der Strukturelemente, die für die Funktionsfähigkeit der Marktprozesse von besonderer Bedeutung sind

3 Funktionsweise des Marktes: Prüfung auf Koordinationsmängel und Schwachstellen

3.1 Analyse des Markträumungsprozesses
3.1.1 Konkretisierung der Aufgabenstellung für den Untersuchungsmarkt mit Hilfe von Standardindikatoren; erforderlichenfalls Auswahl und Beurteilung denk- und verfügbarer Hilfsindikatoren für die Prozeßmusterprüfung

3.1.2 Beschreibung und Beurteilung der Prozeßmusterentwicklung: optische Inspektion sowie statistische Tests zur Prüfung der Richtungs- und Effektivitätsbedingung

3.1.3 Prüfung der Prozeßmusterentwicklung auf Plausibilität

3.1.4 Prüfung der Funktionsweise auf Niveaudefekte

3.1.5 Zusammenfassende Beurteilung des M-Prozesses

3.2 Analyse des Renditenormalisierungsprozesses

3.2.1 Konkretisierung...

Untergliederung der GP 3.2 – 3.5 für die übrigen Prozesse analog zu 3.1 bis ....

3 Zusammenfassende Beurteilung des V-Prozesses

4 Interventionsprüfung

Abbildung 16: *Mustergliederung einer Funktionsfähigkeitsanalyse*
(Quelle: Grossekettler 1999, S. 13a)

Literaturverzeichnis

Achilles 1999: Achilles, W., Kreditrationierung der Banken aus informationstheoretischer Sicht, in: Behr, G. (Hrsg.), Wachstumsfinanzierung, Bern/ Stuttgart/ Wien 1999, S. 5-22.

Achleitner 1999: Achleitner, A.-K. (Hrsg.), Handbuch Investment Banking, Wiesbaden 1999.

Acs/ Audretsch 1988: Acs, Z. J./ Audretsch, D. B., Innovation in Large and Small Firms: An Empirical Analysis, in: AER, Vol. 78, 1988, S. 678-690.

Acs/ Audretsch 1990: Acs, Z. J./ Audretsch, D. B., Small Firms and Entrepreneurship: A Comparison between West and East Countries, Discussion Papers FS IV, 90-13, Wissenschaftszentrum für Sozialforschung Berlin, 1990.

Acs/ Audretsch 1992: Acs, Z. J./ Audretsch, D. B., Innovation durch kleine Unternehmen, Berlin 1992.

Adam 1997: Adam, D., Investitionscontrolling, 2., bearb. und erw. Aufl., München/ Wien 1997.

Aerni 1999: Aerni, M., Die "Pecking Order" der Unternehmensfinanzierung und dessen Gültigkeit für Wachstumsunternehmen, in: Behr, G. (Hrsg.), Wachstumsfinanzierung, Bern/ Stuttgart/ Wien 1999, S. 221-240.

Aggarwal 1981: Aggarwal, R., International Differences in Capital Structure Norms: An Empirical Study of Large European Companies, in: Management International Review, 1983, S. 75-88.

Aggarwal 2000: Aggarwal, R., Stabilization Activities by Underwriters after Initial Public Offerings, in: JoF, Vol. 55, 2000, S. 1075-1103.

Aggarwal/ Prabhala/ Puri 2001: Aggarwal, R./ Prabhala, N. R./ Puri, M., Institutional Allocation in Initial Public Offerings: Empirical Evidence, Working Paper, Georgetown University, Mai 2001.

Aggarwal/ Rivoli 1990: Aggarwal, R./ Rivoli, P., Fads in the initial public offering market?, in: Financial Management, Vol. 19, 1990, S. 45 -57.

Ahrens 2000: Ahrens, G., Preisbildung beim Gang an die Börse: der Einfluß von Plazierungsverfahren auf die Unternehmensbewertung bei Aktienerstemissionen, Frankfurt et al. 2000.

Aiginger/ Tichy 1984: Aiginger, K./ Tichy, G., Die Größe der Kleinen – die überraschenden Erfolge kleiner und mittlerer Unternehmungen in den achtziger Jahren, Wien 1984.

Akerlof 1970: Akerlof, G. A., The Market for „Lemons". Quality Uncertainty and the Market Mechanism, in: QJoE, Vol. 84, 1970, S. 488-500.

Albach 1995: Albach, H., Finanzierungspolitik mittelständischer Unternehmen, in: Gerke, W./ Steiner, M. (Hrsg.), Handwörterbuch des Bank- und Finanzwesens, 2. Aufl., Stuttgart 1995.

Almus/ Engel/ Nerlinger 1999: Almus, M./ Engel, D./ Nerlinger, E. A., Wachstumsdeterminanten junger Unternehmen in den alten und neuen Bundesländern: Ein Vergleich zwischen innovativen und nicht-innovativen Unternehmen, ZEW-Diskussionspapier, 1999.

Almus/ Nerlinger 1999: Almus, M./ Nerlinger, E. A., Zum Zusammenhang zwischen Größe und Wachstum bei Gründungen – Empirische Ergebnisse für West-Deutschland, ZEW-Diskussionspapier, 1999.

Amihud/ Mendelson 1986: Amihud, Y./ Mendelson, H., Asset Pricing and the Bid-Ask Spread, JoFE, Vol. 17, 1986, S. 223-249.

Anhuef 1998: Anhuef, R., Aufbau und Risikokapitalfinanzierung des ostdeutschen Mittelstandes, Bestandsaufnahme unter besonderer Berücksichtigung einer institutionenökonomischen Analyse der mittelständischen Risikokapitalfinanzierung insbesondere durch Kreditgenossenschaften, Diss., Europa-Universität Viadrina zu Frankfurt (Oder), 1998.

Arrow 1964: Arrow, K. J., The role of securities in the optimal allocation of risk-bearing, in: Review of Economic Studies, Vol. 31, S. 91-96.

Arrow 1985: Arrow, K. J., The Economics of Agency, in: Pratt, J. W./ Zeckhauser, R. J. (Hrsg.), Principals and Agents, Boston (Massachusetts) 1985, S. 37-51.

Arrow/ Debreu 1954: Arrow, K. J./ Debreu, G., Existence of an equilibrium for a competitive economy, in: Econometrica, Vol. 22, 1954, S. 265-290.

Audretsch 1995: Audretsch, D. B., Innovation and Industry Evolution, Cambridge (MA) 1995.

Audretsch/ Elston 1997: Audretsch, D. B./ Elston, J. A., Financing the German Mittelstand, in : Small Business Economics, Vol. 9, 1997, S. 97-110.

Ausubel 1997: Ausubel, L. M., An Efficient Ascending-Bid Auction For Multiple Objects, Working Paper No. 97-06, University of Maryland, June 25 1997.

Ausubel/ Cramton 1998a: Ausubel, L. M./ Cramton, P., Demand Reduction and Inefficiency in Multi-Unit Auctions, Working Paper, University of Maryland, March 1998.

Ausubel/ Cramton 1998b: Ausubel, L. M./ Cramton, P, Auctioning Securities, Working Paper, University of Maryland, March 1998.

Baier/ Pleschak 1996: Baier, W./ Pleschak, F., Marketing und Finanzierung junger Technologieunternehmen: den Gründungserfolg sichern, Wiesbaden 1996.

Baker-Said 2001: Baker-Said, S., Credit Suisse Tightens the Reins, in: Bloomberg Markets, Vol. 10, Nr. 7, 2001, S. 32-44.

Baker/ Wurgler 2000: Baker, M./ Wurgler, J., The equity share in new issues and aggregate stock returns, in: JoF, Vol. 55, 2000, S. 2219-2257.

Balderjahn 1997: Balderjahn, I., Innovationsmarketing in jungen Technologieunternehmen, Lehr- und Forschungsbericht Nr. 7/ 1997, Wirtschafts- und Sozialwissenschaftliche Fakultät, Universität Potsdam.

Bandemer/ Belzer 1998: Bandemer, S. v./ Belzer, V., Innovationsstrategien, Wachstum und Beschäftigung, in: Lehner, F./ Baethge, M./ Kühl, J./ Stille, F. (Hrsg.), Beschäftigung durch Innovation: Eine Literaturstudie, München 1998, S. 155-196.

Barberis/ Shleifer/ Vishny 1998: Barberis, N./ Shleifer, A./ Vishny, R., A model of investor sentiment, in: JoFE, Vol. 49, 1998, S. 307-343.

Barclay/ Smith/ Watts 1995: Barclay, M./ Smith, C. W./ Watts, R. L., The determinants of corporate leverage and dividend policies, in: JoACF, Vol. 7, 1995, S. 4-19.

Baron 1982: Baron, D. P., A Model of the Demand for Investment Banking Advising and Distribution Services for New Issues, in: JoF, Vol. 37, 1982, S. 955-976.

Bartolini/ Cottarelli 1997: Bartolini, L./ Cottarelli, C., Designing Effective Auctions for Treasury Securities, in: Current Issues in Economics and Finance, Federal Reserve Bank of New York, Vol. 3, Nr. 9, 1997, S. 1-6.

Baumann/ Miller 1997: Bauman, W. S./ Miller, R. E., Investor Expectations and the Performance of Value Stocks versus Growth Stocks, in: JoPM, Spring 1997, S. 57-68.

Behringer 1999: Behringer, S., Unternehmensbewertung der Mittel- und Kleinbetriebe: betriebswirtschaftliche Verfahrensweisen, Berlin 1999.

Bell 1999: Bell, M. G., Venture Capital, in: WISU, 28. Jg., 1999, S. 53-56.

Benos 1998: Benos, A. V., Aggressiveness and Survival of Overconfident Traders, in: JoFM, Vol. 1, 1998, S. 353-383.

Benveniste/ Erdal/ Wilhelm 1998: Benveniste, L. M./ Erdal, S. M./ Wilhelm Jr., W. J., Who benefits from secondary market price stabilization of IPOs?, in: JoBF, Vol. 22, 1998, S. 741-767.

Benveniste/ Busaba/ Wilhelm 2002: Benveniste, L./ Busaba, W./ Wilhelm Jr., W. J., Information Externalities in Primary Equity Markets, in: JoFI, Vol. 11, 2002, S. 61-86.

Benveniste/ Spindt 1989: Benveniste, L. M./ Spindt, P. A., How investment bankers determine the offer price and allocation of new issues, in: JoFE, Vol. 24, 1989, S. 343-361.

Benveniste/ Wilhelm/ Yu 2000: Benveniste, L./ Wilhelm Jr., W. J.,/ Yu, X., Evidence of informational spillovers in the production of investment banking services, Working Paper, University of Minnesota, Stand: Dezember 2000.

Berens/ Hoffjan/ Pakulla 2000: Berens, W./ Hoffjan, A./ Pakulla, R., Venture-Capital-Finanzierung, in: WiSt, 29. Jg., 2000, S. 287-291.

Berger/ Udell 1998: Berger, A. N./ Udell, G. F., The economics of small business finance: The roles of private equity and debt markets in the financial growth cycle, in: JoBF, Vol. 22, 1998, S. 613-673.

Berlin 1998: Berlin, M., That Thing Venture Capitalists Do, in: Business Review (Federal Reserve Bank of Philadelphia), Vol. 80, 1998, S. 15-26.

Bernstein 1999: Bernstein, P. L., A New Look at the Efficient Market Hypothesis, in: JoPM, Vol. 25, S. 1-2.

Bester/ Schepens 1996: Bester, H./ Schepens, J. P. J. F., Internal Finance versus Bank Debt: The Gains from Establishing a Debt History, in: Kredit und Kapital, 29. Jg., 1996, S. 565-590.

Betsch/ Groh/ Lohmann 1998: Betsch, O./ Groh, A./ Lohmann, L., Corporate finance: Unternehmensbewertung, M&A und innovative Kapitalmarktfinanzierung, München 1998.

Biais/ Faugeron-Crouzet 2002: Biais, B./ Faugeron-Crouzet, A. M., IPO Auctions, in: JoFI, Vol. 11, 2002, S. 9-36.

Bienert 1996: Bienert, H., Der Marktprozeß an Aktienbörsen: Bewertungseffizienz und Umverteilung, Wiesbaden 1996.

Birch 1979: Birch, D. L., The Job Generation Process, Center for the Study of Neighbourhood and Regional Change, MIT, Cambridge (MA).

BIS 2001 Bank for International Settlements, Basel Committee on Banking Supervision, Consultative Document, The New Basel Capital Accord, Issued for comment by 31 May 2001.

Bjønnes 2001: Bjønnes, G. H., Winner's Curse in Discriminatory Price Auctions: Evidence from the Norwegian Treasury Bill Auctions, Working Paper, Norwegian School of Management, June 2001.

Black 1976: Black, F., The Dividend Puzzle, in: JoPM, Vol. 2, 1976, S. 2-5.

Black 1986: Black, F., Noise, in: JoF, Vol. 41, 1986, S. 529-543.

Black/ Gilson 1998: Black, B./ Gilson, R., Venture capital and the structure of capital markets: Banks versus stock markets, in: JoFE, Vol. 47, 1998, S. 243-277.

Black/ Scholes 1973: Black, F./ Scholes, M., The pricing of options and corporate liabilities, in: JoPE, Vol. 81, 1973, S. 637-654.

Blessin 1998: Blessin, B., Innovation und Innovationsmanagement in kleinen und mittleren Unternehmen; Stuttgart-Hohenheim 1998.

Blohm/ Lüder 1995: Blohm, H./ Lüder, K., Investition, Schwachstellenanalyse des Investitionsbereichs und Investitionsrechnung, 8., aktual. und ergänzte Aufl., München 1995.

Boehm-Bezing 1999: Boehm-Bezing, C. L. v., Business Angels und ihre Netzwerke, in: Die Bank, Nr. 9, 1999, S. 598-601.

Brandkamp 2000: Brandkamp, M., Technologien für innovative Unternehmensgründungen: Bewertung aus betriebswirtschaftlicher Sicht, Wiesbaden, 2000.

Brav/ Geczy/ Gompers 2000: Brav, A./ Geczy, C./ Gompers, P., Is the Abnormal Return Following Equity Issuance Anomalous?, in: JoFE, Vol. 56, 2000, S. 209 - 249.

Brav/ Gompers 1997: Brav, A./ Gompers, P. A., Myth or Reality?: Long-run underperformance of initial public offerings; Evidence from venture capital and nonventure-capital backed IPOs, in: JoF, Vol. 52, 1997, S. 1791-1821.

Brealey/ Myers 2000: Brealey, R. A./ Myers, S. C., Principles of Corporate Finance, 6. Aufl., New York et al. 2000.

Bretz 1998: Bretz, M., Eigenkapitalausstattung und Insolvenzen im Mittelstand, in: BFuP, 50. Jg., 1998, S. 263-278.

Breuer 1998: Breuer, W., Finanzierungstheorie: eine systematische Einführung, Wiesbaden 1998.

Breuer 1999: Breuer, W., Fisher-Separation und Kapitalwertkriterium bei Steuern, in: WiSt, 29. Jg., 1999, S. 270-274.

Breuer 2000: Breuer, W., Investition I: Entscheidungen bei Sicherheit, Wiesbaden 2000.

Brock 2000: Brock, H. W., Strategic Economic Decisions, Mento Park, California, May 2000.

Bruns 1994: Bruns, C., Bubbles und Excess Volatility auf dem deutschen Aktienmarkt, Wiesbaden 1994.

Brunsch 1999: Brunsch, L., Innovationsfinanzierung von KMU, Wildauer Ringvorlesung, 1. Thema, Eröffnung und Grundlagen, Technische Fachhochschule Wildau, 08.12.1999.

Budworth 1996: Budworth, D., Finance and Innovation, London et al. 1996.

Bundesministerium für Wirtschaft 1996: Bundesministerium für Wirtschaft, Bericht der Ressortarbeitsgruppe „Risikokapital für Existenzgründer und mittelständische Unternehmen" vom 30. Januar 1996, Bonn 1996.

Burghof 1999: Burghof, H.-P., Kapitalstruktur und Unternehmenskontrolle, in: WiSt, 28. Jg., 1999, S. 613-615.

Butzmann 1999: Butzmann, K., Finanzierung innovativer KMU durch Beteiligungskapital (Venture Capital), ECOVIN-Arbeitsbericht Nr. 6, Leipzig 1999.

Bygrave 1998: Bygrave, W. D., Die einzelnen Stufen des Entrepreneurship, in: Faltin, G./ Ripsas, S./ Zimmer, J. (Hrsg.), Entrepreneurship: wie aus Ideen Unternehmen werden, München 1998, S. 113-140.

Cabral 1995: Cabral, L., Sunk costs, firms size and firm growth, in: JoIE, Vol. 43, 1995, S. 161-172.

Campbell 1979: Campbell, T., Optimal investment financing decisions and the value of confidentiality, in: JoFQA, Vol. 14, 1979, S. 913-924.

Cassel 1918: Cassel, G., Theoretische Sozialökonomie, Leipzig 1918 (Darmstadt 1968).

Cezanne 1999: Cezanne, W., Allgemeine Volkswirtschaftslehre, 4., überarb. Auflage, München/ Wien 1999.

Chaffin 2001: Chaffin, J., Exit may take heat off CSFB, in: FT, 13.07.2001, S. 16.

Chatterjea/ Jarrow 1998: Chatterjea, A./ Jarrow, R. A., Market Manipulation, Price Bubbles, and a Model of the U.S. Treasury Securities Auction Market, in: JoFQA, Vol. 33, 1998, S. 255-289.

Chemmanur 1993: Chemmanur, T. J., The Pricing of Initial Public Offerings: A Dynamic Model with Information Production, in: JoF, Vol. 49, 1993, S. 285-304.

Chen/ Ritter 2000: Chen, H.-C./ Ritter, J. R., The Seven Percent Solution, in: JoF, Vol. 55, 2000, S. 1105-1131.

Chen/ Roll/ Ross 1986: Chen, N.-F./ Roll, R./ Ross, S. A., Economic forces and the stock market, in: JoB, Vol. 59, 1986, S. 383-403.

Chen/ Zhang 1998: Chen, Nai-fu/ Zhang, F., Risk and Return of Value Stocks, in: JoB, Vol. 71, 1998, S. 501-535.

Churchill/ Lewis 1983: Churchill, N. C./ Lewis, V. L., The first stages of small business growth, in: Harvard Business Review, Vol. 61, 1983, S. 30-50.

Cleary 1999: Cleary, S., The Relationship Between Firm Investment and Financial Status, in: JoF, Vol. 54, S. 673-692.

Coase 1937: Coase, R. H., The Nature of the Firm, in: Econometrica, Vol. 4, 1937, S. 386-405.

Collins/ Sekely 1983: Collins, J./ Sekely, W.S., The Relationship of Headquarters Country and Industry Classification to Financial Structure, in: FM, Vol. 12, Nr. 3, 1983, S. 45-51.

Copeland/ Galai 1983: Copeland, T./ Galai, D., Information Effects on the Bid-ask Spread, in: JoF, Vol. 38, 1983, S.1457-1469.

Copeland/ Koller/ Murrin 1998: Copeland, T./ Koller, T./ Murrin, J., Unternehmenswert, Methoden und Strategien für eine wertorientierte Unternehmensführung, 2. Aufl., 1998.

Coveney/ Moore 1998: Coveney; P./ Moore, K., Business Angels, Chichester et al. 1998.

Cox/ Ross/ Rubinstein 1979: Cox, J. C./ Ross, S. A./ Rubinstein, M., Option Pricing: A simplified approach, in: JoFE, Vol. 7, 1979, S. 229-263.

Cramton 1998: Cramton, P., Applications of Auction Theory, Ascending auctions, in: EER, Vol. 42, 1998, S. 745-756.

Damodaran 1997: Damodaran, A., Corporate Finance - Theory and Practice, John Wiley & Sons, Inc., 1997.

Daniel/ Hirshleifer/ Subrahmanyam 1998: Daniel, K./ Hishleifer, D./ Subrahmanyam, A. Investor Psychology and Security Market Under- and Overreaction, in: JoF, Vol. 53, 1998, S. 1839-1885.

Daniel/ Hirshleifer/ Subrahmanyam 2001: Daniel, K./ Hishleifer, D./ Subrahmanyam, A., Overconfidence, Arbitrage, and Equilibrium Asset Pricing, in: JoF, Vol. 56, 2001, S. 921-965.

Daniel/ Titman 1999: Daniel, K./ Titman, S., Market Efficiency in an Irrational World, in: FAJ, Vol. 55, 1999, S. 28-40.

Davis/Fama/French 2000: Davis, J./ Fama, E. F./ French, K. R., Characteristics, Covariances, and Average Returns: 1929-1997, in: JoF, Vol. 55, 2000, S. 389-406.

De Bondt/ Thaler 1985: De Bondt, W./ Thaler, R., Does the Stock Market Overreact ?, in: JoF, Vol. 40, 1985, S. 793-805.

De Bondt/ Thaler 1987: De Bondt, W./ Thaler, R., Further Evidence on Investor Overreaction and Stock Market Seasonality, in: JoF, Vol. 42, 1987, S. 557-581.

De Bondt/ Thaler 1995: De Bondt, W./ Thaler, R., Financial Decision-Making in Markets and Firms: A Behavioral Perspective, in: Jarrow, R. et al. (Hrsg.), Handbooks of Operations Research and Management Science, 9. Aufl., Amsterdam 1995, S. 385-410.

De Long et al. 1990: De Long, B. J./ Shleifer, A./ Summers, L. H./ Waldmann, R. J., Positive Feedback Investment Strategies and Destabilizing Rational Speculation, in: JoF, Vol. 45, 1990, S. 379-395.

De Long et al. 1991: De Long, B. J./ Shleifer, A./ Summers, L. H./ Waldmann, R. J., The Survival of Noise Traders in Financial Markets, in: JoB, Vol. 64, 1991, S. 1 - 19.

Debreu 1959: Debreu, G., Theory of Value. An Axiomatic Analysis of Economic Equilibrium, New York/ London 1959.

Deutsche Börse AG 1996: Deutsche Börse AG, Der Neue Markt - Chancenkapital für Wachstum, in: Vision & Money, 1. Jg., 1996, Nr. 1, S. 10-16.

Deutsche Bundesbank 1991: Deutsche Bundesbank, Zur Bedeutung der Aktie als Finanzierungsinstrument, in: Monatsberichte der Deutschen Bundesbank, 43. Jg., Oktober 1991, S. 22-29.

Deutsche Bundesbank 1992: Deutsche Bundesbank, Längerfristige Entwicklung der Finanzierungsstrukturen westdeutscher Unternehmen, in: Monatsberichte der Deutschen Bundesbank, 44. Jg., Oktober 1992, S. 25-39.

Deutsche Bundesbank 1994: Deutsche Bundesbank, Eigenmittelausstattung der Unternehmen ausgewählter EG-Länder im Vergleich, in: Monatsberichte der Deutschen Bundesbank, 46. Jg., Oktober 1994, S. 73-88.

Deutsche Bundesbank 1997: Deutsche Bundesbank, Ertragslage und Finanzierungsverhältnisse westdeutscher Unternehmen im Jahr 1996, in: Monatsberichte der Deutschen Bundesbank, 49. Jg., November 1997, S. 31-55.

Deutsche Bundesbank 1998: Deutsche Bundesbank, Ertragslage und Finanzierungsverhältnisse ostdeutscher Unternehmen im Jahr 1996, in: Monatsberichte der Deutschen Bundesbank, 50. Jg., Juli 1998, S. 35-49.

Deutsche Bundesbank 2000: Deutsche Bundesbank, Der Markt für Wagniskapital in Deutschland, in: Monatsberichte der Deutschen Bundesbank, 52. Jg., Oktober 2000, S. 15-29.

Deutsche Bundesbank 2003: Deutsche Bundesbank, Neue Mindestanforderungen an das Kreditgeschäft: MaK und Basel II, in: Monatsberichte der Deutschen Bundesbank, 55. Jg., Januar 2003, S. 45-58.

Dewing 1953: Dewing, A. S., The Financial Policy of Corporations, 5. Aufl., New York 1953.

Döhrmann 1990: Döhrmann, A., Underpricing oder Fair Value: Das Kursverhalten deutscher Erstemissionen, Wiesbaden 1990.

Domrös 1994: Domrös, C., Innovationen und Institutionen: eine transaktionskostenoekonomische Analyse unter besonderer Berücksichtigung strategischer Allianzen, Diss., Berlin 1994.

Dortans 1999: Dortans, P. J.-L., Innovationsmanagement und Finanzierung, in: Koschatzky, K./ Kulicke, M./ Nellen, O./ Pleschak, F. (Hrsg.), Finanzierung von KMU im Innovationsprozeß – Akteure, Strategien, Probleme – Konferenzbeiträge, Stuttgart 1999, S. 57-64.

Doutriaux 1984: Doutriaux, J., Evolution of the Characteristics of (High-Tech) Entrepreneurial Firms, in: Babson College, Wellesley (Hrsg.), Frontiers of Entrepreneurship Research, 1984, S. 368-386.

Dunne/ Roberts/ Samuelson 1988: Dunne, T./ Roberts, M. J./ Samuelson, L., Patterns of Firm Entry and Exit in U.S. Manufacturing Industries, in: Rand Journal of Economics, Vol. 19, 1988, S. 495-515.

Dunne/ Roberts/ Samuelson 1989: Dunne, T./ Roberts, M. J./ Samuelson, L., The Growth and Failure of U.S. Manufacturing Plants, in: QJoE, Vol. 104, 1989, S. 671-698.

Ebert 1998: Ebert, E., Startfinanzierung durch Kreditinstitute. Situationsanalyse und Lösungsansätze, Berlin 1998.

Eckbo/ Masulis 1995: Eckbo, B. E./ Masulis, R. W., Seasoned Equity Offerings: A Survey, in: Jarrow, R. et al. (Hrsg.), Handbooks of Operations Research and Management Science, 9. Aufl., Amsterdam 1995, S. 1017-1072.

Ehrhardt 1997: Ehrhardt, O., Börseneinführungen von Aktien am deutschen Kapitalmarkt, Wiesbaden 1997.

Eisenbeis 1998: Eisenbeis; R. A., Comment on Hancock and Wilcox, in: JoBF, Vol. 22, 1998, S. 1015-1017.

Ellis/ Michaely/ O'Hara 2000: Ellis, K./ Michaely, R./ O'Hara, M., When the Underwriter is the Market Maker: An Examination of Trading in the IPO Aftermarket, in: JoF, Vol. 55, S. 1039-1074.

Elßer 1993: Elßer, S., Innovationswettbewerb: Determinanten und Unternehmensverhalten, Frankfurt/ Main et al. 1993.

Elton/ Gruber/ Busse 1998: Elton, E. J./ Gruber, M. J./ Busse, J. A., Do Investors Care about Sentiment?, in: JoB, Vol. 71, 1998, S. 477-499.

Engelmann/ Heitzer 1999: Engelmann, A./ Heitzer, B., Mobilisierung von Business Angels in Deutschland, in: FB, 1. Jg., 1999, S. 457-462.

Ernst/ Thümmel 2000: Ernst, D./ Thümmel, R. C., Realoptionen zur Strukturierung von M&A-Transaktionen, in: FB, 2. Jg., 2000, S. 665-673.

Essig 1992: Essig, S. M., Convertible Securities and Capital Structure Determinants, Diss., University of Chicago/ Illinois.

Evans 1987a: Evans, D. S., The Relationship between Firm Growth, Size, and Age: Estimates for 100 Manufacturing Industries, in: JoIE, Vol. 35, S. 567-581.

Evans 1987b: Evans, D. S., Tests of Alternative Theories of Firm Growth, in: JoPE, Vol. 95, S. 657-674.

Fama 1970: Fama, E. F., Efficient Capital Markets: A Review of Theory and Empirical Work, in: JoF, 25. Jg., 1970, S. 383-417.

Fama 1976: Fama, E. F., Foundations of Finance, New York 1976.

Fama 1978: Fama, E. F., The Effects of a Firm's Investment and Financing Decisions on the Welfare of its Security Holders, in: AER, Vol. 68, 1978, S. 272-284.

Fama 1991: Fama, E. F., Efficient Capital Markets: II, in: JoF, Vol. 46, 1991, S. 1575-1617.

Fama 1998: Fama, E. F., Market efficiency, long-term returns, and behavioral finance, in: JoFE, Vol. 49, 1998, S. 283-306.

Fama et al. 1969: Fama, E. F./ Fisher, L./ Jensen, M. C./ Roll, R., The adjustment of stock prices to new information, in: IER, Vol. 10, 1969, S. 1-21.

Fama/ French 1992: Fama, E. F./ French, K. R., The Cross-Section of Expected Stock Returns, in: JoF, 47. Jg., 1992, S. 427-465.

Fama/ French 1993: Fama, E. F./ French, K. R., Common risk factors in the returns on stocks and bonds, in: JoFE, Vol. 33, 1993, S. 3-56.

Fama/ French 1995: Fama, E. F./ French, K. R., Size and book-to-market factors in earnings and returns, in: JoF, Vol. 50, 1995, S. 131-155.

Fama/ French 1996: Fama, E. F./ French, K. R., Multifactor explanations of asset pricing anomalies, in: JoF, Vol. 51, 1996, S. 55-84.

Fama/ French 1998: Fama, E. F./ French, K. R., Value versus Growth: The International Evidence, in: JoF, Vol 53, 1998, S. 1975-1999.

Fama/ French 1999: Fama, E. F./ French, K. R., The Corporate Cost of Capital and the Return on Corporate Investment, in JoF, Vol. 54, 1999, S. 1939-1967.

Fama/ Jensen 1983a: Fama, E. F./ Jensen, M. C., Separation of ownership and control, in: Journal of Law and Economics, Vol. 26, 1983, S. 301-325.

Fama/ Jensen 1983b: Fama, E. F./ Jensen, M. C., Agency problems and residual claims, in: Journal of Law and Economics, Vol. 26, 1983, S. 327-349.

Fama/ Miller 1972: Fama, E. F./ Miller, M. H., The Theory of Finance, New York 1972.

Fanselow 1998: Fanselow, K.-H., Unternehmensbeteiligungen in Deutschland: Was ist erreicht? Was bleibt zu tun?, in: ZfgK, 11.Jg., 1998, S. 208-211.

Felder et al. 1995: Felder, J. D./ Harhoff, G./ Licht, E./ Nerlinger, E./ Stahl, H., Innovationsverhalten der deutschen Wirtschaft. Ergebnisse der Innovationserhebung 1994, Bericht für das Bundesministerium für Bildung, Wissenschaft, Forschung und Technologie, Mannheim 1995.

FhG-ISI/ ZEW 1998: FhG-ISI/ ZEW, Beteiligungskapital und technologieorientierte Existenzgründungen, Gutachten für das Bundesministerium für Wirtschaft und Technologie Referat VI A5, Kurzfassung, Karlsruhe/ Mannheim Dezember 1998.

Fischer 1999: Fischer, A., Die „Neuen Märkte" und deren Relevanz für die Aufbringung von Risikokapital, in: Behr, G. (Hrsg.), Wachstumsfinanzierung, Bern/ Stuttgart/ Wien 1999, S. 63-90.

Fischer 2000: Fischer, C., Why Do Companies Go Public? Empirical Evidence from Germany's Neuer Markt, Seminar für Kapitalmarktforschung und Finanzierung, Ludwig-Maximilian-Universität München, Working Paper, Stand Mai 2000.

Fisher 1930: Fisher, I., The Theory of Interest (As Determined by Impatience to Spend Income and Opportunity to Invest it), New York 1930.

Francfort/ Rudolph 1992: Francfort, A. J./ Rudolph, B., Zur Entwicklung der Kapitalstrukturen in Deutschland und in den Vereinigten Staaten von Amerika, in: zfbf, 44. Jg., 1992, S. 1059-1077.

Frank/ Korunka/ Lueger 1999: Frank, H./ Korunka, C./ Lueger, M., Konfigurationsanalyse von Unternehmensgründungen – Hemmende und fördernde Faktoren beim Gründen von Unternehmen, in: BFuP, 51. Jg., 1999, S. 256-271.

Franke/ Hax 1999: Franke, G./ Hax, H., Finanzwirtschaft des Unternehmens und Kapitalmarkt, 4. Aufl., Berlin et al. 1999.

Frankfurter Finanzmarkt-Bericht 1999: Frankfurter Finanzmarkt-Bericht, Hrsg.: Landeszentralbank in Hessen – Hauptverwaltung der Deutschen Bundesbank, Nr. 33, April 1999.

Freear/ Wetzel 1990: Freear, J./ Wetzel, W. E., Jr., Who bankrolls high-tech entrepreneurs?, in: JoBV, Vol. 5, 1990, S. 77-89.

Freear/ Sohl/ Wetzel 1995: Freear, J./ Sohl, J. E./ Wetzel, W. E., Who Bankrolls Software Entrepreneurs, in: Bygrave, W. D. et al. (Hrsg.), Frontiers of Entrepreneurship Research, Proceedings of the Fifteenth Annual Entrepreneurship Research Conference, Center for Entrepreneurial Studies, Babson College,1995, S. 394-406.

Friend 1972: Friend, I., The Economic Consequences of the Stock Market, in: AER, Vol. 62, 1972, S. 212-219.

Frisch 1993: Frisch, A. J., Unternehmensgröße und Innovation, New York 1993.

Fritsch 1990: Fritsch, M., „Wachstumsmotor“ junge Technologieunternehmen? Zu Besonderheiten der Beschäftigungsentwicklung im Verarbeitenden Gewerbe der Bundesrepublik Deutschland, in: Internationales Gewerbearchiv, 3. Jg., 1990, S. 147-161.

Fritsch/ Wein/ Ewers 2001: Fritsch, M./ Wein, T./ Ewers, H.-J., Marktversagen und Wirtschaftspolitik: mikroökonomische Grundlagen staatlichen Handelns, 4., verb. Aufl., München 2001.

Gadenne 1998: Gadenne, D., Critical Success Factors for Small Business: An Inter-industry Comparison, in: ISBJ, Vol. 17, 1998, S. 36-51.

Garvey/ Hanka 1999: Garvey, G. T./ Hanka, G., Capital structure and corporate control: The effect of antitakeover statutes on firm leverage, in: JoF, Vol. 54, 1999, S. 519-546.

Gasparino 2001: Gasparino, C., CSFB Ousts Chief Executive Amid Probe Into IPO Practices, in: WSJE, 12.07.2001, S. 1.

Gehrig 1997: Gehrig, T., Finanzmärkte und strategische Interaktion auf Gütermärkten, in: Gahlen, B./ Hesse, H./ Ramser, J. (Hrsg.), Finanzmärkte, Tübingen 1997, S. 185-199.

Geigenberger 1999: Geigenberger, I., Risikokapital für Unternehmensgründer – Der Weg zum Venture Capital, München 1999.

Geiseler 1999: Geiseler, C., Das Finanzierungsverhalten kleiner und mittlerer Unternehmen: eine empirische Untersuchung, Wiesbaden 1999.

Gerke 1972: Gerke, W., Kapitalbeteiligungsgesellschaften, Diss., Frankfurt, 1972.

Gerke 1995: Gerke, W., Hindernisse und Probleme deutscher mittelständischer Unternehmen und Unternehmensgründer beim Zugang zum deutschen und internationalen Kapitalmarkt im Vergleich zu ausgewählten EU-Ländern, Abschlußbericht zum Forschungsauftrag 24/95, Mannheim 1995.

Gerke 1999: Gerke, W., Der Neue Markt, in: WiSt, 28. Jg., 1999, S. 204-206.

Gerke et al. 1995: Gerke, W./ Bank, M./ Neukirchen, D./ Rasch, Sebastian/ Rasch, Steffen/ Schröder, M./ Spengel, C./ Steiger, M./ Westerheide, P., Probleme deutscher mittelständischer Unternehmen beim Zugang zum Kapitalmarkt: Analyse wirtschaftspolitische Schlußfolgerungen, Baden-Baden 1995.

Gerke/ Bank 1998: Gerke, W./ Bank, M., Finanzierung: Grundlagen für die Investitions- und Finanzierungsentscheidungen in Unternehmen, Stuttgart/ Berlin/ Köln 1998.

Gerke/ Bank 1999: Gerke, W./ Bank, M., Finanzierungsprobleme mittelständischer Unternehmen, in: FB, 1. Jg., 1999, S. 10-20.

Gibrat 1931 : Gibrat, R., Les inégalités économiques ; applications : aux inégalités des richesses, à la concentration des entreprises, aux populations des villes, aux statistiques des familles, etc., d’une loi nouvelle, la loi de l’effet proportionnel, Paris : Librairie du Recueil Sirey, 1931.

Goldberg/ Nitzsch 1999: Goldberg, J./Nitzsch, R. v., Behavioral Finance. Gewinnen mit Kompetenz, München 1999.

Goldberg/ White 1998: Goldberg, L. G./ White, L. J., De novo banks and lending to small businesses, in: JoBF, Vol. 22, 1998, S. 851-867.

Gomez 1994: Gomez, P., Strategisches Denken neu ausrichten, in: Gablers Magazin, 8. Jg., Nr. 2, S. 12-16.

Gompers 1998: Gompers, P., Venture capital growing pains: Should the market diet?, in: JoBF, Vol. 22, 1998, S. 1089-1104.

Gompers/ Lerner 1997a: Gompers, P./ Lerner, J., Venture capital fundraising, firm performance and the capital gains tax, Working Paper, Harvard University, Cambridge, MA, 1997.

Gompers/ Lerner 1997b: Gompers, P./ Lerner, J., Money chasing deals? The impact of fund inflows on private equity valuations, Working Paper, Harvard University, Cambridge, MA, 1997.

Gordon/ Shapiro 1956: Gordon, M. J./ Shapiro, E., Capital Investment Analysis: The Required Rate of Profit, in: Management Science, Vol. 3, Oktober 1956, S. 102 - 110.

Green 1984: Green, R. C., Investment Incentives, Debt, and Warrants, in: JoFE, Vol. 11, 1984, S. 115-136.

Greiner 1972: Greiner, L. E., Evolution and Revolution as Organizations grow, in: Harvard Business Review, Vol. 50, 1972, S. 49-56.

Grimm/ Schmidt 1999: Grimm, V./ Schmidt, U., Optimale Auktionen, in: WiSt, 28. Jg., 1999, S. 670-675.

Grisebach 1989: Grisebach, R., Innovationsfinanzierung durch Venture Capital, München 1989.

Grossekettler 1985: Grossekettler, H., Wettbewerbstheorie. Funktionale Marktprozesse als ordnungspolitische Gestaltungsaufgabe, in: Borchert, M./ Grossekettler, H. (Hrsg.), Preis- und Wettbewerbstheorie. Marktprozesse als analytisches Problem und ordnungspolitische Gestaltungsaufgabe, Stuttgart et al. 1985, S. 113-335.

Grossekettler 1987: Grossekettler, H., Volkswirtschaftliche Aufgaben von Marktprozessen (Marktfunktionen), in: WISU, 16. Jg., 1987, S. 183-188.

Grossekettler 1988: Grossekettler, H., Marktprozesse, in: WISU, 17. Jg., 1988, S. 105-111.

Grossekettler 1989: Grossekettler, H., Marktprozesse als Gegenstand theoriegeleiteter empirischer Analysen: ein Forschungsbericht, in: Gahlen et al. (Hrsg.), Wirtschaftswachstum, Strukturwandel und dynamischer Wettbewerb, Berlin et al., 1989, S. 321-357.

Grossekettler 1991: Grossekettler, H., Eine neue Methode zur Messung der Funktionsfähigkeit von Märkten: die KMK-Funktionsfähigkeitsanalyse, Volkswirtschaftliche Diskussionsbeiträge der Westfälischen Wilhelms-Universität Münster, Beitrag Nr. 133, Münster 1991.

Grossekettler 1995: Grossekettler, H., Die Messung der Funktionsfähigkeit von Märkten mit Hilfe des Konzepts zur Koordinationsmängeldiagnose, Methodenbeschreibung bei der Invivo-Inspektion realer Märkte, Volkswirtschaftliche Diskussionsbeiträge der Westfälischen Wilhelms-Universität Münster, Beitrag Nr. 195, 2., verb. Aufl., Münster 1995.

Grossekettler 1997: Grossekettler, H., Flexibilisierung von Genehmigungsverfahren, Transaktionskosten und Koordinationseffizienz in dynamischer Sicht, Volkswirtschaftliche Diskussionsbeiträge der Westfälischen Wilhelms-Universität Münster, Beitrag Nr. 252, Münster 1997.

Grossekettler 1999: Grossekettler, H., Das Koordinationsmängel-Diagnosekonzept als didaktisches Instrument, Volkswirtschaftliche Diskussionsbeiträge der Westfälischen Wilhelms-Universität Münster, Beitrag Nr. 294, Münster 1999.

Grossman 1976: Grossman, S. J., On the Efficiency of Competitive Stock Markets where Traders Have Diverse Information, in: JoF, Vol. 31, 1976, S. 573-585.

Grossman 1978: Grossman, S. J., Further Results on the Informational Efficiency of Competitive Stock Markets, in: JoET, Vol. 18, 1978, S. 81-101.

Grossman/ Helpman 1994: Grossman, G./ Helpman, E., Endogenous Innovation and the Theory of Growth, in: JoEP, Vol. 8, 1994, S. 23-44.

Grossman/ Stiglitz 1976: Grossman, S. J./ Stiglitz, J. E., Information and competitive price systems, in: AER, Vol. 66, 1976, S. 246-253.

Grossman/ Stiglitz 1980: Grossman, S. J./ Stiglitz, J. E., On the Impossibility of Informationaly Efficient Markets, in: AER, Vol. 70, S. 393-408.

Grupp 1999: Grupp, H., Neue Technologietrends als Herausforderung für die Beschäftigungs- und Standortpolitik, in: Welfens, P. J. J./ Graack, C. (Hrsg.), Technologieorientierte Unternehmensgründungen und Mittelstandspolitik in Europa: Probleme – Risikokapitalfinanzierung - internationale Erfahrungen, Heidelberg 1999, S. 37-54.

Gul 1999: Gul, F. A., Growth opportunities, capital structure and dividend policies in Japan, in: JoCF, Vol. 5, 1999, S. 141 - 168.

Gutenberg 1979: Gutenberg, E., Grundlagen der Betriebswirtschaftslehre, Zweiter Band: Der Absatz, 16. Aufl., Berlin/ Heidelberg/ New York 1979.

Gutenberg 1980: Gutenberg, E., Grundlagen der Betriebswirtschaftslehre, Dritter Band: Die Finanzen, 8., ergänzte Aufl., Berlin/ Heidelberg/ New York 1980.

Hagemann 1999: Hagemann, O. N., Innovationsmarketing für technologieorientierte kleine und mittlere Unternehmen, Wiesbaden 1999.

Hake 1998: Hake, B., Wer finanziert die amerikanischen Firmengründer?, in: Kreditwesen, 11. Jg., 1998, S. 226-227.

Hall 1987: Hall, B., The Relationship between Firm Size and Firm Growth in the U.S. Manufacturing Sector, in: JoIE, Vol. 35 (4), S. 583-606.

Haller 1999a: Haller, H., Zur Finanzierung junger, innovativer Unternehmen durch die Mittelständische Beteiligungsgesellschaft Baden Württemberg GmbH, in: Koschatzky, K./ Kulicke, M./ Nellen, O./Pleschak, F. (Hrsg.), Finanzierung von KMU im Innovationsprozeß – Akteure, Strategien, Probleme – Konferenzbeiträge, Stuttgart 1999, S. 89-92.

Haller 1999b: Haller, H., Eigenkapital aus Förderprogrammen, in: FB, 1. Jg., 1999, S. 269-273.

Hancock/ Wilcox 1998: Hancock, D./ Wilcox, J. A., The 'Credit crunch' and the availability of credit to small businesses, in: JoBF, Vol. 22, 1998, S. 983-1014.

Hansen 1997: Hansen, H., Die Eigenkapitalausstattung sowie Ertragslage kleinerer und mittlerer Unternehmen, in: AG, 42. Jg., 1997, S. R 84-R 87.

Harhoff/ Licht 1995: Harhoff, D./ Licht, G., FuE und Innovation – Meßversuche an einem Eisberg, in: Löbbe, K. (Hrsg.), Innovationen, Investitionen und Wettbewerbsfähigkeit der deutschen Wirtschaft, Untersuchungen des Rheinisch-Westfälischen Instituts für Wirtschaftsforschung, Heft 16, Essen 1995, S. 11-28.

Harhoff/ Stahl 1995: Harhoff, D./ Stahl, K., Unternehmens- und Beschäftigungsdynamik in Westdeutschland: Zum Einfluß von Haftungsregeln und Eigentümerstruktur, in: Oppenländer, K. H. (Hrsg.), Industrieökonomik und Finanzmärkte, ifo-Studien, 41. Jg., 1995, S. 17-50.

Harhoff et al. 1996: Harhoff, D./ Licht, G./ Beise, M./ Felder, J./ Nerlinger, E./ Stahl, H., Innovationsaktivitäten kleiner und mittlerer Unternehmen: Ergebnisse des Mannheimer Innovationspanels, Schriftenreihe des ZEW, Bd. 8, Baden-Baden 1996.

Harhoff/ Stahl/ Woywode 1998: Harhoff, D./ Stahl, K./ Woywode, M., Legal Form, Growth and Exit of West-German Firms: Empirical Results for Manufacturing, Construction, Trade and Service Industries, JoIE, Vol. 46, 1998, S. 453-488.

Haugen 1995: Haugen, R. A., The new finance: the case against efficient markets, Englewood Cliffs 1995.

Haugen 1996: Haugen, R. A., Finance from a New Perspective, in: FM, Vol. 25, 1996, S. 86-103.

Hax 1966: Hax, K., Langfristige Finanz- und Investitionsentscheidungen, in: Hax, K./ Wessels, T. (Hrsg.), Handbuch der Wirtschaftswissenschaften, 2. Aufl., Köln/ Opladen 1966, S. 399-489.

Hayek 1945: Hayek, F. A. v., The use of knowledge in society, in: AER, Vol. 35, 1945, S. 519-530.

Hayek 1969: Hayek, F. A. v., Der Wettbewerb als Entdeckungsverfahren, in: Hayek, F. A. v., (Hrsg.), Freiburger Studien, Tübingen 1969, S. 249-265.

Hayes/ Garvin 1982: Hayes, R./ Garvin, D., Managing as if Tomorrow Mattered, in: Harvard Business Review, Vol. 60, 1982, S. 71-79.

Hayn 2000: Hayn, M., Bewertung junger Unternehmen, 2., stark überarb. Aufl., Berlin 1998.

Heitzer/ Sohn 1999: Heitzer, B./ Sohn, C., Zur Bedeutung des Neuen Marktes für die Venture Capital-Finanzierung in Deutschland, in: FB, 1. Jg., 1999, S. 397-405.

Heinemann/ Kukuk/ Westerheide 1995: Heinemann, F./ Kukuk, M./ Westerheide, P., Das Innovationsverhalten der baden-württembergischen Unternehmen. Eine Auswertung der ZEW/ infas-Innovationserhebung 1993, ZEW Dokumentation Nr. 95 - 05, Mannheim 1995.

Heinke/ Heitzer 1999: Heinke, V. G./ Heitzer, B., Early-Stage-Rating für technologieorientierte Innovationsfinanzierungen, in: FB, 1. Jg., 1999, S. 215-221.

Heitzer/ Klose/ Steiner 2000: Heitzer, B./ Klose, F./ Steiner, M., Wertorientierte Gestaltung von Aktienoptionsprogrammen für das Management, in: FB, 2. Jg., 2000, S. 345-355.

Heitzer/ Sohn 1999: Heitzer, B./ Sohn, C., Zur Bedeutung des Neuen Marktes für die Venture Capital-Finanzierung in Deutschland, in: FB, 1. Jg., 1999; S. 397-405.

Helwege/ Liang 1996a: Helwege, J./ Liang, N., Is there a pecking order? Evidence from a panel of IPO firms, in: JoFE, Vol. 40, 1996, S. 429-458.

Helwege/ Liang 1996b: Helwege, J./ Liang, N., Initial public offerings in hot and cold markets, Working Paper, Federal Reserve Board Finance and Economics Discussion Series 1996.

Hellwig 1997: Hellwig, M., Unternehmensfinanzierung, Unternehmenskontrolle und Ressourcenallokation: Was leistet das Finanzsystem?, in: Gahlen, B./ Hesse, H./ Ramser, H. J. (Hrsg.), Finanzmärkte, Tübingen 1997, S. 211-243.

Hemer 1999a: Hemer, J., Business Angels und junge Technologieunternehmen, in: Koschatzky, K./ Kulicke, M./ Nellen, O./ Pleschak, F. (Hrsg.), Finanzierung von KMU im Innovationsprozeß – Akteure, Strategien, Probleme - Konferenzbeiträge, Stuttgart 1999, S. 103-112.

Hemer 1999b: Hemer, J., Mobilisierung von Business Angels in Deutschland, in: Berrios Amador, M./ Lohmann, K./ Pleschak, F. (Hrsg.), Beteiligungskapital in der Unternehmensfinanzierung: Grundfragen – Konzepte – Erfahrungen, Wiesbaden 1999, S. 185-200.

Hemer/ Kulicke 1995: Hemer, J./ Kulicke, M., Krisen in jungen Technologieunternehmen. Eine empirische Analyse der Krisenverläufe von im Modellversuch „Beteiligungskapital für junge Technologieunternehmen (BJTU) begünstigte Unternehmen, Karlsruhe 1995.

Hennigs 1983: Hennigs, R., Entwicklung und Deckung des Kapitalbedarfs kleiner und mittlerer Unternehmen im Innovationsprozeß, Frankfurt 1983.

Hirshleifer 1958: Hirshleifer, J., On the theory of optimal investment decision, in: JoPE, Vol. 66, 1958, S. 329-352.

Hirshleifer 1966: Hirshleifer, J., Investment Decision under Uncertainty. Applications of the State-Preference Approach, in: QJoE, Vol. 80, 1966, S. 252-277.

Hirshleifer 2001: Hirshleifer, D., Investor Psychology and Asset Pricing, in: JoF, Vol. 56, 2001, S. 1533-1597.

Houge et al. 2001: Houge, T./ Loughran, T./ Suchanek, G./ Yan, X., Divergence of Opinion, Uncertainty, and the Quality of Initial Public Offerings, Working Paper, University of Iowa, 07.06.2001.

Huang/ Brown 1999: Huang, X./ Brown, A., An Analysis and Classification of Problems in Small Business, in: ISBJ, Vol. 18, 1999, S. 73-85.

Hubbard/ Kashyap/ Whited 1995: Hubbard, G. R./ Kashyap, A. K./ Whited, T. M., Internal finance and firm investment, in: Journal of Money Credit and Banking, Vol. 27, 1995, S. 683-701.

Hull 2000: Hull, J., Options, Futures, and other Derivative Securities, 4th international Edition, Englewood Cliffs 2000.

Ibbotson 1975: Ibbotson, R. G., Price performance of common stock new issues, in: JoFE, Vol. 2, 1975, S. 235-272.

Ibbotson/ Jaffe 1975: Ibbotson, R. G./ Jaffe, J. F., 'Hot Issue Markets', in : JoF, Vol. 30, 1975, S. 1027-1042.

Ibbotson/ Ritter 1995: Ibbotson, R. G./ Ritter, J. R., Initial Public Offerings, in: Jarrow, R./ Maksimovic, V./ Ziemba, W. (Hrsg.), Handbooks of Operations Research and Management Science, 9. Aufl., Amsterdam 1995, S. 993-1016.

Jacob 1991: Jacob, A.-F., Finanzierungsregeln, Vertrauenskapital und Risikoaversion, in: Kistner, K.-P./ Schmidt, R. (Hrsg.), Unternehmensdynamik, Festschrift für Horst Albach, Wiesbaden 1991, S. 111-131.

Jaffe/ Stiglitz 1990: Jaffe, D./ Stiglitz, J., Credit Rationing, in: Friedman, B. M./ Hahn, F. H. (Hrsg.), Handbook of Monetary Economics, Vol. II, Amsterdam 1990.

Jaffe/ Winkler 1976: Jaffe, J./ Winkler, R., Optimal Speculation against an Efficient Market, in: JoF, Vol. 31, 1976, S. 49-61.

Jandura/ Rehkugler 1999: Jandura, D./ Rehkugler, H., Monetäre Effekte auf die Bewertung des deutschen Aktienmarktes, in: Kredit und Kapital, 32. Jg., 1999, S. 24-59.

Jeng/ Wells 1997: Jeng, L./ Wells, P., The determinants of venture capital funding: An empirical analysis, Working Paper, Harvard University, Cambridge, MA, 1997.

Jensen 1978: Jensen, M. C., Some Anomalous Evidence Regarding Market Efficiency, in: JoFE, Vol. 6, 1978, S. 95-101.

Jensen 1986: Jensen, M. C., Agency costs of free-cash-flow, corporate finance, and takeovers, in: AER, Vol. 76, 1986, S. 323-329.

Jensen/ Meckling 1976: Jensen, M. C./ Meckling, W. H., Theory of the Firm. Managerial Behavior, Agency Costs and Ownership Structure, in: JoFE, Vol. 3, 1976, S. 305-360.

Jensen/ Smith 1984: Jensen, M. C./ Smith, C. W. Jr., The Theory of Corporate Finance. A Historical Overview, in: Jensen, M. C./ Smith, C. W. Jr. (Hrsg.), The Modern Theory of Corporate Finance, New York et al. 1984, S. 2-20.

Jensen/ Johnson/ Mercer 1998: Jensen, G. R./ Johnson, R. R./ Mercer, J. M., The Inconsistency of Small-Firm and Value Stock Premiums, in: JoPM, Vol. 24, 1998, S. 27-35.

Jovanovic 1982: Jovanovic, B., Selection and Evolution of Industry, in: Econometrica, Vol. 50, 1982, S. 649-670.

Jud/ Kremshofer 1999: Jud, T./ Kremshofer, A., Innovationsfinanzierung für KMUs, in: Koschatzky, K./ Kulicke, M./ Nellen, O./ Pleschak, F. (Hrsg.), Finanzierung von KMU im Innovationsprozeß – Akteure, Strategien, Probleme - Konferenzbeiträge, Stuttgart 1999, S. 173-188.

Kadapakkam/ Kumar/ Riddick 1998: Kadapakkam, P.-R./ Kumar, P. C./ Riddick, L. A., The impact of cash flows and firm size on investment: The international evidence, in: JoBF, Vol. 22, 1998, S. 293-320.

Kaplan/ Zingales 1997: Kaplan, S. N./ Zingales, L., Do financing constraints explain why investment is correlated with cash flow?, in: QJoE, Vol. 112, S. 169 - 215.

Kaufmann 1996: Kaufmann, F., Beteiligungskapital für kleine und mittlere Unternehmen, Bestandsaufnahme, Probleme und Lösungsansätze aus finanzierungstheoretischer Sicht, in: ÖBA, 44. Jg., 1996, S. 348-352.

Kaufmann 1997: Kaufmann, F., Besonderheiten der Finanzierung kleiner und mittlerer Unternehmen, in: Kredit und Kapital, 30. Jg., 1997, S. 140-155.

Kaufmann/ Kokalj 1996: Kaufmann, F./ Kokalj, L., Risikokapitalmärkte für mittelständische Unternehmen, Stuttgart 1996.

Kazanjian 1984: Kazanjian, R. K., Operationalizing Stage of Growth: An Empirical Assessment of Dominant Problems, in: Hornady et al. (Hrsg.), Frontiers of Entrepreneurship Research, Proceedings of the 1984 Entrepreneurship Research Conference, Babson College, Center for Entrepreneurial Studies, Wellesly, Mass. 1984, S. 144-158.

Kazanjian 1988: Kazanjian, R. K., Relation of dominant problems to stages of growth in technology-based new ventures, in: Acadamy of Management Journal, Vol. 31, 1988, S. 257-279.

Kazanjian/ Drazin 1990: Kazanjian, R. K./ Drazin, R. A., A stage-contingent model of design and growth for technology based ventures, in: JoBV, Vol. 5, 1990, S. 137-150.

Kersting 1997: Kersting, M. O., Der Neue Markt der Deutsche Börse AG, in: AG, 42. Jg., Sonderdruck, Nr. 5, 1997, S. 222-228.

KfW-Beiträge zur Mittelstands- und Strukturpolitik 1999: KfW-Beiträge zur Mittelstands- und Strukturpolitik, Nr. 5, 1999.

Kim/ Mauborgne 2000: Kim, W. C./ Mauborgne, R., Unternehmensstrategien für die Wissensgesellschaft, in: FT-Mastering, Teil 3, 19.10.2000, S. 7-9.

Kiss 2001: Kiss, I., IPO-Pricing am Neuen Markt – Balance zwischen Emittenten- und Anlegerinteressen, in: Die Bank, Nr. 7, 2001, S. 524-526.

Knips 2000: Knips, S., Risikokapital und neuer Markt: die Aktie als Instrument der Risikokapitalbeschaffung für junge Wachstumsunternehmen, Frankfurt/ Main et al. 2000.

Koo 1999: Koo, R., Venture Finanzierungen – Ein Leitfaden für Unternehmer und Risikokapitalgeber, in: Stadler, W. (Hrsg.), Beteiligungsfinanzierung: neues Chancenkapital für Unternehmen, Wien 1999, S. 61-83.

Körnert 1999: Körnert, J., Aktienoptionsprogramme für Führungskräfte als Finanzierungs- und Motivationsinstrument, in: Berrios Amador, M./ Lohmann, K./ Pleschak, F. (Hrsg.), Beteiligungskapital in der Unternehmensfinanzierung: Grundfragen – Konzepte – Erfahrungen, Wiesbaden 1999, S. 233-254.

Krahnen 1983: Krahnen, J. P., Wagnisfinanzierung und Finanztheorie – Einige Überlegungen zur Erfolglosigkeit einer Finanzierungsform, in: Heilmayer (Hrsg.), Venture Capital für junge Technologieunternehmen, München 1983, S. 113 - 115.

Krahnen 1993: Krahnen, J. P., Finanzwirtschaftslehre zwischen Markt und Institution – Ein Essay, in: DBW, 53. Jg., 1993, S. 793 - 805.

Krahnen 1994: Krahnen, J. P., Überlegungen zu einer Theorie der Innenfinanzierung, in: Gerke, W. (Hrsg.), Planwirtschaft am Ende – Marktwirtschaft in der Krise?, Stuttgart 1994, S. 299-317.

Krahnen 1998: Krahnen, J. P., Finanzierungstheorie: Ein selektiver Überblick, Working Paper Nr. 15, Johann Wolfgang Goethe-Universität, Frankfurt/ Main 1998.

Kramer 2000: Kramer, K.-H., Die Börseneinführung als Finanzierungsinstrument deutscher mittelständischer Unternehmen: ein praxisnahes Handlungskonzept, Wiesbaden 2000.

Kress 1996: Kress, S. L., Effizienzorientierte Kapitalmarktregulierung: eine Analyse aus institutionenökonomischer Perspektive, Wiesbaden 1996.

Kriegesmann 2000: Kriegesmann, B., Unternehmensgründungen aus der Wissenschaft. Eine empirische Analyse zu Stand, Entwicklungen und institutionellen Rahmenbedingungen in außeruniversitären Forschungseinrichtungen, in: ZfB, 70. Jg., 2000, S. 397-414.

Kruschwitz 2002: Kruschwitz, L., Finanzierung und Investition, 3., überarb. Aufl., München/ Wien 2002.

Kruschwitz 2000: Kruschwitz, L., Investitionsrechnung, 8., neu bearb. Aufl., München/ Wien 2000.

Kuhn 1979: Kuhn, T. S., Die Struktur wissenschaftlicher Revolutionen, 2. revid. Aufl., Frankfurt 1979.

Kulicke 1999a: Kulicke, M., Typische Finanzierungsquellen innovierender KMU, in: Koschatzky, K./ Kulicke, M./ Nellen, O./ Pleschak, F. (Hrsg.), Finanzierung von KMU im Innovationsprozeß – Akteure, Strategien, Probleme – Konferenzbeiträge, Stuttgart 1999, S. 3-19.

Kulicke 1999b: Kulicke, M., Situation des deutschen Marktes für Beteiligungsfinanzierung – Stellung Deutschlands im internationalen Vergleich, in: Berrios Amador, M./ Lohmann, K./ Pleschak, F. (Hrsg.), Beteiligungskapital in der Unternehmensfinanzierung: Grundfragen – Konzepte – Erfahrungen, Wiesbaden 1999, S. 17-28.

Kupper 1999: Kupper, C. H. W., Möglichkeiten und Grenzen der maßgeschneiderten Wachstumsfinanzierung, in: Behr, G. (Hrsg.), Wachstumsfinanzierung, Bern/ Stuttgart/ Wien 1999.

Lagemann 1999: Lagemann, B., Mittelstandspolitik und Unternehmensgründungen in Deutschland, in: Welfens, P. J. J./ Graack, C. (Hrsg.), Technologieorientierte Unternehmensgründungen und Mittelstandspolitik in Europa: Probleme – Risikokapitalfinanzierung – internationale Erfahrungen, Heidelberg 1999, S. 95-128.

Lamont/ Thaler 2000: Lamont, O./ Thaler, R., Can the Market Add and Subtract? Mispricing in Tech Stock Carveouts, Working Paper, University of Chicago 2000.

Lechner 1988: Lechner, H. H., Währungspolitik, Berlin, New York 1988.

Lee/ Shleifer/ Thaler 1991: Lee, C./ Shleifer, A./ Thaler, R. H., Investor sentiment and the closed-end fund puzzle, in: JoF, Vol. 46, 1991, S. 75-110.

Leefeldt 2000: Leefeldt, E., Fixed Rates, Double Standards, in: Bloomberg Markets, Vol. 9, Nr. 5, 2000, S. 36-40.

Lehner/ Nordhause-Janz 1998: Lehner, F./ Nordhause-Janz, J., Beschäftigung und Innovation: Strategische Optionen im globalen Strukturwandel, in: Lehner, F./ Baethge, M./ Kühl, J./ Stille, F. (Hrsg.), Beschäftigung durch Innovation: eine Literaturstudie, München 1998, S. 59-98.

Leicht/ Strohmeyer 1998: Leicht, R./ Strohmeyer, R., Beschäftigungsbeitrag und Wachstumsmuster kleiner Betriebe, in: Faltin, G./ Ripsas, S./ Zimmer, J. (Hrsg.), Entrepreneurship: wie aus Ideen Unternehmen werden, München 1998, S. 41 - 58.

Leland/ Pyle 1977: Leland, H. E./ Pyle, D. H., Informational Asymmetries, Financial Structure, and Financial Intermediation, in. JoF, Vol. 32, 1977, S. 371-387.

Lerner 1998: Lerner, J., Fördern Kleinunternehmen und Venture Capitalists Innovationen?, in: Scheidegger, A./ Hofer, H./ Scheuenstuhl, G. (Hrsg.), Innovation - Venture Capital - Arbeitsplätze, Bern/ Stuttgart/ Wien 1998, S. 113-122.

Lerner/ Tsai 2000: Lerner, J./ Tsai, A. Do equity financing cycles matter?, NBER Working Paper Nr. W7476, Januar 2000.

Lessat et al 1999: Lessat, V/ Eckerle, T. H./ Licht, G./ Nerlinger, E./ Steiger, M./ Steil, F./ Hemer, J./ Kulicke, M./ Gumlich, R./ Wupperfeld, U. (Hrsg.), Beteiligungskapital und technologieorientierte Unternehmensgründung: Markt – Finanzierung – Rahmenbedingungen, Wiesbaden 1999.

Lev/ Sougiannis 1999: Lev, B./ Sougiannis, T., Penetrating the Book-to-Market Black Box: The R&D Effect, in: JoBF&A, Vol. 26, 1999, S. 419-449.

Levy 2000: Levy, A., Inside the Club, in: Bloomberg Markets, Vol. 9, Nr. 5, 2000, S. 27 - 35.

Levy 2001: Levy, A., Uneasy Street, in: Bloomberg Markets, Vol. 10, Nr. 7, 2001, S. 29 - 30.

Lieske 1997: Lieske, D., Entwicklung eines institutionenökonomischen Integrationskonzeptes am Beispiel des Transaktionskostenansatzes und der Agency-Theorie, Frankfurter Volkswirtschaftliche Diskussionsbeiträge, Arbeitspapier Nr. 72, Johann Wolfgang Goethe-Universität Frankfurt, 1997.

Ljungqvist/ Jenkinson/ Wilhelm 2000a: Ljungqvist, A. P./ Jenkinson, T./ Wilhelm, W. J., Global Integration in Primary Equity Markets: The Role of U.S. Banks and U.S. Investors, Working Paper, New York University, 08.09.2000.

Ljungqvist/ Jenkinson/ Wilhelm 2000b: Ljungqvist, A. P./ Jenkinson, T./ Wilhelm, W. J., Has the introduction of bookbuilding increased the efficiency of international IPOs?, Working Paper, New York University, 17.04.2000.

Ljungqvist/ Wilhelm 1999: Ljungqvist, A. P./ Wilhelm, W. J. The Seven Percent Solution? An International Perspective on Underwriting Spreads, Working Paper, Oxford University, 7.11.1999.

Ljungqvist/ Wilhelm 2001: Ljungqvist, A. P./ Wilhelm, W. J. IPO Allocations: Discriminatory or Discretionary?, Working Paper, New York University, 9. März 2001.

Lompe et al. 1998: Lompe, K./ Kehlbeck, H./ Schirmacher, A./ Warnecke, D., Existenzgründungen, Risikokapital und Region, Baden-Baden, 1998.

Loughran/ Ritter 1995: Loughran, T./ Ritter, J. R., The New Issues Puzzle, in: JoF, Vol. 50, 1995, S. 23-51.

Loughran/ Ritter 2000: Loughran, T./ Ritter, J. R., Why Don't Issuers Get Upset About Leaving Money on the Table in IPOs?, Working Paper, University of Notre Dame, 18.10.2000.

Loewenstein 1988: Loewenstein, G. F., Frames of Mind in Intertemporal Choice, in: Management Science, Vol. 34, 1988, S. 200-214.

Lowry 2000: Lowry, M., Why Does IPO Volume Fluctuate So Much?, Working Paper, Penn State University, Dezember 2000.

Lowry/ Schwert 2000: Lowry, M./ Schwert, G. W., IPO Market Cycles: Bubbles or Sequential Learning?, Working Paper, Penn State University, September 2000.

Mackewitz & Partner Management Consultants 1998: Mackewitz & Partner Management Consultants, Die Rolle von Banken und VC-Gesellschaften im Umfeld von Gründungs- und Innovationsfinanzierungen, 1998.

Madhavan 2000: Madhavan, A., Market Microstructure: A Survey, Working Paper, Marshall School of Business, University of Southern California, Los Angeles 2000.

Maksimovic/ Pichler 1998: Maksimovic, V./ Pichler, P., Technological Innovation and Initial Public Offerings, Working Paper, Stand: September 1998.

Mann 1998: Mann, R. J., Comment on Avery, Bostic and Samolyk, in: JoBF, Vol. 22, 1998, S. 1062-1066.

Marek 2000: Marek, M., Systematisches und unsystematisches Risiko, in: WISU, 29. Jg., 2000, S. 185.

McAfee/ McMillan 1987: McAfee, P./ McMillan, J., Auctions and Bidding, in JoEL, Vol. 25, 1987, S. 699-738.

McAfee/ McMillan 1998: McAfee, P./ McMillan, J., Game Theory and Competition, Working Paper, March 21, 1998.

Megginson 1997: Megginson, W. L., Corporate Finance Theory, Addison-Wesley Educational Publishers Inc., 1997.

Meier 1998: Meier, A., Marketing junger Technologieunternehmen, Wiesbaden 1998.

Merton 1973: Merton, R. C., An intertemporal capital asset pricing model, in: Econometrica, Vol. 41, 1973, S. 867-887.

Mettler 1990: Mettler, A., Going Public - eine betriebswirtschaftliche Untersuchung schweizerischer Börseneinführungen, Bern und Stuttgart 1990.

Milgrom 1979: Milgrom, P. R., A Convergence Theorem for Competitive Bidding with Differential Information, in: Econometrica, Vol. 47, 1979, S. 670-688.

Milgrom/ Weber 1982: Milgrom, P. R./ Weber, R. J., A Theory of Auctions and Competitive Bidding, in: Econometrica, Vol. 50, 1982, S. 1089-1122.

Miller 1977: Miller, E., Risk, uncertainty, and divergence of opinion, in: JoF, Vol. 32, 1977, S. 1151-1168.

Miller 1988: Miller, M. H., The Modigliani-Miller Propositions Thirty Years After, in: JoEP, Vol. 2, 1988, S. 99-120.

Miller 1999: Miller, M. H., The History of Finance. An eyewitness account, in: JoPM, Vol. 25, 1999, S. 95-101.

Mintzberg 1983: Mintzberg, H., Structure in Fives: Designing Effective Organisations, Englewood Cliffs, New Jersey, 1983.

Minuz 1999: Minuz, M. A., Pensionskassen und Wagniskapital: Ein Vergleich zwischen den USA, der Schweiz und Deutschland, in: Behr, G. (Hrsg.), Wachstumsfinanzierung, Bern/ Stuttgart/ Wien 1999, S. 137-158.

Modigliani/ Miller 1958: Modigliani, F./ Miller, M. H., The cost of capital, corporate finance, and the theory of investment, in: AER, Vol. 48, 1958, S. 261-297.

Modigliani/ Miller 1961: Modigliani, F./ Miller, M. H., Dividend Policy, Growth and the Valuation of Shares, in: JoB, Vol. 34, 1961, S. 411-433.

Morris 1996: Morris, S., Speculative Investor Behavior and Learning, in: QJoE, Vol. 111, 1996, S. 1111-1133.

Mrzyk 1999: Mrzyk, A. P., Ertragswertorientierte Kreditwürdigkeitsprüfung bei Existenzgründungen, Wiesbaden 1999.

Müller 1998: Müller, K.-P., Ohne Venture Capital kein Silicon Valley, in: HB vom 22.10.1998, S. 29.

Müller 2001: Müller, K.-P., Europa und die USA im Wettbewerb um Kapitalmarkteffizienz, in: Die Bank, Nr. 12, 2001, S. 836-844.

Mundorf 2001: Mundorf, H., Veräußerungsverluste bleiben weiterhin ihr Geld wert, in: HB vom 07.03.2001, S. 6.

Myers 1968: Myers, S. C., A Time-State-Preference Model of Security Valuation, in: JoQA, Vol. 3, 1968, S. 1-33.

Myers 1977: Myers, S. C., Determinants of corporate borrowing, in: JoFE, Vol. 5, 1977, S. 147-175.

Myers 1984: Myers, S. C., The Capital Structure Puzzle, in: JoF, Vol. 39, 1984, S. 575-592.

Myers/ Majluf 1984: Myers, S. C./ Majluf, N. S., Corporate Financing and Investment Decisions when Firms have Information that Investors do not Have, in: JoFE, Vol. 13, 1984, S. 187-221.

Nalebuff/ Bulow 1993: Nalebuff, B. J./ Bulow, J. I., Designing the PCS Auction; Comment to the FCC on behalf of Bell Atlantic, 1993.

Nerlinger 1998: Nerlinger, E., Standorte und Entwicklung junger innovativer Unternehmen: Empirische Ergebnisse für West-Deutschland, Baden-Baden, 1998.

Neuberger 1998: Neuberger, D., Mikroökonomik der Bank: eine industrieökonomische Perspektive, München 1998.

Neus 1995: Neus, W., Zur Theorie der Finanzierung kleinerer Unternehmungen, Wiesbaden 1995.

Neus 1996: Neus, W., Börseneinführungen, Underpricing und die Haftung der Emissionsbanken, in: Kredit und Kapital, 29. Jg., 1996, S. 428-455.

Niebuhr 1999: Niehbur, P., Wandelanleihen als alternatives Finanzierungs-Instrument für Wachstumsunternehmen, in: Behr, G. (Hrsg.), Wachstumsfinanzierung, Bern/ Stuttgart/ Wien 1999, S. 119-136.

Niederöcker 2000: Niederöcker, B., Die Bedeutung von Business Angels für die Innovationsfinanzierung deutscher Unternehmen, Arbeitspapier Nr. 1, Technische Universität Ilmenau, 2000.

Nittka 2000: Nittka, I., Informelles Venture Capital und Business Angels, in: FB, 2. Jg., 2000, S. 253-262.

Nöth 1998: Nöth, M. Informationsaggregation und Insidererkennung in Finanzmärkten, Wiesbaden 1998.

Novaes/ Zingales 1995: Novaes, W./ Zingales, L., Capital structure choice when managers are in control: Entrenchment versus efficiency, NBER working paper number 5384, 1995.

o.V. 1998: o.V., in: Vision & Money, 3. Jg., Nr. 6, 1998, S. 24.

o.V. 1999a: o.V., in: Kreditanstalt für Wiederaufbau – Beiträge zur Mittelstands- und Strukturpolitik, Nr. 5, 1999.

o.V. 1999b: o.V., in: Handelsblatt vom 05.05.1999, S. 4.

o.V. 2001a: o.V., Underwater Love – Repricing von Stock Options, in: Venture Capital – Das Magazin für Investoren und Entrepreneure, Abonnement Supplement zum Going Public Magazin, Nr. 3, 2. Jg., 2001, S. 16.

o.V. 2001b: o.V., Auf den Spuren von Intel, Microsoft & Co., Neuer Trend am Neuen Markt, in: Venture Capital – Das Magazin für Investoren und Entrepreneure, Abonnement Supplement zum Going Public Magazin, Nr. 4, 2. Jg., 2001, S. 6-8.

o.V. 2002: o.V., M&A-Erfahrung als Schlüsselqualifikation – Studie zum Leistungsstand deutscher Beteiligungsgesellschaften; in: Venture Capital – Das Magazin für Investoren und Entrepreneure, Abonnement Supplement zum Going Public Magazin, Nr. 1, 3. Jg., 2002, S. 20-21.

Odean 1998: Odean, T., Volume, Volatility, Price, and Profit When All Traders Are Above Average, in: JoF, Vol. 53, 1998, S. 1887-1934.

Odean 1999: Odean, T., Do Investors Trade Too Much?, in: AER, Vol. 89, 1999, S. 1279-1298.

Olsen 1998: Olsen, R. A., Behavioral Finance and its Implications for Stock-Price Volatility, in: FAJ, Vol. 54, 1998, S. 10-18.

Pagano/ Panetta/ Zingales 1998: Pagano, M./Panetta, F./Zingales, L., Why do Companies go Public? An Empirical Analysis, in: JoF, Vol. 53, 1998, S. 27-64.

Pahlen 1998: Pahlen, D., WGZ Venture-Capital Gesellschaft: Erwartungen an ein junges Unternehmen, in: ZfgK, 11. Jg., 1998, S. 224-225.

Pape 1999: Pape, U., Wertorientierte Unternehmensführung und Controlling, 2., überarb. Aufl., Berlin 1999.

Pape/ Beyer 2001: Pape, U./ Beyer, S., Venture Capital als Finanzierungsalternative innovativer Wachstumsunternehmen, in: FB, 3. Jg., 2001, S. 627-638.

Paulini 1999: Paulini, M., Entwicklungsmuster junger Unternehmen in Ostdeutschland, in: Ridinger, R./ Weiss, P. (Hrsg.), Existenzgründungen und dynamische Wirtschaftsentwicklung, Berlin 1999, S. 165-180.

Peek/ Rosengren 1998: Peek, J./ Rosengren, E. S., Bank consolidation and small business lending: It's not just bank size that matters, in: JoBF, Vol. 22, 1998, S. 799 - 819.

Peemöller/ Geiger/ Barchet 2001: Peemöller, V. H./ Geiger, T./ Barchet, H., Bewertung von Early-Stage-Investments im Rahmen der Venture Capital-Finanzierung, in: FB, 3. Jg., 2001, S. 334-344.

Perridon/ Steiner 1999: Perridon, L./ Steiner, M., Finanzwirtschaft der Unternehmung, 10., überarb. Aufl., München 1999.

Pfeifer 1999: Pfeifer, A., Venture Capital als Finanzierungs- und Beteiligungsinstrument, in: Betriebs-Berater, 54. Jg., 1999, S. 1665-1672.

Petersen/ Rajan 1994: Petersen, M. A./ Rajan, R. G., The benefits of lending relationships: Evidence from small business data, in: JoF, Vol. 49, 1994, S. 3-37.

Pfeifer 1999: Pfeifer, A., Venture Capital als Finanzierungs- und Beteiligungsinstrument, in: BB, 54. Jg., 1999, S. 1665-1672.

Pleschak 2000: Pleschak, F., Technologieorientierte Unternehmensgründungen – der Beitrag des Business Development Center Sachsen, Stuttgart 2000.

Pleschak 1999: Pleschak, F., Beteiligungsfinanzierung in Finanzierungskonzepten innovativer Unternehmen, in: Berrios Amador, M./ Lohmann, K./ Pleschak, F. (Hrsg.), Beteiligungskapital in der Unternehmensfinanzierung: Grundfragen – Konzepte – Erfahrungen, Wiesbaden 1999, S. 3-16.

Pleschak et al. 2000: Pleschak, F./ Stummer, F./ Ossenkopf, B., Erfolgsmodell FUTOUR. Technologieorientierte Unternehmensgründungen in den neuen Ländern, Studie des Instituts für Systemtechnik und Innovationsforschung (ISI) im Auftrag der tbg Technologie-Beteiligungsgesellschaft mbH der Deutschen Ausgleichsbank, Karlsruhe/ Freiberg 2000.

Pleschak/ Kulicke/ Stummer 1998: Pleschak, F./ Kulicke, M./ Stummer, F., Beteiligungsfinanzierung in Technologie-Unternehmen der Neuen Bundesländer, Karlsruhe/ Freiberg 1998.

Pleschak/ Sabisch/ Wupperfeld 1994: Pleschak, F./ Sabisch, H./ Wupperfeld, U., Innovationsorientierte Unternehmen: Wie Sie mit neuen Produkten neue Märkte erschließen, Wiesbaden 1994.

Pleschak/ Stummer 1999: Pleschak, F./ Stummer, F., Beteiligungskapital in Finanzierungskonzepten junger Technologieunternehmen der neuen Bundesländer, in: FB, 1. Jg., 1999, S. 327-332.

Pleschak/ Werner 1999: Pleschak, F./ Werner, H., Junge Technologieunternehmen in den neuen Bundesländern – Chancen und Risiken der im Modellversuch TOU-NBL geförderten Unternehmen, Stuttgart 1999.

Pleschak/ Werner 2000: Pleschak, F./ Werner, H., Unternehmenskonzeptionen und wirtschaftliche Entwicklung junger Technologieunternehmen in den neuen Bundesländern, in: FB, 2. Jg., 2000, S. 117-122.

Pleschiutschnig 1999: Pleschiutschnig, U., Business Angels in Deutschland: Situation und internationaler Vergleich, in: Behr, G. (Hrsg.), Wachstumsfinanzierung, Bern/ Stuttgart/ Wien 1999.

Porter 1995: Porter, M. E., Wettbewerbsstrategie (Competitive Strategy): Methoden zur Analyse von Branchen und Konkurrenten, 8. Aufl., Frankfurt, 1995.

Posner 1996: Posner, D., Early Stage-Finanzierungen: Spannungsfeld zwischen Gründern, Investoren und staatlichen Rahmenbedingungen, Wiesbaden 1996.

Preisendörfer 1999: Preisendörfer, P., Zugangswege zur beruflichen Selbständigkeit und die Erfolgschancen neugegründeter Unternehmen, in: Rosenstiel, L. v./ Lang-von Wins, T. (Hrsg.), Existenzgründung und Unternehmertum: Themen, Trends und Perspektiven, Stuttgart 1999, S. 49-71.

Pümpin/ Prange 1991: Pümpin, C./ Prange, J., Management der Unternehmensentwicklung. Phasengerechte Führung und der Umgang mit Krisen, Frankfurt/ Main 1991.

Raghubir/ Das 1999: Raghubir, P./ Das, S. R., A Case for Theory-Driven Experimental Enquiry, in: FAJ, Vol. 55, 1999, S. 56-79.

Rajan/ Servaes 1997: Rajan, R./ Servaes, H., Analyst Following of Initial Public Offerings, in: JoF, Vol. 52., 1997, S. 507-529.

Rapp 1996: Rapp, H.-W., Der Markt für Aktien-Neuemissionen; Preisbildung, Preisentwicklung und Marktverhalten bei eingeschränkter Informationseffizienz, Diss., Mannheim 1996.

Rappaport 1986: Rappaport, A., Creating Shareholder Value, New York 1986.

Rasmusen 1994: Rasmusen, Games and Information, 2. Aufl., Cambridge 1994.

Reid 1995: Reid, G. C., Early Life-Cycle Behaviour of Micro-Firms in Scotland, in: JoSBE, Vol. 7, 1995, S. 89-95.

Ridinger 1999: Ridinger, R., Existenzgründungen und dynamische Wirtschaftsentwicklung, in: Ridinger, R./ Weiss, P. (Hrsg.), Existenzgründungen und dynamische Wirtschaftsentwicklung, Berlin 1999, S. 29-40.

Rieger 2001: Rieger, M., Editorial – IPO- und VC-Business nach dem Crash, in: Going Public Sonderausgabe: IPO- und VC-Führer Deutschland, 2001, S. 1.

Ritter 1991: Ritter, J. R., The log-run performance of initial public offerings, in: JoF, Vol. 46, 1991, S. 3-27.

Ritter 1997: Ritter, J. R., Initial Public Offerings, Working Paper, University of Florida, August 1997, forthcoming in Warren Gorham & Lamont Handbook of Modern Finance; edited by Dennis Logue and James Seward.

Ritter 1998: Ritter, J. R., Initial Public Offerings, in: Logue, D/ Seward, J. (Hrsg.), Warren Gorham & Lamont Handbook of Modern Finance, reprinted (with modifications) in Contemporary Finance Digest, Vol. 2, 1998, S. 5-30.

Ritter 2001: Ritter, J. R., Investment Banking and Securities Issuance, Working Paper, University of Florida, 18.04.2001, erscheint 2002 als 9. Kapitel des North-Holland Handbook of the Economics of Finance edited by George Constantinides, Milton Harris, and René Stulz.

Röhrl 1996: Röhrl, H., Börsenwettbewerb: die Organisation der Bereitstellung von Börsenleistungen, Wiesbaden 1996.

Romer 1990: Romer, P., Endogenous Technological Change, in: JoPE, Vol. 98, 1990, S. 71-102.

Römer 1999: Römer, A., Innovationen und ihre Finanzierung bei kleinen Unternehmen: Eine empirische und theoretische Analyse, Diss., Universität Dortmund, 1999.

Rosen 1998: Rosen, R. J., Comment on Peek and Rosengren and Strahan and Weston, in: JoBF, Vol. 22, 1998, S. 846-849.

Rosenberg/ Rudd 1982: Rosenberg, B./ Rudd, A., Factor-related and Specific Returns of Common Stocks: Serial Correlation and Market Inefficiency, in: JoF, Vol. 37, 1982, S. 543-554.

Ross 1976: Ross, S. A., The arbitrage theory of capital asset pricing, in: JoET, Vol. 13, 1976, S. 341-360.

Ross 1977: Ross, S. A., The Determination of Financial Structure. The Incentive-Signalling Approach, in: Bell Journal of Economics, Vol. 8, 1977, S. 23-40.

Ross/ Westerfield/ Jaffe 1999: Ross, S. A./ Westerfield, R. W./ Jaffe, J., Corporate Finance, 5. Aufl., Chicago et al. 1999.

Rudolph 1986a: Rudolph, B., Neue Kapitalkostenkonzepte auf der Grundlage der Kapitalmarkttheorie, in: zfbf, 38. Jg., 1986, S. 892-898.

Rudolph 1986b: Rudolph, B., Klassische Kapitalkostenkonzepte zur Bestimmung des Kalkulationszinsfußes für die Investitionsrechnung, in: zfbf, 38. Jg., 1986, S. 608-617.

Rudolph/ Fischer 2000: Rudolph, B./ Fischer, C., Der Markt für Private Equity, in: FB, 2. Jg., 2000, S. 49-56.

Sabisch 1999a: Sabisch, H., Unternehmensgründung und Innovation – Gesamtüberblick, Aufgaben, Probleme, in: Sabisch, H. (Hrsg.), Management technologieorientierter Unternehmensgründungen, Stuttgart 1999, S. 19-40.

Sabisch 1999b: Sabisch, H., Die Finanzierung der Entwicklung, Produktions- und Markteinführung von Produkten und Verfahren als Bestandteil des Innovationsmanagements, in: Koschatzky, K./ Kulicke, M./ Nellen, O./ Pleschak, F. (Hrsg.), Finanzierung von KMU im Innovationsprozeß – Akteure, Strategien, Probleme - Konferenzbeiträge, Stuttgart 1999, S. 21-37.

Sabisch/ Groß 1999: Sabisch, H./ Groß, M., Die Finanzierung von Innovationen und technologieorientierten Unternehmensgründungen, in: Sabisch, H. (Hrsg.), Management technologieorinetierter Unternehmensgründungen, Stuttgart 1999, S. 135-160.

Schäfer 1997: Schäfer, H. (Hrsg.), Unternehmensfinanzen: Grundzüge in Theorie und Management, Heidelberg 1997.

Schirmeister/Wippler 1999: Schirmeister, R./ Wippler, A., Die Bedeutung der Finanzintermediation für informelle Wagniskapitalmärkte, in: Berrios Amador, M./ Lohmann, K./ Pleschak, F. (Hrsg.), Beteiligungskapital in der Unternehmensfinanzierung: Grundfragen – Konzepte – Erfahrungen, Wiesbaden 1999, S. 201-215.

Schmalenbach 1915: Schmalenbach, E., Finanzierungen, Leipzig 1915.

Schmalensee 1989: Schmalensee, R., Inter-industry Studies of Structure and Performance, in: Schmalensee, R./ Willig, R. (Hrsg.), Handbook of industrial organization, Vol. 2, Amsterdam 1989, S. 951-1009.

Schmeisser 2000: Schmeisser, W., Venture Capital und Neuer Markt als strategische Erfolgsfaktoren der Innovationsförderung, in: FB, 2. Jg., 2000, S. 189-193.

Schmeisser/ Jahn 1999: Schmeisser, W./ Jahn, S., Zur Bonitätsprüfung bei innovativen technologieorientierten Unternehmensgründungen, in: FB, 1. Jg., 1999, S. 49-57.

Schmidt/ Terberger 1999: Schmidt, R. H./ Terberger, E., Grundzüge der Investitions- und Finanzierungstheorie, 4., aktualisierte Auflage 1997, Nachdruck Wiesbaden 1999.

Schmidt-Wilke 1998: Schmidt-Wilke, H., Fortschritt in der Finanzwirtschaft: eine wissenschaftstheoretische Untersuchung, Wiesbaden 1998.

Schmidtchen 1995: Schmidtchen, D., Unternehmertum, Wettbewerb und Evolution: Anmerkungen zu Helmut Arndts Theorie der Wirtschaftsentwicklung, in: Jahrbuch für Nationalökonomie und Statistik, Band 214/5, S. 601-623.

Schneider 1992: Schneider, D., Investition, Finanzierung und Besteuerung, 7. Aufl., Wiesbaden 1992.

Schulte 1992: Schulte, S., Internationaler Aktienemissionsmarkt: Eine Beurteilung der operationalen und institutionellen Effizienz, Frankfurt 1992.

Schulz 2000: Schulz, E., Die Finanzierung von Existenzgründungen: eine informationsökonomische Analyse, Frankfurt et al. 2000.

Schumpeter 1952: Schumpeter, J., Theorie der wirtschaftlichen Entwicklung, Berlin 1952.

Schumpeter 1961: Schumpeter, J., Konjunkturzyklen - Eine theoretische, historische und statistische Analyse des kapitalistischen Prozesses, Bd. 1, Göttingen 1961.

Schween 1996: Schween, K., Corporate Venture Capital: Risikofinanzierung deutscher Industrieunternehmen, Wiesbaden 1996.

Serfling/ Marx 1991: Serfling, K./ Marx M., Finanzplanung und Finanzdisposition als Aufgabe des Finanzmanagements mittelständischer Unternehmen, in: DB, 44. Jg., 1991, S. 105-112.

Serfling/ Pape/ Kressin 1999: Serfling, K./ Pape, U./ Kressin, T., Emissionspreisfindung und Underpricing im Rahmen des Börsengangs junger Wachstumsunternehmen, in: AG, 44. Jg., 1999, S. 289 - 298.

Serrar 2001: Serrar, K., Venture Capital ist trendy!, in: Venture Capital – Das Magazin für Investoren und Entrepreneure, Abonnement Supplement zum Going Public Magazin, Nr. 3, 2. Jg., 2001, S. 3.

Serrar 2002: Serrar, K., Lippenbekenntnisse und Krokodilstränen; in: Venture Capital – Das Magazin für Investoren und Entrepreneure, Abonnement Supplement zum Going Public Magazin, Nr. 23, 3. Jg., 2002, S. 3.

Shiller 1981: Shiller, R. J., Do Stock Prices Move Too Much to be Justified by Subsequent Changes in Dividends?, in: AER, Vol. 71, 1981, S. 421-436.

Shiller 1989: Shiller, R. J., Fashions, fads, and bubbles in financial markets, in: Shiller, R. J., Market volatility, Cambridge (MA)/ London 1989, S. 49-68.

Shiller 1990: Shiller, R. J., Speculative Prices and Popular Models, in: JoEP, Vol. 4, 1990, S. 55-65.

Shyam-Sunder/ Myers 1999: Shyam-Sunder, L./ Myers, S. C., Testing static tradeoff against pecking order models of capital structure, in: JoFE, Vol. 51, 1999, S. 219-244.

Skiera/ Revenstorff 1999: Skiera, B./ Revenstorff, I., Auktionen als Instrument zur Erhebung von Zahlungsbereitschaften, in: zfbf, 51. Jg., 1999, S. 224-242.

Slomka 1999: Slomka, L., Effizienzkriterien und Börsensysteme, Diss., Technische Universität Berlin, 1999.

Solomon 1963: Solomon, E., The Theory of Financial Management, New York/ London 1963.

Solow 1957: Solow, R. M., Technical Change and the Aggregate Production Function, in: Review of Economics and Statistics, Vol. 38, 1957, S. 312-330.

Spence 1973: Spence, A. M., Job Market Signaling, in: QJoE, Vol. 87, 1973, S. 355 - 374.

Spicher 1997: Spicher, T., Kapitalmarkt, unvollständige Verträge und Finanzintermediäre: eine modellgestützte Analyse zu Existenzbegründung, zukünftiger Ausrichtung und möglichen Verhaltensstrategien von Banken an Kapital- und Kreditmärkten, Lohmar/ Köln/ Eul 1997.

Stadler 1997: Stadler, M., Korreferat zum Referat Th. Gehrig, in: Gahlen, B./ Hesse, H./ Ramser, J. (Hrsg.), Finanzmärkte, Tübingen 1997, S. 205-208.

Statman 1999: Statman, M., Behavioral Finance: Past Battles and Future Engagements, in: FAJ, Vol. 55, 1999, S. 18-27.

Stehle/ Ehrhardt 1999: Stehle, R./ Ehrhardt, O., Renditen bei Börseneinführungen am deutschen Kapitalmarkt, in: ZfB, 69. Jg., 1999, S. 1395-1422.

Steib/ Mohan 1997: Steib, S./ Mohan, N., The German Reunification, Changing Capital Market Conditions, and the Performance of German Initial Public Offerings, in: The Quarterly Review of Economics and Finance, Vol. 37, 1997, S. 115-137.

Steiner/ Bruns 2000: Steiner, M./ Bruns, C., Wertpapiermanagement, 7., überarb. und erw. Aufl., Stuttgart 2000.

Steiner/ Wallmeier 1999: Steiner, M./ Wallmeier, M., Unternehmensbewertung mit Discounted Cash Flow-Methoden und dem Economic Value Added-Konzept, in: FB, 1. Jg., 1999, S. 1-10.

Stephan 2000: Stephan, U., Informations- und Preisbildungsprozesse auf Kapitalmärkten, in: WISU, 29. Jg., 2000, S. 670-673.

Stiglitz 1969: Stiglitz, J. E., A Re-Examination of the Modigliani-Miller Theorem, in: AER, Vol. 59, 1969, S. 784-793.

Stiglitz 1972: Stiglitz, J. E., Some Aspects of the Pure Theory of Corporate Finance: Bankruptcies and Take-overs, in: Bell Journal of Economics and Management Science, Vol. 3, 1972, S. 458-482.

Stiglitz 1974: Stiglitz, J. E., On the Irrelevance of Corporate Financial Policy, in: AER, Vol. 64, 1974, S. 851-866.

Stiglitz/ Weiss 1981: Stiglitz, J. E./ Weiss, A., Credit Rationing in Markets with Imperfect Information, in: AER, Vol. 71, 1981, S. 393-409.

Stille/ Bitzer 1998: Stille, F./ Bitzer, J., Beschäftigungswirkungen von Innovationen: Analysen zu einem komplizierten Verhältnis, in: Lehner, F./ Baethge, M./ Kühl, J./ Stille, F. (Hrsg.), Beschäftigung durch Innovation: eine Literaturstudie, München 1998, S. 59-98.

Stoffel 1989: Stoffel, A., Von der Familien-AG zur Publikumsgesellschaft, in: IO Management Zeitschrift, 58. Jg., 1989, S. 28-30.

Stonehill/ Stitzel 1969: Stonehill, A./ Stitzel, T., Financial Structure and Multinational Corporations, in: California Management Review, Fall 1969, S. 91-96.

Storey 1994a: Storey, D. J, New firm growth and bank financing, in: JoSBE, Vol. 6, S. 139-150.

Storey 1994b: Storey, D. J, The Role of Legal Status in Influencing Bank Financing and New Firm Growth, in: JoAE, Vol. 26, 1994, S. 129-136.

Storey/ Tether 1998: Storey, D. J./ Tether, B., New Technology-Based Firms in the European Union: An Introduction, in: Research Policy, Vol. 26, 1998, S. 933 - 956.

Strack 1999: Strack, J., Wachstumsfinanzierung einer Unternehmung durch die virtuelle Fabrik, in: Behr, G. (Hrsg.), Wachstumsfinanzierung, Bern/ Stuttgart/ Wien 1999, S. 41-61.

Strahan/ Weston 1998: Strahan, P. E./ Weston, J., Small business lending and the changing structure of the banking industry, in: JoBF, Vol. 22, 1998, S. 821-845.

Strascheg 2001: Strascheg, F. F., Über den Wert von Stock Options, in: Venture Capital – Das Magazin für Investoren und Entrepreneure, Abonnement Supplement zum Going Public Magazin, Nr. 3, 2. Jg., 2001, S. 14.

Struck 1999: Struck, J., Eigenkapitalmangel als Investitionshemmnis – Eine Bilanzstrukturanalyse junger Unternehmen aus den neuen Bundesländern, in: BFuP, 51. Jg., 1999, S. 293-305.

Stummer/ Pleschak 1999: Stummer, F./ Pleschak, F., Probleme der Beteiligungsfinanzierung junger Technologieunternehmen in den neuen Bundesländern, in: Koschatzky, K./ Kulicke, M./ Nellen, O./ Pleschak, F. (Hrsg.), Finanzierung von KMU im Innovationsprozeß – Akteure, Strategien, Probleme – Konferenzbeiträge, Stuttgart 1999, S. 77-87.

Stützle-Leinmüller 1998: Stützle-Leinmüller, S., Finanz- und Humankapital als innovationsrelevante Faktoren kleiner und mittlerer Unternehmen: eine transaktionskostentheoretische Analyse, Frankfurt et al. 1998.

Subrahmanyam/ Titman 1999: Subrahmanyam, A./ Titman, S., The Going Public Decision and the Development of Financial Markets, in: JoF, Vol. 54, 1999, S. 1045-1082.

Süchting 1995: Süchting, J., Finanzmanagement: Theorie und Politik der Unternehmensfinanzierung, 6. Aufl., Wiesbaden 1995.

Sutton 1997: Sutton, J., Gibrat's Legacy, in: JoEL, Vol. 35, 1997, S. 40-59.

Szyperski/ Nathusius 1999: Szyperski, N./ Nathusius, K., Probleme der Unternehmensgründung: eine betriebswirtschaftliche Analyse unternehmerischer Startbedingungen, 2. Aufl., Köln 1999.

Teoh/ Welch/ Wong 1998: Teoh, S. H./ Welch, I./ Wong, T. J., Earnings management and the long-run market performance of initial public offerings, in: JoF, Vol. 53, 1998; S. 1935-1974.

Thaler 1999: Thaler, R. H., The End of Behavioral Finance, in: FAJ, Vol. 55, 1999, S. 12-17.

Tinic 1988: Tinic, S. M., Anatomy of Initial Public Offerings of Common Stock, in: JoF, Vol. 43, 1988, S. 789-822.

Treptow 1998: Treptow, T. M., Fokus Private Equity, in: ÖBA, 46. Jg., 1998, S. 515-523.

Variyam/ Kraybill 1992: Variyam, J. N./ Kraybill, D. S., Empirical Evidence on Determinants of Firm Growth, in: Economic Letters, Vol. 38, 1992, S. 31-36.

Vickrey 1961: Vickrey, W., Counterspeculation, Auctions and Competitive Sealed Tenders, in: JoF, Vol. 16, 1961, S. 8-37.

Vilks 1991: Vilks, A., Neoklassik, Gleichgewicht und Realität. Eine Untersuchung über die Grundlagen der Wirtschaftstheorie, Heidelberg 1991.

Volkart/ Lautenschlager 1998: Volkart, R./ Lautenschlager, P., Finanzierung von High-Tech-Unternehmen, in: Scheidegger, A./ Hofer, H./ Scheuenstuhl, G. (Hrsg.), Innovation - Venture Capital - Arbeitsplätze, Bern/ Stuttgart/ Wien 1998.

Wagner 1992: Wagner, J., Firm Size, Firm Growth, and Persistence of Chance: Testing Gibrat's Law with Establishment Data from Lower Saxony, 1978-1989, in: JoSBE, Vol. 4, 1992, S. 125-131.

Wagner 1997: Wagner, F. W., Shareholder Value: Eine neue Runde im Konflikt zwischen Kapitalmarkt und Unternehmensinteresse, in: BfuP, 49. Jg., 1997, S. 473-498.

Wald 1999: Wald, J., Capital structure with dividend restrictions, in: JoCF, Vol. 5, 1999, S. 193-208.

Weimerskirch 1998: Weimerskirch, P., Finanzierungsdesign bei Venture-Capital-Verträgen, Wiesbaden 1998.

Weiss 1998: Weiss, C. R., Size, Growth, and Survival in the Upper Austrian Farm Sector, in: JoSBE, Vol. 10, 1998, S. 305-312.

Welch 1989: Welch, I., Seasoned Offerings, Imitation Costs, and the Underpricing of Initial Public Offerings, in: JoF, Vol. 44, 1989, S. 421-449.

Welch 1992: Welch, I., Sequential sales, learning, and cascades, in: JoF, Vol. 47, 1992, S. 695-732.

Werner 1999: Werner, H., Erfahrungen und Schlußfolgerungen aus dem Studium des US-amerikanischen Risikokapitalmarktes, in: Berrios Amador, M./ Lohmann, K./ Pleschak, F. (Hrsg.), Beteiligungskapital in der Unternehmensfinanzierung: Grundfragen – Konzepte – Erfahrungen, Wiesbaden 1999, S. 51-60.

Wilson 1979: Wilson, R., Auctions of Shares, in: QjoE, Vol. 93(4), 1979, S. 675-689.

Winker 1996: Winker, P., Rationierung auf dem Markt für Unternehmenskredite in der BRD, Tübingen 1996.

Wippler 1998: Wippler, A., Innovative Unternehmensgründungen in Deutschland und den USA, Wiesbaden 1998.

Wittleder 1989: Wittleder, C., Going Public: Die Publikumsöffnung deutscher Aktiengesellschaften, Köln 1989.

Wittneben 1997: Wittneben, D., Innovationsförderung kleinerer und mittlerer Unternehmen durch Bereitstellung von Wagniskapital, Frankfurt an der Oder, 1997.

Wupperfeld 1999: Wupperfeld, U., Der Beitrag von Gutachtersystemen zur Bewertung technologischer Innovationen, in: Koschatzky, K./ Kulicke, M./ Nellen, O./ Pleschak, F. (Hrsg.), Finanzierung von KMU im Innovationsprozeß – Akteure, Strategien, Probleme - Konferenzbeiträge, Stuttgart 1999, S. 161-172.

Yosha 1995: Yosha, O., Information disclosure costs and the choice of financing source, in: JoFI, Vol. 4, S. 3-20.

Zahn 1998: Zahn, E., Innovation, Wachstum, Ertragskraft – Wege zur nachhaltigen Unternehmensentwicklung, in: Zahn, E./ Foschiani, S. (Hrsg.), Innovation, Wachstum, Ertragskraft: Wege zur nachhaltigen Unternehmensentwicklung, Stuttgart 1998, S. 1-24.

Zemke 1995: Zemke, I., Die Unternehmensverfassung von Beteiligungskapital-Gesellschaften, Wiesbaden 1995.

Zimmer 1998: Zimmer, P., Unternehmensfinanzierung im Lebenszyklus: ökonomische Erklärungen zum Finanzierungsverhalten, Wiesbaden 1998.

Zimmermann/ Wortmann 2001: Zimmermann, G./ Wortmann, A., Finanzwirtschaftliche Positionen traditioneller und innovativer mittelständischer Unternehmen, in: FB, 3. Jg., 2001, S. 157-165.

Zwiebel 1996: Zwiebel, J., Dynamic capital structure under management entrenchment, in: AER, Vol. 86, 1996, S. 1197-1215.

GPSR Compliance

The European Union's (EU) General Product Safety Regulation (GPSR) is a set of rules that requires consumer products to be safe and our obligations to ensure this.

If you have any concerns about our products, you can contact us on ProductSafety@springernature.com

In case Publisher is established outside the EU, the EU authorized representative is:

Springer Nature Customer Service Center GmbH
Europaplatz 3
69115 Heidelberg, Germany

Batch number: 10815964

Printed by Printforce, the Netherlands